老年教育百人谈

百名教师谈教学体会

郑汉华 主编

中国科学技术大学出版社

内 容 简 介

为了系统总结"十三五"期间安徽省老年教育取得的进展、积累的经验、涌现的典型,更好地推动"十四五"老年教育高质量发展,安徽省老年大学协会精心策划并组织全省老年大学(学校)的校长、教师、学员畅谈在老年大学(学校)工作、学习的体会,会同安徽老年开放大学(安徽老年教育研究院)编辑整理成《老年教育百人谈》,包括三个分册。在《百名校长谈老年教育》分册中,来自全省各老年大学(学校)的校长们回顾了本校创办历史、办学过程及办学成就,阐述了对老年教育及老年大学(学校)的地位、作用等的深刻认识,总结出成功的办学经验、办学方法及规章制度等,对今后各地老年大学(学校)的建设和发展有重要的借鉴意义。在《百名教师谈教学体会》分册中,来自全省各老年大学(学校)各个专业的教师们谈教学经验及心得体会,讲述了教学准备过程中的艰辛、教学过程中遇到的困难和问题以及收到较好教学成果的喜悦等,书中介绍的教学方法及其效果,对老年大学(学校)教师有较大借鉴意义。在《百名学员谈老有所学》分册中,来自全省各老年大学(学校)的学员们根据自己在学校的所见所感所得,并结合自身变化和当下的时代发展背景,讲述了自己老有所学、老有所得、老有所为的心路历程,书中讲述的故事,对当代老年人如何充分利用退休空闲时间丰富自己的精神文化生活具有一定的参考意义。

图书在版编目(CIP)数据

老年教育百人谈/郑汉华主编.—合肥:中国科学技术大学出版社,2022.9
ISBN 978-7-312-02806-9

Ⅰ.老… Ⅱ.郑… Ⅲ.老年教育—研究 Ⅳ.G777

中国版本图书馆 CIP 数据核字(2022)第 073949 号

老年教育百人谈

LAONIAN JIAOYU BAI REN TAN

出版	中国科学技术大学出版社
	安徽省合肥市金寨路96号,230026
	http://press.ustc.edu.cn
	https://zgkxjsdxcbs.tmall.com
印刷	安徽省瑞隆印务有限公司
发行	中国科学技术大学出版社
开本	787 mm×1092 mm 1/16
印张	81
字数	976 千
版次	2022年9月第1版
印次	2022年9月第1次印刷
定价	228.00元(全三册)

老年教育百人谈

组　编
安徽省老年大学协会
安徽老年开放大学
安徽老年教育研究院

◆

编　委　会

主　编
郑汉华

副主编
朱　彤

编　委
方　文　谢荣华　钱自海　江　丽　李　杨

前　言

　　党的十八大以来，以习近平同志为核心的党中央高度重视老龄工作。党的十九届五中全会提出"实施积极应对人口老龄化国家战略"。2021年在重阳节来临之际，习近平总书记做出重要指示，强调要贯彻落实积极应对人口老龄化国家战略，把积极老龄观、健康老龄化理念融入经济社会发展全过程。习近平总书记的重要指示精神，为新时代老年教育工作指明了方向。2021年11月，中共中央、国务院出台了《关于加强新时代老龄工作的意见》，提出将老年教育纳入终身教育体系，依托国家开放大学筹建国家老年大学。

　　安徽省委、省政府高度重视老年教育发展。2021年10月14日，省委书记郑栅洁到合肥市包河区老年大学进行老龄工作调研时强调，要认真贯彻习近平总书记关于老龄工作的重要指示精神，全面落实积极应对人口老龄化国家战略；在11月召开的安徽省第十一次党代会上，明确提出要"办好老年教育"。2022年5月25日，省委、省政府部署全省"暖民心"行动，"老有所学"作为十项行动之一。这是贯彻落实习近平总书记关于老龄工作重要指示精神和以人民为中心的发展思想,以最大力度、最实举措满足老年人终身学习需求的重要决策。我省1998年进入老龄化社会(65岁及以上人口占比达到7%),目前已进入中度老龄化阶段。根据2021年5月公布的第七次人口普查数据,我省60岁及以上人口占全省总人口比例为18.79%,其中65岁及以上人口占15.01%。老年教育如何在严峻的老龄化形势下抓住发展机遇,创建良好的人口环境,对我国"十四五"时期的经济社会发展乃至全面建设社会主义现代化国家进程都将产生重大而深远的影响。

"十三五"期间,我省老年教育工作在省委、省政府的高度重视和领导下,创新体制机制,整合社会资源,积极扩大老年教育供给,老年教育治理体系和能力有了较大幅度的提升,不少工作在全国有创新、有特色、有亮点。2020年11月13日,我省颁布《安徽省老年教育条例》,这是全国为数不多的省级老年教育地方法规。我省还先后出台了《关于加快"十三五"期间老年教育发展的实施意见》《关于积极推进老年大学(学校)建设与发展的若干意见》《关于进一步加强全省基层老年教育工作的若干意见》和《安徽省老年教育机构办学指南》等一系列政策文件,围绕老年教育管理体制与保障措施、资源配置与整合利用、办学标准制定与实施、教师队伍建设与培训、课程开发与利用、教育质量管理与指导等问题做出明确规定,从制度层面引导老年教育健康发展。老年大学(学校)作为老年教育的主要载体,在满足老年人多样化学习需求、引领老年人健康养老、再融入社会和服务社会等方面发挥了重要的平台作用。据不完全统计,截至2021年年底,我省各级各类老年大学(学校)有8700所,接受各种形式老年教育的老年学员有140万人左右。针对老年学员的调查显示,老年人到老年大学(学校)学习的愿望十分强烈,对多样化、个性化、高质量老年教育的需求与日俱增。

为了系统总结"十三五"期间安徽省老年教育取得的进展、积累的经验、涌现的典型,更好地推动"十四五"老年教育高质量发展,安徽省老年大学协会精心策划并组织全省老年大学(学校)的校长、教师、学员畅谈在老年大学(学校)工作、学习的体会,会同安徽老年开放大学(安徽老年教育研究院)编辑整理成《老年教育百人谈》(包括《百名校长谈老年教育》《百名教师谈教学体会》《百名学员谈老有所学》三个分册)。

在《百名校长谈老年教育》分册中,来自全省各老年大学(学校)的校长们回顾了本校创办历史、办学过程及办学成就,阐述了对老年教育及老年大学(学校)的地位、作用等的深刻认识,总结出成功的办学经验、办学方法及规章制度等,对今后各地老年大学(学校)的建设和发展有重要的借鉴意义。在《百名教师谈教学体会》分册中,来自全省各老年大学(学校)各个专业的教师们谈教学经验及心得体会,讲述了教学准备过程中的艰辛、教学过程中遇到的困难和问题以及收到较好教学成果的喜悦等,书中介绍的教学方法及其效果,对老年大学(学校)教师来说有较大借鉴意义。在《百名学员谈老有所学》分册中,来自全省各老年大学(学校)的学员们根据自己在学校的所见所感所得,并结合自身变化和当下的时代发展背景,讲述了自己老有所学、老有所得、老有所为的心路历程,书中讲述的故事,对当代老年人如何充分利用退休空闲时间丰富自己的精神文化生活具有一定的参考意义。

作者们的文章切合实际,有真情实感,值得老年大学(学校)的领导、教师与学员阅读与学习;值得公众通过本书了解老年教育与老年大学(学校)的情况;值得将本书推荐给身边的老年人阅读,使他们知道老年人的生活也可以是丰富多彩的。本书也为与老年教育相关的领导决策提供了一手的资料。本书内容翔实,言之有物,可以帮助我们提高对老年大学(学校)和老年人学习的价值的认识,欣赏和尊重老年人对社会的贡献。

本书的编辑出版,是在安徽省老年大学协会统一领导下,由各市老年教育委员会(简称"老教委")负责组织实施和遴选推荐的。高开华同志在担任安徽省老年大学协会副会长期间,为本书的编写做了大量工作。正是这些老领导和老同志的全力支持和热情参与,使最基础的组稿工作得以顺利完成。在此,我们向所有关心、指导、帮助、参与本书编辑出版工作的单位、领导、专家、教师、学员一并表示诚挚的感谢!

由于时间紧,加上我们的水平有限,书中难免有所疏漏,欢迎读者批评指正。

编　者

2022 年 7 月

目 录

前言 ………………………………………………………… (i)

爱学员认真教学　同快乐健康歌唱 ………………… 徐　薇(1)

乐为老年大学奉献自己的一份光和热 ……………… 苏献献(3)

浅谈教好太极拳的基本要素 ………………………… 刘爱玉(7)

跳跃,从来都没有什么太晚 ………………………… 周问文(10)

为党的事业奋斗终身 ………………………………… 左其保(12)

作为健身舞教师的体会 ……………………………… 王光荣(14)

点评是提高学员诗词创作水平的有效方法 ………… 章国保(19)

诗词执教点滴 ………………………………………… 汪奇圣(26)

老年摄影不仅为了愉悦自我 ………………………… 刘庆宁(31)

全民健身是全民健康的"运动处方" ………………… 许红军(36)

情洒夕阳红　守得桑榆美 …………………………… 袁庆华(41)

老年大学二胡分层教学的思考 ……………………… 常杨越(45)

寓教于情　寓教于文　寓教于乐　寓教于为 ……… 朱长钊(49)

教老年朋友唱京剧 …………………………………… 封桂生(52)

谈谈远程书法教学感受 ……………………………… 王　静(55)

痴情成"四古"　敲韵乐余年 ………………………… 秦志存(58)

一分耕耘　一分收获 ………………………………… 张菊湘(62)

展思路,努力提高老年书法教学效果 ……………… 韩文祥(64)

谈谱表在老年音乐教学中的运用 …………………… 孟宪记(67)

施策于教　植根于学 ……………………………	陈运涵（71）
老年大学太极拳系列课程教学之我见 ……………	谢梅华（76）
提高课堂实效性,讲求模式多样化 ………………	张华强（80）
老年大学教学中的几点体会 ………………………	马长信（85）
浅谈五禽戏教学的几点体会 ………………………	彭业伟（88）
强化担当　乐于奉献 ………………………………	康良栋（91）
再举教鞭唱晚晴 ……………………………………	李培全（94）
老年书法教学之浅见 ………………………………	刘绍军（97）
浅谈中老年学员模特教学方法 ……………………	王安莉（102）
关于教授行书《文赋》的几点体会 …………………	杨明松（106）
努力探索和掌握老年教学特点与规律 ……………	许小玲（108）
勿忘初心　奉献余热 ………………………………	刘德俊（110）
老年大学素描教学心得体会 ………………………	周友红（114）
浅谈老年舞蹈形体教学的几点体会 ………………	马秀臣（117）
太极拳教学贵创新法 ………………………………	莫金远（121）
文学课堂妙趣多 ……………………………………	许萍莉（125）
发挥余热　实现第二青春梦想 ……………………	高　斌（130）
优雅自我　展示精彩人生 …………………………	吴　聆（135）
老年摄影教学的喜与忧 ……………………………	王　彬（139）
教师原本是学员 ……………………………………	王文光（144）
老年大学是放飞梦想的地方 ………………………	何艳玲（146）
用爱传播美 …………………………………………	张　延（149）
追求德艺教　为霞献人间 …………………………	杨多霞（153）
"三结合"教活老年大学摄影课 ……………………	林　伟（157）
遍翻史传无寻处,或有人从艺苑看 ………………	王继林（160）
甘为晚霞添异彩　乐奉余生铸墨香 ………………	王桂钊（165）
传承"非遗",为夕阳争辉 …………………………	侯　萍（168）
"家庭养花"教学漫谈 ………………………………	张尽忠（173）
五心辉映,谱写七彩人生 …………………………	陆凤祥（178）
浅谈老年大学信息技术教学体会 …………………	袁　正（184）

让老年大学历史课活起来 …………………………………… 葛邓元(188)
继续教育　发挥余热 …………………………………… 穆爱侠(191)
老年大学教学感说 ……………………………………… 管恒学(195)
老年大学诗词教学浅见 ………………………………… 刘诗洲(199)
中老年人智能手机使用现状及问题分析 ……………… 陈　伟(202)
老年大学书法教学浅见 ………………………………… 傅　剑(209)
潜心凤画　甘当画匠 …………………………………… 王金生(212)
开拓意境　学练并重 …………………………………… 滕学斌(215)
老年大学电脑教学有感 ………………………………… 胡　晴(217)
京剧教学之点滴 ………………………………………… 陈寿华(221)
用舞蹈展现美丽夕阳 …………………………………… 郭立芳(228)
为老年大学健康教育献终身 …………………………… 杜　玲(232)
学习书法讲求由量变到质变 …………………………… 朱德刚(236)
老年大学书画教学浅谈 ………………………………… 漆学鹏(239)
再议老年大学的教与学 ………………………………… 刘振鹤(243)
戏曲教学的点点滴滴 …………………………………… 刘家瑾(247)
学习太极需遵循"道法自然" …………………………… 李存明(252)
我在书法教学中的几点粗浅体会 ……………………… 刘戊友(256)
助力最美夕阳红 ………………………………………… 邓元生(259)
多举措提升教学水平 …………………………………… 潘龙辉(264)
送人玫瑰　手留余香 …………………………………… 韦尚朴(266)
小议农村老年学校舞蹈教学 …………………………… 姚宏琼(270)
中老年舞蹈教学的实践与体会 ………………………… 陈小柏(273)
在计算机教学中推行分层教学法 ……………………… 张　燕(278)
亦教亦学宽我怀 ………………………………………… 杨玉堂(283)
让"姑孰乡土文化"为回忆铺石 ………………………… 曾再新(288)
定格美好　分享感动 …………………………………… 周光龙(293)
父女两代奉献最美夕阳红 ……………………………… 张　章(298)
论"教学相长" …………………………………………… 芮学玉(303)
中老年服装模特表演艺术教学体会 …………………… 彭　红(305)

老年大学古体诗词教学管见	赵同峰(308)
为老年朋友提供圆梦舞台	杨 萍(313)
盛开在老年大学的剪纸之花	翟晓玲(317)
情系老校园　苦乐在讲堂	杨义滨(322)
老年大学电钢琴教学心得体会	沈浩瀚(325)
上好朗诵课的"五个用"	任国华(332)
笃于学　敏于作　畅于吟	俞学玉(337)
严谨教学，不忘初心	李海琪(341)
我的二胡教学	盛旭华(345)
学无止境　焕发新活力	张树仁(348)
浅谈中西方老年教育	罗 娜(351)
传承历史文化　探究民俗风情	俞俊年(355)
提升自我　愉悦他人	陈宪斌(360)
老年人怎样学习书法	房庆生(362)
教师要不断提高自身素养	徐友根(364)
爱在笔墨　情驻老年	刘祥来(367)
传承中华国粹　书写艺术高峰	谢传为(371)
皓首乐学不言难	潘来兵(375)
快乐和甜蜜的奉献	潘冬妮(379)
飞旋吧，柔力球	石 琼(383)
坚持"三不断"　课堂活力添	陈佑昌(387)
充分发挥教师的主导作用	刘川源(391)
我在老年大学教唱歌	韩可明(396)
浅谈老年大学诗词教学	齐周梦(399)
黄山黄梅夕阳红	黄晓梅(404)
让老年朋友在愉悦中享受音乐的美	程廷寿(409)
老年大学教学任重道远	汪兄枝(414)
花的事业　爱的事业	冯慧芬(418)
学员的需要　就是教师的追求	程 度(422)
不忘初心　健乐同行	黄伟文(426)

爱学员认真教学　同快乐健康歌唱

徐　薇

老年大学是老同志们展示才华、实现梦想的舞台。每一位离开工作岗位的老同志,心中都有一个青春的梦。书法、绘画、舞蹈、歌唱、电脑、乐器、戏剧、吟诵……在老年大学这个百花园里,老同志们可以根据自己的兴趣,不断"开发"自己的新技能,既提升了生命质量,又丰富了晚年生活。而我,就是歌唱花园里的一位普通园丁。

在老年大学歌咏班教学的讲台上我度过了近 10 年的时光,收获了许多美好的感动,也越发热爱这个充满快乐的讲台。尤其是每次课堂的尾声阶段,大家最享受这段时光,全体同学起身歌唱,伴随着歌声集体录制视频,一次次记录下这美好又难忘的时刻。教室里站满了挺拔的身姿,每一双眼睛都洋溢着幸福与快乐,同学们手持歌本尽情歌唱,银色的头发、眼角的皱纹、反光的老花镜在那一瞬间似乎都消失了,耳朵里听到的是满怀深情且嘹亮的歌声,眼睛里看到的是充满朝气、挺立如松的身影,这一切带给我的除了感动还是感动!

老年大学歌咏班的教学,区别于街道路边歌唱爱好者随心所欲的吼唱,也不同于艺术院校专业的歌唱体系与标准。它是把深奥的歌唱艺术与技巧,用通俗易懂的语言词汇来讲解,用大家能直观感受到的形体和声音来示范,让老同志们在轻松的氛围中进行歌唱学习,学会用科学的发声方法来调整发声状态,逐步养成歌唱的好习惯,很轻松地就能开口发出好听的声音,唱出自己满意的声音。打造好听的声音,与开声训练是分不开的。每次开声训练我都特别用心、用情,尽量把看似枯燥的练习变成生动有趣的环节。从歌唱气息如何控制到歌唱发声共鸣腔体的打开,从如何在歌唱乐句中快速换气到声情并茂地演唱作品,每一个环节都让同学们感受到自己的声音在不断变化着。看到大家满意的笑容,我特别快乐。在多年的教学中,我认为帮助同学们养成科学的歌唱发声习惯是很重要的,所以每堂课的开声训练我都尽量做到细致完善。半个多小时的开声训练,让许多人都能感受到气息在身体里上下贯通,并伴有出汗的状态,就如同在运动场上慢跑了几圈。这能够让大家的肺活量得到一定的提升,无形中起到了强身健体的作用。有个别老同志因体质较虚弱,平日里说话、走路常气喘吁吁,通过不断地开声练习,增强了肺活量,逐渐改善了气喘的状态,说话、走路都变得有力了。老同志的亲人们也明显感受到了这些变化,均大力支持,希望他们坚持上课,并表示歌唱专业与否并不是最重要的,健康的身体和年轻的心态才是最大的收获。

　　为了帮助同学们更好地轻松歌唱,识简谱、唱节奏也是必须掌握的,但又不能让老同志们对于乐理知识的学习感到压力,于是在每次开声练习之后的短暂休息间歇,我都会讲解简单的乐理,让他们在休息之余能够快速地掌握。唱乐谱感受旋律之动听,打节奏感受韵律之变化,我要求大家边唱边动手打节拍,让每一位同学都能切身体验愉快歌唱的真实与活力。有的同学在课后会对我说:"每次两个小时的唱歌课程,我们都特别开心快乐,感觉时间过得太快了。"大家也暖心地称呼我为"接地气的老师",

这让我备感温馨。因为走入我的课堂,歌唱基础好的同学声音变得更加动听,零基础的同学也敢于开口放声歌唱,大家聚在一起完成了一个又一个作品的演绎,这是多么令人欣喜的教学成果。

老同志们已经把老年大学当成放飞梦想的心灵家园。多年来我不断学习,持续摸索,逐步改进并完善歌咏教学的方法。让老同志们在课堂里享受歌唱带来的快乐,变得身心愉悦,是我作为一名老年大学声乐教师一直以来所追求的目标。同学们的需求是我不断创新教学的根源,同学们充满热情的学习是我不能懈怠的动力,同学们对我的鼓励让我坚定坚守这份职业的信念。感谢安徽老年大学给我提供这个展示自己的平台!

(作者系安徽老年大学歌咏班教师)

乐为老年大学奉献自己的一份光和热

苏献献

随着老年教育事业的发展,我进入老年大学从事舞蹈教学工作已有25年。曾经拥有的青春和风华正茂的时代虽然早已逝去,但是我对生活依然热爱、乐观,对工作依然认真、执着,对学生依然耐心、负责,对党的忠诚始终不变!因为我是一名共产党员,也是一名人民教师。

共产党员就是要坚持党和人民的利益高于一切,一切听从党组织的安排,严格要求自己,吃苦在前,享受在后。人民教师就是要敢于担当、乐于奉献,对学生要负责,要有爱心、耐心。在信息化的今天,教师更要具备教育胜任力。目前我除了在省团校、市少年宫教课外,还在省、市老年大学,合工大老年大学教成人班的舞蹈。学员们来自不同的地方、不同的工作岗位,有从政多年的干部和领导,有报社、杂志社、出版单位的新闻工作者,有金融、商业部门的员工,也有企事业单位的退休职工。他们聚集在同一个班级中,同学们之间没有等级之分,也没有年龄的隔阂,大家在一起都是学员,平等相待,和谐相处,互相帮助。学习上,他们认真刻苦,态度端正,一丝不苟。在他们身上我看到的是:孜孜不倦的精神、坚忍不拔的毅力、乐观开朗的态度。

记得有一年春天,我在交谊舞班上课,课间休息时,一位女学员走到我的跟前,恳切地说:"苏老师,您能否将我的位置调到第一排站在您的旁边,另外请您在教授双人花步组合时多带我跳跳。"听完她的话,当时我感到纳闷,接着就对她说:"我只要有时间,可以带你跳,但是你的个子并不矮,为什么要调到第一排呢?""因为我站在后面,眼睛看不见,我的视力有问题,在您示范舞蹈动作时,我看见的只是一个模糊的影子……"原来她是一位眼睛有残疾的学员,此时我的内心无法平静,因为交谊舞是从西方引进的文化艺术,也是融音乐节奏和形体语言为一体的综合性艺术。它速度快、力度强、花步多、变化大,对于一个正常人来讲,要想学好、动作到位也是不容易的,何况是一位眼睛视力有障碍的人呢?想到这,我的心里突然溢满了感动,同时一种责任感油然而生! 随后我不但为她调整了位置,还手把手一步一步、一个动作一个动作地带着她跳。在课堂上、休息时,甚至在下课后,在教好全班学员的同时,又特别地关照、帮助这位特别的学员。一节课下来我虽然感觉很累,但看到她和其他学员的进步和提高,心里充满了欣慰。

光阴似箭,时光荏苒,虽然转眼间此事已过去十几年,但我却难以忘怀。她的这种学习精神时刻激励、鞭策、感染着我,使我更加热爱老年教育事业、热爱自己的本职工作。我严格要求自己,认真学习,为人师表,在教学中坚持做到以下几点:

1. 根据教学大纲,制定学期计划

老年大学一年有两个学期,即春季班和秋季班。在开学教课前,我根据班级学员的心理、生理特点,科学、合理、系统、认真地写出教学计划,安排好教学时间,组织好课堂教学,调动起学员学舞的积极性,使学员在课堂上既学得轻松愉快,又跳得准确到位,让他们真正体会到老年大学是追求晚年精神生活的乐园和天堂。

2. 自编教材,便于记忆

针对老年学员年龄大、记忆力差、学动作慢的特点,我将每学期教授的内容,如舞蹈理论和成品舞蹈,都自编成教材,在教材中注明音乐节奏、舞蹈起源、风格、特性、动作名称、步伐要点、舞蹈方位等。然后把教材发给学员,人手一份,上课时可对照教材学习,同时我进行动作分解的示范教学,并在下课前10分钟将这堂课所教的舞蹈内容进行整体示范,让学员们录像,便于回家后进行复习和记忆。

3. 分层教学,分类辅导

根据班级学员人数多、基础差异大的实际情况,教学中既要有明确的教学目的,又要有针对性的教学方法。我耐心地对那些基础差、年龄大的学员进行反复教授、示范、分解和辅导,让班级的每位学员都有收获、进步、提高。

4. 沟通心灵,互敬互爱

在教学中,我把老年学员视为兄弟姐妹,与他们相处融洽。班级哪位学员生病没来上课,哪位学员家庭生活出现困难,学习中哪位学员的动作和步伐没有掌握等,我都会主动给予关心和帮

助,增添了学员对我的信任,加深了彼此之间的亲切感。

一分耕耘,一分收获。25年来,我在校领导的关怀和其他教师的帮助以及同学们的支持下,也取得了一些成绩:

《中国老年》杂志2007年第7期发表人物专访《苏献献ISTD英国皇家舞蹈教师协会牌位证书获得者》。

安徽总工会主办的《安徽工运》2008年第1期发表采访文章《忆苏献献老师》。

《合肥晚报》2019年8月26日发表采访文章《倾心教舞 她"献"出真情"献"出爱》。

我多次被评为优秀教师,曾荣获老年教育耕耘奖、老年教育耕耘奉献奖,2019年获得合肥市老年大学"师德标兵"称号,2020年获得安徽省老年大学系统"优秀教师"称号,省、市电视台也相继进行过采访报道。

以上这些成绩和获得的荣誉都是过去式了,在今后的工作和学习中,我将继续努力、爱岗敬业、不断学习、提升自己,愿为建设服务好老年教育添砖加瓦,乐为老年大学奉献自己的一份光和热。

(作者系安徽老年大学舞蹈教师)

浅谈教好太极拳的基本要素

刘爱玉

太极拳是勤劳、勇敢、智慧的中华民族创造的光辉灿烂的群众体育文化遗产,是 5000 多年文明传承的一种民族文化自信的具体表现形式。"源浚者流长,根深者叶茂。"几千年来,太极拳越来越受到国内外人士的喜爱。特别是习近平总书记指出"我们每个人的梦想、体育强国梦都与中国梦紧密相连"。中国共产党的十八大报告中也明确了"广泛开展全民健身运动,促进群众体育和竞技体育全面发展"。党和人民政府的关心和提倡,使太极拳得到了空前的发扬和推广,成为了广大人民群众热爱的一种体育健身项目。参加太极拳学习和锻炼的群众遍及城乡,正逐步走向世界。

太极拳经过时间的淘洗,根脉扎实,积淀醇厚。如何教好太极拳,使其按照正确的规律向前发展,我从 30 多年的太极拳教学中得到了一些粗浅的体会。我认为要想教好太极拳,须注意做到三项基本要求:德、勤、精。

(一) 德

教育学员要有正确的习武目的。随着改革开放的深入发展,全民健身活动显得越来越重要,社会上习武的人数不断增加。人们习武各有不同的目的:有的为了健身防身、防病治病、陶冶情操;有的为了谋求不同的职业;也有的恃强凌弱,不讲武德,离经叛道,走向歧途。因此,作为一位拳师收徒传技,首先要倡导良好的武德,教育学员端正武风,提倡"未曾学艺先学礼,未曾习武先习德","缺德者不可教之"。同时,我们要教育学员讲文明、懂礼貌,谦虚谨慎,刻苦好学,遵纪守法,绝不允许恃武凌弱、为非作歹。一句话,要教好武术,必须教育学员有正确的习武目的,这样才能有利于社会和人生,才能使习武者为国家的进步和发展做出贡献。

（二）勤

教好太极拳必须先从基本功开始。常言说:"练拳不练功,到老一场空。"特别是太极拳,不把太极拳的基本功教好,会误人子弟。只有把基本功练扎实了,再学习复杂或难度大的动作时,才不会"走样"。当前,太极拳主要有五大家:杨式太极拳、陈式太极拳、吴式太极拳、孙式太极拳、武式太极拳。尽管它们具有不同的特点和套路,但其基本功还是一致的。例如,腿功、腰功、肩臂功、平衡功等。通过基本功的训练,提高学员学习太极拳的素质,为练好太极拳打好坚实的基础。我一直要求学员在练基本功时,不要怕枯燥无味,更不能只练自己感兴趣的动作,每个基本功动作都必须准确无误,因为一旦形成错误的习惯动作,就很难纠正。这是练好太极拳的关键所在。

再有,教好太极拳一定要让学员掌握好太极拳的锻炼要领。太极拳在整体动作上的要求也叫锻炼要领。目前,各式太极拳尽管各具特色,各有不同的动作,但从教学的角度出发,其要领基本上是一致的。要想教好学员,就要教他们掌握要领。

教好要领,作为教师,要做到三点:一是要把每个动作和要求从理论上教清楚,要让学员能理解每一个动作的内涵,以及舒手沉肩、垂肘、坐腕、突拳、旋腕转膀的要求。二是教师在示范套路动作时,要准确无误,要给学员以准确的示范,特别对初学太极拳的人来说,这点尤为重要。三是要注意教学方法,对不同的学员要采取不同的教学方法。如学员从年龄上分,可分为老、中、青。太极拳可以帮助青年习武者缓解各种社会压力,提升生活的品质;中年习练者则可通过太极拳的动作开合、刚柔、快慢、虚实的变化,来体验阴阳变化和平衡的法则;老年同志体质较弱,经历过岁月的蹉跎,习练起太极拳来就会多些恬淡虚无、平和不争的心情。学员从性别上可分为男学员和女学员,还可以从文化层次和接受能力来区分。只有因材施教,才能取得良好的教学效果,达到教学的目的。

(三) 精

教好太极拳要处理好"多与精"的关系。太极拳教师没有不想教好学员的,凡是有志学习太极拳的学员也都想练出一身好功夫,如何才能达到学与教的共同目的呢?除了以上所说的教好基本功,授好要领之外,还要正确地处理好"多与精"的关系。常言说"不怕千招会,就怕一招精",其实是少而精的意思,这就要教育学员不要贪多求全,要学精、练精,形成自己独特的风格和特点,才能立于不败之地。

总结以上三点,我从实践中体会到它们是教好太极拳的三大根本要素,缺一不可。当然,教和学是两个方面,对于任何一个学员来说,光靠教师教还不行,学员必须认真学,刻苦练,才能达到预期的目的。在现在的生活环境下习练太极拳的根本作用就是强筋骨、松肢体、养正气,陶冶情操,提高自身修养。太极拳的教学是发展全民健身的一种具体表现形式,只有全体人民都增强了体魄,才能健康幸福地生活,才能为党中央提出的全面建成小康社会贡献出自己的一份力量。也只有从上述三个方面的基本要求去从事太极拳教学,才能把学员教好,为发展全民健身事业贡献出自己微薄的力量。

(作者系安徽老年大学太极拳教师)

跳跃,从来都没有什么太晚

周问文

根据我的教学经验,学习舞蹈课程的学员可分为两类:一类是想通过舞蹈课程减肥健身,增强体能,娱乐生活;另一类是想切实地提升舞蹈水平,增强艺术修养。

由于老年大学招生的特殊性,学员们的核心学习目的本就不同,每位学员的基础运动能力更是有很大区别,有些学员已经进行舞蹈训练若干年了,还有一些学员刚刚退休毫无基础。这种参差不齐让我不断反思自己的教学进度、教学难度,反思我在老年大学教授舞蹈课程的目的:我是否只是想开设一门只有娱乐性质、为同学们茶余饭后随意舒展和活动身体、形式简单的课程呢?

这些年在老年大学的执教经历,让我有幸和各种各样的优秀学员交流心得与感想。其中,学员们也有一些忧虑,如"周老师,我这个年纪还能跳舞吗?""周老师,我腿脚都硬了,腰也挺不直了,这些动作我能做吗?""周老师,我现在学舞蹈,是不是太迟了?"。

诚然,随着时间的流逝,我们的运动能力确实会大幅度下滑。作为执教这么多年的舞蹈教师、舞蹈表演者,每当我跳跃起来的时候,我自然是最清楚的一个。每个一成不变的基础体能训练的日子,每段独自一人在瑜伽垫上挑战自己的时光,我也会不禁惆怅岁月易逝,青春不再。

但是,当学员们如此问起时,我还是会自信地回答:"能!"请相信人体的可能性,相信努力的可能性。课程中,相比于急于求成一上来就教授舞姿的教师来说,我更强调基础体能的训练和身体柔韧度的提升。老年人的膝盖、腰腿、脊椎都需要格外留心,这些也是需要安排训练的部位,如压腿、踢腿、压肩、压背、心肺功能恢复等。而对于不同身体素质的学员,训练强度的安排自然也会有所区别,保证学员们在安全的前提下,高效、高水准地提升能力。

事实上,我所谓的"能",自然不是说那些空中腾挪旋转,那些有着极高要求的爆发性动作,这些都是需要多年的刻苦训练与坚实的身体基础的。我们舞蹈课程的训练,从人体的承受能力来说,是相对轻松简单的。只要你科学地训练,持之以恒地训练,我相信,时间会给予你证明,你的肉体会直接告诉你,你的努力没有白费。

回到我最初的思考上,我是否只是想在老年大学开设一门轻松、简单和广场舞训练没有区别的单纯的娱乐性的课程,敷衍于形式,降低要求、降低难度呢?不,我所希望的是我的课程能有积极的意义,能让学员们发现自己本以为日渐苍老的身体还有各种可能性,让学员们重新回忆起在那年轻的日子里自己是如何流汗,是如何奔跑,是如何跳跃的。跳跃,从来都没有什么太晚。

(作者系安徽老年大学中国舞舞蹈教师)

为党的事业奋斗终身

左其保

在 2021 年 6 月 26 日,我荣获了"光荣在党 50 年"纪念章。作为一名老党员和一名老年大学的教师,该如何践行自己的入党誓言,为党的事业奋斗终身呢?我的选择是认真上好每一堂课。

我今年 73 岁,仍在兼任安徽老年大学、包河区老年大学、沁心湖社区老年大学共 5 个班的健身气功教师。每周一至周五的上午,都有我的课,共有 300 余人在跟着我学练健身气功。

中共中央、国务院颁发的《"健康中国 2030"规划纲要》中,特别提到"要扶持推广太极拳、健身气功等民族民俗民间传统运动项目"。因此,我很看重我现在从事的教师工作,我是把这项工作当作事业、学问、享受来做的。在这个过程中,我努力按照"四讲"(即讲政治、讲学习、讲师德、讲奉献)的要求衡量自己、鞭策自己,力求完美。

我认识到,在老年大学教健身气功,这与党的老年事业、党的教育事业、党的体育强国事业、党的健康中国建设事业、党的社会主义现代化建设事业,即党的事业,是紧紧联系在一起的,故为之奋斗终身,是我应尽的责任和应有的政治自觉。

健身气功是中华民族的文化瑰宝,是一门研究自我身心和谐的学问,我对这门学问很感兴趣。我集齐了全套的正规教材和各类参考资料,阅读时,碰到生僻字就查阅字典,碰到诸如"五运六气、五行生克"等过去很少接触的相关知识,就去查阅资料,往往是看书看得头晕眼花才停下来。一直以来,我授课从不拿讲稿,对功法源流、功法特点、功理要旨、功法功效、功法基础、功法技术等,要求自己熟记于心,并努力将古代典籍中的隐语、借喻等晦涩语言及当代教材中的书面语,转化为学员能听得懂的现代口语来进行教授,不仅力求完整、准确、全面地讲解一些知识,还想方设法地让学员记住一些重要内容。让我欣慰的是,学员们听我讲课时都很专注,许多人跟班学习了近10年,也不肯离去。

每当看到或想到学员们是自费报名到老年大学学练健身气功,他们时而冒着雨雪,时而顶着酷暑,或赶着早班车、开着私家车、骑着电动车,从本区、本市(还有从肥东县、巢湖市)各处赶来上我的课,尤其是看到骑电动车的学员衣服被雨雪或汗水浸湿,我就一再暗下决心,一定要认真备课,一定要认真上好每一堂课。不这样的话,自己在良心上就过不去,我不能对不起我的学员。

为了避免学员自带练功器械行路不便,我准备了60张瑜伽垫和60根太极养生仗,供学员们在课堂上免费使用。为了方便社区教学,我自购了中号和小号白板用于挂图和板书。为了提高教学效果,我成立了教学小组。这个教学小组起先只有3人,后来扩大到5人。在包河区老年大学和沁心湖社区老年大学授课时,就由教学小组全体成员共同来完成教学任务。其中1人主讲、1人示范,还有3人在学员队伍中巡视纠错。在包河区老年大学,我们带了3个班,每个班发给我们1份授课费,这份授课费起先由3人平分,后来由5人平分。即便如此,我们都很乐意。我们在沁心湖社区老年大学授课十几年了,一直都是没有报酬的,因为我们都是志愿服务者。

在老年大学教健身气功是一件利己利他的好事情,既能给自己带来健康和快乐,又能给老年朋友们送去健康和快乐。我真切地感到,从事健身气功教学真的是一种享受。每当看到社区小剧场数百平方米的大舞台上以及台前的过道上和台后的化妆间里都站满了来上课的学员时,每当看到由自己训练的750人的方队参加全市3000人的大型展演时,每当看到自己的学员在各种大赛中获奖时,每当自己撰写的健身气功教学体会被中国《健身气功》杂志和中国健身气功协会微信公众号转载时,每当自己被评为"国家级健身气功社会体育指导员""安徽省健身气功优秀社会体育指导员""安徽省群众最喜爱的社会体育指导员""安徽省老年大学系统优秀教师""合肥市志愿服务先进个人"时,每当收到包河区老年大学健身气功师范班毕业生送给我的写着"技高为师,品端乃范"的锦旗时,每当在课堂上看到学员们投来赞许的目光时,我的心里总能顿生一种满满的成就感。

在我的余生里,我会把这一件事一直干下去。直到自己干不动了,我也会让我们教学小组的其他成员接着干。

（作者系安徽老年大学健身气功班教师）

作为健身舞教师的体会

王光荣

健身舞是当前比较受中老年人喜爱的运动项目,它融合了多种舞蹈元素,在公园、广场、社区、街道都遍布着舞动的群体。

我担任中老年健身舞教师已有20多年,长时间的教学,深感得益匪浅,虽然辛苦,但很快乐。感谢老年大学这个平台,让我在中年找到了奋斗的目标,得到了学习、提高和施展才能的机会,使我的生活充实而精彩。下面谈谈我从事老年大学舞蹈教学的几点体会。

(一) 不断学习,提高教学水平

我和大多数同龄人一样,在青少年阶段没有机会很好地学习,而后便是响应号召上山下乡,几年后回城上班、结婚成家,整天忙家务、忙工作。步入中年是我人生的一大转折,因为骨子里爱好健身舞,所以我利用闲暇时间,报名参加各种培训班和学习班,通过不断地实践及网络自学,掌握了中老年健身舞的专业知识和技能,获得国家一级社会体育指导员的资格证书,这为我教授舞蹈做好了铺垫,打牢了基础。2003年,我有幸成为安徽老年大学健身舞教师。

老年大学教育是一项新兴教育事业,没有现成的经验可以借鉴,各专业的教材均由教师自己拟定。教什么、如何教是教师不断探索与研究的课题。为了尽快适应老年大学的教学工作,我认真学习老年大学的教学大纲,深入领会老年大学的办学宗旨,广泛听取各方面的意见,逐渐积累教学经验。

在教学中学习,在学习中教学,我深知老年大学教师如果想让学员们满意,就要与时俱进地学习,尽快掌握新型的教学方法。在2020年突发新冠肺炎疫情时,为了老年人的安全,学校停课、社区活动室关闭,聚集活动停止。一段时间后,学员们反映自己腰酸背痛,全身不舒服。这时我发现有教师在网上教学,便跟着学习。当我弄清了网上教学的方法后,我开始尝试网上教学,带领大家宅家舞动,让学员们把客厅当作舞厅和我一起练。大家都很开心,说隔空能相聚、停课也能学。我的网上教学得到了大家的认可,取得了良好的效果,既帮助了学员,也快乐了自己。

(二)仪态得体,注重教学态度

教师的仪态容貌、服装、言谈举止对学员会产生直接影响,所以我在着装上力求做到稳重大方、得体,脸部化妆素淡,不佩戴太多饰品。特别是教学中的语言,我觉得对老年朋友不能以对孩子那样的语气教学,特别是对舞蹈缺乏灵感的学员,更要讲究方式方法,注意指出其缺点时的态度。

我在课堂上对学员既严格要求,又耐心施教,学员们特别喜欢我的教学态度:说话温和细腻,待人谦恭和善,脸上总带着微笑。在课堂上对因年龄原因而接受能力差和反应较慢的学员,我采用慢动作分解、多做示范、反复带练的方式,鼓励她们对自己要有信心。

(三)言传身教,合理安排教学

作为教师,必须按时上下课,保证教学时间,不随意缺课,有特殊情况时应向学校请假,缺的课应顺延补上。因为我特别注意这几点,同时也给学员们做出表率,所以我班学员已形成规矩,有事在群里请假,无故不旷课,不迟到早退,班级上课率达95%以上。

在我教授的健身舞班学员中,有来自社区、广场、街道的健身人群,也有刚从企事业单位离退休的女干部,她们的年龄、舞蹈基础参差不齐,因此我编排的健身舞既考虑了全体学员的需求又兼顾了她们的个体差异,教学内容丰富,不单一枯燥,让学员们每节课都能学有所得。如我的新班级里有省市级离退休干部,有学识渊博的退休教师,她们不把自己当特殊学员,平易近人,尊重教师,让我敬佩。但由于她们没有接触过舞蹈,几乎就是零基础,我根据她们的实际情况,安排基础的热身训练、舞蹈基本动作练习以及成品舞蹈学习,让她们先感受舞蹈带给身体的好处,享受优美音乐伴舞带来的快乐,循序渐进地掌握健身舞。在她们身上我看到了乐观开朗的积极态度,认真刻苦的学习精神,这也激励我要更加努力地教学。

老年大学因没有毕业生,跟我学习多年的老班级学员很多都已经70多岁了。我发现她们中的有些人记忆力下降,学习很困难,但她们又很喜欢上我的课,不舍得离开。因此我就耐心地分解动作,带她们多练习,反复指导,让她们加深印象,难度稍大的动作就简化去做。她们也加倍地努力,从不缺课,无论远近、寒暑,她们都风雨无阻地坚持上课,课后认真练习,完成每段舞蹈的学习。

(四)认真备课,灵活多样教学

备好课是上好课的前提,舞蹈教师与其他教师一样不能随心所欲地去上课,必须做好安排,做足备课工作,只有这样才能提高教学水平。老年大学的教师非常辛苦,因为没有统一的标准教材,所以每当放假我都要花费很多时间去学习、搜集资料、编写教材,教学内容既要新颖独特又要按质按量完成。

在教学中我及时观察学员的学习情况,虚心听取学员的建议和意见,不断改进教学方法。如分动作示范,我将每个动作用拆分法分解,即对上、下肢动作分别进行示范,让学员们通过镜子和我一起数节拍学习,再清唱歌曲带练,让大家找准节奏点。如调速练习,有的舞蹈速度较快,学习中我就把音乐放慢,先让一拍的动作在两拍的时间里完成,等大家基本掌握后再随正常的速度练习。如分组练习,我让组长和学得快的学员带练,发挥她们优秀的一面,并给她们展示的机会,这样不仅提高了她们的积极性,也带动了学得相对较慢的学员。因为我们是普通班,不表演、不考核,学起来大家都没有压力。课后参与集中练习的学员能很快掌握舞蹈动作,但有的学员由于各种原因每周只上一次课,再回教室时舞蹈动作早已忘记。感谢我班班长及部分骨干学员主动提前到校带领这部分学员课前练习,让她们跟上大家的进度。互敬互爱、互帮互学,已成为我班的班风。为了让大家更好地掌握每节课的内容,每节课我都会录制教学视频发到微信群里,方便学员们在家回看练习,我也让大家利用当前的网络设备给自己录下跳舞视频并保存,这样既能找出自己的缺点,也留下了这段学习的记录,这个方法大大地提高了学员们的积极性。

（五）推荐作品,展示教学成果

每年学校都会举办教学成果汇演,这不仅是给各班学员展示的机会,满足中老年人对舞台表演的向往和欲望,也是展示教师教学成果的机会,更是课堂与实践相结合让学员们巩固学习的环节。作为教师,大家都想呈现最佳的作品,从筹备作品、舞台设置、挑选学员、准备服装到安排课后时间和排练场地等都是很操心的事,其中的苦与乐只有教师自己知道。但我辛苦并快乐着,辛苦是因为教学、排练、演出是费时费力费心思的,快乐是因为有一群姐妹时常相聚,参与排练。演出中,学员们拥有了优美舞台妆的美丽形象；演出后,照片和视频又给大家留下珍贵的回忆。此时,大家都感到所有排练的辛苦都是值得的。

每次成功展演背后都是大家辛苦的付出。再次感谢我班班长认真负责地协作辅导；感谢我班学员克服家庭和身体不适等困难,不耽误集体排练,一次次地跟着我纠正动作,虚心接受我的批评指正。姐妹们相互合作,宽容体贴,全力以赴地投入到排练中,大家共同的目的就是争取在演出时表演得更出色。

辛勤的汗水与共同的努力,换来了学校领导及大家的掌声和一致好评。如我班《风调雨顺》《人间天河》《我们的生活充满阳光》《一起来运动》《中国脊梁》等节目,不仅呈现了我的教学成果,又展示了健身舞班学员的风采。每当演出结束后,我和学员们又暗下决心,下一年再接再厉,再创佳绩。

一分耕耘,一分收获,多年来的辛勤教学,取得了明显的教学效果,得到了领导和大家的好评。今后我将在老年教育事业上继续努力,做出更大的贡献。

(作者系安徽老年大学健身舞教师)

点评是提高学员诗词创作水平的有效方法

章国保

中国古典诗词源远流长,是中华民族杰出的艺术创造和丰富的情感记录,是我们代代传承的文化瑰宝。学者、诗人闻一多曾说:"诗人对诗的贡献是次要问题,重要的是使人的精神有所寄托。"古典诗词之所以能传承千载、经久不衰,正是因为它寄托着中国人的精神追求,承载着中国人的诗情与诗心。今天,对古典诗词传承路径的新探索接连不断,古典诗词正以多种面貌融入我们的生活,持续绽放魅力,唤醒更多人的诗情与诗心。安徽老年大学开办诗词研究班的目的就是传承古典诗词的诗情与诗心。我是从2011年3月开始在安徽老年大学南山干休诗词班讲授唐宋诗词课的。近10年来，诗词讲授实践使我感受颇多。诗词是大美艺术，这种美的艺术源于其自身的黄金韵律。对于学员来说，在掌握诗词韵律的基础上，如何提高诗词创作水平是一道必须迈过的门槛。

怎样迈过门槛呢？途径有很多，我在诗词教学实践中总结出，点评是一种行之有效的方法。如2021年7月6日上午在安徽老年大学诗词研究班(芜湖路校区)，举办了一场别开生面的原创诗词交流点评会。诗友们事先从自己创作的诗词作品当中挑选出最满意的作品，然后在课堂上或深情、或感慨、或质朴地解读自己诗词的创作背景，再通过声情并茂的朗诵表达出自己作品的意境和韵律美，最后由授课教师现场对作品进行点评。交流点评会上自始至终气氛热烈，掌声阵阵。

交流点评会上第一位朗诵作品的是原省住建厅副厅长李玉华同志，他在介绍了自己构思写作这首诗的立意、语言、章法及修改过程后，脱口朗诵诗词：

致高考学子(新韵)

李玉华

磨剑十年初试霜，铁石百炼始成钢。
虽无刺股梁悬髻，却有凝冰寒锁窗。
浓墨濡毫书远志，豪情挥洒绘华章。
回眸考场心堪慰，自信奎星高照堂。

章老师点评：《致高考学子》的题材选自当下社会热点，也是学子的人生起点——高考，有其现实性、广泛性，也有很强的社会性。此乃其诗成功的基石。此诗以"磨剑""成钢"起兴，以喻学子十年寒窗苦衬托成钢之不易；中二联引典而不落俗套，翻出新意见其功力，描绘出学子前程似锦的美好愿景；尾联诗人以喜悦之情寄望高考学子蟾宫折桂,迈出人生的第一步!这首诗表明了诗人对广大考生的关切、厚爱之情。

第二位是原省地震局副局长姚大全同志,他选择的题材是端午节:

端 午 节

姚大全

布谷声中麦入仓,蛙鸣引荐碧田秧。
门悬菖艾防邪毒,浪击龙舟靠壮郎。
五味黍糜锅釜煮,一腔纷绪水云翔。
境迁时过巡天问,屈子传人续九章。

章老师点评:《端午节》的首联描绘出端午节的自然物象特征"金黄小麦"收获入仓,稻田蛙鸣映衬着长势旺盛的秧苗,以达开篇不同凡响之效;颔联着眼于节日民俗"门楣插艾蒿驱邪""龙舟竞渡",烘托出浓烈的节日气氛,且承接自然;颈联深入道出粽子飘香,引出悼念爱国诗人屈原的无限情思,转出深意;尾联重在诗话抚今追昔寄托心志,余音绕梁,让人回味不已,不失为佳构之作!

第三位是诗友李永广,他交流的是其回乡感怀之作:

老 农 思

李永广

夜雨海棠丝,晨风北杏枝。
打工儿未返,留守父长思。
一水绕村绿,家家耕地时。
南天无力种,故里晓何之?

章老师点评:《老农思》据作者介绍是其读过李白的《春思》后回老家见闻引起兴致而作的。"游子回故乡"这个主题的诗句古往今来不胜枚举,如贺知章的《回乡偶书二首(其一)》、毛主席的《七律·到韶山》等,此作尤其不同的是因读而兴,因见而思,因"老农而思",这种思是"忧思"。这从诗中自然可读出其意,这"忧"不是"忧"己,而是"忧"乡亲,这就升华了"忧"的内涵,提升了诗的社会属性,体现了诗人的家国情怀。如在语言与对仗上再斟酌的话,则诗味更浓郁。

第四位参与交流的是林善懿老师,她着眼于建党百年华诞,取材红船更富有时代感:

红 船 颂

林善懿

世纪红船劈浪航,雄狮觉醒铸辉煌。

江山指点挥神笔,郡邑腾飞着亮装。

甘露晴光华夏耀,和风瑞气世间翔。

窗前喜鹊欢歌唱,幸福家园日月长。

章老师点评:《红船颂》是一首应制诗,是一首献给建党百年华诞的颂歌!应制诗不易作,易雷同,难出新意。而《红船颂》的可贵之处在于从"我"的感受、"我"的视野出发而吟诵,这就具有了自己的特色、自己的个性。歌得真实,颂得可信,"清水出芙蓉,天然去雕饰",具有很强的艺术感染力,也很耐读,是一篇佳作。

接着第五位朗诵的是一位女诗友代征品,她的作品直接来源于现实家庭生活,具有亲切感:

家庭聊天群有感

代征品

家群近日感怀忙,各述知情论旧详。

爸爸曾进渣滓洞,妈妈早嫁戴农庄。

雾都血雨吟先烈,大浪淘沙写父娘。

为国为民为子女,鞠躬尽瘁闪金光。

章老师点评:《家庭聊天群有感》的成功之处在于从家事着眼,以寻找旧照片引发家族亲友间的热议,大家抚今追昔,感慨万千,层层递进,丝丝入扣,情理相融,景象相汇,构成了一幅现实生活图,充满生活气息,时代风貌浓郁,是一首以小见大的力作。如在语言结构上再下些功夫则更显魅力。

第六位上台朗诵作品的是一位老教师,这首诗是对他自己老来学诗词的感叹,富有情味:

自嘲(古风)

刘金毅

一分聪明二分憨,三分痴顽不知谦。
聪明用去谋生计,痴顽闲来诌诗篇。
生计虽能免饥饿,诗篇只可自把玩。
辛勤劳作未觉苦,每逢佳句乐半天。

章老师点评:《自嘲》这首诗很是完美姣好,语言诙谐俏皮,又生动有趣。对"憨""痴顽""聪明"给予自己独到的阐释,达到对自己调侃的艺术效果,读来令人印象深刻。反复吟咏,你从诗中不禁觉得作者是一位热爱生活、热爱学习、阅历丰富、学养深厚、可亲可敬的诗友。应该说,这就是《自嘲》的魅力所在。如能在韵律上予以把握则更完美!

第七位是厂长出身的诗词班班长王盈,他热心公益,待人热忱,他诵读的诗就取材于老友来访,真实感人:

重阳四川老友来访

王盈

每对秋风尽感伤,皖山蜀水又重阳。
当年铸剑山深处,一度转民天各方。

送别长亭悲涕泪,重逢氿岸话沧桑。

卅年一梦惊回首,遥祝亲朋安与康。

章老师点评:《重阳四川老友来访》这首诗情感浓烈、真挚、深沉,面对老友远道来访,欣喜不已,对往事的回忆犹如记忆的闸门被打开,潮流喷涌而出,感慨万千。八句吟来如行云流水,一气呵成,自然流畅。起兴秋色,既点题"重阳"与地址,又给整首诗的情感定下沉郁基调;中二联抚今追昔,描绘出与老友交往,结下手足之情,也道出"长亭话别"不舍难分的场景;尾联寄寓意蕴深长,既有向往又饱含祝福,概括全篇,余味留香。这是一首力作,极具张力。

第八位出场的是诗友曹仁华,他交流的是其在湿地公园赏秋的力作:

湿地公园赏秋

曹仁华

同窗诗友赏秋光,湿地湖边任意徉。

柳绿躬身施旧礼,菊丹含笑弄新装。

盘飧自备寻情趣,骚客畅怀留口香。

纵酒吟歌声自远,枯荷残照韵犹长。

章老师点评:《湿地公园赏秋》是一首寄情于山水田园风光的诗。总的来看,秋色耀眼迷人,游客心旷神怡。首联点出同游人乃为"同窗诗友",出游之处则是湿地公园,开宗明义,紧扣题旨,以率全篇;颔联以拟人的艺术手法描写公园绿柳轻扬"施礼",菊花盛开"笑脸"欢迎佳客,这就道出了游人身临其境描写的美好感受;颈联则突出了此游自助餐的乐趣,酒香多酣畅、曲调最悠扬的欢快场景令人过目不忘!诗情、游兴高潮迭起,如烂漫花儿竞相绽放。若尾联能与诗友相唱和,既可与"同窗诗友"相照应,又有升华主题之效,则整首诗更会锦上添花!

最后一位诗友是姚小凤女士,她既是一位诗词爱好者,也是乐于为诗友服务的热心人。这种热心肠从她孝顺婆婆的《鹧鸪天》一词中便可以读出来:

鹧鸪天·婆婆周年祭

姚小凤

冬夜难眠心不安,婆婆仙逝满一年。
孝儿赞母创佳作,贤媳思亲做美篇。
流泪面,跪碑前。两儿五女念无边。
子孙互爱情深暖,愿母天堂展笑颜。

章老师点评:《鹧鸪天·婆婆周年祭》是一首儿媳缅怀婆婆周年的悼念诗,难能可贵。开篇以"我"冬夜难眠起兴,造成悬念,让人不得不沿着作者的思绪往下读:为何难眠?对句紧接着明确道出是因为"婆婆周年祭"引发儿媳不尽哀思。儿子、儿媳与众不同的是,他们缅怀先母是既创作作品又制作美篇,以追思仙母勤劳、贤良、淑德,爱子持家誉满乡里的不平凡的一生,以教育子孙后代不忘母亲懿德,再振家声。他们将全部的追忆都赋予字里行间及精美画面上,读来令人称颂不已。词的过片自然,衔接紧密,且对仗工巧,表达出儿孙的不尽思念,至此悼意尽出矣,感人至深。尾句作者以铮铮言语告慰先母,后昆们定会团结友爱,以不负老人生前瞩望,如此收结,恰到好处。整阕词感情深切,孝意浓郁,实为佳作。

我策划的这次原创诗词交流点评会,极大地调动了诗友们学习古诗词的兴趣,在场的每一位诗友都受益匪浅。因为这种交流出自学员创作的真实体验,出自自己在创作过程中的所思所想,将它在交流点评会上说出来于人于己都有益。而现场即时点评,面对的是诗词作品与作者,对于点评教师来说,既要对每位学员的每个作品有整体的把握,做到心中有数,点评客观真实,从实道来,又要画龙点睛,恰到好处,不说空话,不言诳语,使学员明白长处在哪里,短处在哪里,心悦诚服,从中有得。所以,交流点评对学员来说是一次真实的检验,对教师来说是一次严峻的挑战,这个过程确实起到了教与学相互促进、相互提高的效果。如教师与学员坚持长期用心去做,必然大有裨益。

(作者系安徽老年大学诗词研究班教师)

诗词执教点滴

汪奇圣

我退休以后受聘在合肥老年大学教诗词。十几年的春花秋月,风雨穿行,未曾间断一课。我曾用一首《西江月》记录了我在老年大学的见闻、经历和人生感悟。

西 江 月
汪奇圣

万点星光争耀,满堂珠玉纷呈。

新枝老干共春荣,笑看红蕙绿映。

美在华林采撷,乐为芳圃躬耕。

风流挥洒莫须停,此是人生佳境。

(一) 走诗词大众化、普及化的道路

诗词是汉文化标志性的载体,是中华国粹,它几乎和文字、语言同步产生和发展,被称作"皇冠上的明珠"。但诗词并不神秘,我从一踏进老年大学诗词教学的课堂开始,就选择了诗词大众化、普及化的道路。当下的中国,人民的基础文化水平已普遍提高,老年人有相当充裕的时间走进文化艺术的殿堂。社会呼唤传统文化,群众渴望艺术享受。各地老年大学应运而生,这恰恰是在传统文化和群众愿望的中间架起了一座座金桥,它必将促使诗词大众化、普及化的道路走得通,稳得住,行得远。

(二)成功的实践一定要有统筹全局和分步实施的安排

所谓统筹全局,一是学员的全局。根据学员的文化基础(与学历无关)、研创能力和感悟灵性,将他们划分为"一、二、三"3个档次。档次虽不同,但重视的程度要相同,要因材分类施教。对第一档要"捧",第二档要"拔",第三档要"帮扶"。如老班长刘国范在传统诗词学、研、创的过程中迈出了坚实的步伐,取得了丰硕的成果,我关注到他这个领头雁,对其创作的《沁园春·边塞曲》进行了适当的指导和文字修改,然后与全班学员分享。其词曰:

莽莽荒原,滚滚黄沙,漫卷朔边。望重峦叠嶂,沉沉云雾;冻泉封雪,漠漠冰川。古道蜿蜒,风尘扑面,峭壁寒山十八旋。晴村暮,看岭衔落日,归牧炊烟。

巡行古戍边关。有无数男儿热血燃。正心雄志远,长缨似剑;时艰任重,夜雨如磐。岁月峥嵘,沧桑暗换,梦里犹挥马上鞭。迎晓日,喜枫林尽染,千里飘丹。

我的分析如下:

此词上片浓墨重彩地描写了边塞地区冰雪生寒、雄奇壮阔的图景,在苍凉古朴之中透露出绚丽的生机。下片转入抒情;过片后一句"有无数男儿热血燃",赋边防将士的豪情于冰天雪地阴晴变幻莫测之中,一个"燃"字兜底,笔力极为强劲;跟着下面的一组扇对,将他们的雄心抱负、军事技能和克服万难完成使命的光辉形象展现出来,在典型环境之中突出典型人物的经典乐章。这种撼人心魄的手法,其艺术效果使人过目不忘。

这是一篇颇具匠心制作的长调,一开头即大笔挥洒描写眼前所见之景,熟悉到无一景一物不在心中,然后叙述当年历险建功的经过,最后归于"梦里"一句挑明本意。结尾3句又与上片相合,意象鲜明,格调雄浑,含不尽之情,蕴无穷之思,整体上显示出刚健与绵柔的结合,使对军旅生活的回味与追念达到了梦境与现实、景与情的和谐统一。

我的分析从4个方面给学员以启发:

一是诗词来源于生活。要写自己熟悉的生活和历程、熟悉的人和事,而最熟悉的人和事莫过于自己的人生奋斗历史。

二是创作是一种感情,是一种爱。爱国家、爱人民、爱战士,爱到极致,发而为诗。真情是每个人都有的,真情出好诗,你有真情,你就有好诗。

三是格律诗词是一种规范性的创作,只有掌握好基本的格律规矩才能吟之成诗,赋之成章。这是进入诗词的门槛,这门槛有点神秘,但其实不高,有信心和耐心即可跨过。

四是普通人可以写出不普通的作品,大众可以出诗人。"边塞诗人"是本班学员送给刘国范班长的雅号。雅号不虚,这首词先后获得国家和军队比赛大奖。

二是教材的全局。 如基础知识要分为必用的、熟知的、了解的。经典作品要分为古代的、中古代的、近现代的,大众诗词要从古到今都有涉猎。选用作品的题材宜宽不宜窄。如纪事的、言情的、感怀的、劳作的、争战的、歌颂的、讽喻的、咏物的、天文地理的、时令的、美食的、旅游的等等不一而足。以上这些统筹的内容,目的在于适应老年大学全体学员的不同口味和不同情趣、风调、需求,而安排则是分步骤、有序推进。虽不提倡每堂课包罗万象,但每个学员都须给他一个圆梦的机会。每堂课的质量在于备课功夫的深浅。学员们都了解,每个学期,我都没有上过重复内容的课,堂堂出新,惊艳不断,一学年的备课笔记有几万字。游戏的规则留不住人,但游戏的内容、趣味却可吸引人,教学的道理也一样。不仅是教学内容要统筹安排,循序渐进,教学方法也要统筹考虑。启发式是总纲,但启发式并不是规定某一种方法,而是总体概念,在这盘子里可以摆上各种点心,也就是各种各样的方式方法。

(三) 始终不渝地关心、帮助每一位学员

自古就流传"熟读唐诗三百首,不会吟诗也会吟"。但事实上,由于各种原因,目前到班学习的学员大多缺乏基础,不解押韵,无论平仄,他们凭借的只是兴趣和热情。对此,不能挫伤他们的积极性,而是要用心、用意、用情、用爱去帮扶每一位学员,使他们在各自的起点上,经过三五年或者更长时间的努力,都能看到进步、提高、变化。

主要方法如下:

一是通过接触谈话,摸清学员的文化底子和顿悟、表达能力,在此基础上实施有效教学。

二是每堂课的教学内容应兼顾上、中、下3个档次,使各档次的学员都感觉到学有所得,学有所乐。

三是有针对性地进行课堂教学活动,在学员有主动要求的情况下,在学业上给予方向性和层递性的指导,而不是"一刀切"或简单规划。

四是对学员多表扬、激励,不批评,不压抑,务必使他们精神

放松,情绪乐观,师生彼此信任,关系和谐,确保学员在快乐的气氛中学习,在学习中感悟快乐。

五是认真批改学员的全部作业,不拖沓不敷衍。除了纠错以外,更多的是指导性批语。

六是充分发挥诗教功能。2000多年前,孔子就提出:"诗可以兴,可以观,可以群,可以怨。""兴、观、群、怨"4个字至今仍是诗教的主要方法和目的,对于我们学诗者、传诗者来说,自然是口诵心惟,践行不二,这有着潜移默化、事半功倍的良效。

(四)不虚度每一堂课

教师不仅要教书育人,还要承担相应的社会责任。现将每堂课的具体做法归纳如下:

一是认真备课,备教材、备方法、备板书、备资料、备学员。

二是精准授课,每堂课都要抓住重点,讲明要点,搞清楚知识点,突出中心,一以贯之。

三是合理安排教学时间,师生互动,教学相长,有时可采取讨论式、学员汇报式教学,力求将教师的主导性和学员的主动性有机结合,以复合之动力完成课堂教学任务。

四是根据教材的系统性和教程规定,在课堂上要做到有问必答,有疑必解,有错必纠。

五是每堂课都要特别关注高层次和低层次学员的接受情况和信息反馈,教师须给予必要的科学指导,使他们保持良好的心态,乐于跟进,学有所得。

韩愈说:"弟子不必不如师,师不必贤于弟子。"把学员看大,把自己看小,"诗朋为帝我为臣"(自作诗句),有利班级形成和谐局面和共进势头。故10多年来,这个班级的学员精神面貌佳美,学习锐气不减,创作成果丰硕,人才成长迅速,成为省市诗坛一支不可或缺的力量。

(作者系合肥老年大学诗词班教师)

老年摄影不仅为了愉悦自我

刘庆宁

当今是个读图的时代,随着智能手机的普及,摄影器材更加丰富,更加便捷。据统计,中国的手机用户已突破 10 亿,摄影人比比皆是,良莠不齐的照片满世界乱飞。在这个前提下,学习摄影的人越来越多,老年大学摄影系也变得分外抢手。目前,合肥老年大学摄影系的学员已突破千人。

老年教育原本是人生不同阶段教育的最后一站,如果说之前的教育是"强制性"的,是以社会的需要为前提的,而老年教育则完全是以老年人的需求为前提的,它的目的是提高生命质量,丰富老年人的生活。所以初始我在教学中倡导:快乐摄影,享受生活;张扬大家的兴趣与爱好。提高摄影水平,从摄影基础开始,再到风光摄影、人像摄影。去拍祖国的大好河山、日出日落的壮美、云卷云舒的变幻;去拍环境和人像,把美景和亲人、友人结合在一起;去拍温情的生活,去记录孙儿、孙女的成长过程……通过摄影增长知识,陶冶情操,锻炼身体,广交朋友,让学员通过老年大学的摄影课程与实践真真切切地感受到摄影给生活带来的无穷乐趣。

最近几年,学校加强了党在老年教育中的作用,在班级建立了党支部,让我们在摄影之外通过政治学习又回归到不忘初心的原点上来。我教的几个摄影班有一大半同学都是中共党员,退休前在各自的岗位都做过一定的贡献,赋闲之后依旧保留了刻在骨子里的责任感与使命感,于是,我们尝试把摄影和社会活动结合起来。2013年我们首次与合肥庐阳区合作,举办了"我的家园我的梦"摄影展览,两个多月的时间,大家在天色微明时登上高楼去拍城市在朝霞里苏醒的模样,在华灯初上时拍下流光溢彩的街道,拍林立的高楼拔地而起,拍南淝河的翠绿在阳光下熠熠生辉,拍在这样的环境里居住者平凡而幸福的生活。我们从自家的箱底、从档案馆里找到当年原址破旧而贫穷的照片,通过新旧对比,让所有观展的市民体验到了前所未有的幸福感,许多人感慨地说:"没想到我们经历了如此翻天覆地的变化,没想到镜头里有这么多被我们忽略了的美景,看来摄影真的给百姓带来了愉悦和教育。"我把教学放在摄影的实践过程中,大家互教互学,相互切磋,技艺得到了明显的提高。这次活动的成功举办更加坚定了我在教学与实践中贴近生活、服务生活的思想。

　　在中国摄影家协会第九次全国代表大会上,时任中宣部部长刘奇葆指出:"时代发展波澜壮阔,摄影艺术大有可为。要记录时代,做到用光用影用情怀,以深邃的目光去观察现实,以真诚的感情去体验生活,以艺术的灵感去捕捉人间之美,立体呈现时代万千气象,创作出无愧于伟大时代的优秀作品。要聚焦人民,做到见物见人见精神,走进生活深处、走到群众中去抓取典型瞬间,用灵动光影、鲜活画面记录人们追梦、圆梦的奋斗足迹,传递真善美、传播正能量。要放眼世界,做到传形传神传气韵,让更多的国家和人民通过摄影了解以前的中国、当代的中国、文化的中国、多彩的中国。"这就更加明确了我们的方向,坚定了我们的信心。聚焦人民、深入生活的活动越来越多：我们为金婚老人拍摄婚纱照，弥补他们当年的缺憾；为书香老人拍摄勤学苦练的过程，展示他们收获的成果；拍摄退休劳模的幸福生活，弘扬无私奉献的劳模精神；走进福利院，拍摄亲如父母般的护理人员的辛勤付出；走进养老院，拍摄老有所养的夕阳温暖；2019年盛夏，我们和《合肥广播电视报》合作，用镜头拍下劳动者的背影，用汗流浃背的身影表达我们对他们深深的敬意……

2019年10月1日是新中国成立70周年，回顾前辈们的奋斗历程，与国家休戚相关，正是这些前辈用他们的青春和热血为祖国的发展做出了杰出的贡献。于是我们策划了"我与共和国同年岁"摄影展，通过不同时期的照片展示了我国的成长过程，记录了一代人追梦、圆梦的足迹。这个主题摄影还亮相于包河国际摄影周展览，引起了极好的反响。

让摄影贴近生活，想人们所想，急人们所急。我们连续10年拍摄"春运"，记录这一中国特有的人口流动大事件；连续8年拍摄"高考"，用鲜活的镜头记录了这一牵动千家万户的事。新冠肺炎疫情期间，尽管不能随意外出，我们也把镜头对准这一重大事件——疫后复产、复工、复学，尤其是中小学复课的第一天，我们全面记录了学校内外的防疫防控措施，这些照片除了在媒体上刊载外，还做成了美篇在家长微信群里广为传播，许多家长留言："看到学校防控如此有条不紊，我们也就放心了。"2021年不期而遇的接种疫苗热潮，更成为了我们拍摄的热点，社区报、微信公众号都大量采用我们的及时报道，在头版头条刊登了我们来自现场的图片。

2021年恰逢中国共产党建党100周年华诞，我们在合肥老年大学和合肥市摄影家协会的支持下，策划并实施了"100年&100人 我为党旗添光彩"的大型摄影活动，拍摄前重点对摄影中较高层次的组照拍摄作了专题教学。在摄影教师和各班党支部的精心组织策划下,分别组成了几十个拍摄小组,深入工厂、工地、学校、医院、部队、机关、科研院所,把镜头对准全国劳模、道德模范、优秀党员,用镜头记录他们的点点滴滴。他们中有科学家、音乐家、舞蹈家、企业家、教师、医护工作者,更有工人、农民工、警察、普通劳动者;既有年龄不满20岁的年轻党员,也有年富力强的中坚骨干;其中不乏经历过革命战争考验的耄耋老人。无论他们身居何位,也不管年龄长幼,他们都有一个共同的名字:中国共产党党员。大家在采访、拍摄的过程中都有一个共同的体会,那就是从这些党员、英模的身上看到了熠熠生辉的闪光点,从他们无私的奉献中感受到了生动的党性教育。

两个月的时间,我们的镜头对准一名名党员,用一组组照片讲述了一个个故事,竖起一面面飞扬的党旗。这项活动得到了全社会的高度重视:《合肥晚报》作了专题报道;安徽图片网设立"100年&100人 我为党旗添光彩"合肥老年大学专栏,一一展示100名党员的动人事迹;《合肥晚报》社区报分期介绍了该辖区党员的图片、事迹;许多街道在微信公众号推出党员故事;相关摄影作品在七一期间隆重展出。

在我的教学中,贯穿了相互交流、共同提高的思想和宗旨。韩愈在他著名的《师说》中明确写道:"生乎吾前,其闻道也固先乎吾,吾从而师之;生乎吾后,其闻道也亦先乎吾,吾从而师之。"教学相长的道理得到了很好的诠释。课堂上让同学们交流摄影心得,探讨摄影新技术;课堂外建立网络交流平台,除了自己外,组织动员摄影水平较高的教师摄友,实行评片制度,每晚让全校同学发片,值班教师点评,坚持至今已达8年之久。正是这样把教学与社会实践相结合,以教师教和同学交流相结合的方式,让师生的摄影水平突飞猛进。我们的师生中有200多人加入了合肥市摄影家协会,170多人加入了安徽省摄影家协会,我执教的一个高级班就有9人加入了中国摄影家协会。铁四局退休职工杨林应经过几年学习,坚持把镜头对准自己熟悉的高铁建设工程,摄影作品在全国工业摄影大赛和全国交通摄影大赛中分别获金奖、银奖。原潜山市卫生局局长(退休后定居合肥)杨国太的摄影作品在全国艺术摄影比赛中获得金奖。杨林应的作品两次在顶级的全国摄影艺术展中从247000幅作品中脱颖而出,成为安徽省十几名入展的优秀作品,创下了合肥老年大学入选国展的先河。高级教师杜兆军的作品也从20多万幅作品中成功进入前3000多名的复赛范围。这个班十几位同学的作品已在两届安徽省摄影艺术展上亮相。如今,在国际、国内和省、市摄影比赛中获奖已成为一种常态,这充分显示出了我们师生摄影水平的飞跃。

　　几年的摄影教学告诉我,摄影可以给我们带来美感,带来欢乐,可是我们不仅仅把摄影当作愉悦自己的工具,而是用它记录时代的变化,歌颂生活的美好,用摄影去完成自己和时代的追梦、圆梦理想。

(作者系合肥老年大学摄影系教师)

全民健身是全民健康的"运动处方"

许红军

2016年5月27日,习近平总书记在中共中央政治局第三十二次集体学习时指出:"我国是世界上人口老龄化程度比较高的国家之一,老年人口数量最多,老龄化速度最快,应对人口老龄化任务最重。"2017年1月18日,国家主席习近平在会见国际奥委会主席巴赫时谈道:"大力发展群众体育,通过全民健身实现全民健康,进而实现全面小康目标。"国发〔2014〕46号文件明确"将全民健身上升为国家战略","加强体育运动指导,推广'运动处方'"。

作为老年人增长知识、丰富生活的教育机构,老年大学能够且应该成为适应社会老龄化需要、贯彻全民健康理念、满足人民日益增长的美好生活需要的重要教学舞台,通过课程表现形式、课程内容设置为老龄学习者提供多层次的文化学习支持,对老年教育的快速发展发挥重要作用。围绕贯彻习近平总书记的要求,实现全民健身动起来,健康幸福练出来,我总结为以下4点教学体会。

(一)坚持严谨教学,因势利导,让学员有所学

中华武术发展到今天,人们对太极已产生了不同的认识:竞技、养生、演艺、传统功夫等,因而太极也出现了多元化格局。针对老年大学学员的年龄结构、身体条件、受教育程度等特点,在老

年大学的教学中,应以服务于老年人的健身养生为宗旨,在传授技艺的同时,传授拳理和相关文化知识,力求教学的科学性、知识性、表演性、趣味性四位一体,追求学员意、气、精、神的和谐统一。

在每个学期初,我都提前把自己撰写的理论知识要点、学期教学方案和自身学习体会发给学员,供大家学习对照。在教学工作中做到每门课程教学有计划、课前有教案、课中有重点、课末有点评、课后有总结。

针对老年大学学员年龄结构、身体条件、受教育程度等特点,坚持以服务老年人健身养生需要为教学宗旨,研究适合老年人的教学方法,帮助老年人克服学习障碍。一是有目的地选择节奏优美、健康向上的声乐、器乐作为热身伴奏,帮助学员多层次地欣赏我国民族音乐的精华,培养学员的乐感素质,涵养智慧,陶冶情操,激发学员的学习兴趣。二是引入歌诀锦句,帮助学员记忆与掌握规范动作,在教授动作的同时,传授拳理和相关文化知识,实现"身心合修"。三是开展参与式教学,通过编辑各类伴奏音乐,创新编排集体表演动作方阵,积极为学员创造学习成果展示平台,组织学员参加国家、省、市、县各级传统武术比赛,激发学员的学习热情。如学员参加杭州国际第八届传统武术比赛获集体一等奖;参加省传统武术比赛获集体一等奖;连续多届参加市运会、市职工运动会,获得数十枚个人与集体奖牌。

(二)坚持价值引导,服务社会,让师生有所得

太极拳的任何一项技术元素,说到本质,都会涉及中国传统哲学,如要弄懂太极拳的虚实,必须在哲学上寻求答案。太极拳理论有道家哲学成分,而道家哲学中的有无虚实主要体现在主观心境上。虚,是心灵不挂靠在任何一个特定方向上,以气待物,虚则灵,空灵变化,无限妙用;实,是主观心境上有意念,有意念则意

念所向,从而产生动作和劲力。同时,教学讲解不能只讲抽象的概念,教师必须用示范动作把哲学含义表达出来。例如,一个白鹤亮翅的动作,怎样做是虚,怎样做是实;身体哪些部位是虚,哪些部位是实。要讲得出、做得出,让学员去判断、评价,所以,这种教学与其说是教学生,不如说是考教师。经过多次讲解,大多数人还是能够理解的。学员普遍反映,在老年大学里不仅学到了太极,还学到了文化知识,很充实、很舒服。

在太极教学中要坚持身心合一,同守正心,共修正念,引导学员对"真、善、美"的不断追求,倡导学习的价值实现性。为倡导学用结合、服务社会,鼓励尊老、敬老、爱老,我常年组织学员赴敬老院进行慰问演出,广泛参加全民健身日、县文化日、太极日和重阳节汇报展演,连续参加多届合肥市老干部运动会、市县两级职工运动会等大型活动的开幕式表演等,切实把老年大学的办学宗旨融入到实际教学之中。

(三)坚持推广"六进",引导社会,让全民得健康

作为一名社会体育指导员,要积极成为全民健身的宣传者、科学健身的指导者、群众体育活动的组织者、健康生活方式的引领者,影响、带动更多的人参与全民健身运动。为此,我通过参与创立肥东县太极拳协会,组织并推广太极拳、太极柔力球进社区、进机关、进企业、进乡村、进校园、进家庭等"六进"活动,引导大家开展全面健身,实现强身心、送健康、筑未来。

进社区:在肥东县城发展了10多个晨晚健身点,在龙塘镇、石塘镇、长临河镇、包公镇等地设立了健身推广中心,让全民健身真正延伸到社区和乡村。

进机关:在肥东县民政局、教体局、残联等单位,组织公职人员学习太极拳,丰富干部、职工的精神文化生活。县残联2017年

参加了合肥市第五届残疾人太极拳演武大赛,获二等奖。

进企业:在江苏油田老年大学撮镇分校开展教学实践,通过"强体魄立功勋"活动,缓解干部员工的亚健康状态。

进乡村:2019－2021年在肥东县全部20个乡镇(工业园)社区开展现场教学,培养乡村太极骨干,丰富农村居民的文化生活。

进校园:对全县中小学体育教师开展武术健身操培训,在全县开展两期共300多人的太极柔力球培训,在圣泉中学、定光小学、尚真小学、新城学校等学校组织在校体育教师的太极拳培训。2016年,定光小学参加了合肥市十一届体育运动会武术健身操比赛,获一等奖;2017年,2760名中小学生共同展演二十四式太极拳,场面壮观,得到广泛好评。

进家庭:邀请学员的身边人,倡导"全民健身动起来,健康幸福练出来"。2020年抗击新冠肺炎疫情期间,组织学员家庭利用各自的独立空间锻炼身体,舒缓心理压力,营造和谐的家庭氛围,帮助学员调节心理状态、身体状态、睡眠状态,同心打赢抗击疫情阻击战。

(四)坚持融合发展,全民健身,让"大健康"上台阶

疫情后期,全民健身已经由"增强体质"进入到"健康促进"的发展阶段,要深入贯彻落实"以促进健康为中心"的大健康观,发挥全民健身在促进人民健康幸福生活方面的独特优势,倡导通过"运动锻炼、居家健身"来实现增强人群体质、提升免疫力、有益身心健康等价值功能。

坚持倡导和践行"五个身边",即健全群众身边的体育健身组织、丰富群众身边的体育健身活动、支持群众身边的体育健身赛事、加强群众身边的体育健身指导、弘扬群众身边的体育健身文化。我通过参与肥东老年大学教学,组织太极拳协会活动,发展

县城晨晚练点建设,指导省、市、县各级群众性体育赛事,策划社会文体活动展演等,倾力推动全民健身公共服务体系构建,以实际行动满足人民多样化、多层次的健康需求。在新冠肺炎疫情防控政策许可的情况下,仅在2021年3月至4月,就在县城开展太极"第二课堂"义务教学500余人次。

推动"全人群"共享健康。针对青少年、老年人、职业人群、残疾人、外来务工人员等不同群体的健康需要,因材施教,大力普及青少年武术活动,广泛组织适合老年人的体育健身活动,推动残疾人康复体育和健身体育的开展,促进职工、农民、妇女、青少年的体育实践。通过"六进"活动,力求推动覆盖全生命周期的健康支持体系形成,助力肥东高质量发展。

全民健身自1995年的"纲要"到长期实行的"计划",再上升到"国家战略"的决策高度,旨在全面提高国民体质和健康水平,这为实现全民健身国家战略与健康养老之间的融合奠定了坚实的基础,是解决健康养老问题的重要途径和必由之路,是人民增强体魄、健康生活的基础和保障。

在20多年的教学实践中,我认为老年人坚持练习太极拳,在较短的时间内就可以有效地调节自己的心理状态、身体状态、睡眠状态等,增强老年人的幸福感,使老年人的晚年生活更加丰富多彩,达到快乐健康、修身养性的锻炼目的。

肥东老年大学矢志践行"厚德、尚学、康乐、有为"的校训,长期科学有效地推广和普及太极运动、太极理念,将太极这一项历史悠久、文化底蕴丰厚的运动真正地造福于民,真正帮助老年人实现了老有所乐、老有所为、老有所养、老有所依的快乐、健康、幸福的晚年。

(作者系合肥市肥东老年大学健身班教师)

情洒夕阳红　守得桑榆美

袁庆华

我于2014年从中学教师岗位上退下来后,被撮镇唐安社区老年学校聘请担任时事政治、法律法规、中老年健康等专业课程的教师。下面结合自己这几年的教学经历,就农村老年学校教育教学工作谈点个人的体会和做法,既为自勉,也为加强农村老年学校建设提供一些启示和建议。

(一) 坚守政治站位,把正能量源源不断地送到广大老年学员之中

农村老年人参加社会活动少,他们获得外界信息的途径除了电视广播外,大部分来自街谈巷议、坊里传说,具有很大的不确定性和迷惑性,对老年人正确认识、理解社会,享受健康的晚年精神生活非常不利。这就要求我们教师在教学中,坚守思想性、政治性、科学性原则,始终不渝地宣传习近平新时代中国特色社会主义思想,宣传社会主义核心价值观,宣传党史、新中国史、改革开放史、社会主义发展史,宣传实施乡村振兴战略的美好愿景,做到讲课内容与党的方针政策、国家法律法规、社会主义核心价值观保持高度一致,与党中央的宣传口径和地方党委政府的中心工作保持高度一致,做到五个"不讲":小道消息不讲、未经证实的网络

谣言不讲、所谓的"内部消息"不讲、牢骚怪话不讲、广告性质的话不讲,把正能量源源不断地送到广大老年学员之中,引导他们坚定不移听党话、跟党走,不断增进政治认同、思想认同、理论认同、情感认同,在全面建设社会主义现代化国家伟大实践中奉献夕阳红,享受新成果。

（二）坚守探索创新,钻研适合老年人特点的教育教学新思路新方法

农村老年学员有这样几个特点:一是政治素质参差不齐,辨别能力不高;二是年龄跨度较大,从50岁到90岁都有;三是学历层次偏低,有高中以上学历的很少;四是身体、心理差异大。这个特殊群体来老年学校,具有明显的非功利性,不为应试升学、求职求衔,除了"学知、有为"外,更多地是希望大家聚集到一起,得到乐,排泄闷,实现精神上的满足与享受,打发空余的寂寞时间。学员们有很大的自由度,随时入学、随时离校,如果教师像普通学校那样教学,那么在课堂上很容易出现聊天、打瞌睡,甚至中途离场、下次不来的现象。我在教育教学过程中充分考虑这些特殊因素,从实际出发,在教学中努力做到"四新":

1. 教学内容新

根据"适其所需,授其所宜"的原则选用教学内容,如中老年人养生,培育和践行社会主义核心价值观,党的十九大精神讲解,春季"两会"解读,老年人权益保护,征地拆迁和土地流转政策法规等方面的内容。这些方面的内容老年人都懂得一些,但往往一知半解,缺乏系统的了解,讲这样的内容能引起学员情感上的共鸣,满足他们求知解惑的愿望,课堂上学员听得津津有味,兴致非常高。

2．教学形式新

在教学中,我积极配合学校行政,延伸课堂教学,开辟第二课堂,开展丰富多彩的课外活动,寓教于乐,使学员进得来、留得住、学得好。每年春节前,我组织老年书画班的学员为居民写春联,既锻炼了学员,又服务了群众;在社区党建活动中,我和学员一起参加上级党组织的党课教育;在庆祝改革开放40周年、新中国成立70周年、建党100周年时,我和学员一起写诗作画,歌颂党的丰功伟绩,感受祖国的发展变化。多样的教学形式调动了老同志参加老年学校学习的积极性。

3．教学方式新

我在学校时就熟悉电脑和多媒体教学,到老年教育岗位上,我坚持电化教学,采用多媒体上课。在课堂上放视频、精讲解,图文并茂、动漫结合、事例翔实,直观性、趣味性、故事性都很强。大家都说,听这样的课,有趣味、不分神、没瞌睡,我们喜欢。

4．课程设置新

在农村老年学校,学员结构多样、兴趣爱好广泛、实际需求变化多,学校开设的课程不能一成不变,要适时进行调整和增减。随着学员需求和社会需求的变化,学校的课程设置,包括教学内容也要随之变化,只有与时俱进,学校才能常办常新。

(三)坚守严谨治学,用事业心和责任心讲好每一节课

城市老人与农村老人不同,虽然人到高龄,但还有沉重的家庭拖累,要帮助子女带小孩,烧锅做饭忙家务,难有空余时间。农村老人活动空间广,左居右舍、场前屋后、田间地头到处都是打牌、聊天、散步、健身的好去处,不一定非要到老年学校来;农村老人世欲观念重,临老了还要去上学,怕别人嘲笑、子女埋怨;农村

老人的经济不宽裕,有的人七八十岁了,还在农田里种菜种粮,有的还要去干保安、做保洁,甚至捡垃圾,为自己挣一份养老钱……所以,他们能挤出时间到老年学校学习非常不容易。作为老年学校的教师,就要以高度负责的精神,严谨科学的态度,认真面对每一节课,让这些不容易的老人学到一份知识,获取一份需求,得到一份快乐。

1. 制定完善的教学计划

每学期我都根据学校的教学安排,制定完善的教学计划,将一学期的教学任务、教学内容安排得当,并将计划发放到学员手中。没有特殊情况的话,就严格按照教学计划授课,杜绝教学的随意性和盲目性。

2. 充分做好课前准备

不管什么课程,我都写有教案,我的教案都是打印的,而且都是多媒体课件教案。教案写好后,自己演练一遍,确保万无一失才拿到课堂上。几年来,我写的教案有厚厚几大本,共有60多万字。

3. 确保教学内容的科学性

上课中我从来不望文生义,东扯西拉。不管讲什么课,都围绕教学主题,查阅大量文件档案和视频材料,读原文、阅原件,绝不搞"似是而非",确保教学内容的科学性。例如,在讲"健康养生"课时,我就事先阅读了几本医学专著并观看了十几个医学专家的视频讲话。

4. 注重课后学员反馈

每次课后,我都反复征求学员的意见,多方搜集学员的感受信息。既要听对自己赞扬的话,也要听对教学的意见,做到优点发扬,短板及时补足。

（四）坚守廉洁奉献，乐于为老年教育担当一份责任

老年教育是一项公益事业，作为老年学校的教师，不能像社会授课那样，过分计较薪酬。多年来，我坚守的是奉献，轻视的是课酬。我的教学教案都是多媒体课件，往往一节课的内容，课前要花费十节课的时间去准备。制作多媒体课件，我都是用家里的电脑完成的，起初我是用自己的手提电脑和投影仪为学员上课的（后来学校配备了电脑和投影仪）。多年来，我没主动向学校要一分钱补贴，在镇老年学校上课，学校每节课给30元补贴（后来增加到80元），我承担多个社区的教学任务，每月免费为社区老年学校进行多节示范课教学。有人说，你这样做是不是有点傻，但我不计较，我只想用我自身的一点能力和优势为老年教育尽一份责任，做出一点贡献，情洒夕阳红，守得桑榆美。看到老同志们满怀信心而来，兴高采烈而去，我就感到快乐，乐在其中是我的兴趣，我的追求。

（作者系合肥市肥东县撮镇唐安社区老年学校教师）

老年大学二胡分层教学的思考

常杨越

2013年因工作关系我来到了长丰县老年大学，成为了老年大学的一位兼职教师，于2017年秋季学期担任长丰老年大学二胡

班的教学工作。通过几年的教学历练,使我认识到老年大学是贯彻落实全国中老年人老有所学、老有所教、老有所为的主阵地,是中老年人陶冶情操、丰富生活的主战场。二胡是较受广大老年学员喜爱的乐器之一,上好每一堂二胡课是丰富老年学员精神文化生活的重要保证。通过对我的二胡教学经验的总结与回顾,我认为对老年大学开设的二胡专业实施分层教学是一种行之有效的教学方法,是一个值得探究的课题。

(一) 什么是分层教学

分层教学就是教师根据学生现有的知识、能力水平和潜力倾向,把学生科学地分成几组水平相近的群体并区别对待,这些群体在教师恰当的分层策略中得到最好的发展和提高。从我县老年大学的课程设置情况来看,大部分学科是没有分层教学的,少部分班级分了初级班和高级班。但初级班与高级班划分的依据没有统一标准,没有明显的界定。随着《老年教育发展规划(2016—2020年)》的贯彻实施,我国老龄化速度的加快和老年学员的快速增加,分层教学势在必行。二胡教学鉴于其特有的艺术特点,更需要及时开展规范合理的分层教学。

(二) 二胡分层教学的意义

1. 分层教学有利于服务不同需求的老年学员

不同的老年学员由于在上班时的经历不同、退休后的人生追求不同,他们来到老年大学学习二胡课程的目的也有所差异。有的老年学员来学习二胡课程是为了学习一门乐器,丰富自己的退休生活,增加艺术修养;有的老年学员学习二胡课程则是为了丰富自己的交友圈,通过上二胡课的方式认识更多志同道合的朋友。不同的目的、不同的需求要求我们要根据老年学员的不同需求提供不同的教学内容,实施不同的教学方法。对于想更深层次掌握二胡技巧的学员,教学时我就安排有一定深度的二胡乐曲和练习曲让他们学习;对于仅仅想掌握基本的二胡演奏技巧,并用所学的二胡技能服务于其他艺术形式,如歌曲伴唱的,教学时我就安排一些难度不大但有一些传唱性的乐曲作为二胡教学的内容。在不同层次的教学中让学员学会各自想学的二胡技巧,得到想获取的知识。

2. 分层教学有利于教学工作的开展

纵观我县及其他地区老年大学的二胡教学,往往存在一种现象:同一个班级的学员由于知识水平及学习能力的差异,对于同样的教学内容,有的学员一听就懂,进步很快,有的学员由于接受能力有限,不能很快理解一节课的教学内容,不能掌握相应的技能。学员学习二胡的过程不仅受到接受能力的制约,而且受到学员自身身体条件的制约。如果将学习能力大致相同的学员分为一组进行二胡教学,教师在备课方面就会相对容易很多。对于学员在上课过程中出现的问题指导起来也会更有效率和针对性。

3. 分层教学有利于调动二胡学员的学习积极性

兴趣是最好的老师,器乐的学习更离不开兴趣的支持。将知识水平、技能水平大致相同的学员放在一起进行教学,学员们在课堂练习的时候由于水平相近,他们在进行学习心得交流、技能交流时,也更容易产生共鸣,从而共同在探究中学习,共同成长。

(三)二胡分层教学的步骤

1. 根据学员的水平进行分组

想要顺利地进行二胡分层教学,首先要对学员的二胡基本功情况进行全面的了解。根据他们的情况确定分层教学目标,对分层教学的目标进行顶层设计。然后根据每位学员的实际情况把相同水平的学员分为一组。例如,我们可以把没有掌握C、D调第一把位的学员分为初级组;将掌握第一把位但没有掌握第二把位的学员分为中级组;将掌握第二把位后还想掌握其他技能的学员分为高级组。当分组完成后,学员的学习、练习就有了明确的目标。在划分时要注意层次与层次之间既要有连贯性,又要有梯次性。

2. 根据不同的目标确定不同的教学内容和教学方法

当我把学员分好组以后就要针对不同组员的二胡水平与之前的教学目标,选择合适的教学内容与教学方法。在教学内容上我们可以在网络上的资料、各家出版社出版的二胡教材的基础上进行有效的筛选和提炼,选出适合该层次学员学习的内容。例如,初级组学员由于还没有掌握二胡基本功,教学时我就选择有助于基本功养成的练习曲。对于基本功较为扎实的高级组学员,教学时我就选择技法要求较高的练习曲和两个把位甚至更高难度的练习曲、艺术作品,以适应他们的需求。

在教学方法上也是如此。对于初级组学员,由于缺乏基本功加上部分学员的身体条件有限,课堂上应掌握的二胡技法有可能没有完全掌握。由于没有完全掌握课堂上讲的内容,课后练习时就会很难。对于这样的学员,我在课后利用现代化、信息化多媒体技术,将本节课应掌握的技法练习要领录制下来,再通过QQ、微信等方式发送给学员,方便他们课后练习。

3. 建立各层次学员的动态调整机制

随着时间的推移,每个层次的学员在学习一段时间后,二胡的技巧掌握情况、乐曲的处理能力会逐渐发生变化。由于学员之间存在个体差异性,同一层次的学员在学习了一段时间后不可能同等进步,原本层次相同的学员又会出现新的不同步现象。这个时候就要根据不同层次的教学目标对不同层次的学员进行动态调整。原初级组的学员中学习能力较强的,已经达到中级水平层次的,就可以调整到中级组;而中级组中有部分能力较弱的、学习跟不上的学员可以适当地调整到初级组。这样每位学员始终能够学习到适合他们的课程,从而更有效地完成二胡学习。

对老年大学的二胡课程实施分层教学,对二胡课程的教学质量的提高有着重要的促进作用,有利于调动广大老年学员的学习积极性。

(作者系合肥市长丰县老年大学二胡教师)

寓教于情　寓教于文　寓教于乐　寓教于为

朱长钊

葫芦丝是云南少数民族(傣族)乐器,其音色独特淳朴,富有浓郁的地方色彩,深受老年学员喜爱。我退休后参加了老年大学葫芦丝班的学习。在学校领导的关怀及教师的培养下,由一个葫芦丝爱好者成长为葫芦丝授课者。通过几年的教学实践,我深刻感悟到,"寓教于情、寓教于文、寓教于乐、寓教于为"是做好老年大学葫芦丝班教学工作的关键。

"寓教于情",即在教学过程中贴近学员的情感,想学员之所想,把学员当成自己的亲人一样看待。现阶段在校的老年大学学员,大多是"50后""60后",甚至是"40后"退休或赋闲在家的老人,他们大多文化水平不高,接受知识的能力差异较大。作为老年大学的教师要有爱心、耐心,在课堂教学时,要"因人而异",苦口婆心地向他们传授知识,不能"一讲了之"。如初学者,从发音及口舌、手指的运用到之后的各种技巧的练习,都要一对一、手把手地传授;对接受能力差的学员,需多次反复地给他们讲解。班级中有两位是80岁以上的高龄老人,我平时更是把他们当前辈一样看待,耐心地听他们的诉求,上课时不厌其烦地为他们演示、讲解,有时还在课后单独为他们辅导。教师就是学员中的一员,师生融为一体,有力地推动了教学过程。

"寓教于文"中的"文"即知识、技能。一定要将关键的知识与技能传授给学员,让他们真正学到有用的知识,这样才能激发学员的学习兴趣和学习热情。例如,要学好葫芦丝,必须懂得乐理知识。绝大部分学员,甚至有些高级知识分子,刚进班级时都不懂乐理知识,所以普及乐理知识是教学的重中之重,但教学难度大、效果差。有些教师在讲解这方面知识时,只是一语带过。我为了帮助学员攻克这一难关,自编了一套"土"教材,用"土"办法,把乐器的深奥知识化解为学员喜闻乐见的语言或知识。如把"四分音符""八分音符"转化为"一拍""半拍"理解"浮点音符",将"切分音符"转化为算术公式的"拍"数计算且便于记忆,学员学起来方便多了,兴趣也浓了。一般经过两个学期的学习,80%以上的学员都掌握了乐理知识,简单的歌曲自己就能唱出来,有几位学员还达到了精通熟练的程度。我带的班级人数从原来的20多人到如今的40多人,不少学员就是奔着学乐理知识来的。在葫芦丝的技巧教学中,如双吐、三吐练习等,除了书上的练习之外,我也自编了一些脍炙人口的片段供学员练习使用,因其简单且容易记忆,均收到了良好的学习效果,让学员在课堂上学到了实实在在的知识和技能,学员的学习兴趣得到了很大提高。

"寓教于乐,寓教于为"也是做好葫芦丝教学的重要部分。让学员在学习中尝到学习的乐趣,做到"老有所乐"。例如,学员在学期才艺展示的舞台上看到了自己的风采,都很开心。我们还组织了相关的社会活动,让学员体会到"老有所为"的社会担当及人生价值,极大地激发了学员的学习动力。

在教学实践中,我在培养学员兴趣的基础上,让他们找到学习的乐趣。在教会学员吹奏一些基本曲目之后,就选取一些耳熟能详的红歌、老歌,如《军港之夜》《映山红》《妈妈的吻》《天边》等,让学员自己伴奏,自己演唱,把学员的葫芦丝演奏能力与歌曲演唱能力有机地结合起来。此外,还成立了葫芦丝班兴趣活动小组,每星期在公园或社区活动一次,自娱自乐,让学员在学习中找到快乐,极大地提高了学员的学习积极性。我们曾参加学校期末的"学习成果才艺展示",得过三等奖;我们还组织学员参加一些社区活动,为社区老年人服务,如到敬老院为老年人演出,既娱乐了别人,又坚定了自我,体现了"老有所为"的人生价值。

我一生从事教育工作,但担任老年大学的葫芦丝教学工作,我则是一名新兵。在短短的葫芦丝教学实践中,我深刻体会到,把老年学员当作自己的亲人,让他们学到知识,感受到乐趣,并体现出"老有所为"的人生价值,让老年学员由被动学习变为主动学习,就一定能让老年大学的葫芦丝教学迈上一个新的台阶。我虽已步入老年,但思维尚敏捷,身体还硬朗,愿把所掌握的一点知识,奉献给老年教育。老骥伏枥,志在为老年教育发挥一点余热。

(作者系合肥市长丰县老年大学葫芦丝初级班教师)

教老年朋友唱京剧

封桂生

京剧是国粹,是我们中华民族的文化瑰宝。提到它,可谓家喻户晓,人人皆知。回眸 20 世纪六七十年代,当所有传统戏曲被禁锢时,那时也不过唱唱样板戏,其他传统剧目只能望而却步。改革开放 40 多年,带来了文化市场的大繁荣、大发展,迎来了"百花齐放""百家争鸣"的大好时机,传统剧目纷纷亮相舞台。

2011 年春季,学校应运开设了京剧(老生、青衣)班以及庐剧班,我被聘为京剧老生班教师。开班后我这个"老师"就要"粉墨登场"了。但要怎么教,从哪入手?面对这些素不相识的老年朋友,我并不了解他们的演唱水平和所掌握的京剧知识,心中无底,且忐忑不安。我事先虽做了很多准备,但京剧的程式化、规范化以及板式、声腔、声韵、声调等,其难度不言而喻。此时我想到了京剧样板戏中的一些脍炙人口、耳濡目染的唱段,老年学员们并不陌生,而且每个人都能哼唱几段。我以此为切入口,准备相关资料,搜集名家唱段录音,整理编写备课笔记,列出学期授课表,按程序正式上课。首先利用 1~2 课时讲解京剧的形成、京剧的艺术特点、京剧的音韵等相关知识,然后对剧情、流派、唱腔、板式、节奏等作一介绍,使学员们有所了解后,再打开曲谱,一字一句地反复进行教唱,发现问题即时纠正。经过几周的教唱与磨合,学员们的学唱水平提高很快,多数同志可单独演唱,甚至能进行男女对唱,这让他们感受到了国粹的魅力,激起他们学习京剧的兴趣,学唱京剧的劲头越来越足,加入学习的学员越来越多,这对我来说无疑是最好的安慰。一个学期教完了2~3段,我终于舒了一口气,算是平稳过渡了吧。

但对于传统剧目,则有着更高和更严格的要求,首先需要解决的是"上口字""尖团字""清浊音",即四声调值等问题。老年朋友们对这些新名词都很陌生,加之京剧曲谱比较复杂,大多数学员不识简谱,教唱时难度很大。为了使他们尽快地掌握京剧基础知识和每一段唱腔,期末一结束,我就早早开始准备新学期所教的课程,翻阅查找有关京剧的资料,了解京剧的形成和历史背景、京剧的艺术特点、京剧的行当、京剧的唱腔板式,搞清什么是京剧音韵、何为"字正"、何为"腔圆"等京剧常识。提前写完教学提纲后,就开始编写课堂讲义,我反复播放名家演唱录音,结合曲谱,一字一句地在家学习练唱。我几乎天天唱,以至于上厕所、下厨房、走在大街上、睡觉前都在默唱。即便这样,有时还感觉哪个地方唱得有点别扭,咬字、发音还不够准确,韵味还欠火候。一个几分钟的唱段,我至少要练唱上千遍,甚至更多。

怎样才能达到字正腔圆,这就要求对每一个字正确发音。首先必须掌握中州韵与湖广音,所谓中州韵,简言之就是河南中原语音中的尖团字与湖北语音的四声调值的结合,以及十三辙归韵等。掌握了这些基本要素,心中有了底,胆子就壮了,每一堂课也就变得井然有序。首先在上课前1个小时,提前将教唱内容包括一些京剧常识、故事情节、曲谱基础知识、板式及京剧老生流派的发展等分课时写在黑板上,以便节省上课时间。正式上课时先将这些内容向学员系统讲解。完毕后打开曲谱,用念白的形式带学员们念1~2遍唱词,区别"上口字""尖团字""垫字"的读音,接着打开所教唱段,听名家演唱录音1~2遍,本人再演唱1遍以作示范,然后分句、分段反复教唱,等大家唱熟后再进行分组。为调动课堂气氛,让学员们进行个人试唱,提倡他们多唱多练,发现问题现场纠正,指出其不足之处,提高演唱水平。因为在京剧唱腔中讲究的就是板式和节奏,在教唱过程中,由于曲谱中经常出现拖音较长的唱腔,往往一句唱词,甚至一个字的字符就需延长十几拍,这对于老年学员们来说不但气息跟不上,也不易掌握,教起来很麻烦且无效果。经多次摸索和课堂验证,最终找到了解决这一难题的办法:采用断开节拍的方式,一节一节地教唱,等唱准了、唱熟了,再将整个节拍连接起来,这样就有效果了,虽然费时、费力,但也只有这样才是唯一可行的教唱办法。经过一个学期的磨合,大家从张不开嘴、唱不成调和一股浓厚的家乡话,逐渐变成了嘴能张、劲头足、唱成味的京腔京韵了。当老年学员们唱得有声有色时,我感到很是欣慰。

  自担任京剧教师以来,我严格遵守学校各项规章制度和基本要求,并以身作则。我深知,作为教师要为人师表,做每个学员的榜样,仅有奉献精神还远远不够,教师的一言一行举足轻重,直接影响学风的优劣,稍有不慎,影响形象。为使学员们能够多掌握一些京剧知识,我一直坚持每堂课提前1个小时到校,将当天教唱的内容及京剧常识写在黑板上,供学员们抄记。10多年来风雨无阻,从未间断。通过几年的教学,我从中摸索到了一套较系统的教学模式:采用现代戏结合传统戏和折子戏,由易到难,由简到繁,循序渐进;以原板为基础,再到二六、流水至导板、散板、摇板等。在近10年的时间里,我共教了约50段现代戏和传统戏唱段。其中有《红灯记》《智取威虎山》《沙家浜》等折子戏。传统唱段有《三家店》《甘露寺》《捉放曹》《空城计》《野猪林》《武家坡》《上天台》《淮河营》《珠帘寨》《借东风》等老生唱段。在每学期班级联欢会和学校举办的戏曲、歌舞等各项庆典活动中,都能看到京剧班学员的身影,并得到一致认可。

在教老年朋友唱京剧的这几年里,我的体会是虽付出很多,但也有收获。得到的是喜悦,留下的是和谐,虽谈不上出彩和传承,但我无怨无悔。既然迈出这一步,我将一步一步地走下去。我坚信,只要持之以恒,国粹艺术在我们这个文化大县必将传承下去,我也将一如既往地教老年朋友们唱京剧,为弘扬国粹奉献余力。

(作者系合肥市庐江老年大学京剧班教师)

谈谈远程书法教学感受

王　静

我自2015年进入庐江老年大学,先是在PS图像处理班当学生,之后被聘为远程书法班教师,转眼已有几年了,回首在老年大学讲台上的这段经历,有收获也有挫折,甘苦自知。

老年大学的远程书法课,授课内容主要是:一、播放书法网络教学视频;二、进行作品研讨交流互动。一开始学校要我担任这个班的教师,我不太愿意,虽然此前我已担任县书协秘书长7年,并且从事书法教学近10年,从单纯业务的角度来说我并不担心,但因老年大学的学员多是有身份、有资历、有学问的,他们中有的年纪都同我父亲差不多大,我不知道怎么给他们"上课",感到很有压力。古贤曰"君子忌好为人师",自当谨之慎之!但最终还是应承了下来。

　　远程教学,通俗地说就是给学员们播放书法方面的教学视频。我接手的时候,班上正在观看田蕴章的教学视频,在此之前播放过卜希旸的系列教学视频,加之平时接触时的言语交流,我感觉大多数学员的审美观念与当前书法的主流认识是有一些差距的,要想他们的字写得好、有进步,必须从观念上入手,只有思想认识转变了、孰优孰劣洞悉了,临摹与创作的实践才能跟得上来。从这个落脚点出发,今后的课应该怎么上呢?是按照既定的课表继续延续播放田蕴章的教学视频,还是改弦易辙,推陈出新?通过征询意见与审慎权衡,考虑到老年学员的实际情况,最终采取了折中的办法:即一边继续播放田蕴章的教学视频,一边找机会穿插播放一些当代书坛实力人物的相关视频与图文资料,即边放"录像"边夹"私活",希望通过这种方式,在潜移默化中,让他们接触到一些新的、好的东西,渐渐把观念转变过来,进而带动班上书法水平的实质提升。想是这么想,然而做起来并不容易。毕竟都是自信了一辈子的老先生,怎么可能随随便便就上了我这个后生晚辈的"道道"。阻力是显而易见的,我也曾犹豫,但经过冷静的思考之后,我的结论是:该受的委屈得受,该理解的还得理解,该坚持的还要坚持!三尺讲台是神圣的,我没权利浪费大家宝贵的课堂时间,我清楚我的责任,我应当是一扇窗户,通过我这个媒介,让外面的书法新风吹进来,让书法艺术的、主流的、正道的阳光照进来。为了当好这个媒介,我努力向老先生们靠近,他们有疑问的,我知无不言,他们有需要的,我尽力去办。老先生们的基础不一,学习的书体不一,性情也不一样,点评的时候,既要让他们有所收获,又不能伤了面子,分寸能否掌握好十分关键。

　　探讨交流时,为了有更多新的有价值的资讯,我密切关注当前书坛方方面面的动态，在抖音、微信、百度等平台上，看到有新的、有价值的名家视频就下载下来到班上播放，有新的展览与资讯就到班上及时通知大家，有好的展览图集也收藏下来到班上与大家分享讨论。有时候，我也会穿插其中与他们谈自己学书法的体会，谈自己在外面的书法见闻，谈自己的学习方法，谈自己的失败经验，偶有新的书法作品写出来，也尽量带到班上跟大家分享我的创作思路，让大家讨论，检查得失。

在交流与研讨当中，我注意发挥班长作用，有侧重点地抓住一些骨干学员、积极性高的学员，以他们为基础，带动大家！非常感动的是老先生们对我上课的支持与信任，如金全琦、封桂生、汪靖明、董相银、朱志华、金家德、王金城、伍传仕等先生。金老德高望重，对后生晚辈提携有加；封桂生班长豁达睿智，不时给我提醒与点拨；汪靖明班长儒雅斯文，在平和中一路扶持；董相银班长厚道直行，乐群敬业，贴钱、贴功夫为大家服务；朱志华老先生秉直好学，能最快地把课上讨论的结果落实到行动中，起到带头作用……

我在班上说："对于大多数老先生而言，也许并不一定都能获得成功，但这并不妨碍我们学习，学习本身就是快乐！既然我们爱书法，并且已经在学习书法，那就应该尽力为之。学习不应原地打转转，而应日新日日新，进步的乐趣是无穷的，没有进步的学习是无意义的！书法的进步从哪里来，就是通过知识的更新带来审美的变化，再把这种审美带到临帖创作的实践中去，通过不断地刻苦训练，来提升手眼的功夫，纠正之前不好的甚至是错误的习惯，这样积涓滴以成江河，成功也不是没有可能！"

(作者系合肥市庐江老年大学远程书法班教师)

痴情成"四古" 敲韵乐余年

秦志存

退休后,我应巢湖市老年大学和合肥市巢湖老年大学之聘,担任了这两所学校的诗词班教师。这件事把我和传统诗词绑到了一起,致使我10多年来几乎把所有的时间和精力都花在了这方面,一直为古诗词而忙碌着。我曾自嘲成了"四古"之人,即学古诗、写古诗、教古诗、编古诗词讲稿。不过,由于我热爱古诗词,所以尽管较忙,但却有一种乐在其中的感觉。现将本人在诗词教学中的几点体会简述如下。

(一)教学必须要有相应的教材

在老年大学任教,对我来说是一个新课题、新挑战。因为我面对的是具有丰富人生阅历和各方面知识的老同志、老干部。这课该怎么上?上什么?心里没底。而更令人感到为难的是学校没有现成的教材。没有教材,教师是难以上课的。既然学校无统一教材,那就意味着须自己想办法去自定内容、自找资料、自编教材。但教材怎么编?编什么?这给我造成了一定的压力。经过认真思考,并在教学实践中不断探索,我认为诗词教学应从以下3个方面着手:一是介绍诗词曲的格律常识;二是赏析古诗词;三是介绍一点诗词创作理论,开展一点创作活动。方向确定后,我便利用一切可以利用的时间,抓紧编写讲稿。我先后编写了《诗词曲格律简介》《古诗咏巢湖选析》《毛主席诗词讲稿》《红楼梦诗词讲稿》《唐宋名家词讲稿》《诗词创作讲稿》等,共约 50 余万字。其中《诗词曲格律简介》《古诗咏巢湖选析》已由老年大学编印成册,成了两所老年大学的校本教材。我编的这些讲稿,从质量上看,自然不能说好,但它不知花费了我多少心血和时间,诚可谓虽没有什么"功劳",但确有一点"苦劳"。例如,我在动手编写《诗词曲格律简介》前,又重新认真学习、阅读了王力教授等好几位名家有关诗词格律的专著。本人认为,这些高水平的专著,可能并不太适合老年学员阅读学习,更不能把这些专著搬到老年大学的课堂上去照本宣科。因此,我在基本弄懂这些知识后,进行了系统的梳理,按照本人的理解,站在教学的角度,用教学的方法和比较通俗的、老年学员听得懂的语言,陆陆续续、艰难地写完了这本约 10 余万字的讲稿。而在编写具有乡土特色的教材《古诗咏巢湖选析》中,更是困难重重。因为这些古诗词多数不是出自名家之手,或虽是名家的作品,但又似乎不是名篇。所以在历代词诗选本中,一般都没有收入这些作品。这就使我很难找到可供参考的资料,从而使教材的编写增加了不少难度。有时为弄懂一个字词,搞清一个地名,往往煞费苦心。由于本人读书不多,知识有限,故在编写讲稿中会遇到一些麻烦和困难,这是早在预料中的事。后经过一番坚持和努力,总算把这些讲稿都编写出来了,大体上解决了教材问题。

(二)教学应做到理论和实践相结合

在教学中,虽然教材都是自编的,但我仍按教学要求,坚持备课,认真写教案,认真上课,规范板书,尽量让老同志们听得懂、学得进,又能记课堂笔记。同时还要求学员们在课堂上对所学的知识提出疑问或质疑,并尽量做到有问必答,有疑必解。

在教学中,我体会较深的一点是,对这些上了年纪的老学员,光讲理论知识不行,一定要与实践相结合才有较好的效果。例如,在讲近体诗押韵这一条格律时,在介绍完押韵的基本常识后,便将学员们自己平时写的、在押韵方面存在一些错误的习作,收集打印后发给大家做押韵小练习,要求找出错误所在并作修改,然后经教师批阅后在课堂上公开评讲。通过这样的教学和实践,学员们往往印象深、记得牢,押韵中常犯的一些错误便能在很大程度上得到改正。在介绍对仗和平仄知识时,也采取了类似的教学方法,其效果较好,也得到了学员们的认可和欢迎。

在赏析古诗词课中,我并不是使用社会上流行的现成诗词选本,除选析了历代诗人吟咏巢湖的诗篇外,还精选了一些词句较为通俗优美、情感较动人、思想价值较高的名篇佳作,并附上词语注释,报请学校统一打印发给学员,人手一册。本人在认真备好课、设计好板书后才去上课。通过教学,只要求学员们能基本读懂、读通作品即可,但若能做到熟读乃至背诵这些作品那就更好了。

(三)诗词班也需适当地开展一点创作活动

本人从报纸杂志上选编了一些有关诗词创作的文章,重点向学员们介绍赋比兴、起承转合、意境、诗词的语言、诗词常用的修辞手法等常识以及写作咏史怀古诗、山水诗、咏物诗、竹枝词等人们经常用到的写作方法,供大家在写作中参考。同时采取命题作诗、和韵唱酬、采风活动等方式来进行一些创作实践。例如,我曾写过《银屏奇花的牡丹》《居巢颂》《老年大学任教十年感吟八首》等诗。学员们兴趣浓厚、积极性很高,纷纷拿起笔来唱和。然后将他们所写的诗集中批阅,并在课堂上公开评讲。类似的评讲课每个学期都会进行。实践证明,创作活动和课堂评讲相结合的方式,对教与学来说均能收到较好的效果。另外,我还陆陆续续地写了一些习作点评文章在校刊上发表,供学员们阅读参考。到目前为止,诗词班已有一些原来不懂诗律、不会写诗的学员,现在已能写出一些合律合韵的诗词了。其中还有6位学员先后出版了自己的诗集。

另外,诗词班上的学员有两种情况:一部分人有创作欲望,喜欢写一点诗词;另一部分人的学习重点则在诗词欣赏方面,对写诗却没兴趣,他们从来没写过诗,或根本就不会写诗。因此,我们在开展创作活动时就要区别对待,不要强求一致,好让大家都能在快乐中学习,在学习中得到快乐。

(四)其他方面

除了计划中的教学外,还不时有学员交来习作,要求给予指点修改。这些诗稿每学期都有不少,有时多达数百首。批阅它们花费了我很多的休息时间,有时弄得我晕头转向,疲惫不堪。但我无怨无悔,总是尽己之力,尽量满足学员们的要求。本人认为,做一点课外辅导工作,也是教师应该做的事情。

我家住在城郊,离校约15公里,上下班不太方便。但10多年来,我从未迟到或早退过一次,上课从未缺席过一次。我之所以能做到这一点,主要有两个原因:一是有老伴的全力支持,使我能一门心思地把时间花在教学上;二是我的身体状况还好,至今尚未出现过一次因病而请假的事。不过,遵守作息制度,本来就是教师应该做的,这也没什么值得自豪的。

老年大学的教学工作,使我有机会为弘扬国粹、传承古典诗词做了一点事,出了一点力,也使我因没有虚度老年时光而感到欣慰。但由于本人水平不高,能力有限,所做的只是些平凡小事,并没有做出什么好成绩。以上几点体会,如有不当或错误,敬请领导和同志们批评指教。

(作者系合肥市巢湖市老年大学诗词班教师)

一分耕耘 一分收获

张菊湘

2014年秋季,我受教育局的委托来到刚成立的巢湖市老年大学音乐班授课。因长期以来我授课的对象是中学生,面对老年学员觉得有点压力,不知道如何让他们接受我,但当我第一次来到课堂上,看到一张张慈祥的脸,脸上写满了求知,一声声爽朗的笑声,一阵阵激昂的歌声令我振奋不已,对新课程的担心也随着阵阵歌声化为乌有……

那怎样才能给老年学员上好一堂音乐课,并能让老年学员爱上我的音乐课呢?以往的音乐课就是识谱、教唱、学员练唱,学习比较枯燥。于是,我精心设计了课堂中的每一个环节,增强趣味性,积极调动学员的积极性。

1. 发声练习环节

在这个环节,我先选择气息训练,让学员理解气息是歌唱的基础,"气乃声之本,气乃声之帅",并强调"气催声发,声靠气传,无气不发声,发声必用气"。说明呼吸在歌唱中的重要性,让学员感受气息在体内运行时,对身体的各个器官进行按摩,这个练习对人体内脏具有保健作用,要求学员们面带微笑认真练习。用日常生活中闻花、打哈欠的方法让他们先感受到气息,再通过快呼快吸、慢呼慢吸,每节课吹气100下,憋气、吐气20秒,吐气时发出"嘶"的声音,让老年学员感受到气息在歌唱中的重要性,并让他们学会运用。再选择学员熟悉的小曲片段作为练声曲,如《花非花》《牧羊姑娘》等简单易唱的带词练习曲,能让原本枯燥、专业化的发声训练变得生动有趣味,学员很容易接受,能达到事半功倍的练声效果。

2. 歌唱教学环节

在这个环节,我先分析歌曲,让老年学员先识谱,学会唱谱,并播放歌曲的原唱,让学员陶醉在优美的音乐旋律中。歌曲内容也是精心挑选的,既符合老年学员的年龄特征,又具有时代气息,且题材多样,有抒情民歌、军旅歌曲等,如《再唱浏阳河》《萱草花》等。在教学中,我要求学员朗读歌词,深入细致地领会歌词所创造的感情气氛、风格需要,唱出字情,唱出韵味,唱出语言的美感。对待老年人常见的问题,如歌唱时吸气抬胸,耸肩,口腔打不开,咬着牙齿念字,唱歌时下巴、舌根用力压喉部,我不厌其烦地讲解示范,唱歌气息下沉,小腹紧收,做到"吸着唱,叹着唱,哼着唱,说着唱",以求做到让老年学员们改正。因为每位老年学员的基础不同,识谱能力也存在着很大的差异,我就采用跟唱法,尽量让学员能很好地熟悉歌曲旋律,提高学员的音准、节奏等音乐基本技能,培养学员的音乐素质。

3. 复习表演环节

在这个环节,根据课堂掌握情况,我鼓励学员大胆上台展示,集体点评,不少学员在这个环节中得到了锻炼,不管是歌唱还是台风进步都很大,其他学员也能进一步巩固歌曲的演唱。同时让班长组织学员经常去歌厅进行练习,让她们在实践中进步,其中有一位年近80岁的老年学员,以前一点不会唱,现在能积极地表演并演唱许多歌曲。到学期结束,巢湖市老年大学要求每个班级进行期末汇报演出,在教学的第一年我带大家排练了《一支秧歌一趟秧》和《红色娘子军》。在排练《一支秧歌一趟秧》的过程中出现了许多困难。在这之前唱的都只是些简单的曲子,声部单一。而这首曲子有两个声部,形式多样,有领唱、齐唱、合唱。高声部与低声部穿插进行,我们只有女声,但存在女低音音色不漂亮等种种问题,我就把该曲稍加调整,加强女低声部的训练。在排练的过程中,有个别人打退堂鼓,要求只唱一个声部,但是我鼓励大家,说大家肯定行,要相信自己,我安排大家一句一句地合。功夫不负有心人,经过大家的努力,我们的节目在期末汇报演出中获得了领导和广大群众的好评。接下来每年的期末汇报演出我们班的节目都获得了领导和广大师生的一致好评,有的节目还多次在学校外的活动中演出。

一分耕耘,一分收获,我努力地工作,收获着无限的快乐!这就是老年大学和老年学员们带给我的欢乐。

(作者系合肥市巢湖市老年大学音乐班教师)

展思路,努力提高老年书法教学效果

韩文祥

书法讲究用笔、结字,用一笔一画写成一个美观好看的字,能让老年朋友们发现美、欣赏美、陶冶性情,能提高动眼观察能力、动脑分析理解能力、动手锻炼感受能力,同时也是继承和发扬传统文化。

1. 老年书法入门

每一位退休的老年朋友可以根据自己的条件、兴趣去接受返聘,进行公益宣讲,发挥余热;可以去打牌、钓鱼、种花、健身;也可以满怀激情地再创辉煌;更可以练书法,以练书法为全部的生活内容去找寻曾经的爱好和梦想,获取一份宁静、一份自由的情感抒发和一份超越。老年书法入门字帖可选用唐楷、魏楷或隶书。我在教写笔画前先介绍执笔姿势和写字姿势,也叫"双姿"训练,这一点很重要,能使我们端正姿势用心学习。然后结合书法理论和实践不断地在黑板上作图解,同时进行讲解,使老年朋友们看得懂、听得到,再用毛笔在木板上对每一步骤分别做示范。在如此反复的讲解和练习中,使老年朋友们在不知不觉中便能够领悟。最后,每天布置家庭作业,约半小时能完成,使他们的身体也得到了锻炼。

2. 转变教学模式,充分利用时间

在我近 10 年老年大学的书法教学中,出现过新老学员及临时插班学员齐聚一堂的情况。面对这种情况,我采取灵活教学的方式,即在笔画教学示范时老学员、新学员、入门学员全部都要练习,新学员在慢慢学习中写老学员书写好的范字,而老学员不仅回顾了基础,也进行了新课练习。

3. 常换新招,学习与鼓励并进

在教学中我始终观察老年朋友们是否出现进步或厌学的现象,根据情况适当调整以往的教学模式,以最能引起学员兴趣和最符合学员接受能力的新模式进行教学。这就是"常换新招",以期达到老有所学、老有所乐的目标。

有的老年学员因身体情况及家庭琐事,学习进步缓慢,对待这样的学员,我会及时给予帮助、关心,唤起他们学书法的兴趣,在时间允许的情况下,逐一辅导、示范。如此反复多次训练,他们基本上都能够赶上来。另外,对老年朋友们有两点要求:一是写毛笔字时,小字坐着写,大字站着写,这样能够活动全身,达到气脉贯通的效果;二是以健康娱乐为主。对独具个人创作特点的作品则在班级上多交流,以达到创作美、欣赏美的目的。

4．临帖与创作及欣赏

临帖是学书法的基本功训练。临帖应精而少,不贪多,求质量,要求临写时注意点画与点画之间的相互联系,写一遍不行,就看一遍再写,千万不能随心所欲,信手涂写。不去临摹古人的法帖,是很难有进步的。另外,临帖固然重要,同时还要培养老年朋友们会读帖。读帖是对碑帖进行观察、感受、分析、理解的过程。养成了读帖的习惯,久而久之,他们便会领悟其内在气息、格调、情趣、意境等很难用语言解释清楚的问题。学员在临习一段时间后,已能较准确地把握原帖的风貌神采,就可进行集句、集联的半临半创过渡练习,没有的字也可以从碑帖中找点化结构、偏旁的零部件拆换,通过组合成为创作需要的文字。这样创作比学教师的字和自由书写有意义、有效果。经过反复的半临半创后,就基本掌握了书法结构到格式上的连贯,写起来就容易多了。在这个基础上还可以脱开字帖进行诗词创作。创作者首先应对章法进行合理安排,方可取得字与行、行与篇的浑然一体,这也是学员从临帖到出帖的过程中,将要迈出的关键一步。

名碑帖欣赏即选一些古代名碑、名帖在空闲时随手翻上几页,看上几眼,日积月累便对某些碑帖的风格、情趣有所了解,增加审美能力,起到欣赏的作用。展厅欣赏是直接观赏展厅内的当代艺术作品,能清晰地看到用笔、用墨的轨迹和细微变化,这样在展厅看到的作品正好弥补碑帖方面的不足。欣赏可以促进认识，开阔视野，从而达到提高创作水平的效果。

（作者系合肥市庐阳区老年大学书法班教师）

谈谱表在老年音乐教学中的运用

孟宪记

一、谱表对老年音乐教学的作用

谱表是一种以书面形式记录音乐的记谱方法。现在我们大家所熟知的谱表有简谱和五线谱。除此之外，还有专为某些乐器而设计的谱表。如古琴谱、锣鼓谱、工尺谱等都是一种用来记录音乐的谱表。

在历史发展的进程中，各种谱表伴随着音乐的发展而发展，并逐步趋向完善。不能适应发展需要的谱表将自行淘汰，同时新的记谱方法又将不断产生。当今比较准确、科学又被人们广泛采用的是五线谱和简谱。五线谱是以五线四间为基础来记录音乐的谱表，简谱是以阿拉伯数字来记录音乐的谱表。

五线谱和简谱都用来表示音符的高、低、长、短，但书写形式不同。从音符的高低来看，简谱的高低音用高音点和低音点来表示，而五线谱的高低音是看音符所处位置的高低。从音符的长短来看,简谱的长短音用增时线和减时线来表示,增时线越多音就越长,减时线越多音就越短。另外,还有音的强弱记号和快慢记号等。掌握了这些常用谱表的记谱方法,对创作、表演、音乐教育等都有着不可低估的重大意义。乐谱对作曲家、演奏家、老年音乐教学工作者都起着决定性的作用。

二、老年大学音乐教学中的谱表选用方法

音乐教学方法是完成教学任务所使用的工作方法,它包括教师的教授方法和学生的学习方法。以教师的教学活动方式为依据,音乐教学法可以分为练习法、欣赏法、演示法、讲授法和谈话法等。学校一般学科的教学方法在音乐教学中大多可以采用,但音乐教学的内容和特点决定了在音乐教学中最普遍采用的是练习法、欣赏法和示范法。如合唱、合奏、律动的练习活动,教师的示范演唱与演奏,欣赏教学,等等。讲授法、淡话法和讨论法则可在必要时选用,如讲授音乐知识等。为了使音乐教学发挥"以乐辅德、以乐启智、以乐怡情"的育人功能,尤其是老年大学的音乐教学,更要注重娱乐性,甚至可将娱乐性放在首位,其次才是知识性。这样一来让我们的老年朋友们在娱乐中学习,在学习中获得音乐知识。为了使五线谱和简谱在音乐教学中获得最佳的效果,我认为可采取以下3种用谱方法。

(一)乐理线谱法

基本乐理是音乐的共同基础课,是音乐理论科目中第一门系统讲授音乐理论基础知识的课程。这些知识是学习、理解、表现音乐所不可缺少的。无论是学作曲、指挥、演唱或演奏,也不管是专业的或业余的,总之一句话,凡学音乐者,人人都必须学习基本乐理。学习基本乐理是为了打好学习其他相关课程的基础。基

础知识越牢固,将来的学习就会越顺利。因此我们要按部就班,循序渐进,踏踏实实,一步一个脚印地学习好基本乐理这一基础课。为了更有效地学习乐理课,我认为在进行乐理教学过程中应该选用五线谱进行教学。

学习基本乐理并不是一件简单容易的事。音乐理论中有很多问题,看起来简单,但要做到理论精通、技能熟练则相当困难。

因此,必须采用五线谱的固定调进行授课才能收到良好的教学效果。例如,音名位置在五线谱表中固定不变易记,音程名称在五线谱中易读,和弦及其转位在五线谱中易掌握、易转换等,这些都不难说明在教授基本乐理课时选用五线谱进行教学收效良好。

(二)歌唱简谱法

老年声乐课是一门技能性、艺术性、实践性极强的学科,教学内容极其丰富和复杂,教师的教学方法显得非常重要。声乐教学又是一种需要在积极而兴奋的情绪中进行创作的思维活动。这种创作虽然体现在教与学的双方中,但学生的思维能力的发展则取决于教师的主导作用,教学中教师能否调动起学生的积极性,能否采用有效的教学方法是教学成败的关键。教师若善于把握声乐教学规律,在声乐教学训练中注重心理学、音乐美学的融入和渗透,注重科学而灵活的教学手段和教学方法,使学生在积极、活跃的心境中领会和掌握正确的歌唱方法,将会极大地提高教学效率。因此,我认为在老年声乐教学过程中选用简谱进行教学收效最佳。如利用简谱的首调唱名对于歌唱者来说减小了音准难度;利用简谱教声乐易学易懂,具有普及性;利用简谱教学能使歌唱者迅速了解和掌握歌曲的调式调性;等等。这些都不难看出,声乐教学最好选用简谱进行,以便得到最佳的效果。

（三）视唱、欣赏与线谱、简谱有机结合法

视唱练习是为了培养老年朋友们的阅谱能力，以唱好一首乐曲的音准和节奏、节拍等。欣赏课是为了深层次地了解一首乐曲的主题、调式调性、旋律走向和曲式结构等，目的是提高学生的审美能力。音乐欣赏还可以激发学生的想象力，以及丰富情感、陶冶情操等。

音乐是听觉艺术，欣赏教学过程的每一个环节都离不开听。通过初听、复听的形式，从中感受旋律、节奏、音色、音高、速度、力度、曲式、调式、和声、织体等音乐要素在作品中的变化。如果想让老年朋友们了解这些变化，那么在教学中就要灵活选用五线谱和简谱，将两者有机结合起来进行教学，才能收到理想的效果。讲解音高、和声内容时应选用五线谱进行教学，并与乐理课结合起来讲解，易学、易掌握。讲解调式、旋律内容时则应选用简谱进行教学。例如，在调式音阶问题上特别强调大调音阶：主音为 do，音阶为 do、re、mi、fa、sol、la、si、do；小调音阶：主音为 la，音阶为 la、si、do、re、mi、fa、sol、la；五声宫调式音阶为 do、re、mi、sol、la、do。

用简谱说明调式以后再结合五线谱讲解调性，从而减小学习难度，易教易学，循序渐进，学员均受益匪浅。让老年朋友们在娱乐中学习，在学习中体会老有所学、老有所乐。

（作者系合肥市蜀山区老年大学音乐班教师）

施策于教　植根于学

陈运涵

自1996年《中华人民共和国老年人权益保障法》颁布,并把老年教育纳入终身教育体系,我国的老年教育事业逐步进入有计划发展时期。今天的包河区老年教育已基本形成覆盖全域、灵活多样、特色鲜明的新格局。

在当今数字化信息时代的大环境下,计算机和网络正成为越来越多老年人获取新鲜信息、加强沟通表达和丰富自身生活的新途径。包河区老年大学在此背景下适时开展了计算机教学,拓展了老年信息化教育,丰富了老年人的精神生活。我作为一名退休人员,也是一名包河区老年大学的教师,经过这几年对老年人进行计算机教学,在双重身份下感慨、感悟、感想颇多,限于水平粗谈几点教学体会。

一、施策于教——激发兴趣,因人施教

(一) 兴趣是"第一生产力"

爱因斯坦说过:"兴趣是最好的老师。"通过这几年的教学实践我体会到:教学需因人施教。选对了教学内容或教材,激发起学员学习的兴趣,会起到事半功倍的效果。因此,教师要尊重学

员的兴趣,利用老年学员的心理特征,把学什么、选什么教材交由学员去决定。学员选择自己喜欢的学习内容就会有兴趣,精力上会投入,从而在无形中形成内在的动力,积极主动地参与到计算机学习中去。

学习贵在兴趣,教学贵在激发兴趣。计算机教学的第一关就是学会打字,打字就要学习输入法。要老年人背熟五笔字型的字根很难,从头学起也不容易,只有拼音输入法最容易学。由于方言问题,使用拼音拼读不准、打字准确率不高影响了学员们学习的积极性。我在思考一番后,最终决定采用"一年级声母和韵母表"的多媒体象形教学及顺口溜儿歌教学,使学员提高了兴趣,增强了记忆力。通过几堂课的学习,大多数学员都已掌握了技巧,学员中有一位83岁的老阿姨,也能够自己使用键盘打字了。

(二) 因人施教

因人施教是指在具体的教学过程中,授课教师根据老年人的学习需求,有侧重地教学,做到既要学得了,又要学得好。同时,老年人也可以根据自己的喜好,有选择地学习自己喜欢的内容。这样老年人既容易获得学习带来的成就感,也可以激发他们对电脑学习的兴趣。

授课教师的思维不应被教材束缚,要及时补充学员需要的教材,敢于因人施教,而且这种学习形式效率最高、效果最好,所有的补充教材都应侧重于基础知识、技能技法,要符合老年学员学习计算机的知识需求。

如在教授"新建文件夹,复制、粘贴文件或文件夹"时,有学员提出,是否可以教授"怎样把手机和相机照片导到电脑中"。我的做法就是应多数学员的需求,编写教案、补充教材缺少的这一课。通过多媒体流程图的形式教授"用数据线把手机照片拷贝到电脑里""相机与读卡器""用数据线把相机照片拷贝到电脑里"等内容,大多数学员都掌握了如何将手机照片和相机照片导到电脑中。此次教材外的授课受到全班学员一致称赞。将授课内容与日常生活相联系,使他们的学习积极性随之高涨。

老年大学是集老年教育、愉悦身心、涵富学养为一体的平台。因此,从事老年教学工作的教师应转变教育观念,按照老年人的需求制定学习内容,在实际教学过程中要结合老年人的学习实际及时更新教学内容,大胆引入新思想、新知识。

(三)多谋教学之策,多行方法之举

古人云:"凡事预则立,不预则废。"课堂教学作为整个教学过程的中心环节,具有很强的科学性和连续性,事前必须做好充分的准备。在教学过程中,备课是一个必不可少且十分重要的环节。有人划分过:教师备课(含课件制作)占工作量的70%以上,上课与批改作业约占30%。可见备课的重要性。我的理解是:教师要把时间放在备课上,要把精力放在教学方法上,增强教学的直观性和生动性。

老年学员对学习课程有着不同的需求,这就要求老年教育的课程内容需要具备多样性。授课教师要根据学员选定的学习内容或诉求找准教材,教师在吃透教材的同时更要编好教材。从老年学员的实际情况出发,充分考虑老年人的认知水平、学习能力、自身素养、年龄特点等因素,教师要把全部精力放到编写本班学员基本能接受的、针对性较强的教材、教案上。对于教授多媒体课件的制作来说,在提倡趣味性的同时,要更加注重知识点细节的体现,在降低难度、提高兴趣、易于接受等方面下功夫。

因此,计算机教师需要花费更多的时间和精力用于教材、教案编写上,用于多媒体课件制作上。每次课堂教学100多分钟,

备课就花费了我近一周时间。课堂上我会将自己编写的教案、制作的多媒体课件和新编的教材,拷贝给学员带回去复习。将知识成果分享给每个学员,我自己也从中获得了极大的成就感。

二、植根于学——坚持课中、课后辅导不厌其烦循循善诱

(一)不厌其烦循循善诱

老年人记忆力减退,学了前面忘了后面,往往是一听就懂、一学就会、一放就忘、一用就错。所学知识只要稍长时间不用,脑子里只剩下朦朦胧胧的印象,到校一操作起来就会乱套。教师授课要举一反三、循循善诱,用足够的耐心教授老年人计算机知识;学员学习也要不厌其烦,用足够的耐心学以致用。这就是我常说的"两个耐心"。

训练操作键盘、鼠标等是学习计算机的基础和关键环节,只有多打字、多用功能键才能训练学员对键盘的认知,多运用鼠标手指才能灵活,也为后续的计算机教学工作做好铺垫。因此,这一环节是教与学都感觉到枯燥无味的活儿。此时我通过给一个词要求学员造句或给一句话要求学员接龙续写等方法,提高学员的打字兴趣。

对于学习困难的学员,要手把手地教,敲错键盘字符或用错功能键是训练中的常态,在学习过程中适时给予纠正,尽一切努力不让老年学员掉队,直到每一个学员都能成功按要求完成训练任务。在操作的过程中,我们不能以对年轻人的要求去要求他们,要多一些耐心。足够的耐心加上及时的鼓励,让他们感受到通过自己的努力所获得的成就感,从而享受学习带来的快乐,而我们也收获了信任和尊重。我们的老年学员们也要不厌其烦,用

足够的耐心去学习,成功只属于"敢攀登"的人。

(二)发挥教与学两个潜能

1. 辅导是一种态度

任课教师在教学过程中既要注意全班学员齐头并进,培养大家积极向上、互助互学的学风,同时又要针对学员的个性特点和差异现实进行单独辅导。教学过程中对少数学习困难的学员要多指点,要注重课后辅导,尽可能让少数落后的学员在学习过程中跟上队伍。

教师要不断地帮助学员巩固所学知识,教授新内容前都要复习上节课的重点内容,做到温故而知新、循序而渐进,这样的教学极易让老年人接受。对于教师来说,课堂上一直都在不断地重复简单而又单一的知识,但对老年学员来说,面对的还是个新的知识盲区,需要大量的时间去学习和吸收。

2. 养成自学的习惯也是一种态度

自学也是对课堂教学的一种补充。现在互联网上有很多教程视频,学员可以通过上网自学,增长自己的知识,提升自己的技能。

我认为倡导自学是尊重学员的独立选择、独立鉴赏。自学具备独立解读和感悟能力,理论和实践都证明,加强老年人自学的主体作用,能够有效地发挥老年人自身的巨大潜能。

我们国家已经迈入老龄化社会,面对信息化的浪潮,帮助和鼓励老年人学用电脑,使这个群体快速融入到数字生活中来,在提高老年朋友生活品质的同时,为社会发挥余热,是包河区老年大学给我的任务,更是我的职责及心愿。我热爱这项工作,也愿意为包河区老年教育的发展做出应有的贡献。

(作者系合肥市包河区老年大学计算机教师)

老年大学太极拳系列课程教学之我见

谢梅华

太极拳和太极器械运动项目是我国传统武术文化的重要组成部分,它不仅具有独特的文化内涵和价值,同时还具有非常好的强身健体的效果和审美价值。因此,太极拳系列运动深受国家体育总局相关部门的重视和广大人民群众的喜爱。作为老年大学太极拳系列课程的教师、国家级社会体育指导员,我本人更是热爱武术健身和教学推广。1988年冬,我开始学习武术健身至今,已逾三十四载,其间参加过各级、各类的培训学习,多年的参赛经验和29年教学实践的积累,使我对太极系列课程的教学有了一定的认知。

(一)明确教学目标

一般到老年大学学习太极系列课程的学员都是中老年人,来学习的目的,大多是为了增长知识,丰富文化生活,强身健体,愉悦身心。因此,我的教学目标是:要让所有学员都能轻松掌握正确的学习方法,开心学习。教太极拳、剑、刀、扇等套路时,注重学员武术基本功的训练和运动损伤的预防,让大家在日积月累的习练过程中不走弯路,达到基本功与套路同步前进与提高,随着学员练习的深入与持久,顺其自然地改善身体素质,缓解各种亚健康状态及慢性病症状,少跑医院,少吃药。让每位学员都能养成太极健身的习惯,让这个习惯变成良好的生活方式,以期与健康同行。

(二)端正教学态度

我的教学态度是:本着热心、诚心和耐心去教学,并且把这"三心"贯穿于整个教学过程中,尊重每一位学员,在教学中多鼓励、少批评,对一些基础薄弱、动作协调性较差的学员,我会拆解动作,分动作教学,不厌其烦地反复讲解与示范,手把手、手把腰、手把胯、手把脚地去教,直到大家都学会为止,让每个来学习的人都有进步和收获。在教学中,我将动作攻防含义和方位角度以及手、眼、身、步法都毫无保留地教给学员,让他们知其然,还知其所以然。在教学中如有教得不到位的小环节,也丝毫不含糊,及时纠正,不至于误导。有时遇到有慢性病的学员,我也会根据他们的年龄层次和不同身体状况,为他们开具运动处方,重点强调:第一,练习前要进行热身和基本功训练,唤醒身体参与运动,预防运动损伤;第二,提醒学员控制运动时长及运动强度,保持适当的运动心率;第三,提示学员练养结合,注意合理饮食,劳逸结合,不可过度疲劳。

(三)突出教学重点

1. 强调武德修养

(1)新学员入学都要在班级微信群里发《武德歌》,提示大家预习、学习。

(2)教授3种武术礼仪:抱拳礼、持器械礼、注目礼,并说明3种礼仪的含义和适用场合。

(3)特别强调,大家要尊师重友,虚心好学,切磋交流,不逞强斗狠。

（4）太极是内外兼修的运动项目，提醒学员在练习基本功和套路强健身体的同时，也要注重内在情志的安宁与修养，要积极向上、乐观豁达、热情开朗、善良助人。

2. 强调武术基本功的重要性

提醒学员不要本末倒置：重套路，轻基本功。学习太极系列课程一定要有耐心和恒心，不急不躁，重视基本功的训练，套路学起来快，但基本功没有办法速成，需要经年累月的训练才能增长功力。只有具备一定的武术基本功和武术基础知识，才能真正学好套路。我会用之前两次课的时间教大家正确练习基本功：① 压腿：正压、侧压、后压；② 踢腿：正踢、侧踢、里合外摆；③ 拍脚、独立分脚、独立蹬脚；④ 手型手法；⑤ 身型身法；⑥ 步型步法；⑦ 眼法；⑧ 走太极步等。

3. 加强套路动作的教学

主要有以下6点：

（1）对所教套路先进行全套动作演练，让学员大致了解此套路的动作概况。

（2）对每一个动作都进行整体示范和分解教学，把每个动作都拆解成若干分动作，反复讲解，示范带练。

（3）教学过程中若发现普遍问题就统一纠正、反复带练，发现个别学员动作有问题就单独纠正、反复带练。

（4）强调手法、眼法、身法、步法在套路动作中的协调运用和体现。

（5）提示每个动作的方位角度和攻防含义的学习领会、掌握与配合。

（6）强调外在形体动作中关于腰胯转合、腰带四肢部分的反复练习和体会，引导学员在练习中逐渐体悟松静柔和、轻灵沉稳、连绵不绝、行云流水般的行拳感觉,让大家在练习中渐入佳境。

(四) 严谨的教学步骤

(1) 热身:带领学员从头到脚活动开,使气血流畅,不僵不拘,防止运动损伤。

(2) 基本功训练:压腿、踢腿、拍脚、走太极步,为练习套路打好基础。

(3) 在套路动作示范与分解教学时,带练这部分工作量大,重点是要让学员看得懂、学得会。总之,整个教学过程,必须目标明确,态度端正,重点突出,步骤严谨,教学规范,环环相扣,安全有效。

多年来,我教过的学员来自各行各业,有医生、在职干部、工人、会计、教师、技术人员、青年学生、公司老总、公安人员、瑞典国谢莱夫特奥市政府文体代表团成员、离退休老干部、老职工、普通老年市民、留学生等。有的青年学生通过一定时间的跟随学习,考上了体育院校。有的年轻体育教师,通过学习套路去参赛,取得了一定的成绩,通过参加培训考试,取得了相应的段位和社会体育指导员证书,并在其工作的学校顺利地评上了体育专业职称。原本体弱多病的老年学员,通过持续不断地学习训练,身体素质也有了明显的提高。所有这些,都是我真心乐见的收获。

(作者系合肥市包河区老年大学太极拳系列课程教师)

提高课堂实效性，讲求模式多样化

张华强

老年人学乐器，如果教师的教学方式和方法单一、教学内容枯燥匮乏，会导致学员的学习兴趣不高而达不到理想的教学效果。乐器知识的学习往往由于过于生硬死板，缺少引导学员的构架与知识体系，没有知识的延伸或知识延展得不到位，使学员对所学知识一知半解；再加上教学过程不灵活，师生互动少，教师无法第一时间了解学生的反馈，教学环节设计不合理，学员参与度不高，从而造成学员乐器知识学习片面化，缺乏应用与实践。教师上课时应选择恰当的语调和情感，对知识点的教学也应是从易到难、循序渐进、环环相扣，只有这样才能树立学员的学习自信心，激发学员的学习兴趣，使他们主动参与活动。下面就两个方面谈谈自己的一点看法。

一、要提高课堂实效性

老年人在学习乐器的过程中学习效果不理想的原因有：跟不上教学进度，不理解讲授的内容，不敢举手提问和寻求帮助；学员的水平参差不齐，差异较大。教师首先要了解学情，在教学过程中做到关注所有学生，既要照顾到学习能力弱的，也要吸引能力相对强的，使他们都能在教师的引导下由浅入深地突破难点和重点,若不了解学情,用一把尺子衡量所有学员,学员就会想逃离学习并在课堂上做各种与学习无关的事情,使学员由听不懂到不想听,从而进入恶性循环:投入学习—遇到困难—发出求救信号—无回应—无法完成—失去兴趣—放弃。

(一)以学员为主体,注重分析学情

学情分析是对教学对象的分析,要了解学员的年龄特征、心理特征、掌握知识的水平和音乐表现能力。常说在备课过程中要备学情,要深入分析,真正了解学员的能力水平,做到以学定教,设定合理的教学目标,不过低也不过高地预判学生的能力。教学不脱离学员的实际,要分析学员的心理特征和需求,不能按教师的主观意志开展教学活动,否则就违背了教育规律,很难达到教学目标。

(二)用积极的态度影响学员的学习态度

教师的积极态度是影响学员情感投入的重要因素,教师可以通过多种方式传达积极的态度,如声情并茂的讲授方法、艺术性的语调、丰富的情感、和谐的肢体动作等,能充分展示教师的热情和关注。教师的影响力可以大大激发学员的学习兴趣,提高学员的学习积极性,当然这也与学员的参与度有密切联系。教师的提问以及安排个别学员演奏都要有指向性。课堂活动会影响学生的精力,因而教学活动的设计要有水平,起到心理学家所说的唤醒的作用。教师幽默风趣的语言会营造恰如其分的幽默氛围,不但可以促使学员创造性思维的发展,也可以减轻学员的压力,同时也提高了教学效率,获得较好的教学评价和教学效果。

(三)观察学员,激发艺术个性

教师应站在学员的角度去备课,尝试走进学员的精神世界,理解他们在学习过程中的问题和困难。教师要放下架子,做好向学员学习的准备。

学员可以通过网络和班级手机群,了解所学的曲子、相关音乐文化,包括创作背景、地域文化、姊妹艺术、作者介绍等,在课前通过自主学习整理学习资料。学员们也可以协同学习,以小组的形式进行合作探究,进行音乐实践活动和分享交流,并在此基础上进行补充完善。老年大学学员的音乐能力和知识水平参差不齐,要考虑到学员的个体差异性,使学员多方面的能力得到锻炼和培养。因此,每一位老年大学的教师都需要潜心研究创新型教学模式,多参加各种活动,开阔视野,结合本校的实际情况和学员的能力水平,广泛开展深层教学,使老年大学越办越好。

二、教学模式要多样化

在艺术院校专业二胡教学中,多采用一对一的教学模式。这种模式有利于教师掌握每个学生的学习状态和演奏能力,了解每个学生的学习进度及练习效果。但这种教学模式在老年大学二胡教学中很难实现。这种模式具有单一性,教师主导性过强,容易使学员对学习丧失积极性。因此,教师应结合老年大学的学习特点,选择多元化的教学方式,营造良好的学习氛围,激发学员的学习动力。

(一)营造良好的课堂氛围

老年大学学员的学习兴趣与学习能动性的激发,是在良好、适宜的教学环境中建立和发展起来的,学员是二胡教学的主体,其自觉性与能动性是决定二胡教学水平的重要条件。教师在教二胡演奏技巧的同时,可以结合身边的学习资源,运用多媒体、图片、文字等,将抽象的理论、技术性知识具象化,在与学员的交流中深化理解。教师可以应用画图的方式,将乐句的形态用线条或图形展示出来,并结合教学示范,引导学生理解,掌握演奏要点。此外,教学语言也是营造良好课堂氛围的重要内容。教师应避免使用如动作不规范、节奏不准确、音准不好等固化、枯燥的语言,而用生动幽默的语言启发学员展开想象。可以从生活中寻找灵感启发学员思考,如自编口诀等方式,由浅入深地指导学员,从而提高演奏技巧。

(二)增强师生协调性

老年大学学员存在着个体差异,有着不同层次的差别,有些学员具备良好的音乐素养,学习时就会轻松自如,不需要花太多时间去学习基础知识,而有的学员则要先进行基础知识教学。这种接受程度上的差异有可能造成部分学员过于紧张,增加心理负担,因此加强师生协调,突出教学相长尤为重要。在这个互动的过程中,学员是学习的主体,教师是学员的指导者,应引导学员主动提出问题、思考问题、解答问题,加强与学员的对话,反思和总结教学的各个环节,反馈教学效果,实现教与学的统一,引导学员参与模仿。可以采取小组课的教学方法,将学员按不同水平、程度分成几个小组,学员互相聆听演奏的乐曲,互相讨论演奏技巧、乐曲风格,积极参与到教学中,从而提高学员的自主学习能力,强化学员之间的合作意识,提升教学方式的多元化。

(三)充分利用互联网

传统的二胡教学受到时间和地点的限制,仅局限于课堂上进行,学法单一、目标单一、过程单一,学员的兴趣容易减退。传统模式的板书设计,通过内容视化的方式,直接显示知识的重要性,强化知识点。

时代在发展,教育在进步,教育手段也在不断变化。在网课普及的当今,线下的课堂教学仍不失为一种比较好的方式,它通过与学员面对面的教学,能够更直接地感受到学员的困惑、情绪变化以及个人能力的差异,想方设法提高学员们的学习效率。

在当今信息化的时代,互联网已融入我们生活的各个方面,二胡教学也同样受到互联网的影响,创新了教学组织形态、教学方法,对二胡教学产生了巨大的影响。学员可以在网上搜索大量的乐谱、教学视频。近年来,手机应用市场为适应二胡初学者的需求推出各种节拍器APP,功能强大,有多种节拍音效可以选择,支持各种乐器的节拍模式,给师生提供了最全面的节拍服务。

综上所述,老年大学不同于其他学校,它是给老年人提供活动的场所,让他们舒适、平稳地度过晚年,使学员老有所乐、老有所学。教师要有"一日为师,终身为友"的良好心态,与学生打成一片,互尊、互敬、互爱,既把班级看成一个美好的大家庭,又要提高课堂实效性,在欢乐、愉快的气氛中传授乐器技能。教师需要不断研究创新教学模式、组织适合老年人的多样活动,吸引更多学员加入这一行列,使老年大学越办越好。

(作者系合肥市巢湖老年大学二胡班教师)

老年大学教学中的几点体会

马长信

我是 1980 年从安徽农业大学调入濉溪县人民法院工作的,曾分管过刑事、民事、行政审判工作,于 2014 年退休。2017 年受聘于濉溪县老年大学,担任综合班班主任,并为法制课教师。综合班共分为 4 个学科,即法制、保健、文学和历史。通过几年的教学实践,现将教学中几点肤浅的体会总结如下。

1. 领导重视、支持是办好老年大学的关键

原老年大学虽在新城,但条件简陋,近千名学生只有 5 间教室和 1 间简易的舞蹈棚。四五个班级共用一间教室。经过学校和领导的努力,县委、县政府给予大力支持,在开发区重新建造了一所现代化的老年大学,面积达 9200 平方米,每个学科都有单独的教室,并设有单独的多功能展厅,每个教室都安装了教学投影仪,并安装了中央空调、电梯,方便了老同志。

2. 老同志无私奉献是办好老年大学的动力

从学校领导到管理人员都是已退休的老同志,每月补助从原本的 700 元到 2021 年的 1000 元,补助并不高,但他们都兢兢业业地工作,每天都是上班早下班迟。教师每堂课也只有 50 元补贴。无论是领导、管理人员还是教师,没有一个嫌补助少而有怨言的,都尽心尽力地工作,发挥余热。

3. 教师互相尊重是办好老年大学的前提

学校是一个大家庭,班级就是一个小家庭。大部分班级均有一两个教师,唯综合班有4个教师,且年纪较大的近80岁,较小的也60多岁了。作为班主任更要尊重其他教师,时常和他们谈心,使大家的心往一处想,劲往一处使,把班级教学办得有声有色。

4. 对学员尊重为先,服务为本

我们班的学员均在60岁以上,有的已80多岁,他们辛勤了一辈子,为社会服务了一辈子,退休后仍来到老年大学学习,发挥余热,这种精神非常感人,也十分值得我们学习。作为教师,在教的专业上比学员多掌握了一点知识,故在教学过程中理应把尊重老同志、尊重学员放在首位。俗话说得好:"要想得到别人的尊重,首先要尊重别人。"尊重学员是老年大学教师必须具备的基本素质,只有尊重了学员,才能得到学员的认可、理解和支持,才能形成和谐的师生关系,才能收到好的教学效果。每次上完课后学员们都很热情地说:"马老师,再见!"每当学员们说这句话时,我的心里都有一种说不出的温暖和愉悦,这就是对我教学的肯定。

5. 多表扬鼓励,少指责批评

学员中不乏知识分子和领导干部,他们都是为国家和人民做过重大贡献的,他们能放下身段到老年大学来学习是难能可贵的。人到了老年,性格也有了一定的变化,喜欢表扬鼓励,厌恶批评。所以根据老年人都要面子的特点,我在教学中尽量少批评或不批评,而以鼓励为主,以保障学员们的学习积极性和学习热情。

6. 要多听取学员意见,以改进教学方法

老年人和青年人不一样,老年大学的学员和中学生及普通大学的学生也不一样,中学生及大学生是以学知识为主,而老年大学的学员除了学习一定的知识外,老有所乐占有很大的成分。无

论你的教学准备得多么充分,备课备得多么认真,都不可能适应每一个学员的口味和要求,所以广泛听取学员意见、及时改进教学方法是十分必要的。因此我常在课后或者课间休息时询问学员的意见,发现问题及时解决。有的学员及时向我提出了很好的建设性意见,如讲时政时多讲反腐的,讲法制时多讲身边的案例等。

7. 要培养学员的乐趣,寓教于乐

爱因斯坦说过:"兴趣是最好的老师。"所以培养学员的学习兴趣是最好的教学方法,特别是老年大学的学员,上学的目的除学知识外,就是要找点乐趣,能够心情舒畅、安度晚年。上法制课时如果就按法律条文来解释的话,学员们会认为枯燥无味,这就需要在讲法律条文时多讲些案例,无论是刑事的还是民事的,他们都听得津津有味。特别是《民法典》颁布后给学员们讲了一些修改后的条文,如就增加离婚冷静期、自身风险行为和饲养动物伤人的后果等,结合法条讲案例,学员们就听得十分认真,而且把学到的法律知识运用于社会宣传,使社会对老年大学的认识有了很大的提高,认为老年大学不光是找乐的,也是能学到很多东西且能服务社会的,能在社会上形成很好的影响。

8. 要有针对性,学有所得

老年大学的教学内容要有一定的针对性,要做到可临时调整,且使学员在每堂课上都能学有所得,只有这样才能长期保持学员上课的积极性。我们班有个学员家住离县城30多公里的农村,为宅基地等问题多次与邻居闹纠纷被起诉,且败诉较多。她听说老年大学有法制课,就慕名来了,想学习法制课增长法律知识。除了在课堂上讲解应学的课程外,我还在课间和课后给她讲解了法制课以外的很多法律知识,使她认识到了法律的两面性,既能保护受害者也能惩罚违法者,她见人就说她法制课上得值,

既保护了自己的权利也不会走弯路了,她还动员其他人一起到老年大学来。所以说针对性的教学能提高学员学习的积极性和学习热情,更好地扩大教学效果。

(作者系淮北市濉溪县老年大学法治课教师)

浅谈五禽戏教学的几点体会

彭业伟

随着经济的发展和社会的进步,参加体育锻炼和关心健康的人也越来越多。"生命在于运动"的道理越来越为人们所理解。五禽戏作为具有亳州地方特色的导引养生功法,有着独特的养生效果和广泛的社会影响力,深受人民群众的喜爱。我有幸受聘于亳州市老年大学教授五禽戏,经过几年的教学,现将教学中的点滴体会概述如下。

1. 学生情况分析

老年大学的学员年龄大多在五六十岁以上,且来自不同的岗位,有教师、有医生、有工人……学员结构复杂,岗位、层次不同,而在学习时,他们的接受能力也不相同,所以在教学过程中,我采用了既集中授课又个别指导的方法,以最大的耐心和热情对每个学生在动作姿势的规范上逐一讲解、示范,努力使每位学员都有所收获,不因老人学得慢、动作僵硬而使他们感觉受到歧视,多以鼓励、认可的教学态度去营造宽松和谐的学习氛围,形成和谐的师生关系,同时也让学员们真正感受到老年大学是自己晚年生活精神寄托的乐园。

2. 教育教学方法

人到了老年,肢体动作难免僵硬、缓慢,记忆力减退,经常会有学员念叨"难学""学不会",即使课堂上学会了,下周一来上课时又忘了,教学中这样的现象不在少数。每每遇到这种情况我都会反反复复、一遍又一遍地指导,可以称得上不厌其烦。在教学中我往往都是以鼓励为主,从多角度给予他们支持与帮助,本着尊重的原则,保护学员的学习积极性和热情,努力使他们成为学习积极分子,带动全班学员认真学习,不能讥讽学员和讲伤害人的话,以免带来许多不良后果。

3. 利用资源,教学相长

有道是教学相长,选好有担当的班长更有利于完成教学任务。一方面学员之间便于沟通,另一方面有许多牵头工作,如传达、组织、落实学校的各项任务,贯彻教师的教学意图,组织大家每天练功等,都需要班长来做。练习五禽戏要求在练功前热身、练功中护身、练功后松身,这些都是在班长认真负责地引领下完成的。每周上课时,总能看到班长提前来到教室开窗通风,摆放座椅,打开音响,带领学员热身,做基本功训练,整个班集体处处洋溢着和谐、积极、阳光的氛围。

4. 丰富内涵,学有所得

老年大学的学员大多都是从工作岗位上退休的工作人员,他们在学习中不仅想学肢体动作,而且想了解该式动作为什么要这样做、它的养生原理在哪里。所以教学内容一定要有内涵,确保学员学有所得。例如,我在讲解五禽戏预备式的舌抵上腭时,就会让他们知道,舌抵上腭不仅能沟通任、督二脉,还能刺激唾液腺分泌大量的唾液,经过鼓漱的唾液既有西药吗丁啉的效果,还能产生美容养颜的酵素。再如,我在讲解五禽戏套路鹿戏的梅鹿伸腰动作时,不仅告诉他们该式动作是保持经脉畅通的一种方法,其妙处在于提升中气,通过三焦把气提起来。更会告诉他们什么是三焦、三焦在哪里以及三焦的作用。我还形象地把这个动作比喻为人和动物在疲倦的时候,不自觉地伸个懒腰,以增加课堂的趣味性,进一步激发他们学习的兴趣,只有这样才能长期保持学员上课的积极性。

5. 积极组织学员参加各类比赛、展示活动

在活动中提高学员的学习积极性、参与感、自信心及技艺。每逢重大节假日,我们都会组织五禽戏班学员举办各种展示活动,让现场观众和学员亲身领略五禽戏的独特魅力,充分展示学员们"老有所教、老有所学、老有所乐、老有所为"的幸福老年生活,展现老年大学的精神风貌,传递出他们对党、对祖国、对生活的美好祝愿和无限热爱!

6. 听取意见,改进教学

不管做了多么充分的准备和设想,一个教师的课都很难符合所有学员的口味和要求。因此,我在课间或课后都会询问学员的意见,发现问题及时解决。如上课时让学员示范上节课的动作和讲解养生原理,增强学员的互动性,就是班长丁振民提出的合理建议,对我的教学帮助很大。人生有涯,教艺无涯,作为教师一定要不断学习,不断改进教学方法,不断提高教学能力。

在今后的教学工作中,我将继续把丰富充实老年学员生活、寓教于乐作为教学宗旨,将让每一位老年学员充分享受快乐、享受生活作为教学目的,弘扬中华传统养生文化,不辞辛劳地上好每一堂课,为亳州市老年教育事业的发展尽一份绵薄之力。

(作者系亳州市老年大学五禽戏教师)

强化担当　乐于奉献

康良栋

随着老年人对老年大学的需求越来越高,老年大学承载的任务也越来越重,作为老年大学的教师更是压力大,既要提高自身的业务水平,适应飞速发展的新时代,又要遵守老年大学的各项规章制度,提高服务质量。教师的一言一行都代表着老年大学的形象,学校盯着你,学员看着你。有人感慨:"老年大学的工作难干,老年大学的教师更是难当。"如何当好老年大学的教师,是近几年来一直被业内关注的话题。我当了十几年的老年大学教师,感触颇多,体会很深。

1. 政治引领,把握思想教育的"方向盘",抓好课前教育"五分钟"

老年大学的学员来自四面八方,有工人、农民、离退休干部、知识分子,也有社会闲散人员。学员们的社会阅历不同,政治思想水平参差不齐,因此坚持课前教育"五分钟"很有必要。课前教育"五分钟"即在业务课正式开课前,用党的政治建设、思想建设、红色传统,提纲挈领地教育大家,引导大家增强"四个意识",坚定"四个自信",做到"两个维护"。提高广大学员的政治思想理论水平,让思想的灯塔照亮初心,用社会主义的核心价值观统一引领大家,激发广大学员爱国、爱党、爱人民的高尚情怀和乐于奉献的价值追求。

2. 刻苦钻研,努力提高自身素质和业务水平

我是太极拳、太极剑、太极扇教师,青年时代有一定的基础,但并不系统规范。多年来我坚持钻研学习,跟名家学习,向社会学习。我自学了太极拳二十四式、三十二式、四十八式、四十二式竞赛套路和传统八十八式;学习了太极剑十六式、二十四式、三十二式、四十二式、五十六式,武当剑四十九式、五十六式,以及太极扇、太极刀等几十套国家套路,力求做到动作规范完整。2018年,我又自费到河南陈家沟学习陈式太极拳。无论是哪种套路和器械均按照谱路仔细钻研,一招一式力求达到标准。我购买了数十种光盘、影像资料,又翻阅了大量的专著对照学习,循序渐进。2009年,我参加了国家体育总局在合肥工业大学举办的太极拳、太极剑培训班,成绩优异,并于当年获得了全国第一批国家级武术辅导员资格。

3. 做深入细致的思想工作,抓好班级管理,提高服务质量

老年大学的学员职业不同,文化程度不一,性格各异。我根据不同的人群确立不同的教学方法。当班级同学出现矛盾时,要沉住气,冷处理,少讲理,多讲情,不上纲上线,当好"调停官",化解矛盾。有的学员基础差,鼓励他们把晚年当"玩年",不要太较真。有的学员期望值过高,把学习当成包袱,抱怨撒气。我就根据不同的情况区别对待,以表扬为主、批评为辅,把学员们团结在一起,和他们谈心、交朋友。我还给学校当好参谋助手,管好自己的班级,教育引导他们把老年大学当成自己的家。多年来,我所带的班级从未出现吵闹纠纷,有多名学员被学校评为优秀干部和优秀学员。

4. 强化责任担当,弘扬实干精神,不忘初心,乐于奉献

习近平总书记提出的"三严""三实",说出了共产党人的价值追求、政治品格、做人准则,指明了党员干部的修身之本、为政之道、成事之要。我是有着 40 年党龄的共产党员,在位时敬业立业,弘扬实干精神,强化责任担当。对我来说,无论在任何岗位都要干出成绩,退休后仍要扛好党的旗帜,不忘初心,把坚定的理想信念当作安身立命的主心骨,不为私心杂念左右,不为歪风邪气所侵蚀。当老年大学的教师,待遇低、工作量大,我认为,不能只看到金钱和名誉,社会需要我,老年朋友需要我,我就要把老年教育事业当作自己的根本出发点和归宿,乐于奉献。

十几年来,我不怕吃苦受累,教学时认真备课、认真讲课,抓重点、抓难点,不厌其烦,反复示范。太极拳教学是项艰苦的工作,有的学员年龄大,有的学员基础差,有时一个动作甚至要教上十几遍,有时还要利用休息时间无偿加课。多年来,我所教的学员近 2000 人,大部分学员已成为业务骨干,还有的在全国、全省、全市的比赛中获奖。我的学员们活跃在宿州大地,已成为一道亮丽的风景线。

质胜于华,行胜于言。只要我们热爱,强化担当,乐于奉献,就能使老年人的教育事业兴旺发达起来。

(作者系宿州市埇桥区老年大学太极系列课程教师)

再举教鞭唱晚晴

李培全

泗县老年大学集英聚贤、人脉丰沛,有人、有钱、有机制,运转有活力,课堂有引力,办学有成果,上层有影响,基层有张力,社会有贡献,群众有口碑,30年来枝繁叶茂果硕。带着这些粗浅的认知,我走上了老年大学的讲台。

生命有始终是大自然的规律,然而退休后,生活节奏突然舒缓,得有个适应的过程。时间都由个人支配了,要打发这些闲暇时光,不做点什么老感觉心虚对不住谁似的。子女们一如此前的我在忙碌,孙辈们自有现代化义务教育学校的教师们调教,清闲唯我。近看国家公布的第七次全国人口普查的数据,60岁及以上人口已达2.6亿,这个数字放在全球各国人口排行榜上比肩于第4位的印度尼西亚,占我国总人口的18.4%,人均预期寿命达到了77岁以上。匡算一下退休后剩下生命的四分之一时间又和国家"2035年远景目标"相对应,赶上民族伟大复兴的节拍,这样一对比,剩下的就只有激动了。我还在想这个庞大的2.6亿群体都在干什么?怀着思齐、虔敬和挑战的种种心理,我走上了泗县老年大学文学课的讲台,扎进了古老泗州最大的"老人堆"。一学年不到又赶上了疫情。虽没有过深的体会,但可说点"没想到"的事情。

第一个"没想到"的是"文化自信"点燃了这么多老年人重拾文学的热情。步入新时代中国特色社会主义的崭新时段,栉风沐雨见初心,朝乾夕惕续华章,尤其是过去的一年"民亦劳止,汔可小康"——这个千百年来中华民族的憧憬正在变为现实,党带领华夏儿女以昂扬奋进的战斗姿态,阻击疫情、脱贫攻坚,收官"十三五"规划,顺利实现第一个百年奋斗目标,擘画出国民经济和社会发展第十四个五年规划和"2035年远景目标"。同龄人老了,却赶上了亘古未有的好时代,衣食无忧、幸福满满。尤其是文化更有自信了,全社会重教、创新、向学的氛围更浓了。举目可见社会主义核心价值观、规范树德励志的警语,大街小巷俯拾皆是治国齐家、奋进益世的明哲先贤之箴言,人们耳濡目染在"强起来"的满满正能量的文化氛围中。该学的人在学,该干的人在干,各行各业老少长幼都在"一天都不懈怠,一天都不耽误"的进取中。老年朋友们调侃:"真的还想再活五百年。"他们在点赞建党百年成就时,尤其感佩习总书记"治国理政"系列讲话中引经据典、金句迭出的厚重的文化内涵,领袖的示范让人们更加珍爱传统文化,而文学又是绵延5000年的优秀中华文化的精髓。我不禁思考:班级里为什么能进得来、坐得住那么多的老年人——这是受聘之前没想到的。我们同学共进,与有荣焉。党擘画到2035年建成文化强国的远景目标,这帮当学之年而失学的人们面对新时代给予的历史机遇,他们实在不想再失去。

第二个"没想到"的是泗县老年大学新校园建设的进度这么快。在2019年教师节的开学典礼上,时任县委书记张志强与会祝贺。师生们反映校舍陈旧、场地不足、参学人数与相关活动受限、教学设备过时,盼望改善条件,适应更多老年人求学的诉求。张志强书记即刻作答:"给大家建一所新学校。"掌声过后留下了期待。想不到这位带领全县人民在各项事业改革发展中"全市争第一,全省争上游"的可谓日理万机的百姓眼中的全县最忙人,在会后就安排校长毛学武同志组团赴省和兄弟县市考察调研老年大学的建设经验和格局,亲自组织、调度、立项、选址、设计、施工。截至目前,占地25亩、处在新老城区结合部黄金地段的崭新的泗县老年大学主体工程已经告竣,8栋教学楼和配套的现代化办公与活动设施施工也已进入了尾声,新的老年大学将于新学期启用。从书记承诺到校园竣工,又加疫情,前后仅一学年——这是所有人都没有想到的!

　　文学课爱做笔记的老同志,曾传议张志强书记于一年前在开学典礼上说过的一段话:"……用情,积极应对不断加快的人口老龄化进程,提升做好老年教育工作的思想自觉;用心,完善组织体系,加强师资队伍建设,丰富资源供给,对标补齐老年教育工作的短板;用力,不断提高服务老年干部和老年教育工作的能力和水平……"一年,仅仅一年,在建党百年这个特殊的喜庆年份,这位话语不多办事实在"抓铁留痕、踏石留迹"的书记,真的就在县城最佳地段的古运河景区岸边,给我们建了一所功能齐全、设施现代、设计理念前瞻的"全市第一、全省一流"的老年大学!这实在是所有人所没想到的。

　　第三个"没想到"的是这个群体有那么多共同语言和期盼:老知识没学好,知识构架有短板,新知识又爆炸式地扑面而来,让人目不暇接,适应不了。好日子来了要加倍珍惜和过好,时代在推着我们去学,不然告别了老文盲又成为了新文盲。

　　我们这群人的平均年龄和新中国基本同岁,第二个百年宏伟目标远景那么诱人,每个人都不想被落下。我们年相若也,道相似也,或"40后"的哥姐,或"50后"的弟妹。我们与祖国"站起来、富起来、强起来"的铿锵步履同频共振,"共产党好、社会主义好、改革开放好、新时代好"是大家发自内心的感受。艰苦的岁月耐得住饥寒,创业的年代舍得了力气,新时代的好时光要过得滋润才对得起自己。党的近期规划和远景目标已按下了"人人皆学、处处能学、时时可学"的人才强国的加速键,我县迅速布局跟进,听党话,不会错。

我算是团队中的幸运者,改革开放和恢复高考的制度改变了我的命运,4年大学生活,10年率队冲刺改变人生命运的高考"独木桥"。相比同伴们,书早读和多读了几年,自感有义务和责任陪大家一起补课,我们一起品《论语》,说《离骚》,解"八卦",释"阴阳",谈时政溯文脉,分享求知之艰、求知之幸、求知之福,共享求知带来的快乐。

什么是幸福?哲人这样回答:"和喜欢的人在一起做喜欢的事就是幸福。"泗县老年大学新校园即将启用,相信会有更多的"没想到"给我们带来惊喜,会有更多的老年朋友入学圆梦——因为那里会滋润生命,派生幸福。和着民族伟大复兴的旋律,泗县老年教育已经打开了崭新的一页!天行健、国运昌,少不惜力、老不歇心,全民向学,坚定不移地跟党走,我们相拥相携,共创未来!

(作者系宿州市泗县老年大学文学班教师)

老年书法教学之浅见

刘绍军

老年书法教育有着自己的特殊性,教学内容和教学方法如何适应老年人的特点，直接影响着教学目的的实现和教学任务的完成。几年来，我在老年大学的书法教学中，经过不断探索和总结，就如何搞好老年书法教学有几点粗浅的认识。

第一，要引导学员学习一些汉文字起源和书法发展的历史知识，使学员对书法各体之间的传承关系、嬗变转化有一个基本的了解，从而有利于对学习书体的选择。在学习书法史的同时，要结合观摩，讲解各个历史时期的名碑、名帖，以及书法名家的传略、轶事等，引导学员对这一艺术形式有深刻了解，激发他们对书法学习的热情，从而提高他们学习的积极性、主动性。

大多数老年人为生计、工作劳碌了几十年，即使喜欢书法也无暇或无缘接近。加之书法艺术本身的高雅、精奥，使得人们对它不可能浅尝即得或一蹴而就。老年书法学员们由于缺乏对中国书法博大精深和瑰丽璀璨的了解，大多简单地认为用毛笔写汉字就是书法，把俊美、俏丽或奇巧怪异的书写当作书法艺术，认为通过简单、短期的随意模仿就可以获得成功。因此，老年书法教学，有必要通过书法发展史的学习，使学员们充分认识到书法和写字有着本质的区别，虽然书法艺术离不开汉字，但写汉字不一定就是书法。书法是以汉字为载体，采用特殊的工具（毛笔、宣纸、墨），以线条为主要表现形式，运用黑白对比的方法，按照各种书体不同的法度和章法要求，抒发书写者情感和意境的一门专业性极强的艺术形式。书法的艺术性随着汉字的产生和汉文化的发展不断丰富，浩如烟海，光辉灿烂。学习书法，犹如汲取中华五千年传统文化的甘甜乳汁，使人精神升华、素质提高、境界净化。因此，指导学员学好书法史，观摩欣赏名碑、名帖，是明确学习目标、端正学习态度、树立学习信心不可缺少的重要一课。

第二，要慎重选择教材（即碑、帖），要做到因人施教。老年人学习书法与青少年不同，他们有自己几十年形成的书写习惯，有丰富的人生阅历,具有辨别美丑的标准,有的学员以前学习或接触过书法方面的知识,具备一定的临摹或书写基础。因此,在选择碑、帖上,不能强求一致,都写一家之体。如同时学习楷书,有的喜柳,有的喜颜,有的钟情于褚或欧。有的楷书写得很好,转而醉心于篆、隶。所以老年书法教学的重点在于传授书写方法及技能的基本常识,而不必强求同学一种书体。针对年龄差距大、基本素质参差不齐、所学书体又不相同的特点,宜采用复式教学的方法,分类讲解、指导,分别练习(临帖)。这样做,既可以使基础好、理解快的学员快步前进,早出成果,又可以使基础差、功力弱的学员稳扎稳打,夯实基础,为后续的学习创造条件。这种方法虽然增加了教学工作的难度和工作量,但却可以取得实实在在的明显效果,因为有差别才有激励,有激励才有进步。

在指导学员选择碑、帖时,要注意选择字迹清晰、破损较少、印刷质量高的原碑、帖,对于多次翻刻、破损严重、字迹模糊的不宜选用。同时,要遵循古代"取法乎上"的原则,追本溯源,以选择临写古碑、古帖中的名帖为最好。而现代人的墨迹,即使写得再好,也是从古人碑、帖中脱胎而来的,但也可以作为临习古碑、古帖的辅助来加以研读、临摹,从中汲取有益的成分,帮助老年学员在临摹中尽快入帖、出帖。

第三,在教学的方式方法上,我根据几年的教学实践,形成了一套行之有效的思路和方法,具体如下:

1. 以课堂临摹为主,单人分类指导

老年学员不像青少年那样单纯,他们虽然已退休闲居,但大多是退而不休,仍然承担着一定的家庭责任、赡养与抚养义务和社会交往活动,课后难以保证有集中的时间和充足的精力去临习,因此课堂是他们学习书法的最佳场所。在课堂上临摹,精力能够集中,氛围较好;而且有教师现场指导,容易改错纠偏。作为

指导教师,也能在现场根据每个学员的具体情况,从执笔、姿势、运笔、结体、章法等方面有针对性地具体给以讲解、示范,有助于取得好的学习效果。老年人学习书法,理解能力强,理论性的知识一听就懂,容易领会,但他们长期形成的书写习惯是很难在短时间内予以矫正的。因此,在课堂教学中,讲解基础知识,传授技能方法,应力求简洁明了。而在分类书写示范、纠正不良习惯和指导临摹方面,应给予充足的时间,并且应该具体指导每一位学员。书法艺术说到底是一种实践艺术,不经过反复、艰苦、准确的临摹,是难以达到目的的。

2. 集中讲解疑难,分体书写示范

通过课堂临写,发现共同存在的问题,然后集中起来有针对性地重点讲解,使存在此类问题的学员能及时改正,强化弱项方面的练习,从而提高临写水平。在复式教学中,因学员学习的时间长短不一,书写水平参差不齐,所学书体也不尽相同,故在解疑释惑的基础上,应多做书写示范,使学员从教师的书写中感知、体会执笔、运笔的方法,提按顿挫、方圆使转的技巧,以及书写速度、墨与纸接触产生的效果和墨的运用等方面的知识,使学员感同身受,亦可产生事半功倍的效果。

3. 互相观摩交流,共同分析点评

在课堂临摹中,学员之间可以互相观摩作品,交流学习心得,互为老师,从而增强学习兴趣,提高学习的自觉性。可以将学员临写的作业、创作的作品挂起来,供学员和教师共同分析、点评,从而使每个学员知道:哪些是好的、正确的,应该保持和巩固;哪些是不好的、错误的,应该改正和提高。在重视课堂教学的同时,可以经常组织老年学员参加一些展览观摩和笔会交流,这也是提高教学效果的一个重要途径。参加上述活动,通过观摩名家书写和欣赏美的作品,不仅可以激发学员的学习兴趣,还可以开阔眼

界,增强欣赏能力,同时可以解决学习中的一些问题,如运笔、用墨、章法、结构等。特别是用笔,有的学员一直不得要领,而观摩了几次书法笔会,再加上细细揣摩,竟能很快突破障碍,使问题迎刃而解。另外,对于具备一定创作能力的学员,要鼓励他们积极参加笔会和展览活动,通过把自己的作品和别人的作品放在一起比较,从而发现不足,修正错误,不断进步。

4. 课后读临结合、消化巩固提高

老年书法教学大多一星期上1~2次课,课堂上学习的东西如果不在课余时间加以练习、强化、巩固,很容易遗忘。因此,做好课后练习是十分重要的。学员可以利用闲暇时间,对已学的知识和技法,认真加以练习,做好家庭作业,家庭作业要精不要滥。启功先生曾说过:"什么是功夫?功夫就是准确地重复。"在临摹时,要运用所学的知识、方法、技巧认真地去写好每一个字,使作业能真实地反映出自己的书写水平,从而达到消化知识、巩固学习效果的目的。那种不按法度、信手挥来的抄帖,只能适得其反,最后形成不可医治的顽疾。在课余时间临摹时,不可忽视读帖的作用。时间较少或出门在外不具备临写的条件,即可捧起帖来读一读。所谓读帖不是我们平常所说的读书,朗朗出声,是相对于临写而言的,即通过观摩帖中的每一个字的形态以及结字、用笔、用墨、书写速度和神韵,去体会古人书写时的心境、方法、技巧,同时用手指做一些空中的比划和运腕练习。真正做到临前先读,临后再读。读细读懂,可以深入了解一本碑帖的风格特点,对在临摹中既要形似又能神似是极为有益的。从古至今,每一个书法大家、名家,无不重视读帖这一行之有效的学习方法。

总之,书法教学是一种技能技巧型的艺术教育,而老年书法教育又有其自身的特点,因此,紧紧把握住以实践为主的传授和训练是教学中极为重要的方法,具体应做到"四结合、四为主":理论和实践相结合,以实践为主;课堂教学和课外自学相结合,以课堂为主;临摹与创作相结合,以临摹为主;点评与示范相结合,以示范为主。随着老龄化社会的到来,老年教育已成为新兴的课题。而老年书法艺术教育又是这一课题中的重要一节,因此搞好老年书法教育,对弘扬祖国传统文化,开展老年人潜藏智能,陶冶情操,强身健脑,美化生活,服务社会,构建和谐社会,推进文明进程都有着十分重要的意义。几点肤浅之见,难免谬误,恭聆教正,以求共进。

(作者系宿州市萧县老年大学书法教师)

浅谈中老年学员模特教学方法

王安莉

在 2015 年春天的脚步悄悄来临之际,我受聘成为蚌埠市老年大学的一名模特教师。3 月,在迎春花的芬芳中,开始了我的老年模特教学工作。当第一次看到那么多带着对学习的热忱、对美的追求的渴望和对我信任的眼神时,我被深深地触动和感动了,更感受到了身上那一份老年教学的责任和光荣。

针对中老年学员在模特教学中远远区别于职业模特"T"台的专业性,更倾向于舞台的表现力,我快速调整了教学方案,听取广大学员的意见和建议,并根据她们的自身特点,首先编排了几套能有效矫正和改变她们随年龄增长所形成的不良身形的有氧塑身操,让她们在健康养生的同时也轻松地打开了微扣的肩背。随后又在坐、站、走姿中融入了日常礼仪的基础动作及要求,使她们通过规范系统的学习,变得更加健康和优雅。创新的教学方法赢得了广大学员的赞同和支持,取得了非常理想的教学效果。第二年,在学校领导的信任和支持下,我又承担了老年大学艺术团时装表演班的教学工作。

在任时装表演班教师的教学期间,我大胆融入创新了许多新的艺术形式,编排出了很多耳目一新的舞台类时装表演节目。在每次的大型表演中都获得了领导的称赞和观众的好评,并获得了"优秀教师"的称号。

时至今日,回顾这6年多的教学生涯,通过不断地探索教学规律、积累教学经验,在教学的基础上根据学员的特征,适时创新,摸索出了一套适合中老年学员的模特教学方法。现将我在教学中的点滴体会概述如下,旨在相互交流、学习、借鉴、提高。

1. 培养兴趣,树立自信

兴趣是最好的老师,因此培养学员的学习兴趣是教学中至关重要的一步。许多学员在刚接触模特时会因年龄和自身的外在条件不足而缺乏自信,又因无基础,欠缺乐感、节奏感而缺乏兴趣。我首先利用有氧塑身操的有效塑形,来快速改变她们的外在形象与气质。当她们看到了自己切身的变化时,变得越来越自信,对模特学习也越来越感兴趣了。在走姿的训练中,我会选择一些她们喜欢的音乐,吸引她们多听多熟悉,逐渐去找到乐感。设定和着音乐拍手互动的环节,在轻松愉快的氛围中潜移默化地教会了她们找对节奏。经过一段时间的学习,通过自身外在的改变,学员们变得越来越自信,越来越喜欢上模特课了,学习也更加认真了。

2. 鼓励为主,激发热情

老年大学的学员们,都是离退休的人员,年龄都在五六十岁以上,有时性格会像孩子一样,爱面子,喜欢表扬和鼓励。为了激发她们的学习热情,我会在我的模特教学中将她们有意识地分组进行练习与展示,让每一组学员都能在练习展示后得到教师和其他组学员的热烈掌声,从而大大地激发了学员积极学习的态度和训练展示的热情。在教学中,我会经常表扬她们悟性好,学得快,学得认真。而当在学习中出现错误动作时,我会及时给予她们鼓励,并和她们一起分析,找到原因,一起重新去做正确的动作,直到完全熟记。

3. 听取意见,改进教学

因我和学员们的年龄差距较大,在教学中偶尔也会出现一些相对她们而言比较难以接受的教学内容。我很感谢我的学员们,她们都会选择在下课后和我进行良好的沟通。同时,她们也会提出自己的一些想法和好的建议,这对我改进教学方法帮助很大。每次我都会认真听取她们的意见,认真思考并改进调整我的教学方案,吸取经验,摸索出更好的、适合中老年学员的教学方法。俗话说"没有唯一的教学方法,只有更好的教学方法"。随着时代的进步,知识在不断更新,事物在不断发展,作为一名教师,应做到虚心听取各方的意见和建议,只有不断地自我学习完善,不断地提升教学能力,不断地改进教学方法,才能与时俱进,丰富自己的教学经验,提高自己的教学水平,让更多的学员受益于学习的快乐和提高中。

4. 因人施教,敢于创新

对于老年大学的教学,应根据她们的特点,由浅入深,由易到难,慢慢深入,让她们都能够听得懂、看得到、学得会,只有这样才能使学员长期保持上课的积极性。在中老年模特的教学中,应不断创新和融入一些当代新的元素、新的手法、新的艺术表演形式，有机结合自身的教学内容，提升和创造出更多、更好的新教案、新方法，吸引并有效持久地保持学员对学习的新鲜感和热情。在教学中，我曾经尝试过将一些日常的仪表仪态融入中老年模特的教学当中，使中老年模特学员不光身形挺拔、走姿飘逸，在举手投足间也变得更有气质、更优雅；也尝试过在中老年模特的道具教学中，融入一些表演手法，使中老年模特在舞台上的道具表演更加丰满、更具有表现力等。这些创新的教学方法，深受学员们的喜爱和肯定，并取得了非常理想的教学实效。

5．有的放矢，开展活动

"老有所学、老有所乐、老有所为"是老年人上老年大学的目的。因此，我会用一些实际、实用、实效的方法，开展一些活动，让学员们能够在活动中互相学习，展示自我。除了参加学校组织的大型演出外，每学期结束时，我都会在各班举行一次学期汇报演出，既展示了学员们的表演风采，又巩固了学员们的学习效果。同时也能让我发现一些教学中的不足，以此不断改进、完善教学方法，增强学员们的学习兴趣和自信，通过开展活动，也使学员们彼此之间更加了解。可谓达到了多重的良好效果。

（作者系蚌埠市老年大学模特班、时装表演班教师）

关于教授行书《文赋》的几点体会

杨明松

2019年,我有幸被蚌埠市老年大学聘用,在书法行书初级班任教。这是我首次在老年大学授课。尽管我已有多年教授成人与少年儿童书法的经验,但接触老年朋友还是第一次。老年朋友们的书法基础如何,怎样与他们沟通,采取什么样的教学方法?凡此种种,心中不免有些忐忑。

直到进了学校,步入教室,看到全班同学热情的笑脸和期待的目光后,我心中瞬间踏实了许多。由于我教的是行书班,行书又是我多年书法的主攻方向,我有着40多年对书法的研究,特别是对于行书有着多年的求索经验,心里还是有点底气的。开始,我对大家进行了书法史知识的普及,重点当然落在行书上。我从行书的产生、发展到顶峰进行了细致的梳理和讲解,突出介绍了对行书做出巨大贡献的历代著名书法家,如王羲之、颜真卿、苏轼、米芾、赵孟頫等,对他们进行了详细的生平介绍和书法代表作分析。同学们反响强烈,一致表示既开阔了视野,又增长了知识。

学习书法、临习古代优秀经典法帖,是提高书写水平乃至进行书法创作的不二法门。针对这一点,我为行书班的同学选取了初唐陆柬之所书的《文赋》。为什么选择它而不选其他的呢?原因有三:一是陆柬之的书法是学习二王(王羲之、王献之)的行书,是书法的正脉,学习它以后再进一步学习王羲之的行书就有了基础,可以向书法更高的山峰攀登;二是这篇作品是墨迹,笔法、结构一目了然、非常清晰;三是这篇作品篇幅长、字数多,基本常用字均包括其中,今后可倚帖创作或集字创作;四是内容好。《文赋》是晋代陆机的一篇著名的传授写作理论的美文,文辞华丽,寓意深刻,通过临帖,既学习了书法,又学习了文学,一举两得。

由于行书班的同学们基础不同,甚至差距很大,有的是刚刚拿起毛笔的新手,有的是已经写了多年的老手。偏重这边就会耽误那边,该怎么办呢?通过和班长及大多数同学商议,我决定采取从字帖中的每个字教起,逐字逐句地分析、示范,从字的结构、笔顺及用笔进行剖析,并分析为什么这样写,好在哪里,如果不这样写会是什么结果。然后,让大家尝试着临写。大家一致反映这样教更细致、明了。知道了如何书写后,大家临帖的热情空前高涨。

经过一个星期的学习,所有同学的书写水平都有不同程度的提高,大家都基本掌握了临帖的方法。有的同学还能写出很有《文赋》味道的书法作品。可惜由于突如其来的疫情,中断了大家的学习。再开学时,大家的书写水平普遍下降,需要花力气进一步巩固学习,才能进一步提高。

通过一年多的教学,我有如下几点体会:一是老年朋友们虽有热情,但缺少学习的方法;二是他们的琐事较多,缺少时间练习;三是遇到书法上的难题,他们容易气馁。根据上述情况,我采取多鼓励、多表扬的方法,和同学们多沟通、交朋友,勤聊天、多分析,使他们在书写中愉悦身心,轻松上课,愉快学习。

(作者系蚌埠市老年大学书法行书初级班教师)

努力探索和掌握老年教学特点与规律

许小玲

近年来,各级领导拓宽思路,创造条件扩大老年教育的覆盖面,把我们的老年大学办进街道、社区和有条件的单位,促进老年教育事业的发展,为和谐社会搭建平台,使更多的老年人"老有所想、老有所学、老有所为、老有所乐"。

(一)为老年教育做贡献

自2011年9月起,我担任了市老年大学舞蹈班的教学工作。2013年9月,蚌埠市第一个老年大学教学点——大庆教学点开课了。市老年大学领导决定让我去教授民族舞课。我听后很激动,尽管教学点很偏僻,离家远不太方便,但是想到一方面可以支持学校的工作,另一方面能为老年朋友们服务,为老年教育贡献出自己的微薄之力,就毅然决然地踏上了社区教学之路。紧接着,2015年3月市老年大学文竹苑分校开课了,我接受了校领导的安排,担任民族舞的教学工作。

(二)谈谈老年教育的体会

1. 努力探索和掌握老年教育的特点与规律

我在教学中不断积累教学经验,逐步摸索并制定出不同层次和不同类型的教学计划。在备课时采用课堂上适合老年人特点的教学方法。例如，慢一点的动作适合老年人学习，而快一点的动作八拍里有5个动作，学员们特别难接受，于是我就把这5个动作编成顺口溜，重点突击这一块。经过多遍练习，大家很快就掌握了，心里由衷地高兴。容易接受的动作每堂课多学一点，不容易接受的动作每堂课少学一点，这样学员们就能比较轻松地学会动作。

2. 热情、耐心地对待老年教育

由于社区的老年朋友们都是就近来报名上课的，平时很多人都跳惯了广场舞，有一些不良习惯，而且舞蹈水平也参差不齐，这就给教学计划的安排带来了麻烦，教深了不行，教浅了也不好。我想既然来了就不可以打退堂鼓，我要以我的热情和耐心去教好学员。老年朋友们的特点是接受能力弱，忘得快，一堂课教的动作下堂课来时便大眼瞪小眼了。所以每节课开始时我都会把上节课的内容重温一下，一排一排地跳给她们看，从东到西、从前到后直到她们掌握。每一节课我都会不厌其烦地把她们的手、脚等动作摆一摆，一排一排地过。然后让她们分组跳：一是让她们互相学习，学习别人的长处，及时纠正自己的不足之处；二是我也在观察她们对动作的掌握程度，以便更好地给她们补课。每节课下来我都会口干舌苦，大汗淋漓。讲话、唱得多了，有时还会出现耳鸣。学员们称赞："许老师真认真，真有耐心。"

3. 鼓励学员发挥个人特长

在完成基本教学的基础上，加强个别指导，能使学员们各有所得。抽出业余时间给她们编排一些节目，参加一些有益的社会实践活动，参加社会老年文艺活动，服务社会，为社区的文化建设也贡献出自己的力量，真正做到老有所为。

4. 取得成绩

我的老年教学不仅为老年教育贡献了自己微薄的力量,也带出了不少优秀的班长和学员,并且也提升了自己的素养和专业能力。我连续两届被评为市老年大学优秀教师,同时我也是非遗市级花鼓灯传承人。

通过教学我感悟到,当前发展老年教育非常必要,且迫在眉睫。近年来,各级领导从组织领导、设施建设、资金投入、政策扶持等方面都加大了老年学校和老年文化建设的工作力度,使老年朋友们真正成为适应社会、与时俱进的社会化老人。

(作者系蚌埠市老年大学舞蹈班教师)

勿忘初心 奉献余热

刘德俊

我是蚌埠市老年大学摄影高级班的摄影教师,2022年70岁。其实我的摄影生涯就是从老年大学起步的,担任摄影教师则是赶鸭子上架,也算是临危受命。我原先是一名监狱警察,临近退休之年参加了蚌埠市老年大学摄影班的学习,后来又参加了北京摄影函授学院安徽分院的函授学习,通过自己的努力学习,我的摄影水平不断提高,在市、省、国家级的影展影赛中多次斩获大奖。我是中国摄影家协会会员、安徽省摄影家协会会员。2014年担任蚌埠市老年摄影学会会长。2015年老年大学的一位摄影教师因年龄的原因不再任教,学校领导让我"补缺",我心想自己的文化水平暨专业知识有限,难以胜任,可拗不住学校领导不断地给我做思想工作,只得应承下来。

(一)精心准备,恪尽职守

对于从老年大学走出来的摄影人,我深知教师备课、讲课的重要性。"要想给人一碗水,就要自己有一桶水",为了备好课,我专程去合肥、南京等地的新华书店购回摄影教学书籍,认真学习,提高摄影理论水平。我结合自己多年的摄影实践,精心制作图文并茂的课件以备上课之用,为了让学员们易学易懂,经常征求学员们的意见不断修订改进,有时常常熬夜到凌晨一两点钟。

(二)针对特点,突出重点

老年人学摄影,听起来容易,学起来难;进门容易,深入下去难;初学容易,坚持下去难。学摄影的老年人大多社会阅历丰富,有一定的文化基础,课堂上一听教师讲课就比较明白,但他们年龄大容易忘,到了实际操作相机时就容易手忙脚乱,甚至丢三落四,不是忘了充电,就是忘了带SD卡,有的今天明白了、会操作了,过几天就忘了。于是,我在课堂上注意突出两三个知识点反复讲,将理论与实践相结合,加深学员们的理解记忆,实际拍摄后再在课堂上交流、点评、复习。就这样循环往复,反复加深、强化记忆。

(三)典型引路,攻克难点

现在进入了全民摄影的时代,但要想拍好、拍深入却比较难,老年大学的摄影教学也是如此。相机一般会用了,学个一两年也就差不多了,但是要想深入学习下去比较难,常常在这个时期会遇到瓶颈,止步不前。这时需要在理论上有新突破,在原有的摄影知识的基础上向理论上更进一步,增加理论的含金量,适当增加有关中国摄影史、世界摄影史及名家名作的知识量,还要利用摄影学员的作品、事例来调动学员们的学习积极性。如学员方某华,虽已是耄耋之年,但学习却非常认真,不懂就问,虚心学习,还让儿子利用节假日带他去蚌埠禾泉小镇、花博园等公园拍摄花卉、小景,其乐融融。蚌埠医学院一附院退休职工张某慧,刚开始学习时历时四五年却不会使用相机,一直走不出老伴去世的阴影,我就带着她到她女儿所在的科室拍摄创作,参加医院里的比赛并获了奖,此后她热情大增,还先后加入了蚌埠市老年摄影学会和中国女摄影家协会,积极参加学会组织的活动,乐此不疲。崔某玲原来喜欢唱歌,参加摄影学习以后,悟性好,非常努力,我就介绍她参加北京摄影函授学院安徽分院的学习,现在不仅加入了安徽省摄影家协会,而且有不少作品在国内外摄影赛中获奖,入展黟县、包河、丽水国际影展,还由中国摄影出版社出版了《几多光影》画册,在全国发行,在安徽省摄影界也小有名气。孙某义原来喜欢养鸟弄花,学习摄影以后,他的作品《金色长城》获蚌埠市第十二届摄影艺术展一等奖,他的摄影事迹还荣登安徽省摄影家协会主办的《大家摄影》杂志。这些事例对学员们触动很大,让大家觉得老年人也能学好摄影,也能在摄影上有所作为,促进了学员们的学习积极性,增强了他们的学习热情。

(四)文化自信,永攀高点

2014年10月15日,习近平总书记主持召开文艺工作座谈会并作重要讲话,我在上课时适时融入习近平总书记的重要讲话精神,并强调老年摄影人也要恪守职业道德操守,做有理想、守纪律、讲道德的摄影人,多拍有正能量、经得起时间检验的作品。学员崔某玲在拍摄"中国好人"张家丰的过程中,给予了张家丰精神上的鼓励和经济上的支持,张家丰赠送她一面"最美摄影师"锦旗,以示感谢。特别是在2020年新冠肺炎疫情期间,学员们作为易感人群,他们守纪律不添乱,宅家网上学习,有的在家里也利用摄影器材拍摄小区的抗疫场景,有的利用批准外出之机拍摄人们与疫情斗争的点点滴滴。2020年洪灾期间,崔某玲、朱某华等人在赴禹会区杜郢村拍摄村民防洪抗灾事迹中,还主动参与搬运抗洪物资。毫不夸张地说,在灾害面前,老年摄影人没有缺席。正是摄影使老年人开阔了眼界,陶冶了情操,锻炼了体魄,奉献了余热。

莫道桑榆晚,为霞尚满天。在蚌埠市老年摄影学会一年一度的金秋影展中,在蚌埠市摄影家协会庆祝中国共产党成立百年的活动中,都能看见老年大学摄影人的身影,他们是蚌埠市摄影队伍中不可或缺的中坚力量,他们的成长,倾注了几代老年摄影教师的心血与付出。

多年来,老年摄影教学的实践不仅仅使学员们在摄影方面有了进步,而且让他们开阔了眼界,收获了快乐,得到了提高。2015年,我们为蚌埠市35名参加过抗日战争的老干部拍照,中共蚌埠市委老干部局办了影展,制作了画册,我们的摄影作品受到了省老干部领导机关和蚌埠市有关领导的好评。学员们的摄影作品在全国、省、市的摄影比赛中也有获奖。作为一名热爱生活的老年大学摄影教师,我要跟上时代的步伐,不忘初心,不断学习,继续努力,尽心尽责地为老年教育奉献余热!

(作者系蚌埠市老年大学摄影班教师)

老年大学素描教学心得体会

周友红

老年教育是随着我国人口逐渐老龄化，于多年前推出的一种教育模式，也是国家对老年人的一项优待政策。老年教育工作中的所有环节，如教育教学的方针、方法、计划、目的、要求，都必须从"老"字入手考虑，搞好老年大学的教育教学意义重大且任重道远。

这些年来，随着人口老龄化的加剧，全国各地的老年大学发展迅速，书画一直是老年大学中的主要课程之一。长期以来，书画专业主要是以书法、国画为主，其他画种几乎没有，学员们也少有创新，写意国画一枝独秀，其他画种很难开展和发展。面对这种现状和问题，应当大力发展基础素描教学。素描是一切的基础，也是其他绘画种类的基础，有了这个基础，其他问题就会迎刃而解。

怎样抓好素描教学，提高学员的造型能力，是我从事素描教学30多年来一直研究、思考的问题。素描是一切美术的造型基础，在素描教学训练中，只有掌握正确的教学方法，进行严格系统的训练，才能达到逐步提高的目的。老年大学的素描训练虽受年龄、文化水平、时间、场所等众多因素的限制，但如果安排合理，即把课堂教学、课外写生和临摹有机地结合起来，同样能达到综合训练的目的。

在素描教学过程中,老年人学习素描的接受能力相对青年人较弱,思维相对保守,眼高手低的现象比较常见。虽然老年人对学习内容接受得慢一点,但老年人学习很有耐心,一般都比较喜欢互动,不懂、不明白的马上就问。只是在教学环节中对他们的讲解示范要比对年轻人的讲解示范多一点。这也是老年大学教学与一般普通教学的不同之处。

(一)循序渐进的教学方法

老年素描教学既不同于专业大学那样教学,也不像中小学和高考集训班那样授课,就授课的知识面和知识水平来说,可能不如专业大学那样高深、严格,但也牵扯到方方面面的问题。因而要注重教学方法。首先,教师在教学时要与老年人进行思想上的相互交流,也就是说要掌握老年人的心理特征,进行心灵的对话、心灵的交流。同时,也要将学习方法、思维方式及作画时的情绪调节、心态调整等,在适当的时候进行讲述,将教与学融为一体。只有这样才会有良好的教学效果。其次,教师要精讲多示范,讲练结合,用生动的讲述和娴熟的示范,唤起学员的学习兴趣,并不断提升他们的兴趣,鼓舞他们的信心,燃起他们学习的热情。对学员的要求,要有诚心,以诚代严,宽严有度。例如,对学员的作品,除了要认真分析、讲评、批改外,还要以表扬鼓励为主,肯定成功的地方,当然也要明确指出画面存在的问题,但却不能放大问题。对完不成作业的,也不要过多追究,更不能批评。课堂讲课时要兼顾学员水平的差异,有深有浅,由浅入深。最后,要让学员正确看待自己的情况。因为老年学员有着丰富的生活社会经验,看待问题有一定深度,审美水平也比较高,但专业基础却比较差,所以在学习过程中往往会出现眼高手低的问题,对学习有急于求成的心态。对于这种情况,教师要耐心地从学员作业的具体情况出发,耐心说明,循序渐进。

(二)在写生练习中感受素描

素描训练是从简到繁、由浅入深融思维和创造为一体的造型过程。初学素描时,由于缺乏对客观对象的认识和理解,尽管学员们有正确的视觉感受,但总是心有余而力不足,往往不能正确地分析形象的特征、结构和内部联系,缺乏整体观念,喜欢钻入局部刻画,结果是出力不讨好。针对这种情况,教师要及时给予指导,肯定优点,指出存在的问题。为了使学员们养成整体观念,正确地了解物体的内部结构,教师可通过石膏几何模型分层次讲解物体的基本组合。如用球体和锥体组合梨的结构,用圆柱体构成分析杯子、水桶及碗口、碗底的结构等。经过写生练习这一过程,学员们对所观察的物体能了解得更透彻,也对写生练习与体验的过程记忆深刻,同时也培养了学员们的观察能力及作画技能。

(三)在观察分析中学习素描

观察是学习素描的基础,没有观察能力就无法学习素描,学习素描就是为了培养学员们的观察能力。在教学中,我虽然已经意识到了观察的重要性,也在教学中尽可能注重学员们观察力的培养,但我觉得自己做得还不够好,在以后的教学中更需要加强。

观察和分析是学习中的一个整体。观察后没有分析,那样的观察是空洞的,而不观察分析那就只能是想象。素描在教学中最不能容忍的就是不注意观察分析结构,这样容易出现想象画,画面中没有整体观念,缺乏整体感,比例关系失调。所以观察和分析是非常重要的两个环节。教学过程中教师与学员们互动最多之处,就是在教学过程中反复强调整体观察的重要意义。

（四）在欣赏中感受素描的美

生活中事物和几何体都有着或近或远的联系，更确切地说，我们的生活和几何体密不可分。我们生活中的日常用品，如茶杯、桌子，包括我们住的楼房等，都是由几何体组成的。学员们在学习这些知识时能够感受到美，这会对学习起到促进作用，也能够更好地学习素描知识。在教学中利用图片、实物让学员们感受到几何的美，这样更有助于学员们学习素描知识，同时也能提高学员们的审美能力。

老年大学里的素描教学内容，是根据老年人的心理特征和意愿启发他们对绘画艺术的认识、理解，使他们对学习绘画的目的、意义和方法有一个明确的认识，使老年人的文化艺术素养得到提高，使老年人感受到老年生活也是精彩的、有意义的。

（作者系蚌埠市老年大学书画系素描油画教师）

浅谈老年舞蹈形体教学的几点体会

马秀臣

我于2008年担任阜阳市老年大学舞蹈、形体专业课教师，积极投身于老年舞蹈、形体教学工作。当时学校只有1个舞蹈班和1个形体班，学员有149名。近几年来，随着老年大学的发展及其影响的扩大，报名学习舞蹈、形体的人越来越多，现在我担任了5

个舞蹈、形体班的授课教师,学员达 400 多名。班级多了,学员多了,我深感自己的担子更重了,责任更大了。

舞蹈、形体是一门艺术,更是一门科学,舞蹈、形体教学必须用科学的方法才能收获美的艺术享受。目前,老年舞蹈、形体教学,缺乏统一的教材,没有现成的经验,为了提高教学质量,达到教学要求,只有在教学实践中不断探索,找到适合老年舞蹈、形体的基本规律,采取更有效的教学方法,进行科学、多样的技能指导,方能达到提高老年人身心健康、提高老年人审美修养、表现老年人积极向上精神风貌的教学目的。

(一) 精选教材,认真备课

教材是课程之本,是教师进行教学活动的依据。没有现成的教材,我就上网搜集有教育性、欣赏性、趣味性且具有吸引力的资料,针对老年学员的身体特点和适应能力,自己动手制作编创教材,丰富教学内容。每学期开学前,我都要花费大量的时间精心编排好两三个形体组合和舞蹈节目,分解好动作,自己先一遍遍地演练,做到一招一式十分娴熟,动作到位,这样才能保障课堂上教学得心应手,运用自如。几年来,我一共编创了 50 多个组合和舞蹈节目,这些作品由于适合老年学员的基础和生理特征,顺应他们的愿望和要求,深受他们的欢迎和喜爱,有的已成为舞蹈队的保留节目。

在教学内容上,我积极探索求新,与时俱进,紧跟时代步伐。2011 年,为庆祝中国共产党建党 90 周年,我编排了《南湖望月》舞蹈;2012 年,为庆祝党的十八大召开,我编排了《祝福祖国》舞蹈;2021 年,为庆祝中国共产党百年华诞,我编排了《心心向着共产党》《再唱山歌给党听》等舞蹈,均在阜阳市老干部系统文艺汇演和阜阳电视台演出,表达了老年学员对党和国家的热爱和祝福,展现了老年舞蹈、形体教学的成果。

（二）准确示范，激发兴趣

舞蹈、形体课离不开示范。在教学中，规范化的动作，是练习舞蹈、形体的关键。为了做到准确示范，我每次上课都提前到教室，做好各项准备工作。上课时，认真细致，一丝不苟，全身心地投入，用科学的教学方法和专业的舞蹈、形体技能引导大家学习。为了使学员更好地掌握学习内容，学好舞蹈、形体动作，我首先要求自己做到动作规范、姿态优美，分解动作准确流畅，带领学员伴随着欢乐的舞曲翩翩起舞，尽情地传达美、体现美，使学员感受到舞蹈、形体的魅力，分享舞蹈、形体带来的快乐，从而使学员树立信心，激发兴趣，把学习舞蹈、形体看作一种乐趣、一种享受，产生强烈的学习愿望，顺利完成舞蹈、形体训练教学计划。

（三）循序渐进，灵活教学

在舞蹈、形体教学中，不能急功近利，要做到循序渐进、由浅入深、由易到难、拾级而上，一步一个台阶地学习。舞蹈、形体班学员多，水平参差不齐，领悟程度差异较大。教师必须掌握每个学员的水平，选择普遍适合的教学内容和方法进行教学。课堂上，为了使学员都能学会每一个动作，我采用分解的方式，先讲清基本要领、基本要求及其特点，使学员通过肢体语言表达舞蹈的内涵，再不厌其烦地走到每一排学员中间进行示范，悉心指导，带领学员反复练习，待学员弄清弄懂后，再加强巩固。有的学员动作不到位，我就手把手地帮助纠正。有些动作有一定的难度、难点，我就把动作分解成一个个短节，释清难点，反复示范，直到学员熟练掌握。在教授动作的同时，我对学员强调在课堂上要加强记忆，只有记住每个动作，找到感觉，比较准确地掌握舞蹈、形体要素,才能越练越好。

课堂教学要创造生动活泼、寓教于乐、团结互助的学习环境。教学语言要亲切、幽默、风趣,富有感染力,做到知识性与趣味性相结合。在纠正学员动作时,态度要诚恳,避免伤害学员的自尊心。在练习舞蹈、形体中,当学员感到疲倦、精力不集中时,我就借题发挥,或讲个笑话,或唱几句戏曲段子,顿时活跃了气氛,振作了精神,使学员在宽松、快乐的氛围中完成了教学要求。

(四)展示成果,服务社会

不少老年学员已经在老年大学学习舞蹈、形体多年,有了一定的基础,他们也产生了展示才艺的愿望。为了检验教学成果,丰富第二课堂活动,我从舞蹈、形体班挑选了具有较好舞蹈天赋和技术水平的30多名学员,组成了舞蹈队,我坚持同队员一起,利用课外时间,集中排练,刻苦学习,熟练掌握了20多个内容新颖、技巧性较强、难度较大、紧跟时代步伐的舞蹈,在学期结束和重大节日时登台演出,展示才艺,获得广泛好评。舞蹈队不仅在老年大学演出,还多次参加阜阳艺术节、阜阳广场舞大赛、阜阳电视台网络春节晚会,还参加了全省老干部庆祝党的十九大的文艺汇演、全省老年大学系统文艺汇演以及在哈尔滨举行的全国老年大学系统文艺汇演等,并分别荣获一、二、三等奖。

许多学员还积极走向社会,参与本系统、本单位、本社区的文艺活动和社会公益活动。有的利用所学,指导排练舞蹈节目,积极参加各种文艺演出,成为活跃于阜阳群众文化生活的一道靓丽的风景线。近年来,舞蹈、形体班的学员先后参加了春节慰问离退休老干部、慰问农民工及重阳节慰问敬老院老人等文艺演出,传递了对老人的敬意和社会关爱。参加各种社会活动,不仅丰富了教学内容,增强了教学效果,使师生的思想境界得到共同升华,身心达到健康,而且在教学实践中,也扩大了社会影响,为构建和谐社会贡献了一份力量。

(作者系阜阳市老年大学舞蹈班教师)

太极拳教学贵创新法

莫金远

太极拳在我国早已超越了单纯的武术运动项目范畴,成为独具中国特色的太极养生文化。太极拳教学如何才能达到既健身又养生的目的?我结合自己担任太极拳教师十几年的教学实践,谈几点经验和体会。

(一)课前认真备课是关键

1. 备课首先要备学员

学员是教学的主体。老年大学的办学宗旨和办学理念决定了其学员有别于一般学校的学生,老年大学中的学员,年龄参差不齐,小的在45岁左右,大的年过70岁的也有。这些学员的生活环境、阅历、文化层次不同,身体能力各异,年龄差距很大,学习太极拳的目的也不相同,因此了解学员的现状和想法,是上好太极拳课的重要环节。

2. 制定教学内容备教材

太极拳是中国武术的一个组成部分,它也具备武术教学的一般特点:一是太极拳的动作数量多,无论是徒手的或器械的,每一套太极拳都有数十个动作;二是太极拳套路方向路线变化多,往返折叠,左旋右转,路线复杂;三是每个太极拳的动作包含的因素多,如手、眼、身、步的配合,内与外的协调,以及技法要求等;四是不同流派的太极拳风格特点、动作要求不同,甚至相同的动作,其名称及动作过程也不尽相同。因此了解和研究太极拳套路动作的风格特点、动作规范要求以及重点、难点,是上好太极拳课的关键。我在实际教学中,因材施教,精心备课,制作了一系列配套的视频课件辅助教学,获得了很好的教学效果,受到了学员们的肯定和赞扬。

(二)掌握好教学方法是重点

在教学过程中,熟练、准确地运用教学方法,不仅是完成教学任务的手段,也是提高教学质量的重要保障。我在实际教学中,主要运用以下几种方法。

1. 示范法

示范法在太极拳的直观教学中占主导地位,是学员们了解动作形象结构、技术要领和完成方法,建立完整正确动作概念的根本途径。

示范法又分为完整示范法和分解示范法。

(1)完整示范法。在对学员们进行首次太极拳教学时,完整演练一遍教学内容很有必要,这个演练过程就是完整示范。它能帮助学员们对所要学的太极拳套路有一个第一印象,因此这个示范要力求做到准确、规范、熟练、优美,突出太极拳的风格特点。教学开始时的完整套路演示就是通过完整示范使学员们直观地感知、了解所学动作的全貌,形成完整的概念,为下一步学习做准备。

(2) 分解示范法。面对老年学员,在太极拳教学中,为了使学员们了解动作的细节,以便更加准确、完整地掌握动作,大量采用的是分解示范法。对于太极拳较复杂繁难的动作,可分为上肢动作和下肢动作两部分来示范,或者将动作分解为几个小节来进行示范教学。例如,简化二十四式太极拳的"左右野马分鬃"动作,虽然在太极拳动作中不算是一个复杂式子,但由于它左右对称,脚手齐动,对一个初次接触太极拳的学员来说也不是能简单完成的动作。因此要指导学员们把这个动作分解为下肢(即脚步)动作、身体转动和上肢动作 3 部分来完成,使学员在了解动作细节的过程中,准确完整地掌握动作要领。

(3) 示范面与位置。示范是为了让学员们看清楚太极拳的完整套路或单个动作的位置、方向和动作细节,因此合理的示范面和位置尤为重要。

① 示范面。示范面有正面、背面、侧面和镜面四种方法。在教学中,可根据需要灵活选择。一般情况下,单个动作可采用正面或侧面示范。如简化二十四式太极拳的"起势"动作,由于该动作左右对称、结构简单,采用正面示范可以使学员们看清楚完整的动作过程,采用侧面示范可以使学员们看清楚两臂上抬和下按的伸屈过程。组合动作和完整套路动作可采用背面示范。如简化二十四式太极拳的"左右揽雀尾"动作,即可采用背面示范的方法要领做"揽雀尾"左右方向的掤、捋、挤、按动作,当然如果再结合正面示范,就更有利于该动作的全面展示了。镜面示范是示范教学中较难掌握的一种示范方法,采用镜面示范要求教师面对学员们做出与学员们相反方向的动作,学员们跟着教师做动作就像学员们对着镜子做动作一样,主要用于显示太极拳左右方向、路线简单的动作,如简化二十四式太极拳的"云手"动作。此方法既可以带领学员们学习动作,又可以观察指导学员们做动作。这种

方法是相对于协调性和模仿能力不强的学员而言的,对于结构较为复杂的动作则不宜采用镜面示范。

② 示范位置。太极拳教学示范位置的选择应根据学员人数和队形来确定,以有利于学员们观察和方便跟着学习为原则。教师示范时要站在横队的等腰三角形的顶点位置,有条件的可以采用教师站在较高的台阶上的方式进行示范。示范的距离以学员们能看清楚动作为准,队形不宜拉得太长、太宽,尽量使学员们避免面向阳光或迎风,以便于观察示范。

2. 讲解法

讲解法是与示范法配合使用的,是示范法的补充。讲解是为了让学员们加深对太极拳套路的动作名称、动作结构的理解,掌握动作的要领、做法和要求。因此讲解的目的要明确,重点要突出,用语要简练,要富有趣味性和启发性,同时要掌握好讲解的时机和效果,以调动学员们的学习兴趣。

3. 领做与口令

领做是教师做动作来带领学员们进行模仿练习。口令是教师用简单的命令语言组织指导学员,是在太极拳教学过程中所采用的一种提示方式。通过领做,可以使学员们较快地掌握套路动作;正确地运用口令,能统一学员们的行动,达到整齐划一的教学效果。

(三) 参加社会实践活动是路径

让学员们能够参加社会实践活动是太极拳教学的最终目的,因此在学员们的练习技能达到相应的水平后,教师就要鼓励他们适时参加全国及省、市的各种比赛、展演等活动,这都有益于学员们太极拳技能的提高,让他们在各种比赛和展演中摘金夺银,感受到老有所学、老有所为的快乐。

多年的太极拳教学使我体会到学无止境,教也无止境。太极拳课的教学不单单是讲动作、划套路那么简单的过程,太极拳也不只是一种运动方法,更是一种文化。太极拳不光练腿脚、练头脑,更有利于修炼心灵、陶冶情操、感悟人生,以期达到更高的养生目的,这也是我们老年教育工作者所希望的。当今的老年大学学员结构正在发生着变化,对教师的要求也更高,要胜任新时代老年教育工作必须要与时俱进,继续研究教材、研究学员、研究教学方法,以适应新形势下老年教育发展的需要,为老年教育的明天贡献己力!

(作者系阜阳市老年大学太极拳教师)

文学课堂妙趣多

许萍莉

"兴趣是最好的老师"这句话常萦绕在我耳旁,并成为我行动的指南。能把古典文学课解读得有声有色、有形有味,让学员在妙趣横生的文学殿堂里津津乐道,这是我职业生涯的最高境界!为了老年学员想学、愿学、乐意学,并且把根深深地植于肥沃的文学土壤中,在教与学的过程中,我不断求索新思路,教学方法、教学手段不断推陈出新,在课内外获得诸多学员的赞扬和关注。

（一）妙解汉字——长学问

多年从事老年教育、教学工作，一路走来，处处是风景，采一幅来回忆，倒是赏心悦目。学好古典文学，懂汉字是基础，只有具备了扎实的基础功底，老年大学学员们才会学得得心应手。请跟我到妙解汉字的瞬间，去探索一回吧！

"一"横画出天，"一"横书写地，中间一竖擎天柱，那叫"工"，其中加一横，即成了"王"，这便是天下最高、大、上的那位，即"王"也。"王"立在面前，在身上右下方加上"、"，那便成了"玉"字，从此懂得了"君王必配玉"的来历。当学员们开心地享受字形、字义及演变的同时，我又把"玉"字外围加上"囗"便成了"国"字，试想满地皆是玉的国家是何等富饶、强大，此字寄喻了中华民族多少美好的愿景啊！当教师停在这一刻时，再观察学员们，个个微微点头，面上是含笑的。一篇文学作品由多少个符号组成，就有多少个引人入胜的小故事，一个个小故事仿佛一颗颗闪闪发亮的珍珠，每节课拾取一颗，一课一得，得得相连，那就变成一串串精美的项链，挂在老年朋友的心间，挥之不去，爱不释手，回味无穷也。

2018年国庆节，个别学员去了美丽的大草原游玩。返校后讲起历历在目的风景，不自觉地说到了美食，谈到烤羊肉串，恰好我们学到了古文中美食的"美"字，我便借题发挥，信手把"美"字拆开成"羊""大"，羊大即为"美"，这表明我们的先民们的审美观是与吃密切相关的（此处一阵大笑）。至今吃过烤羊肉串的朋友们仍然口留余香，还不停地夸奖呢！"美""美""美"也。一石激起千层浪，联想开来：把"鲜"字拆开便为"鱼"和"羊"；那么有口含"匕"才能"叱"啊；有"人"有"木"方能靠着树"休"吧；引"人"入"口"才为"囚"呀，那么人就无自由可言了；而"木"字入"囗"怎么是"困"了呢？探究造字起源，"困"的原意立即就清晰起来了……通过这一系列趣味十足的探讨,你就知道文学班的朋友们的想象力多么丰富了,甚至争论得快要搬出字典啦。一节课转瞬即逝。看!窗外的听友们都沉浸在快乐的求知中,只有一阵阵下课铃声才能惊醒梦中人呐。

(二)优美文句——窃走心

古典文学作品,篇篇皆是千年积淀下来的精品财富。我们学习,我们吸纳精华,我们品赏语言琼浆,言无尽,意无穷。学《诗经》中的《关雎》《蒹葭》《硕鼠》等篇目,我带着学员们读中品评,赏中诵读,读后应用,名著名句丰富了我们的创作语言和生活语言。学习了《关雎》后,月影和赵迎军等人把"关关雎鸠,在何之洲,窈窕淑女,君子好逑……"深深地烙在心中。背熟了"蒹葭苍苍,白露为霜,所谓伊人,在水一方……",那人、那景、那情,那段美文永远回荡耳旁。曾记得,4月2日的课,我是唱着"……所谓伊人,在水一方……"导入新课的,当学完这首诗下课时,学员的余影飘然至我身旁,让"……所谓伊人,在水一方……"再次萦绕在我的耳旁,听到她那煽情的演唱我十分感动。看来她学会了,领悟了,不然何至于此呢?

日月更替,周而复始,我们从《神话》学到《诗经》,从《诗经》研习到《诸子百家》,由《诸子百家》阅览到《历史散文》。文学班的人数从最初的二十几人到三十几人,再到如今的五十多人,班级人数不断壮大,好评纷至沓来。当面的,背后的,有领导的,还有跨班学员的,溢美之词充斥在手机微信中。同事们的赞赏,更激励了我教好文学课的信心,如疯如癫、如痴如醉的我进入了教育教学的佳境,陪同我的老年朋友们一起学,一起乐,一起读文学,长智慧,一起学先贤,正三观。在老年大学的殿堂里,任老年朋友们自由翱翔。

老年大学文学班的学员藏龙卧虎,深不可测。但当我们读过《诸子百家》,洗涤灵魂,沐浴衣冠,才深谙自我的卑微,仅是苍穹一微尘,大海一滴水。只有成熟的稻谷才垂下沉甸甸的头,才能生活得虚怀若谷,才具备长者风范。学习孔子的《论语》时,文学班的学员们在听、在赏、在读、在议,诵读之后明白了先贤的智慧,"敏而好学""学而不厌""三人行必有我师"……皆被孔子的智慧折服。学习了老子的《道德经》、庄周的《逍遥游》,面对生活充满哲学思想,辩证地看待生活,不计较、不浮躁,遵循自然客观规律,师法自然,方可活得自由逍遥。长期学习古典名著,大大地提高了我们的情商,增加了智商,连财商都有长进。因此踏进文学课堂,学员们便不愿缺席每一节课。

(三)良好学风——聚人气

隔壁英语班学员鞠丽萍听说这边的文学课精彩、生动形象,于是她来啦。一天早上,一声"Good Morning!"噢!谁呀?怎么来我们文学班上课?走错门了吧?我正诧异,鞠大姐拉着我的手再次用标准的英语跟我打招呼。我很激动,回敬了一声:"Morning!"几节课下来,她在微信群中这样写道:"我们文学班的学员真的好运气,有这么好的老师,课课精彩纷呈,百听不厌,使人念念不忘,太感谢许老师了,您辛苦了!"从此她便成了文学班永不缺席的座上客。女学员建颖学习专注,不愿漏掉一次课件,常常在下课之余,忙着整理笔记。昵称为"影子"的学员学习积极主动,课下多次寻找机会与我交流。还有老学员张大姐、李阿妹,总是坐在后排的方文昌,或儒雅,或庄重,或诙谐……最让人难忘的是两位90岁高龄的耄耋老人,他们每次来到教室即落座在第一排第一位,他们是文学班的精神领袖,人老如宝。90多岁高龄尚能精神抖擞地求知做学问。这么多可爱的学员"亲其师,信其道",我怎能不"敬其生,传其道",上好每一节文学课,三尺讲台尽风流呢!

(四)教法新颖——辟蹊径

教学内容的选择和讲解,力求结合老年朋友们的特点和实际情况。文学课颇受学员们的赞扬,在形式上,教学手段、教法的运用,务必贴心、入眼、入耳、入心。借助多媒体先进的教学手段,使文学课如虎添翼,妙笔生花。每次上课,我 8 点前必须到班。先打开电脑、多媒体,安装好电子笔、U 盘等,充分做好课前准备。轻音乐一放,那就是上课的前奏了!为了上好《国语》中的《召公谏厉王弭谤》,备课耗时达 20 多个小时,做了 25 张幻灯片,2 段 mp3 文件,3 段 mp4 文件。其一,课文内容分段制作幻灯片,有讲解、注释、翻译,有古今通假字和古字今译,有文章分析和鉴赏……其二,有配乐朗诵,将相关视频形象直观地展现给学员,使之身临其境。其三,因本文故事情节完整,我又在优酷 APP 中找到相关电影片段让学员们观看……如此全方位、多角度的展示,学员们当然收获颇丰。

优秀的文化课,其灵活的教学手段功不可没,在倾情讲解《冯谖客孟尝君》一文时,还利用了《老梁故事汇》及《腾飞五千年》等栏目的精彩片段,让名嘴走进课堂,面对面聆听专家讲解,学员们听得入迷,看得入境,想得丰富,这样的文学课的诱惑力不言而喻。难怪一节、一节又一节,下课了!下课了!教师仍徜徉在文学作品中,学员们陷入忘我的境界,忘记了时间,忘记了回家,端坐在课桌前,那神情,那身姿……此时此刻你只能用刚学过的诗句来传情达意。"啊!是梦幻啊,是仙境?此时身在独秀峰!心是醉啊,还是醒?水迎山接入画屏!"

(作者系阜阳市老年大学文学课教师)

发挥余热 实现第二青春梦想

高 斌

每当我看到界首市老年大学瑜伽班被授予"终身学习品牌项目"的铭牌时,总是思绪万千,退休后我走进了求知学艺的老年大学,在这里增长着知识,促进着健康,服务于社会,充分体现了老有所学和发挥余热的快乐。在老年大学,实现了我第二个青春的梦想。

根据几年来的教学体会,我想谈以下几点。

(一) 教学构想

2013年我主动申请创办瑜伽班,并被学校聘为瑜伽班教师。当时我发现很多老同志都经历过国家困难时期,参加过上山下乡,身体患有各种慢性病。我就是一个典型,有慢性气管炎、贫血、驼背、坐骨神经痛等,现在生活条件好了,却不知如何选择适合自己的锻炼方式。经过拜师学艺,刻苦练习瑜伽,慢性病逐步缓解,精神面貌大有改善,身体也越来越好了。于是,我产生了创建瑜伽班的想法。在我的带领下,参加瑜伽学习的中老年朋友们积极性空前高涨,练习瑜伽不是年轻人的专利,因为瑜伽不分年龄、国籍,只有热爱。

（二）教学内容

我从经典瑜伽体式中，精选出适合中老年朋友练习的姿势，应用瑜伽的呼吸、冥想、体式、放松，动静结合，修身养性。在练习中，我们真的忘记了年龄，伸展平衡，柔韧放松，健脑健身。

我从最基本的瑜伽理论、姿势开始教学，循序渐进，让学员们僵硬的身体充满活力。瑜伽不是一个体式的定型，而是在练习过程中给身体带来感受，散发着平淡，包容着绽放，如同一面镜子，从内向外看清自己，身体、心灵融为一体。而且练习瑜伽是一场修行，每一次练习都是一种享受，从而忘记了身体的不适与各种疼痛。我们深深地感到，修身要从修心开始，平和心态，平衡身体，才能保证平安健康。

自2013年到2022年，9年间我编印瑜伽教材18期，达10万字之多，我所编排的中老年瑜伽肢体语言和我所编写的瑜伽养生拍手歌，学员们一学就会，一拍就灵。学员们每次上课，都提前铺好瑜伽垫，期盼着生动有趣的讲解，享受着练习的过程。随着学员们对瑜伽体式和基础理论的掌握，我进一步开发他们的潜力，教授一些高难度的动作，并结合球瑜伽、带瑜伽、椅子瑜伽。2018年我编排了舞韵瑜伽；2020年我编排了抗疫增强免疫力的瑜伽拉伸十二式，又开设了户外大众瑜伽班，在网上通过视频教学，普及瑜伽知识。

（三）教学方法

打铁必须自身硬。为了搞好教学，我自费10多万元到广州、迪拜等地学习正宗瑜伽。瑜伽流派很多，选择适合中老年人的练习体式，才能更好地促进健康运动。我首先学习了世界瑜伽大师张蕙兰的瑜伽和印度正宗瑜伽，然后搜集资料，选择内容，编印教材,发放给学员们学习。有了自己的教材,学起来容易,练起来轻松,瑜伽班由20多人一下子发展到100多人。

由于学校条件有限,教室太小,于是我们克服困难,走向大自然,在各类小区、公园里,都有我们飒爽的练瑜伽的英姿,抗疫期间,我们在网上教学,让学员们居家练习。

在学习中,我采用以老带新、互帮互学的教学方式,另以启发式的教学方法,以讲故事的形式教授理论知识,引导学员们深深爱上瑜伽并成为他们生活中的一部分,从而实现老有所学、老有所乐、老有所为的老年教育方针。

(四)教学创意

明确教学目标,统筹兼顾学员们的身心特点,以此为基础进行特色教学。让大家了解到,瑜伽不是一个竞技体育项目,而是健身养性的技能和修养,达到瑜伽境界才能天人合一,平衡姿势的延伸促使内交感神经和副交感神经活跃并支配各内脏器官。更要明白,一个人的行为、心理都和腺体有直接关系,要了解人与自然。例如,一年四季,人体四肢,1年12个月,人体12条经络等。

在9年的教学中,为提高教学质量,我几乎达到了废寝忘食的程度,每学期都要写满厚厚的两大本教学笔记,把每个锻炼的细节都提前想到,以防学员们在练习中受到伤害。我们团队年龄最大的为78岁,最小的为50岁,平均年龄为62岁。瑜伽美在于身心与环境,从而产生幸福感。心灵瑜伽改变生命能量,优雅瑜伽修炼真善美的胸怀,将基础体式与舞韵完美结合,配上动听的音乐旋律,给人以新奇美的视觉享受。通过运动,深切地感受到生命的鲜活与灵动,更展示了银发老人积极向上的心态。我的教学目标,是让老年朋友们80岁周游世界,90岁坚持练习瑜伽,100

岁健康快乐、自理生活,让学员们做到淡泊名利一身轻,朴实做人献真诚,不忘初心再努力,瑜伽美丽我一生!

我的瑜伽创新教学,图文并茂,还为学员们编写了《老年瑜伽练习指南》一书。

(五)教学成果

微笑是瑜伽班的名片,健康是瑜伽班的目标,传递正能量是瑜伽班师生共同的心愿;自尊自爱、自信自强,激励大家刻苦学习、团结奋进,和谐校园爱心献;不一样的锻炼方式,不一样的收获,学习瑜伽,燃烧激情,放飞梦想。这就是瑜伽班的氛围及学习体会。瑜伽的学习,是一个漫长的过程,包括很多方面的知识,我掌握得还不够,需要继续充电。

我自编自导的舞韵瑜伽《传奇》《女儿情》《我的祖国》《我和我的祖国》《共圆中国梦》《红梅赞》《爱的奉献》等优秀节目,走遍各乡镇参加文艺演出。仅2019年,我的瑜伽节目参加市委宣传部、文化馆举办的各种活动就有20多场。

在安徽省首届瑜伽大赛上,我编排的舞韵瑜伽《我的祖国》荣获二等奖。当时,我站在领奖台上,组委领导来到我们中间,握着我的手,对表演给予了高度赞扬,并真诚地说:"瑜伽大赛有你们中老年人参加,意义非凡。你们展示了新时期中老年人积极向上的精神风貌,演绎了中老年人的快乐生活,对瑜伽健身运动起着积极的推动作用。"

如今,老年大学瑜伽人,站在新的起点,奔向新的目标。

现在,瑜伽班涌现出一批刻苦学习专业知识、无私奉献的后起之秀,我甘当人梯,扶上马再送一程。

抗疫期间,我利用视频教学,普及推广瑜伽拉伸十二式,当地受益群众达5000人次。我在网上教学辅导,受益老年朋友们遍及16个省市,特别是湖北武汉的老年朋友们,向我拜师学艺,十分喜爱。

界首市老年大学瑜伽班已被授予"终身学习品牌项目"。我决心在平凡的工作岗位上,让老年健康文化宣传、志愿服务开展得更深入、更普及。我推广瑜伽健身任劳任怨,为老年大学瑜伽班排练的文艺宣传节目,从城市各类大型活动到美丽乡村舞台,多次参加界首市、阜阳市改革开放40年的大庆及界首春晚等。2020年,我们团队荣获技艺比赛二等奖、三等奖,并荣幸地参加了阜阳市《老爸老妈上春晚》节目及安徽省春晚。

2018年,我获得安徽省老年大学系统优秀教师奖。2018年瑜伽班获得阜阳市第二届健身瑜伽大赛最佳组织奖;2019年获万人瑜伽大赛第二名,获第五届健身瑜伽大赛第二名。

总结过去,奋斗未来,在建党百年之际,牢记习近平主席的指示精神:"有理想信念、有道德情操、有扎实学识、有仁爱之心。"真正实现老有所为,真正发挥银龄志愿者的作用。按照李克强总理在2021年"两会"上的要求:"我很健康,我能让别人健康,我正在传播健康的路上。"在推广瑜伽健身强体的教学中,在银龄志愿者的活动中,我得继续学习,发挥正能量,共圆中国梦。

(作者系阜阳市界首市老年大学瑜伽班教师)

优雅自我　展示精彩人生

吴　聆

我被界首市老年大学聘为形体班教师已有6个年头了,在这些年里,经常听到学员们说:"吴老师教得真好!"每当听到这句话时,心里总有一种说不出的温暖,这是学员们对我教学的满意和肯定。这些年来,我从教学内容上适应老年人的特点,运用因材施教、循序渐进、把握重点等多样化的教学方法,提高老年人的身心健康,体现终身教育和素质教育的理念:以塑造健美形体,提高优雅气质;以课堂教学为主,课外练习为辅;利用教师与学员们互动等方式,实现了教学最优化。总结起来,有以下几点教学体会。

(一)打实基础,寓教于乐

刚给零基础的学员们上课时,从最简单的形体站立、手位等基本动作开始练习,反复示范,让学员们看清每个动作的细节,在训练中提高肢体的柔韧性、灵活性、协调性,再与优美动听的音乐相结合,使肢体更容易得到活动和屈伸。不同的训练组合配以不同的音乐。在上课前要求学员们充分热身,打开身体的各个关节,选择节奏适中、乐感强烈的乐曲。在进行基础训练时,尽量选择老年学员们觉得通俗易懂、喜闻乐见、容易接受的音乐。果然,恰当的音乐推动了他们对动作的理解和强化,激发了学员们的学习热情,让他们更好地掌握形体舞的动作和技能,使学员们在形体舞中获得节奏感、韵律感,提升对形体舞的兴趣。经过一段时间的学习,初学的学员们都爱上了形体课,上课时认真学,课外刻苦练,学员们有了很明显的进步和提高。

(二)因人施教,学有所得

老年教育的基本特点就是学员结构复杂,文化水平、年龄、退休前从事的行业等差异较大,认识水平不同,性格也各异。老年大学形体课的学员们均为女性,需从学员们的实际出发,考虑她们普遍的身体状况,避免或减少一些较难的动作。例如,尽量避免膝盖跪地、后仰腰等动作。还有的学员对舞蹈的认识程度和基本功有差异,所以必须在最短的时间内掌握每个学员的水平,选择适合大多数学员的教学内容和方法进行教学,让基础比较好的学员尽快掌握学习内容,带动差一些的学员,再通过教师示范、学员示范、分组练习、换位练习以及集体跳相结合的教学方式,让不同程度的学员更好地掌握学习内容。课后再对基础差的学员们给予耐心指导和鼓励,培养她们的自信心,使她们跟上班级的教学进度,达到整体进步。只有这样才能长期保持学员们上课的积极性,这种因人施教的方法,使每个学员都能学有所得。

(三)听取意见,创新教学

不管做了多么充分的准备和设想,一个教师的教学都难以符合所有学员的口味和要求,因此要广泛听取学员们的意见,及时改正问题,创新教学。学习形体舞非一日可成,需要在日积月累的过程中慢慢加强,循序渐进。为此我精心设计并安排了教学内容,由浅入深,循序渐进,在调整学员们的体态、站姿、坐姿、走姿,以及对身体的各个部位进行锻炼后,再进行系统的形体舞训练。

每节课都必须带领学员们复习上节课学习的内容,然后示范本节课所学习的内容并详细讲解两节课之间的联系,这样有助于学员们记忆学习内容,提高本节课的学习效率。同时要把握重难点,在对老年学员们的基本情况掌握的基础上,对教学内容的难易和深浅进行最佳控制和合理分配,使她们能"跳一跳,摘到桃",激发她们求知的积极性。在学习每一个形体舞组合之前,单独把一些难点以及很具特点的动作拿出来重点讲解、示范和练习,并在课后休息时与学员们进行交流,听一听学员们的意见,发现问题及时解决。在学员们不断进步的同时也努力提高自己的教学水平,并用自己的热心教学来感染学员们,用自己取得的知识和经验去指导学员们。

(四) 参与活动,展示风采

为了巩固和提高学员们在课堂上所学的知识,鼓励学员们积极参加学校和社会演出活动,培养学员们的表演能力和自信心。在这6年里,每学期结束时,我都利用课外时间,认真进行期末汇演准备,将本学期所学的形体舞创编成多个节目,进行期末汇演,并要求每个学员都要参与,以此增强学员们的自信心和表现能力,每次汇演后都得到了校领导的表扬和肯定。同时,我们积极参加社会活动,我清楚地记得2015年参加界首"激情广场"健身舞大赛时,我们从初赛进入了复赛,又闯进了决赛,从40多支参赛队伍中脱颖而出,进入前12强,获得了奖牌和奖金。这是学员们第一次上台参加比赛,取得了第9名的好成绩,真是了不起。近年来,我创编的舞蹈《爱在天地间》《微山湖》《九儿》《美丽中国》等作品在多次参赛中,均获得了二等奖、三等奖。我的舞蹈创编在市里渐渐小有名气,2016年10月中央电视台7套《乡村大世界》栏目走进界首,形体班的歌伴舞《家乡界首》登台亮相,得到了社会各界的认可。后来每年我们都被邀参加我市传统节日庆典活动和8月8日"全民健身日"等大型演出活动,展现了我们老年大学形体班团队的精神面貌。2020年9月至12月,我市作为全省体医融合试点县市,为切实践行"医务监督,科学健身"的宗旨,我们形体班主动担起重任,对全市200名受试者以广场舞大课的形式进行现场指导、集中锻炼,国家体育总局的专家在现场视察后,给予了我们高度评价。

2021年,为庆祝建党100周年,我又精心编排了4支舞蹈,分别是《我的祖国美丽的家园》《风雨百年》《军民鱼水情》《我和我的祖国》,在界首市2021年"五一秀风采"文化志愿服务团队优秀作品广场大汇演活动中首次亮相,学员们的精彩表演受到领导的肯定和现场观众的一致好评,和百姓零距离共度劳动节。演出结束后,我还接受了界首市电视台记者的专访。

(五)无私奉献,收获温馨

作为教师不仅要有一流的教学水平,更要有崇高的敬业精神和献身精神,对学员们要有一颗炽热的爱心。我特别注重师生交流,建立亦师亦友的新型师生关系,在课前、课间、课后,都主动与学员们互动交流。通过互动交流,可以更加熟悉学员们的整体情况,包括身体状况和心理状态,从中了解学员们的学习效果和不足,以便在课中加强巩固和反复练习,也可以了解在教学过程中需要改进的地方。这样就会拉近师生距离,处理好师生关系:以人为本,尊重学员,真诚相待,相互关爱。我在繁忙的教学工作中默默地耕耘着、奉献着,不断地探索着,不论是在课内还是课外,对学员们提出的问题,总是不厌其烦、耐心地逐一解答,认真地给她们纠正每一个动作。我们形体班学员们的水平参差不齐,要根据学员们的学习情况及时调整教学方案,准确把握教学重点,引导学员们正确地学习训练。一分耕耘,一分收获,在教学过程中所倾注的心血结出了硕果,我们的形体班逐步成长起来。形体班是一个温暖的大家庭,是一个幸福的乐园,在这里我结识了许多兴趣相投的中老年朋友,大家在一起互相学习,切磋技艺,取长补短,共同进步,既增长了见识,又锻炼了身体。我们班的学员们已在学习过程中越来越有自信,气质也有所提升,由内而外散发着阳光的心态,不断超越自己,塑造优雅自我,展现精彩人生。

我爱我的事业,我的事业是老年教育中灿烂的一页,我和我的姐妹们在形体班共同练习,共同提高,共同快乐,共同健康。我希望界首市老年大学能办成一所老年教育的乐园,我会把我全部的专业知识和技能奉献给教育事业,和大家一起迎来美好的明天。

(作者系阜阳市界首市老年大学形体班教师)

老年摄影教学的喜与忧

王 彬

临泉县老年大学摄影班是一个为老年摄影爱好者服务的学习平台。摄影班成立近9年来,先后开设了摄影初级班、提高班、研讨班、手机班、后期创意班,每学期在校学习的学员从几十人到上百人不等,最多时超过200人。其中,70岁以上的学员占比不小,最大的达85岁。多年来教学实践的探索、经验的积累和教训的反思,让我们不断成熟、不断完善、不断进步,摄影班的影响日益扩大,尤其为临泉县的经济和社会发展做出了特殊的贡献。我们的教学成果亦很明显,学员有多幅作品在全国、全省摄影大赛中获奖,在庆祝新中国成立70周年之际由中国老年大学协会举办的"'我和我的祖国'全国老年人文化艺术大赛活动"中,我校3名师生的摄影作品荣获三等奖,另有1名教师的摄影作品荣获优秀奖。在2019年阜阳市第五届摄影艺术展览中,摄影班入选15幅作品,《阜阳日报》数次整版刊登我们摄影班的作品,并进行采访报道。2021年6月9日,我的老照片《集体婚礼》在北京王府井大街入展中国文联、中国摄影家协会征集的主题为"百年百姓"的摄影大展。近几年来,摄影班先后有13名学员加入安徽省摄影家协会,8名女学员加入中国女摄影家协会。这里,把8年来摄影教学的一些经验教训总结一二,供大家今后教学参考。

(一) 教学的基本情况

临泉县老年大学摄影班开班于2013年春季。摄影初级班首期招生30余人,由我1人进行教学。由于没有经验、没有教材,在探索中坚持了1年,算是为我县老年同志学习摄影打下了办班基础。因取得了成效,校领导对开办摄影班"高看一眼",鼓励我提高站位,扩班增容。随后我推荐本县声望高、摄影水平能力强的3名与我共事多年的县摄协新老领导到校任教(全部是省以上摄影家协会的会员)。师资力量的增强,使摄影教学迈上新台阶。

我们相继开设了摄影初级班、提高班、研讨班、手机班、后期创意班。由于学员们来自社会不同阶层,年龄跨度较大,他们的文化层次、社会背景、生活阅历、性格情趣各不相同。学员结构的多样性,给教学工作带来了许多新问题,而且矛盾不断,给我们摄影教学带来不小的挑战。当然,我们4位教师都是经验丰富、十分敬业的老同志,具备过硬的摄影水平和丰富的专业理论知识,是业内口碑极佳的老摄影家,在教学质量上无可挑剔,在师德、师风上被学员们称赞。

早期,我们依托中国老年大学协会的摄影教材,结合本地教学实践,以及学员们的学习愿景,不断总结教学经验,探索其中的规律,之后我们4人分章节编写了《老年大学摄影基础教程》。这本书兼顾系统性和实用性,根据老年学员们生活阅历丰富、理解力强、忘性大、摄影水平参差不齐的特点,按摄影基础知识、摄影技艺和摄影题材创作3部分内容分20章,考虑学员们的具体情况,选取不同章节的内容进行有针对性的教学,以满足老年学员们不同层次的需求。

教学实践告诉我们,过于依托书本讲理论,是出力不讨好的事。学员们一是听不懂,二是记不住。我们4位教师经常交流办学和解决问题矛盾的经验,教学中兼顾理论与实践。由于学员们文化素养的差异,我们讲解基础理论知识时力求浅显易懂,避免照本宣科,用自己的经验、成果来讲解。我们尽量适应学员们的"口味",大量时间用于外出采风,在实践中教学。班级每年组织学员们到城镇乡村及全国各地开展丰富多彩的摄影采风创作活动。从这几年来说,仅大规模的外出活动就有:2018年组织学员们去了山东威海乳山和山西壶口平遥;2019年去了皖南塔川江湾和山东台儿庄、江苏邳县;2021年春再赴皖南采风。其他师生结伴的小规模出行更是常态化。每次集体采风是学员们最开心的日子,大家在一起摄影,切磋技艺,取长补短,拍照的热情十分高涨。这种形式是吸引学员们报名摄影班的强大磁场。

（二）摄影教学中存在的问题和解决思路

1．不要"结果"享"过程"现象长期存在

在实际教学中，我们逐步认识到，许多学员来校并不是追求学习"结果"的，而是凭兴趣来找乐好玩的，要的是"过程"。许多学员"三天打鱼两天晒网"，迟到、早退、旷课时有发生，有学了几年的老同志，至今还不会用 M 档，不会简单的后期制作。不是没教到，而是没用心、没压力、无所谓。他们来上课，就是图个乐，有机会跟班外出采风。这类学员我们只有多包容，给他们"一席之地"。

2．学员水平参差不齐无法设好教学起跑线

老年大学是面向社会的开放式学校，门槛低、人员杂、难管理。学员的基础水平参差不齐、高低不匀，有的学员报多个班，有的学员不按所报班到课，然后凭兴趣爱好"淘汰教师"。有一个奇怪的现象：大一点的城市（包括阜阳市），摄影班都是"一座难求"，临泉县摄影班敞门招生不收学费，报名参学者数年不多。我分析了基本原因：一是贫困地区的文化积淀造成老年群体的文化水平较低，相对高雅的摄影曲高和寡。二是摄影需要资金投入，包括购买设备、外出采风等，最明显的对比是新开设手机摄影班后，学员人数大幅上升，是照相机班学员的数倍。三是教学内容不合学员口味。前面说了，许多学员是来玩的，学多学少无所谓，没有学习压力；有的知识在班里讲、户外讲、反复讲，再讲也是记不住，按教材循序渐进的教学方式也行不通。该教啥？怎么教？起跑线定不准，教师很困惑。

3．理性对待"手机热"与"照相机冷"

老年大学学习呈现"手机热"是现象，更是必然。手机人人都有，听说学校办"手机摄影班"，报名十分踊跃，学习亦很热情（水平提高多少是另一回事)。从发展前途来看,临泉县老年大学的手机教学要"扩容",不仅要开摄影课(包括初级、提高、后期制作),而且要扩展到手机功能及使用。老年人太需要语音聊天、视频通话、购物付费、看视频上网这样的基础知识。手机摄影的大众化和照相机摄影的小众化,将是我们今后定位摄影教学的坐标系。

4. 处理好开放式教学和加强学员管理的矛盾

老年大学入学门槛较低,来去自由,迟到、早退几无约束,学员水平不一、成分复杂,这是县情也是现状。我认为既要建立健全各项制度,更要坚持抓制度落实,提升教学管理质量。目前学校缺少在编管理人员,教师是聘任的社会人员,学校及班级管理均存在一定难度。

值得肯定的是,老年大学针对老年人的特点开设的摄影课,以它的特殊魅力,吸引了不少老年朋友加入学习摄影的行列。老年人学摄影,不仅是学技术、艺术,更重要的是提升了"老有所学、老有所乐"的品位。大家经常在一起交流切磋,以影求知,以影养性,以影寄情,摄影水平不断提高,人脉、人气得以聚集。特别是有许多勤奋的学员,热情高,学得好,每天利用户外锻炼的时机,拍摄城市风光、群众生活、社会众生相,产生了许多优秀的作品,屡屡参加县内外摄影比赛获大奖,展示了老同志们的精神风貌。

我们将继续探索新时期摄影的教学方式方法,不断推进教学质量的提高,在县级老年大学走出一条改革创新、培养人才的路子,组织带动一支老年摄影大军,为临泉县的经济和社会发展做出积极有益的贡献。

(作者系阜阳市临泉县老年大学摄影班教师)

教师原本是学员

王文光

上学时,全听教师讲课,工作时,常听领导报告,一直以来,皆为听众,很少登台发言。退休后,因为爱好诗词,老年大学安排我授课,我的心里十分恐慌:一是知识浅薄,二是语言迟钝,更主要的是没有教学经验。几经推辞无效,只好勉为其难。

回想这几年战战兢兢的历程,不是我教学员学习,而是学员教我教学。感慨之余,将这段授受情况概括为10个字:细微、兼顾、趣理、双赢、感召。

1. 细微

开始授课时,偏重进度,恨不得一下子将准备的材料读完。结果是学员听不进去,还有的人打瞌睡,自己白念。有几个从事过教学工作的同志对我说:"授课要以学员为中心,设身处地为他们着想,不能只凭教师喜好,抢时间、赶任务,一读了之。"在具体做法上,他们建议速度放慢,重点板书,举例说明。在大家的帮助下,我注意了细节处理:为了板书,我用小孙子的黑板练了好长一段时间粉笔字;不图好看,只求工整,一笔一画,让人认得;课程放慢,1节内容改为2~3节;重点难点,反复解释,有的还以图示意。教学效果有所好转。

2. 兼顾

由于校舍和生源问题,诗词班新老学员混合上课。这样就带来了一个突出矛盾:新学员要入门,老学员要提高。同一个课题,因基础不同和文化差异,有的学员嫌浅,有的学员嫌深。对于这一现象,校领导和教师、学员进行了共同研讨,在听取各方意见后,采取了两个措施:一是互动。教师在台上讲,学员可以在台下问,当场解答。二是穿插。讲基础课时,穿插写作方法。如平仄格式,须举例说明。凡是例题,在标明平仄后,即解释字句内容,突出该诗的写作技巧。这样,新学员既学了格律,又提前接触了写作知识,老学员既复习了平仄,又重点学了写作方法,大家都比较满意。

3. 趣理

不少学员建议:单调的平仄格式,最好配上有趣的例子,听起来才不会让人觉得乏味;在例子的选择上,以前用过的作品一般都要更新;尽量做到集知识、趣味、哲理为一体,使每一节课都有新鲜感。例如,在学习毛主席的《浣溪沙·和柳亚子先生》这首词时,展开讲第二句"百年魔怪舞蹁跹",主席为什么用"魔怪"而不用"妖怪";在学习《六尺巷》故事时,展开讲诗词的作用;在讲解对仗时,展开讲词性和词组结构。有的同志说,这样学习,回家可以辅导小孩。这样课堂气氛活跃了,有的未报诗词班的学员,也来旁听。

4. 双赢

学员不仅给了我教学方法,还丰富了我的教学内容,补充了我的教学欠缺。历史知识多的同志帮我纠正人名的误读、典故的误解;旅游多的同志,向我介绍名山大川的特点、盛况;读过四书五经的同志,为我送来资料。近两年来,我们学习兄弟县老年大学的经验,公开点评作业。每天课后,布置改诗作业,学员回家剖析诗句,一分为二,找出优缺点,提出改进意见。大家各抒己见,有的学员点评得比教师还贴切,诗词班出现了取长补短、教学相长、共同提高的局面。

5. 感召

在与学员交往中,最使我感动的是他们的学习精神。从年龄上算,不少人比我大,有的近 90 岁,可以做我的长辈。他们对我很尊重,常使我过意不去。有几个同志不在城里住,分别住在八里河、十八里铺、陈桥、古城,远的将近 30 公里,最近的也有七八里。他们风雨无阻,坚持学习。有的上午进城,中午买个卷馍,到老年大学喝开水,坐等下午诗词课。还有的身体有伤,拄着拐杖,摇着轮椅,子女搀扶,也不愿意缺课。甚至有的学员家里有事,其家人电话催促后,也要等下课请完假才走。所有这些,我都看在眼里,感动在心里。我想,如果自己不认真备课、耐心讲解,浪费了他们的时间,扫了他们的兴致,简直是一种罪过。

最后,用一首小诗作结:

匠工利器刃当先,咫尺之间有砺缘。

堂外可知堂内秘,教师原本是学员。

(作者系阜阳市颍上县老年大学诗词班教师)

老年大学是放飞梦想的地方

何艳玲

时间是一场有去无回的旅行,不经意间,已经到了退休的年龄。退休,并不等于无所事事,而是要利用这美好的时光,去做一些自己喜欢的事,去圆儿时的梦想!

2015年的春天,带着憧憬和希望,我来到了淮南老年大学并加入了淮南老年大学艺术团。老年大学的课程多种多样,活动丰富多彩,除了民族舞、华尔兹、武术、瑜伽、太极剑外,还有书法、绘画、萨克斯。每一位进入学校的老年人,都能加入自己喜爱的课堂。

经过一段时间的学习、排练,我深深体会到:淮南老年大学是学习新知识的课堂,是开心娱乐的园地,是广交朋友的平台,是智力开发的基地。

2017年9月,我很荣幸地被聘为淮南老年大学艺术团副团长,看着手里鲜红的聘书,我深深地感受到那份责任、那份义务!我暗下决心:一切服从老年大学的安排,高标准、高质量地完成老年大学布置的各项任务。

2019年3月,我陪领导赴合肥参加省老年大学协会召开的庆祝新中国成立70周年文艺汇演协调会,根据会议安排,编排文艺汇演节目。我带领淮南老年大学艺术团成员精心编排了歌伴舞《爱我中华》。可没想到,一个月后去省里参加节目审核时,导演说歌舞节目太多了,让我们就地取材,编排一个有关淮南新四军纪念林的情景剧。这突如其来的要求,真是让人措手不及啊:第一,我们没有一点这方面的资料、素材;第二,离正式演出的时间很近了,编排时间不够;第三,情景剧演员需要有即兴表演的能力及高度的注意力、丰富的想象力,以前从未排过这方面的节目,对演员能否胜任心里没底。

面对这些困难,我没有退缩。亲自开车带摄影师去上窑山搜集新四军纪念林的资料和素材,拍照片、拍视频,回来后连夜编剧本、找音乐。几天时间就完成了剧本的编写,开始组织演员排练。20多位演员不辞辛苦、认真排练,在大家的精雕细琢、不懈努力下,终于打磨出了《舜耕山下铁军情》这个节目,在省老年大学协会庆祝新中国成立70周年文艺汇演比赛中获得了特等奖,并被省电视台选中,参加2020年省老年大学协会春晚的录制,为淮南老年大学增光添彩。这真的应了那句话:一分付出,一分收获!

2020年,突如其来的新冠肺炎病毒在我国肆虐,为了控制疫情,大批医护人员舍生忘死自愿奔赴一线,与病毒展开了生死搏斗。我们淮南老年大学的很多学员,也纷纷加入了社区志愿者突击队。他们不畏严寒,在雨雪中坚守岗位,这种退而不休的精神深深感动了大家。根据抗疫斗争中"银发先锋"苏林生的事迹,淮南老年大学艺术团编排了《银发守护者》情景剧,参加了2021年省老年大学协会春晚的录制,获得了高度好评,成为省委老干部局庆祝建党100周年主题党日活动的首选节目。

虽然我退休了,但我仍坚持学习新知识,努力提升自己,并把自己所学到的知识,传授给身边有需要的人。2021年春季学期开学前,我向学校申请开设语言表演班,以填补淮南老年大学没有语言类学科的空白。

淮南老年大学是党和政府关怀老年人的桥梁,把党的温暖传递给了我们这些幸福的老年人。虽然每天带领演员排练以及给学员上课很忙、很累,但我觉得很快乐。因为在淮南老年大学,我既有学不完的知识,用不完的精神营养,又能贡献自己的余热,让我真正感受到老有所学、老有所乐、老有所为的幸福。几年来,在淮南老年大学我收获了友情,得到了快乐,锻炼了身体,展示了才华。非常感谢淮南老年大学让我的夕阳生活如此璀璨、时尚和精彩,衷心祝愿淮南老年大学越办越好,让更多的老年朋友共享幸福生活,放飞晚年梦想。

(作者系淮南老年大学艺术团教师)

用爱传播美

张 延

（一）因势利导才能让学员学有所得

当代著名美学家朱光潜说过"美是一生的修行"。近年来，模特艺术由于入门快、姿态优雅，吸引了大量的中老年女性朋友。2018年，我在淮南老年大学开设模特艺术系列课程，几年来，见证了学员们的变化，和她们一起收获了身心的健康和快乐。

虽然大部分学员是退休的中老年人，但她们对美的追求热情不减。由于零基础学员较多，我在基础班课程中增加了形体和表情训练。基础练习简单枯燥，却是至关重要且必须长期坚持的。课堂上我结合实际生活，用通俗易懂的语言让学员们在轻松愉悦的氛围中练习。对于领悟能力较弱的学员则给予耐心讲解，不厌其烦地示范，有进步就鼓励。每节课都会复习上节课的知识点，直到大家基本掌握了再教新内容。通过反复练习增强记忆，加上课堂照片对比直观地展示出了训练成果，大家渐渐地体会到了学习的乐趣和收获的成就感。例如，模特行走中的重心练习，刚开始很多学员站不稳，我就减少节拍，让她们重心落稳以后用另一只脚的脚尖点地，经过一段时间，等腿部力量增强以后，再把脚尖离开地面。一学期后,学员们的协调性和脚踝力量越来越好,模特步伐也有了节奏感和表现力。

提高班的学员普遍领悟能力强,但有相当一部分学员在其他社会团体中学了一阵子,或只是参加过一些没有严格质量要求的演出,形成了一些不良习惯。刚开始,学员们只对成品套路感兴趣,热衷于学习各种不同的动作、造型,不注重对音乐和作品的理解,使表演流于形式,内涵不足。通过专业知识的讲解和对比练习,提高了学员们的审美能力,规范了模特艺术技能,增强了作品的文化内涵,使成品节目质量得到了提升。

近两年,根据学员们的需求,我们又新增了形体礼仪班。形体礼仪班是将模特艺术班的形体基础练习加强并系统化,增强了形体塑造的效果。每节课有半小时的礼仪知识讲座,包括形象礼仪、家庭礼仪、日常社交礼仪等,还会设置不同的场景让学员们亲身体验礼仪的重要性。

无论是基础班还是提高班,我对学员们都一视同仁,讲解知识点和课堂练习时,学员们轮流站在前排,让每位学员都能听清楚、看明白,零基础学员无压力,想提升的学员有进步空间。我在课前认真准备教案,反复备课,力求在教学上精益求精。每年寒暑假,我都会自费外出学习,师从国内资深的专家教授,挑选的课程也都是适合中老年人同时又具有时代性。由于学员们对教学的要求越来越高,作为教师,一定要多多积累各项技能,与时俱进,才能满足学员们的需求。几年来,很多学员欣喜地看到了自己的变化,得到了家人、朋友的赞誉,学员们反响热烈,班级逐渐增多,而我也越来越兢兢业业,力求不负"老师"这个称呼。

(二)班风建设是教学中不可缺少的

在模特艺术的教学中,思想意识的引导尤为重要。我经常强调个人品行和模特艺术相辅相成,前年形体礼仪班的开设对学员们的个人素质进一步起到了引领作用。特别是旗袍走姿,不仅对外形有要求,更体现了内在的修养。旗袍被誉为中国国粹,是华人女性的国服,作为经历了岁月沧桑的中老年女性,身着旗袍,应该是有礼有节、端庄大方的,而不是为了"作秀"。

在课堂上,音乐一响起,我就会提醒学员们把心静下来,调整体态、神态。其中心静下来,就是平和心态,心态平和了,抱怨、计较、攀比就少了,学习稍慢的学员有了信心,学得快的学员不再急躁,神态多了自如大方,动作少了刻意做作,大家的仪表仪态越来越优雅美丽。

我们班级人数较多,都是女学员,难免会遇到这样那样的问题,我的宗旨是自己和班委首先以身作则,严格执行校规、班规,遇到问题公平、坦诚地沟通解决,不在背后论长道短,更不允许吵架、谩骂等不良习气在班级出现。感谢淮南老年大学校领导在班风建设上给予的指导,让我们始终坚持着正确的方向。在大家的共同努力下,班级的学习氛围积极向上,学员们和谐相处,良好的班风得到了大家一致的认可。

(三)不忘初心才能继续前进

每当有人问我:"你这个年龄是怎样保持这么标准的身材的?"我都会说:"来老年大学上课吧,你也会和我一样的。"淮南老年大学环境优美,设施齐全,2021年在洞山公园内的新校区也如愿启用。每当走进学校,我的内心都是愉悦的,耳边是动听的旋律,眼中有师生们的笑脸,在这里仿佛又回到了青少年时代的象牙塔。这正是我想要的生活状态,相信也是大多数经历了时间磨砺的人的向往。最主要的是,老年大学的办学宗旨"增长知识,丰富生活,陶冶情操,促进健康,服务社会",更是我心所向。有人说,到老年大学来参加课程学习,就是为了图个乐呵,其实不尽然,老有所乐是必需的,但如果能拥有积极的、有意义的、高雅的老年生活不是更好吗?我的外形让很多同龄人羡慕,他们更羡慕我得体的言行举止和积极的精神状态,这就是"外修形、内修心"的结果。我虽然已年过半百,但是和大多数同龄女士一样,热爱生活,热爱美好。如何追寻美,不让自己落入"大妈"的俗套,就要具有正常的心态、正确的审美观和不断的学习提升。其实"大妈"本应是受尊重的,只是近年来出现了很多关于中老年妇女不雅行为的负面新闻,让"大妈"变成了贬义词。如果通过老年教育能让更多的人内心丰富、知礼懂礼,应该就能减少不良影响,为社会、为下一代做出一位老年人该起到的榜样作用。

再次引用朱光潜先生的话:"儒家说美育是德育的必由之径,严格地说,善与美不但不冲突,而且到最高的境界根本就是一回事。"我之所以一直坚持在老年大学任教,就是想把美传递给更多的人。我爱故乡的土地,我爱故乡的人们,我希望我的同龄人在"走出半生之后,归来仍是少年"。愿更多的中老年朋友加入到老年大学的课程学习中来,在这里,人生的后半场更精彩!

(作者系淮南老年大学模特艺术系列课程教师)

追求德艺教　为霞献人间

杨多霞

我叫杨多霞,2021年83岁,是淮南老年大学的交谊舞教师。我于1965年毕业于山东理工大学,是社会主义培养的大学生。我先后在煤炭部重庆煤矿设计研究院、四川省煤炭工业局、淮南煤矿建设指挥部、淮南矿务局等从事煤矿技术工作,退休前是高级工程师。在老年大学教授交谊舞,是我的第二个职业。

1989年,交谊舞在改革开放的环境里"忽如一夜春风来",走进淮南群众的生活。在机关、学校、企业和社会多层面兴起了群众性的学跳交谊舞热潮。人们利用单位礼堂、食堂餐厅、露天广场、宾馆酒店等场地,办舞会、搞展演,一时间,交谊舞活动在我市颇有"千树万树梨花开"的味道。当时在淮南矿务局机关工作的我,深深地被交谊舞的魅力吸引,虽年过半百,但在业余时间以旺盛的激情投入了这项活动。没想到,这一投入竟改变了我后半生的生活,我的生命从此有了新的色彩、新的意义。

初学交谊舞,目的很单纯,就是丰富业余生活、健身。那时的我,是小我。那时,为了学好交谊舞,我很刻苦,以能者为师,用心向教师和舞友学习各种舞步技巧。1995年退休后,我几乎全身心投入了学练交谊舞的活动。同样的动作、套路,在相同的时间里,别人练3遍、5遍,我要练上10遍、20遍,常年坚持。为提高舞技,我主动申请加入所在地田家庵区交谊舞协会,多次参加省国标舞协会等省级团体举办的交谊舞培训班接受系统培训。通过勤学苦练,我的舞技得到快速提升,多次参加省市大赛并获奖。其中,2001年获得"助北京申奥'雷雨'杯合肥体育舞蹈"大赛吉特巴乙组第六名,2004年获得安徽马鞍山"焦点"杯国际标准舞公开赛拉丁舞常青组、社交拉丁舞混合组两个一等奖。

由于表现突出,我赢得了舞友的尊重。1999年6月,淮南市国际标准交谊舞协会成立,我被选为协会秘书长、副会长,次年又担任协会执行会长、安徽省国标舞协会常务理事。2004年我被聘为淮南老年大学交谊舞教师,从此走上老年教学的新道路。

淮南老年大学教授交谊舞的工作,是党组织为我打开的一扇新生活的大门,把我引进了人生的新天地。我在享受光荣的同时,也感到肩上的担子沉甸甸的。我暗下决心:决不能辜负组织的希望,一定要把交谊舞班办好。

办老年大学交谊舞班,是从头开始零起步,没有教材可依,没有经验可循。首批学员只有25人,大多数学员为五六十岁,少数已到耄耋之年。为了让大家学好交谊舞,没有教材,我就自编教学讲义,没有经验可循,我就自己摸索积累。每次上课前,我都尽量做足"备课"功,打有准备之仗。在课堂上,我坚持对学员进行手把手教学;课后,开设第二课堂,利用公园、街头游园场地,对学员进行课外辅导。遇到能参演的活动,积极组织学员参加,以演促学、以演提能,如组织学员连续三届参加洞山公园"以舞会友联谊会"。遇到适合的微信教学视频,我都及时转发给学员,同时提出学习关键点给予指导。对教学,我始终抱着精益求精、对学员负责的态度;对学员,我始终坚持有信心、有耐心、百教不厌、百问不烦。经过实践,我摸索出了"常表演,多示范,基本功训练循序渐进"的教学方法,确立了"基本功训练和套路学习交叉进行"的教学思路。经过多管齐下，一批批从未经过舞蹈训练的大妈、奶奶、爷爷们，在每学期结束时都能参加汇报演出，能以自信的神情、规范的舞姿在舞池里翩翩起舞。每当看见学员从基本步都不会变为能上舞台表演，我心里都有一种说不清的愉悦感、成就感，对老年大学的交谊舞教学就越发热爱了。

在淮南老年大学领导的大力支持下，经过同仁教师的共同努力，老年大学的交谊舞专业教学发展很快，由当初的1个交谊舞班发展到交谊舞、拉丁舞、摩登舞等10个班。从2004年春季开办至今已连续十七届（其中2020年因新冠肺炎疫情暂停），累计开设社交舞、拉丁舞、标准舞等专业课115个班，学员分别来自本市大通区、田家庵区、谢家集区、八公山区、潘集区等，以平均每班30名学员计，大约培养了学员3400多名，大多数学员走出校门后成为社区文体活动的积极分子。在教学过程中，针对师资不足的问题，我不担心同仁来抢我的"饭碗"，而是着眼于需要，积极向校领导推荐了数名优秀人才加入到交谊舞教学行列之中。经过老年大学的系统培训，学员们的舞技整体进步很快，参加比赛多次获奖，组建的淮南老年大学（交谊舞）代表队，在市第七届体育舞蹈、街舞锦标赛暨淮南体育舞蹈街舞公开赛中获锦标赛团体舞B组第一名，在市第八届体育舞蹈锦标赛暨淮南体育舞蹈公开赛上获公开赛团体舞C组第一名。

老年大学的交谊舞教学工作，不像有些局外人认为的那样"是跳着过的快活差事"。由于学员年龄偏大、接受程度较差，一个简单的动作反反复复要教很多次，这对于我这个七八十岁的教师来讲，不仅要有耐心，还要有体力，有时确实感到很累很辛苦。而报酬呢？一学期的讲课费，用年轻人的话来讲是"毛毛雨"。但我认为，我是党培养出来的知识分子，现在有退休金，不愁吃不愁穿，钱多钱少对我没啥意义，能以自己的一技之长，在老年大学的岗位上为学员服务,是多少金钱也买不来的,组织上给我的荣誉,也是多少金钱买不来的,唯有多奉献,才能对得起组织,对得起自己。

走上老年大学教师的岗位,我始终把搞好教学放在第一位。

癌症患者的生活护理是长期且很麻烦的事。我丈夫于1999年9月因乙状结肠癌晚期做了手术,当时医生定论只有3～5年的寿命,2008年他又因肠梗阻穿孔动手术后肠破裂形成肠漏管,接着又得了光化皮炎,3种大病都很难治。他很坚强,配合西医,同时自己坚持用中药治疗并取得了满意的效果。他生病期间,我一面鼓励他以积极的心态面对疾病,一面扛起压力,细致安排他的生活,让他治病无忧。同时,我兼顾好老年大学的教课不受影响。现在,同样酷爱跳舞的丈夫遇到社区举办的舞会活动,也能主动上台演出。2018年10月,女儿安排我去美国探亲,我向学校请假也得到了批准,校领导让我找好代课教师就行了。虽然去美国的手续都办好了,但我心里总放不下教学,考虑再三,最终放弃了美国之行。同年12月我因病住院,住院期间,如果老年大学上午有课就坚持去上课,安排下午在医院吊水,如下午有课,就把吊水放在上午,没耽误过老年大学一节课。

在淮南老年大学教学的岗位上,在交谊舞的社会活动中,我虽然做了一点应做的工作,但组织和社会却给了我很大的荣誉,我感到受之有愧。2009年9月,《淮河早报》以《从大秧歌到"恰恰恰":一位古稀老人眼中的娱乐生活变迁史》为题,对我作了专题介绍。2019年,我被评为安徽省国标舞协会A级教师,以及2016—2017学年淮南老年大学优秀教师。2020年被评为全省老年大学系统优秀教师。2020年10月,在我从舞30周年之际,出于对我的鼓励,舞友主动请书法家撰写了书法作品《兰馨》,赠送予我以示祝贺。我将把组织和社会给我的荣誉视为最大的鞭策,加倍做好交谊舞的推广工作,以更好的行动回报组织与社会。

　　与交谊舞结缘30多年,从事老年大学交谊舞教学18年,我深刻体会到:人都有老的时候,但人老了精神不能老。老年人要敢于挑战自我,破除"八十岁不能做吹鼓手"的陈腐观念,敢将白发换红颜,要尽力在为社会做奉献的追求中寻求快乐,化独乐乐为众乐乐,把小我变成大我。具体到老年大学的教师,要把德、艺、教的完美结合作为座右铭,身体力行,为霞献人间,因为,这让人备感幸福。

(作者系淮南老年大学交谊舞教师)

"三结合"教活老年大学摄影课

林　伟

　　"摄影"是一种只有170多年历史的新型艺术形式,从它诞生到现在都在以飞快的速度变化着。随着科学技术的快速发展,经历了从极少数人的贵族式艺术到精英式艺术的过程,尤其是在近20多年伴随计算机数字技术的运用,摄影也从传统的银盐胶片时代转向数码影像时代,照相机从高档奢侈品下降为普通家庭的生活必需品,加之人民生活水平的大幅提高和智能手机的普遍使用,老百姓对生活记录、情感表达的需求不断提升。摄影艺术已成为大众艺术,摄影技术也成了现代人生活的必备素质。老年大学开设摄影课,正是应对了中老年朋友对掌握摄影艺术的渴望。

现在摄影专业已成为我们寿县老年大学最为红火的专业之一。我根据老年大学摄影班学员的特点，灵活教学，摸索出一套适合中老年学员学习的教学原则和方法。

1. 普遍提升与因材施教相结合

由于一直没有适合老年大学摄影课程的教学大纲和专用教材，各地老年摄影教学具有极大的盲目性和随意性。教师若要在一个教学班里兼顾新老学员的不同摄影基础和文化程度，只能烧"夹生饭"，使得新老学员都不满意。于是我积极动脑，在实际教学中借用现在高中课程改革中大量使用的循环渐进式及探究式教学法，以浙江摄影出版社出版的《老年大学摄影基础教程》为依托，进行大面积常规教学，让所有学员的摄影技术得以普遍提升。为了照顾基础好、学得快的部分学员，我特别注重因材施教：对初学入门者侧重相机原理和使用、摄影构图、色彩理论的教学；对已具备相机使用能力的学员侧重进行人像、新闻、风光、纪实类摄影的教学；对具备一定创作能力的学员则进行PS后期调片、平面设计等方面的提升教学。为此我编写了《寿县老年大学摄影学教学大纲》，开设了摄影基础班、摄影提升班和摄影后期班，让每位学员都能感觉到切切实实的进步和收获，大家的满意度、幸福感普遍提升。

2. 理论教学与实践互动相结合

摄影是一门理论性和实践性都很强的学科，没有理论指导，只能是盲目瞎拍；而没有实践的理论学习，只能算纸上谈兵，当然不可能拍出好作品。为了让老年学员们既学好摄影理论知识，又具备动手能力，我在实际教学中，尽可能结合实际情况，精心备课，制作了一系列配套的多媒体课件，高效、直观地讲述理论知识。每章节后安排对应的互动练习加以巩固。每学期安排一定数量的专题摄影实习、创作，如"古城寿县风光系列""八公山梨海香雪""焦岗湖荷花风情"练习,并组织全体学员赶赴皖南、江苏、浙江、河南等地进行采风创作,收到了很好的教学效果,受到了学员们的肯定和赞扬。

3. 艺术创作与恰当展示相结合

摄影是平面艺术,具有很强的展示性和欣赏性。一些影友开始学习摄影时积极性很高,拍摄了大量图片放在电脑里只供自己欣赏,随着时间的推移,没有展示和交流的机会,摄影水平也没有多少提高,便慢慢对摄影失去了兴趣。所以,我在注重教学和创作的同时,努力营造学术交流的氛围,让学员们把自己拍摄的照片拿出来,本着"客观批评、取长补短、共同提高"的原则进行点评。同时,我还把摄影教学实践活动与学校的中心工作和宣传活动结合起来,为学员们提供广阔的展示平台。在校刊《寿州枫林》上争取了10个版面的《光影天地》专栏,每期可刊出20～30幅学员的优秀摄影作业;在每年学校书画摄影联展上展出30幅制作精美的水晶图片;鼓励学员们积极参与省、市、县摄影家协会的活动以及县融媒体中心的新闻报道;鼓励学员们学以致用,制作出精美的个人摄影作品,装饰家居美化生活;鼓励学员们利用手机开设个人微信、美篇、抖音等网络展示空间。为学员们提供多渠道的交流、展示途径,让他们保持着浓厚的学习积极性和旺盛的创作激情,使其在摄影道路上越走越远。

10年来,寿县老年大学摄影班已有14人顺利加入安徽省摄影家协会,26人加入市级摄影家协会。68幅作品发表于国家级、省级报刊。现在寿县老年大学摄影专业已成为淮南市老年教育的一个学科标杆。我们将继续乘时代发展的强劲东风,不断总结,努力探索出适合自身教学发展的新模式、新路子。

(作者系淮南市寿县老年大学摄影班教师)

遍翻史传无寻处,或有人从艺苑看

王继林

"遍翻史传无寻处,或有人从艺苑看"是清代中期史学家、诗人赵翼七律《八十自寿(之八)》的尾联。赵翼既以《廿二史札记》等著作在史学界闻名,又名列乾隆诗学三大家,尤以《论诗》一诗被传诵不已——"江山代有才人出,各领风骚数百年",字句铿锵并传递出诗风代变的历史观。他通达文史,可称一代大家。通过赵翼的诗句,文史植根于我的脑海,我热爱文史,常觉灯火可亲,手不释卷。

2015年3月11日,我受寿县老年大学聘请,成为文史班的授课教师,至今已有7年有余。文史课的教学过程,是我强补文史知识的过程;是我反复考量"文史"定义并结合老年学员的学情,考察、实践文史教学的过程;是我结合寿县作为历史文化名城和老年学员丰厚的人生经验,充分利用乡土资源打造具有鲜明地方特色课程的过程。由此我感到:老年大学的文史教学大有可为、前景广阔,只要努力,未来的收获一定超过预期。我将在寿县老年大学文史教学中的心得体会总结如下,以期更好地与同行交流,共同建设老年大学的文史课程。

（一）挖掘本县历史文化资源，丰富文史课的地域特色

寿县是国家历史文化名城，楚考烈王二十二年（公元前241年），楚国迁都寿春（寿县古称寿春、寿阳、寿州）成为寿县人文的肇始。而后，李园杀楚令尹春申君、赵国将军廉颇"一饭三遗矢"以及西汉两代淮南王的行迹都在寿春上演，而这些故事都被《史记》所记载。

清嘉庆版《凤台县志》，由"凤台县知县兼理寿州事"的李兆洛编纂，共十二卷。其中卷七"艺文"，详细记述了李兆洛搜集到的"廉颇墓砖"，砖侧面有篆字——"癸亥信平君之墓"，信平君即廉颇。《史记·廉颇蔺相如列传》中写道："赵以尉文封廉颇为信平君，为假相国。"据李兆洛考证，"癸亥"为"楚考烈王二十五年"，即公元前238年。"楚闻廉颇在魏，阴使人迎之。廉颇一为楚将，无功，曰：'我思用赵人。'廉颇卒死于寿春"，廉颇死在寿春，这是为史家公论的史实。然而就在该年，"考烈王卒，子幽王悍立。李园杀春申君"（《史记·楚世家》），末代楚国风雨飘摇。黄景仁诗中的"市道交"取自《史记》，廉颇在长平之战后复职，原来弃他而去的门客又回来了，并劝廉颇，如今天下市道交，得势则留，失势则去，有什么抱怨的呢？战功赫赫的廉颇终难在楚国建功。赵大将军廉颇墓，矗立在楚山淮水间，春来梨花满坡，秋来荒草迷离，无不诉说着迟暮英雄的故事。

而我深入了解《史记》与寿春人文的几段史实是在我来寿县老年大学讲授文史这门课之后。因为对广大学员来讲，这些典故已经耳熟能详，不需要按部就班去讲解。我认真听了秦晖《秦汉史》的讲座，从他的课上我对《史记》有了全新的认识。秦、汉或溯之以上，没有"野史"，没有珍本、善本、孤本、稿本等可参考，家藏

资料更不可能出现。研究秦汉史只有"前四史",而排在首位的就是《史记》。

《史记》不仅提供了史书编纂的范式,同时也为历史研究提供了方法论。对地方志或区域历史的研究也有着强有力的指导作用。比如"考烈王迁都"这段历史,可参考《十二诸侯年表》《六国年表》,了解楚国历代相传的世系、列国之间的关系、职官的更替沿袭等事项,条分缕析,了然于心,"楚考烈王元年,秦取我州。黄歇为相""考烈王十五年,春申君徙封于吴""考烈王二十二年,王东徙寿春,命曰郢""王负刍五年,秦灭楚"(《六国年表·楚》)。在人物方面,楚考烈王熊完,可参照《楚世家》,了解楚国诸侯、勋爵以及特殊人物的历史,是国别史。春申君黄歇,可参照《春申君列传》,了解考烈王时期这位重要的历史人物。读完杨伯峻的《春秋左传注》(中华书局2017年版),更深刻地感受到《史记》的严谨、科学,相比《左传》,《史记》更直观,因为有大量的调查采风以及皇家典藏参阅,《史记》的信息量更加宏富,是名副其实的历史巨著。

有了通史的框架,区域历史的研究所遇到的难题就迎刃而解了,我的文史课也逐渐得到学员们的认可,课堂变得生动活泼起来。西汉刘长、刘安两代淮南王在寿春的遭际,通过《史记》中的年表,文、景、武三代《本纪》,以及《高五王传》《淮南衡山列传》可以立体地呈现出来,进而甄别正史、野史以及传说故事。感谢司马迁的《史记》让我豁然有悟,同时读《报任安书》又感慨于一代史家的坎坷悲壮,"人固有一死,或轻于鸿毛,或重于泰山",他洞察宇宙,屹立乾坤。"史家之绝唱,无韵之离骚"——《史记》无疑是文史兼擅的皇皇巨著。

（二）挖掘典型史实，参照大历史脉络，构建较为系统的地方文史教材

考虑到寿县老年大学的文史课没有统编教材的事实，在讲授之初，我就开始思考课程的问题：找准文史定位，熟悉历史分期，并依照大历史的脉络，对地方史实进行逐一梳理，着力形成寿县老年大学文史教学的参考文本。

首先要弄清什么是文史。文史是文化和历史还是文学和历史，是文化的历史还是文学的历史？什么是文，什么是史？这些在过去虽有考察但不精细。我认真阅读了《中国文化史》《中国文学史》《史学方法论》等书，博观约取，做到心中有数，支起心中文史的框架，再了解中国历史的分期，中国通史有"三本"——范文澜、吕思勉、白寿彝，各有史观和方法论，他们对历史的分期也不尽相同，我采用了"白本"（白寿彝的《中国通史》）的历史分期，有了历史分期就完成了基础性的工作，但在远古、上古、中古和近代，只是初步的分期，"三皇五帝夏商周"还需要帝王世系。这样条分缕析，心中俨然有了一个文史的坐标，大体就明了许多。

有人不解，说你在老年大学上文史课，不就是逗老年人开心的吗？何必那么认真呢？类似这样的询问和质疑，在我初来老年大学之际就遇到过，我苦心孤诣地怀抱着详细的教案，可实际效果并不明显，学员们虽然能感受到我认真的态度，但或许没有对接好，据说我的"前任"也饱受文史课得不偿失的遭遇并视为畏途。但我坚持了下来，听课的人数也渐渐地增加并逐渐稳定下来。文史课从最初的被怀疑，到今天逐渐理清头绪，也是一个否定之否定的过程，是认识再认识的过程，没有分析和探索，文史课注定没有生命力，只能是叠椽架屋，重复劳动。

转眼几年过去，文史课需要进行总结和反思，赶巧寿县老年

大学有自编教材的意向,寿县老年大学葛广秀校长也叮嘱再三,文史课要编写教材。我将在老年大学几年中的文史课教学心得拟作"十讲",编纂成书奉献给文史班的学员们并将教学体会汇编出来与同行进行交流学习。《文史十讲》分上、下两册,上册有"文史漫谈""以寿县行政区划沿革为例,谈寿县本土地理沿革""中国历史的分期及上三代世系""谱牒学及寿县孙氏族谱、人物""富丽寿州青铜铭"及附录"文史随笔"共6个部分;下册有"汉水青青(汉水及楚文化考察记)""淮南王探研""寿县廉政文化传承与发展""秦始皇、陈涉、刘邦传记解读""寿县历史人物事迹考辨"及附录"《左传》篇目"。通过本书的编印,我对老年工作、老年教育由当初的知之甚少到如今的稍有了解。承蒙领导的关心,我被安徽省老年大学协会授予2020年度"优秀教师"称号,并参加了2021年首届全省老年远程教育优秀视频课程及微课程评选活动,制作了微课"寿县孙家谷与蒲安臣使团",借以打造浓浓乡土味的课程特色。几年老年大学文史教学的经历,拯救了一个读书不求甚解的我,让我看到"不知老之将至"思想的光芒,消除我"读书无用论"的疑虑,我在其中变得安静,享受那一份在寿县老年大学教授文史课的快乐,感受夕阳的温暖。

(作者系淮南市寿县老年大学文史课教师)

甘为晚霞添异彩　乐奉余生铸墨香

王桂钊

我从 2000 年开始在老年大学从事书法教育工作,2022 年,我 69 岁,现为淮南市谢家集区老年大学教师,担任 4 个校区书法班的教学工作。

20 多年来,在我的辛勤指导、精心传授下,许多学员的书法作品在各类书法展览中入展或获奖。有的加入省书协,有的加入市书协,有的加入江淮书画院或其他书画组织,有的开班授徒,有的从刚开始的学执笔到现在可写小楷、榜书、小篆、隶书、真书、行书、草书。学员们各有所爱、各有所成。我也在书法教学中获得了快乐,收获了学员们的爱戴和信任,有了一点小小的成就感和自豪感。

在这些年来的老年书法教学实践中,我有些体会,简述如下。

一是书法教师要有爱心、耐心、细心和乐于奉献的无私精神,要不贪名利、不慕虚荣、爱岗敬业,要能放得下教师的架子,懂得尊重别人,与学员们平等相处、互敬互信、亦师亦友、坦诚相待。在教学中要做到诲人不倦、百问不厌、换位思考、一视同仁。师生间相互有好感,才能获得好的教学效果。

二是书法教师要具有一定的专业水平,要有一定的文化素养和文字功底,特别是要有扎实的楷书基础,要通晓八法,懂得运笔方法和技巧,并能在教学时进行板书演示。另外,除了楷书,对其他书体也要兼通。学员们对真、行、草、隶、篆各有所爱,会随时向教师请教各种问题,你若能一一正确解答,学员们会更加信服你,学书法的积极性也会大大提高。这种情况我经常遇到,好在回答正确,学员满意。教师要想给学员一杯水,自己得先有一桶水才行。所以作为教师,要不断学习,努力丰富并提高自己的专业知识,随时给学员们解惑。

三是在书法教学中,要讲究方法。好的教学方法是在教学实践中摸索、总结出来的,作为教师切不可凭空想象或生搬硬套他人经验,而是要广泛听取本班学员的意见和建议,不断完善教学方法,以便在同样的时间内、相同的条件下取得更好的教学效果。我在书法教学中,随时和学员们保持沟通,并主动询问他们有何要求,充分考虑到有时学员们可能不好意思提意见的情况。比如有次在教楷书笔画和结字时,我边进行板书示范,边细致地讲解,但仍看到教室后排有学员时时皱眉头,我就主动问他们怎么回事,他们说看不清楚、字写大点就好了。其实板书的字已经有海碗口大了,但我仍答应他们想办法解决。于是我和校区负责人上街买了一块2米多高的复合板,在板上钉上毛毡,在毛毡的适当位置钉上薄铁皮,用强力磁扣把纸紧吸在毡上,现做了一块超大的书法写字板。教学时我把写字板竖立在讲台上,用一支大号斗笔,在高我一头的上方,蘸墨书写了长300毫米见方的大字。后排的学员们终于说能看得很清楚了,都很高兴,我也感到很欣慰。

对于一些难掌握的笔画,我选择用彩色粉笔在黑板上用双钩(空心字)法画在400毫米×600毫米见方的格子里,在笔画内把每处运笔要点标出,讲解后再用大抓笔写字演示,毛笔在行笔时的自然变化态势看得清清楚楚。通过同样的运笔方法再用大斗笔蘸墨写一遍,验证此法效果。写时要求一笔成形,与帖契合,不得描补。我自创的这种教学方法,使学员们对学习内容看得见、听得清、懂得快,学习效果好,学员们的书法进步都很快。故这种教学方法保留至今仍在使用。

四是要多开展活动,提高学员们学书法的兴趣。学习书法到一定水平,就要积极参与有关活动。如多看看各类书法展览、春节义务写写春联送"福"字等,最好能根据自己所学书体练习创作书法作品,感觉不错的可以投稿参展。每次参展都是提高书法水平的机会,因为多写多练才能写出好作品来。还有就是一定要布置并点评家庭作业。每次上新课前,先把学员们的作业都挂在黑板上,学员们可以互相赏评交流,相当于书法交流活动。我对每张作业都会认真点评,肯定优点,指出差距,把具有普遍性的病笔差字记下来。待点评毕,学员们领回各自的作业后,再板书示范所记病笔差字的正确写法,并留出时间让学员们现场练习并改之。之后再上新课。

五是老年大学要有优秀尽职的管理人员。校区管理人员是一校之魂,如果他人品好、素质高、尊重教师、关爱学员,就能搞好教学服务,营造出良好的学习氛围。师生心情舒畅,就会教得卖力、学得高兴。我们谢家集区老年大学南校区管理人员喻家喜同志就是一位难得的优秀负责人。每次上课时,他都提前为教师泡好茶水,为学员们烧好开水,多年来一贯如此。他对教师教学全力支持,主动解决问题,努力创造良好的教学条件。他对每一位学员都十分尊重,为人热情,态度和蔼,言语爽直风趣。他在校区管理上认真负责,有时在身体欠佳的情况下,他仍坚持搞卫生、挪桌椅、烧茶水等,有时他忙不过来,还把老伴拉来帮忙。在书法学习上,他以身作则,带领大家认真听课练字,课余时间刻苦练习,书法进步最快,现已能写榜书和小楷,且楷、行、草、隶皆能,其作品多次在各类书法展中入展或获奖。喻家喜同志的高尚品格和无私奉献的精神,深受师生赞扬。

20多年弹指一挥间,不觉中我已夕阳在山。目前唯一能做的就是教好老年大学书法课,给老年朋友们带来一点快乐,为晚霞添点异彩。虽是小善,但我亦尽力为之,至终而已。

(作者系淮南市谢家集区老年大学书法教师)

传承"非遗",为夕阳争辉

侯 萍

我是凤台县老年大学推剧班聘任的首位教师,当时认为给老年学员上戏剧课,一定难度很大,不知能否胜任,心中有些忐忑。但是想到自己是一名退休的老演员,又是入党40多年的老党员,虽已年过七旬,自觉身体尚可,为落实党的老年教育方针,应当在"夕阳"之年,不忘初心、牢记使命,为"夕阳"争辉义不容辞。

推剧在淮河流域流行百年,是由民间花鼓灯小调逐渐演化成型的剧种,也是新中国成立之初由政府部门定名的全国稀有剧种之一,是省级非物质文化遗产。县委、县政府历来对推剧的传承和发展非常重视,多次组织举办较大规模的由沿淮地区市、县参加的推剧大赛,不断推动推剧事业的发展。凤台县老年大学也把推剧教学列入重要的授课教程。

我是20世纪60年代初参加凤台县推剧团工作的,从学员到演员,从演员到教师,经历了从传统戏到现代戏漫长的演变过程。

其间到省院团数次学习传统戏和样板戏,对推剧历史的发展变化也有一定的了解。作为推剧"非遗"传承人,退休后我仍矢志不渝地为推剧事业传承和发展做出力所能及的贡献。因与推剧深厚的渊源,为之奋斗也是我一生的夙愿和追求。我虽离开剧团多年,但退而未休,仍然坚持以不同的形式演唱和宣传推剧。在十分艰难的环境中,为推动和传承推剧,经多方筹措,成立了凤台县花鼓灯戏剧协会,我被推荐为会长。面对一无资金、二无场地的困境,我自筹资金万元,并腾出30多平方米的宿舍为协会的活动场地,使50多名戏迷会员有了聚集活动的场所。为尽量搜集推剧散落的史料,我不辞辛劳地数次拜访当时在世的推剧老艺人,索求和搜集可能面临遗失的珍贵史料。经过近4年的努力,整理出30余折原生态、接地气的经典唱段和3部大戏剧本。为了能长期保留和有效地发挥作用,自费3万多元,邀请了专业乐队和影像制作人员,由我主唱,制成了40多折推剧音像作品并组合成6个光盘,复制了200多份,除一部分长期保存外,其余的均无偿赠送给推剧戏迷和会员,受到各方专业人士的称赞。此举也为我在老年大学推剧班授课提供了不可多得的资料。受聘到老年大学后,我辞去协会的一切事务,一心一意地扑在推剧的教学上,不论是否为周末、节假日,只要推剧班有事,我都随叫随到,陪学员们加班练习是常事,有演出和排练任务,更是不分白天、黑夜,加班加点。通过我们的努力,推剧班被学校评为优秀经典班级。2018年,我班还代表市老年大学以推剧剧目《梁祝》,参加省老年大学协会举办的戏曲汇演,又参与录制了省电视台当年的省老年大学协会戏曲春晚。多年积累的教学成果显示,推剧班在社会上的影响力渐增,由原来的1个班23人,逐年增加到4个班,其中有1个戏曲表演班,共96人,现在班级和人数居全校之首。在全县举办的7届推剧大赛中,推剧班参加了3届,每届都有人获不同的奖项。其中获集体二、三等奖各1次;学员许淑荣、何雨霞各获一等奖1次;学员左廷娥、张冠荣各获三等奖2次。推剧班首创的《老年大学真靓丽》联唱获二等奖,在建校1周年、3周年和新中国成立70周年、建党100周年所组织的庆祝活动中,推剧班均有较好的节目表演,受到了全校师生和领导的好评。由于推剧班的教学成绩突出,2018年我获得了省老年大学系统"优秀教师"称号。我认为过去所付出的一切艰辛,是一名老推剧艺人和一名老党员应该做的。我深深地体会到,一切成绩的取得,校领导的关心与支持是关键,而作为教师,必须对事业有爱心,对党有感恩之心。

在我多年的教学中,我有以下3点体会,希望能与同仁共勉。

1. 要以服务为宗旨,以教学为本分

老年大学的学员,都是各方面已有成就的离退休人员,其中老干部、老职工、老党员居多。高龄人来学推剧,一是对地方戏的偏爱和情有独钟,二是给自己营造一个老有所为、老有所乐的场地。因此,我首先要做到尊重他们,他们都曾是社会建设的贡献者,应该为他们的学习提供方便,满足他们学习上的需求,使之感受到老年大学的温馨。每次上课前,我都要把所教的内容系统地整理好,做好充分的准备。在教人之前,自己首先要学好悟透,才能有针对性地施教。地方戏的特点是乡土味浓,当地人都能哼唱几句,但准确按照音节唱出韵味是很难的。因此,必须把唱段意境、曲拍、板式和要点写出来,以书面形式印发给大家参照,做到有的放矢地教与学。学校没有专职的乐师和戏剧中必需的教学设备。但如果学唱没有乐器伴奏,身段练习没有必备的刀、枪、马、鞭等道具,就很难收到实效,有声有形才能有味。为了教学需要,我自费2000多元,请人制作学唱必需的配乐CD盘,有效地解决了学唱演练的难题。还有一个是学习时间的问题,在校学习、上课的时间有限,实践证明,学习戏曲没有课外大量时间的练习,是很难达到预期效果的。在解决这个问题上,现代科技帮了大忙,借助电话、手机微信,师生之间可以随时沟通信息,在线学习交流。如有的学员要听我的哪一段唱腔,我就在线上唱给他听,他们一边听一边学,我也一边教一边纠正他们咬字发声中的不足,有的学员因特殊情况远在上海、广东,暂时不能到校学习,我就在手机上远程教学。这样的教学方式,天天都在进行。虽然这占用了我大量的时间,但我都能做到不厌其烦,乐于为他们服务。这样做既弥补了教学时间的不足,也给众多学员提供了方便。用现代科技手段教学收到了非常理想的效果,每次学期测试,学员们的成绩都能达到及格以上。几年来,我把所有的精力都一心一意地扑在推剧班的工作上了,就是在痛失爱女万分悲伤的日子里,也没有耽误一节课。

2. 要以学促为,为中求乐

开班之初,因文化差异,矛盾较多。为避免矛盾,在编排节目时,就多排群众场面,使人人都有上台锻炼的机会。让学员们理解,老年大学就是要让广大的老年同志们在学习中感受快乐,既学了才艺,又陶冶了情操。多年来推剧班没有因角色的主次、上台机会的多少而产生矛盾,是一个团结互助、取长补短、和谐共处的团体。在多年教学的实践中,有很多老年学员的行为激励着我。如河东锅碗厂84岁退休女职工刘克禹和一部分离县城较远的学员,只要我上课,每次都步行七八里路到校听课。离县城20多公里夏集中学的4位退休教师,自费坐车到校学习,从不无故缺课,学习认真刻苦,风雨无阻。学员中认真学习、刻苦钻研、高风亮节的例子有很多。每次为群众演出后都能见到老年学员们满意的笑容,他们体会到了老年人自娱自乐的情趣。班里多年来没因学习和演出产生过矛盾。每次表演节目需自己花钱买服装道具，大家都很自觉，从没见有人发牢骚、生怨气，因为他们觉得这钱花得值。

3. 发挥学习成果的作用，为社会提供正能量

经过几年的磨炼，在完成教学基本任务的基础上，已编成形的节目有15折，还有40多节推剧的经典唱段。在教学的过程中，我深深体会到，成绩的取得来之不易。从推剧的11个板式到基本功的"四功五法"，从发声咬字到气息的转换，再上升到声腔的韵味、表演的技巧以及剧中人物表演的一招一式，对退休的老年人来讲，难度很大，作为授课教师带着这一大批特殊学员更是难上加难。时至今日，我为之付出了多少心血、流了多少汗水，只有自己清楚。按照学校的明确要求，所排节目必须主题鲜明——着力宣传新时代，歌颂建党百年来的丰功伟绩，向社会传播正能量。经过审查后的节目，采取不同的形式进行了广泛的表演宣传。据统计，除参加省、市汇演外，在课外活动中，在县文化广场演出3场，参加县妇联春晚联欢演出2场，到乡镇为群众演出5场，到厂矿为职工演出2场。尤其是在县文化广场的几场演出中，偌大的广场，人群爆满，观众达万人。甚至有许多远离县城几十里的农村老大娘、老大爷，骑着电瓶车、小四轮慕名来看老年大学推剧班的演出。有时散不了场，要求继续增加演出节目，尤其是《走在脱贫路上》《老年大学真靓丽》及小戏唱段等更受群众的欢迎。

几年来，推剧班教学有成绩，演出有效果，但也有差距。坚信有校领导的指导，今后的教学会更上一层楼。

（作者系淮南市凤台县老年大学推剧班教师）

"家庭养花"教学漫谈

张尽忠

退休之后,我被市老年大学聘为"家庭养花"专业课教师。下面谈谈我的教学体会。

(一)认真了解学员的知识需求

教授园林花卉专业课程,是我走出校门之后所从事的工作。但后来多年从事行政工作,很少再用到这方面的专业知识。虽然我接受了老年大学的任务,但怎样进行针对老年人的"家庭养花"教学,心里确实没有底。为了做好这项工作,我进行了充分的准备,花了几天时间,找书本、查资料,还分了9个章节编写了讲课讲义,并用 Word 文档和 PPT 软件制作了课件,信心十足。

第一堂课,我从花卉品种的分类(门、纲、目、科、属、种,木本花卉、草本花卉、一年生花卉、多年生宿根花卉)以及花卉栽培的基础知识等讲起。两节课讲完之后,我便留了段时间了解讲课效果,还没等我正式提问,学员们就一连串问题问起来:"老师,我养的君子兰几年了为什么不开花,还烂叶子?""我家养了几盆花,用什么土好?什么时间换盆?""我养的茉莉花为什么黄叶子?是不是浇水浇的?""老师我来听你的课学养花,养什么花好?"等等。大家提的问题,我耐心地作了解答。在解答过程中,我也发现了一个重要的问题:经过精心准备的教学提纲和内容,显然不对这些老年学员的胃口、满足不了大家各自因学习目的不同而带来的需求。通过沟通了解,方知这些老年朋友们都来自社会不同阶层,都是退休之后,闲来事少,为了丰富自己的晚年生活,到老年大学学点知识,老有所乐。大家在原来的工作岗位、文化程度、家庭居住环境条件、对养花的认知等方面都存在一定的差异。从所提的问题中可以看出,他们所需的就是在具体的居住环境条件下养什么花,怎样养好花。他们不仅需要养花的基础知识,更需要立竿见影、即学即用、用之有效的养花方法。我经过反复分析和研究大家所提的问题及要求,明白了要教好这门课,按照在大学里教学用的一套方式方法肯定不管用。必须要做到"因材施教,对症下药",适应老年朋友们的年龄特点和不同需求,合理安排课程。我调整了所编写的教学提纲和教学计划、教学方式。从把大家对家庭养花这门课的思想认知和学习兴趣相统一入手,动静结合、理论与实践结合、教学动机与效果结合展开教学。

(二)努力激发学员的专业兴趣

我以讲座的形式,辅以电脑课件,图文并茂,讲述花卉在人类生活中的地位,让大家了解到世界上的花卉品种繁多,既可绿化、美化、香化环境,又以它独特的绚丽风采给人们以美的享受。养花可以丰富和调节人们的精神文化生活,增添生活乐趣,陶冶情操,提升文化艺术修养,增进身心健康。随着小康社会的到来,人们的生活水平不断提高,人们爱花、赏花、养花,用花卉装饰居住环境。养花生活已成为世界性的主流时尚。家庭养花意义非常之大。

花卉不仅可供观赏,能美化我们的生活,还有许多重要的经济价值,是我国中草药的重要组成部分。菊花、金银花、杜鹃花、月季花、荷花等均为常见的中药材。而且香花在食品轻工业等方面用途很广,如桂花可作食品香料和酿酒,茉莉花、白兰花、珠兰花可熏制茶叶,还有玫瑰花等许多花卉可提取香精等。

为了进一步激发大家养花的兴趣,我以老年人养花好处多为题,阐述了老年人养花是一项有益于身心健康的活动。家庭养花是一种轻微的劳动,很适合老年人参加,人上了岁数,心中渴望的是能够有一个好身体,使晚年生活更加幸福愉快。例如,在养花的过程中,不仅能增加身体活动量,运动四肢和活动筋骨关节,使人体机件部位得到锻炼,还能带来浑身轻松愉快的感觉,从而增强体质。一盆花从幼苗到开花结果,即使买来的是现成的盆花,当你花费了精力和心血,用心养护管理,使它们能茁壮成长,开出鲜艳的花朵时,你在观赏的同时,就会陶醉其中,为你消除疲劳和烦恼,心情舒畅,在精神上得到安慰。这样既能调节人体的神经系统,又能提高肌体免疫力。正如古人云:"我养花,花也养我。"因此,千百年来,人们就发现养花、种草能养身治病、镇静情绪,有保健和康复作用。古埃及医生就用花卉来治疗多种疾病。近年来,国内外医疗机构也采取了"园艺疗法",使病患者收到了显著疗效。正是因为养花使人经常在新鲜空气中活动,大脑和肌肉都会获得充足的氧气,对人体的新陈代谢非常有益。因此,养花可以减轻精神压力,缓解忧郁,可降低血压,促进血液循环,对神经官能症、失眠等也能起到辅助治疗作用,这些好处早已被医学界所认同。

为了进一步提高大家对家庭养花的认知,我分别讲述了空室养花的"三忌":忌在室内摆设有毒性的花卉,忌在室内摆放数量过多的花卉,忌多养散发浓烈、有刺激性气味的花卉;还讲述了家庭养花的"三宜""六戒",以及"市场上买花学问""家庭养花技巧""家庭养花注意事项"等。

（三）不断提升课堂的讲授质量

在经过几个星期的课程后，我便分品种讲述花卉。先对大家比较熟悉的中国传统花卉"十大名花"分别进行讲解，结合花卉开花的季节，做到"言之有物"，让学员们易懂、易记。例如，在"冷露无声湿桂花"的时节，讲桂花课。时值校园外、南湖边桂花盛开，香气袭人。大家一起走出课堂现场教学，讲解桂花的生长习性，桂花有几个品种，怎样繁殖、栽培，以及盆栽的养护和管理方法。寒冬腊月时，给大家上腊梅花课。讲解了腊梅并非梅，因花期靠近"万花敢向雪中出，一树独先天下春"的梅花，又是中国传统花卉，是在二十四个节气中最后一个开花的花卉，因其在腊月开花，花似黄蜡，所以人们称之为"腊梅花"。除此之外，还为大家讲解了腊梅花盆栽的基本知识。

讲述每种花卉，先从其名称、学名、别名及市场上的商品名称和品种中的变种比较，如何选择优良品种等内容说起，在电脑课件上附上该品种的名称及图片，图文并茂；再从花卉品种的形态特征、生长习性、盆栽要领、繁殖方法、养护措施、整开修剪、常见的病虫害防治，以及该花卉的经济价值、植物文化、历史故事、诗词歌赋等方面讲解相关内容。特别是在讲到家庭盆栽养花要领时，在电脑课件上展示制作盆栽工艺的操作流程图：从选苗、选盆、营养配制、上盆操作程序，到如何重视上盆后的第一次浇水、常规的管理养护知识等，做到让学员们看得清楚、会动手操作，还通过课堂上的提问互动，帮助大家加深理解和记忆。

中国花卉不仅品种繁多，且栽培历史悠久。历年来，文人墨客、花师、工匠根据各种花卉的花形花色，给许多花卉起了非常美妙动听的名字。为了让学员们了解这方面的知识，在菊花盛开的季节，我两次组织大家到滁州菊花博览园参观，学习菊花栽培技术,欣赏菊花醉舞秋风的千姿百态,了解每种菊花的雅名和名称的由来。

(四)积极运用灵活的教学方法

根据老年朋友们的学习特点,每讲两三周后,就安排半天让大家走出校园,到花卉市场、花博园、琅琊山等地开辟第二课堂,进行现场教学。让大家认识了更多的花卉、盆景,了解了家庭养花有观花、观叶、观果植物。对于多肉植物、蕨类植物、树桩盆景、水生花卉等,现场进行盆栽营养土配制,从营养土配制成分、比例,到拌匀过筛,取土上盆、换盆、翻盆、上盆后浇水,都亲自示范操作,还让部分学员动手,进行互动,促进教学。

在讲花卉的繁殖方法时,把课堂上学到的理论知识进行现场操作,事先准备好素材,讲解扦插、高枝压条、嫁接。从扦插枝条选取、扦插基质选择、扦插时间和方法,讲到扦插后如何管理养护。从嫁接接穗的选取、砧木的准备、进行嫁接的时间、嫁接的方法、嫁接后的管理及养护,讲到在什么情况下进行高枝压条及高枝压条的详细操作方法。在现场操作的启发下,让学员们直观了解这些养花必需的基本知识。

为了让学员们开阔视野,增强养花动手能力,对养花的兴趣更加广泛,我们组织大家到花卉市场学习实践,如怎样买花,买什么样的花比较容易栽得活,辨别花卉品种的真伪,不同的花卉该怎样选盆。我鼓励大家到南京梅花山踏雪赏梅,到洛阳观赏国色天姿的富贵花牡丹,到市花博园看花、赏花、认花。直接在现场看花讲课,便于大家学习掌握养花知识。

在教学上,我还鼓励学员们之间相互观摩、相互学习、相互启发,我们选择了两位家庭养花品种较多的、养护较好的学员进行现场参观点评。请他们介绍自己是怎样做好家庭养花的,学员一致反映这样的教学让他们受益匪浅。为了使学员们掌握家庭养花的技巧,我把书本上的知识与实践得到的经验编成顺口溜:"要想花儿美,不干不浇水,浇水浇透水,不浇半截水。不饿不施肥,施肥施熟肥,水七掺三肥,重视扣回水。掌握花习性,创造小环境。注意防虫、病,花好君莫愁。"

几年来的"家庭养花"教学实践使我受益匪浅,不仅让我重温了大学里所学的专业知识,找到了"老有所为"的地方,更重要的是,在我退休之后找到了一份乐趣,尤其与众多老年朋友们在一起相互学习,使我真正地体会到"老有所教、老有所学、老有所乐、老有所为"的真谛,让我的晚年生活更加充实、更加快乐!

(作者系滁州老年大学家庭养花专业课教师)

五心辉映,谱写七彩人生

陆凤祥

我从事烹饪工作60年,退休后于2010年被全椒县老年大学聘为烹饪课教师,主要讲授中国饮食文化、烹饪基本理论,并向学员们传授烹饪技术。通过10年来的教学实践,在传授知识的同时,我也从中受益匪浅,现结合实际谈几点教学体会。

老年大学教师是一个神圣而光荣的称谓,要想做好这项工作,必须要做到"五心辉映"。

（一）要保持一颗初心,提升服务意识

师者,传道授业解惑也。要想当好老年大学教师,除了必备的学识技能外,还要有一份甘为孺子牛的奉献精神。

作为一名共产党员,我深知做好老年大学教学工作的重要意义。结合当前全党正在开展的党史学习教育,我更是将做好老年大学教学工作、提升老年学员们的厨艺水平、增加学员们的幸福感和获得感,作为自己参与开展"我为群众办实事"实践活动的重要内容,始终不忘为人民服务的初心。

同时,按照学校要求,我认真学习习近平总书记关于加强老龄工作和发展老年教育的重要论述,吃透其中的精神内涵,并将其作为做好老年大学教学工作的根本准则。

（二）要胸怀一颗爱心,相互关心关爱

首先要明确老年大学烹饪班的定位。因为老年大学烹饪班毕竟不是培养厨师的课堂,也不是培养工匠的地方,主要是通过教学让老年学员们进一步了解中华传统饮食文化,掌握做好家常菜的基本技巧。

老年大学是一个光荣的集体,在这里学习的每位学员都曾在各自的岗位上为党和国家、人民做出过应有的贡献。退休后,他们将老年大学当作自己的家,他们因兴趣和热爱而来。他们之中有的曾担任过领导干部,有的掌握多门专业知识,之所以到这里来,就是想在这里多学点自身欠缺的技能,多发挥点余热。

在教学前,我对学员们进行了摸底,充分了解他们的性格特点、兴趣爱好以及对于学习烹饪方面的诉求。对于他们生活中遇到的烦恼与困难,我也尽力去帮助他们,做他们的好朋友、知心人。

我会经常询问他们想在课堂上听到和了解烹饪哪些方面的知识,希望烹饪出什么样的菜肴。通过课后交流,我对学员们的知识技能的掌握情况有所了解,并广泛听取他们对教学效果的评估及改进的意见、建议。

总之,在与学员们交往的过程中,我始终做到尊重每一位同志,虚心听取大家的意见、建议,和他们坦诚相处,互学共进。让每一位学员在老年大学这个大家庭中时刻感受到关怀和关爱。

烹饪班的学员们也热爱这个集体,有的学员即便离开全椒到远在上海、北京等地的子女家去住,也会时刻怀念与教师、同学们相处的时光,大家常常打电话相互问候。有时做菜过程中有不清楚之处,也会通过微信视频等方式求助于我。

总之,无论是相聚在一起还是远隔千里,大家对烹饪班的那颗爱心恒久不变。

(三) 要时时体现用心,注重教学成效

老年大学是学校,但又不同于常规学校,学员们之间差异大,既有文化水平的差异,也有年龄、体质上的差异等,同时对于知识、技能的接受能力也各有不同。要想在教学上取得成效,我就必须多动脑筋、多想办法,事无巨细,均要体现自己的用心。

要想上好一堂烹饪课,课前要认真备课,我认为备课和讲课同等重要。我认为备好课必须具备以下四点:

一要围绕教学主题做到把握中心,要抓住重点去剖析、讲解。

二要例证准确、真实,要经得起推敲和验证。

三要做到备好材料、"备好"学员。备好材料就是要把握材料的准确性和完整性。"备好"学员就是要对学员们的思想爱好、兴趣及接受能力进行全面了解,然后因材施教。

四要做好调味品的储备和保管以及食材的采购,要保证食材

的营养、新鲜、卫生和安全。

课堂上,我注重生动活泼的教学方式,做到易知、易懂、易会。

易知就是采用通俗易懂的语言把食材文化、菜肴制作过程及技巧讲清楚,把食材合理搭配的意义讲清楚。

易懂就是让学员们了解调味品在制作过程中的作用,以及如何科学合理进行调配。

易会就是指导学员们如何熟练掌握火候、味型要求、灶台技术,从而制作出味香、色美、可口的菜肴。

具体的教学方法如下:

一是把当日要教的菜肴编成菜谱,学员每人1份,上课时我按照菜谱要求和操作规程展示给大家看,学员们有不懂的地方即问即答,并在有可能的情况下,用实物讲解,直到每位学员听懂为止。每节课教授1~2例菜品,结合实际根据季节取材。

二是让学员们自己当老师,安排学员们在讲台上讲述如何编制菜谱,描述菜肴制作的要点和方法。

三是安排学员们轮流上灶习作,讲解自己在烹饪过程中的体会和感悟,同时充分听取其他学员的看法和意见,我则在一旁有针对性地当堂给予点评、小结,并随机提出问题让大家进行研讨。

通过这种互动性很强的"讲"和"做",增强学员们的积极性、主动性,极大地提升了大家的动手能力,使教室充满了智慧和快乐,取消那种教条呆板的教学方式,让大家学习得更有兴趣、更有成就感、更快乐。

同时,在这样的过程中,我也能很好地掌握了解教学效果,并及时对教学效果进行评估。对于好的方面应保留坚持,对于不足的地方则加以改进。

（四）要坚守一颗恒心，做到久久为功

老年大学教学工作看似轻松，但要想做好，并且长期坚持去做好，则难上加难。这就需要每位教师要有"钉钉子"的精神，要始终坚守一颗恒心。

目前，我国老年大学没有系统的教学大纲，更缺乏教材，烹饪教学更是如此。在教学中为了解决这一难题，多年来，凭着工作中积累的经验，结合全椒县老年大学的实际情况，我一边搜集、筛选材料，一边对多年来的教学课件内容进行提炼，自编了一套烹饪讲义，至今约有十几万字了。

我编写的讲义内容主要有菜肴制作、切配技术、调味技巧、食材典故、菜肴故事、食材营养和合理搭配、中国烹饪史（简要）、饮食文化、食品健康、饮食卫生等。

近年来，在校领导的指导下，我又在其中添加了新食材、新工艺、新设备等内容，尽量保证教材与时俱进，符合新时代的需要。

（五）要有不老雄心，勇于进取创新

多年的教学实践付出了很多艰辛，但我始终任劳任怨，因为我热爱这份工作。在教学中，我通过反复揣摩，深刻领会了"老有所教、老有所学、老有所乐、老有所为"的老年大学的办学宗旨和根本意义。

虽然在教学中也会遇到这样或那样的困难，但我绝不放弃，时刻保持一颗进取的雄心，我认为这才是新时代老年人应有的精神风貌。为此，在教学的征途中，我不停地给自己加油鼓劲。

现在人们的生活水平持续提升，如果在教学中总是因循守旧、重复教授那几样家常菜，难免会让学员们失去兴趣。同时，随着社会的发展、时代的进步，新科技、新材料、新工艺层出不穷，烹

饪技艺也需要与时俱进,不能总是老生常谈。

为此,我通过具体的案例去指导学员们在创新中提高厨艺。"灌汤虾球"是人民大会堂国宴菜肴之一,虾球全部采用虾肉为原料,因此味道难免单一。在教学中,我指导学员们对虾球进行改良,用虾肉、鸡肉、鱼肉为主料,烹制出的虾球不仅增强了弹力,味道也变得更加独特,营养更加丰富。

通过不断实践创新,不仅增加了学员们做菜的兴趣,也极大地提升了他们的厨艺。在对教学进行评估时,学员们深有感触,纷纷发言:

"现在家中来人做菜不慌了。"

"家里的饭菜上了档次,又香又好看了。"

"对到烹饪班来学习,家里人现在全力支持!"

…………

其实,教学的过程也是我不断提升能力的过程。实践没有止境,创新也没有止境。这就需要我不停地对教学方式及教学内容进行思考,不断加以改进创新。一方面我需要持续学习,要向书本学、向同行学,也要向老年大学所有教师及学员们学习,更新掌握新的业务知识,做到"百尺竿头,更进一步";另一方面更要善于总结,对教学上取得的经验进行提炼,补缺补差,在持续改进中提升教学水平。

"莫道桑榆晚,为霞尚满天。"我深信通过自己和学员们的共同努力,一定能把烹饪班办成一个集技能、智慧、快乐于一体的班级,也一定能将其创建为一个充满朝气活力、奋进向上的特色班级、模范班级。

(作者系滁州市全椒县老年大学烹饪课教师)

浅谈老年大学信息技术教学体会

袁 正

我是全椒县第八中学的一名在职教师,在学校里主要从事高中信息技术教学工作。我和全椒县老年大学结缘于一次偶然的机会。

大约是2016年9月的某一天,当时学校的团委书记计鹏飞找到我,问我有没有兴趣到县老年大学兼职电脑班教学工作,计书记当时也在那边兼职,从事地理班教学工作。计书记和我除了是同事,私下交情也很好,所以当他跟我完说这个事时,我几乎没有犹豫就答应下来了。很快,老年大学那边就联系我,并且要亲自到学校"拜访"我一下,这让年纪轻轻的我顿感"受宠若惊"。

来我们学校找我的是老年大学教导处主任乐子麟,他是一位精神矍铄的老爷子,他的亲自拜访让我既惊喜又感动。乐主任向我简单介绍了一下老年大学的办学理念及开班情况,希望我能接手电脑二班的教学任务,最后恳请我打消顾虑,不要有心理负担,有什么困难尽管和他说,要我"轻装上阵"。至此,我和全椒县老年大学正式结缘,我在那里的教学经历也正式开启。下面我就简单谈谈这几年在老年大学教学的几点心得体会。

(一)难忘的第一节课——"因老施教"

第一次到老年大学上课总是让人难忘的。记得第一次进班上课,在班长林翠霞阿姨的带动下,各位学员给了我雷鸣般的欢迎掌声,这让我备受鼓舞,简单的开场白后,我正式开始上课了。因为习惯了传统的班级教学,上课节奏较快,教学内容也比较多,而学员的接受能力却比我预想的还要差,一节课下来我身心俱疲,那一刻我甚至对自己都产生了怀疑。下课时,看着满头大汗的我,林班长在班级走道上主动找到了我,先是心疼我这么辛苦,然后语重心长地跟我说:"小袁,你不要那么辛苦,老年大学和你们平常在学校上课不一样,这边没有考试要求,教学任务简单实用就行了,还有就是老年学员年纪都比较大,接受能力肯定不如小孩子,所以你还是要调整教学策略,不然大家学得辛苦,你也教得累。"林班长的一席话让我瞬间茅塞顿开。

针对现状,我深刻反思,认真总结,在我的脑海中很快浮现了一个词——"因老施教"。教育学上有"因材施教"这样一种教学理念,在老年大学面对这样一群特殊的群体,为啥我们不能"因老施教"呢?传统的教学习惯和教学理念在这里是行不通的,因为老年学员普遍年纪比较大,对于不适宜的教学任务,他们学不进、学不了,也学不好,这就造成了"教师难教,学员难学"的困顿局面。"因老施教"的基本原则和要求,就是在教学过程中按照老年人这个特殊群体的共性特点和个性差异,有的放矢地进行有差别的教学,使每个学员都能扬长避短,获得最佳的发展。简单地说,就是尽可能地根据老年学员的需求准备教学内容,并展开相关教学,教学节奏要慢,一节课的教学内容不宜过多,对于有难度的问题,要时常反复讲解。

(二)扬其所长,避其所短

老年人年纪比较大,记忆力大为降低,对他们的教学必须扬其所长,避其所短。主要的教学方式可以采用如下几种:

1. 精讲与模仿操作相结合

教学时,要尽可能讲清、讲细,不能含混不清,同时,尽可能地多板书,老年学员由于机体功能退化,学习能力也相对较弱,所以他们会对记笔记"情有独钟",有时上课时的随口一句话他们可能都会要求教师写在黑板上,所以勤板书是必不可少的。电脑教学不同于其他班的教学,它是一门操作实践课,这就要求平常上课时,要尽可能多地预留时间给大家实践操作。

2. 多复述、多示范

通过温故而知新,强化对知识点的记忆。可以让班级学员中学习能力强的学员做示范,带领大家共同进步。

3. 讨论与体会相结合

上课时要尽可能预留时间给学员们讨论,实践证明,学员们自己在一起琢磨、讨论出来的学习成果要比从教师那里单纯听来的记忆更深刻。所以说,教学时既要做好精讲示范,也要考虑学员的个性化差异,因势利导让学员把知识既能学得明白,又能学得牢固。

(三)快慢兼顾,尊重个性

做过教师的都清楚一个现象,在班级里总是有学员在学知识时"吃得快""吃不饱",而有的学员则"吃得慢""吃不了",这是一种正常现象,因为每个人的基础层次不一样,接受能力也有差异。如何解决这个问题呢?我总结了8个字,那就是"快慢兼顾,尊重个性"。在具体的教学实践中,我是这样做的:一是分层教学。提前摸底,知道学员大致的学习情况,可以在每节课的前段部分讲解基础知识,后段部分讲解提高性的知识。练习时,也要布置不同的学习任务。二是结对学习。即鼓励学得快、学得好的学员能主动帮助班里学得慢、学习能力弱的学员,上课时就让他们结对坐在一起。这样互帮互学,既提高了班级学员的学习效率,又增进了学员之间的感情。

(四)立足本源,勇于教学创新

随着智能手机的不断普及,从几年前开始,我们身边的很多老年人也用上了智能手机,老年大学的学员概莫能外。平常上课间隙,经常会有班级学员问我关于智能手机的一些问题,我总是耐心解惑。随着问的人、问的问题越来越多,我陷入了沉思……虽然我们班叫电脑班,但是现在随着智能手机的不断发展,智能手机的很多功能已经不亚于电脑了,再加上学员平常在实际生活中接触更多的也是智能手机,我为什么不能把智能手机的知识也纳入到教学中呢?于是,我在实际教学过程中,既立足本源,又开拓创新。第一节得教电脑知识,第二节就得讲解智能手机知识。我在教学上的勇于创新受到了班级学员的一致认可,并且其他电脑班也争相"模仿",这让我很是欣慰。虽然,这样一来备课压力大了,但只要学员满意,所有的付出都是值得的。

弹指一挥间,我在全椒县老年大学已经教学有五六年之久了,这其中有过困惑,有过疲惫,但是更多的是满足、自豪和感动。虽然在"身份"上,我是班级学员的老师,但在年龄上他们都是我的叔叔、阿姨,甚至还有爷爷、奶奶辈的,他们对我像自家小孩一样宽容、爱护,这份情值得我永远珍惜和怀念。他们同样也是我人生的"老师",从他们身上我学习并明白了很多做人、做事的道理,他们对待学习的认真和努力,他们对待生活的热爱和坚持,他们接人待物的落落大方、睿智从容……所有的这些都值得我用一生去学习,并让我受益终身。

(作者系滁州市全椒县老年大学信息技术课程教师)

让老年大学历史课活起来

葛邓元

到老年大学任教,对我来说,是一种新的挑战。应该给老人讲授哪些内容呢?我能胜任这份工作吗?老年大学的学员年龄大、记忆力减退、文化程度参差不齐,这给课堂教学带来了一定的难度。

经过多年的教学,我渐渐发现,相同的教学内容,不同的教学方法会引发学员不同的学习态度,也就产生了不同的学习效果。所以,历史教师也要创设情境,激发兴趣,兴趣一旦激发起来,就会产生无穷无尽的求知欲和探索欲。那么,怎样激发老年学员的兴趣,让历史课"活"起来呢?

(一)课前备课要有情趣,让老年历史课"活"起来

兴趣是最强大的动力,有了兴趣,学员才会在课堂上有活力,主动学习。课堂上若是有中老年朋友们感兴趣的问题,讨论气氛就会活泼热烈,课堂效果很好。所以在课前备课时,准备的内容是否有趣,直接关系到老年学员是否对这堂课感兴趣,因此将趣味和情感融入备课中十分必要。

在整个历史课备课、教学过程中,历史的画卷就是由形形色色、栩栩如生的历史人物构成的。离开了历史人物,历史就会黯

然失色、暗淡无光。所以,我在教学实践的过程中,常常引导老年朋友们对各类历史人物做出评价,帮助他们全面认识历史人物,还原历史人物之真实面目,培养他们的批判精神和洞察力。如讲中国近代史八国联军侵华时,我给他们讲述了传奇女子赛金花的故事,对于这样一个风尘女子,能够在国难当头,同胞深受外人压迫和凌辱之时,勇敢地站出来为民请命,慷慨陈词,与联军统帅瓦德西据理力争,使北京城避免了一场屠城之劫。然后,我提出问题:"对于这样一个风尘女子应该怎样评价她呢?"经过讨论,大家得出的结论是,评价一个历史人物不是看他(或她)的出身、地位,而是看他(或她)是否有功于民、有功于国。在这里我从历史延伸到现实,与大家一起探讨我们应该怎样看待、评价身边的人。在介绍历史人物事迹时,既要实事求是,又要倾注感情。

(二)上课要有情趣,让老年学员们情感"火"起来

学员是学习的主角。让学员的思维活起来,让学员的身心动起来,成为自觉学习者,是老年大学教学的本质。教师为将老年学员的思维能力发挥到最佳状态,要善于营造老年课堂的激情氛围,语言精彩,不断冲击学员的内心,点燃其内心情感的火花。

如在讲述自编课程《百年党史——中国共产党的百年奋斗历程》这一课时,首先回顾了近代以来列强入侵中国,中国人民陷入了沉重的民族危机。此时,老年学员们纷纷为近代中国的落后而扼腕叹息,提出了近代仁人志士寻求救国救民、挽救民族危亡的不同道路,提出了农民阶级进行的太平天国运动、义和团运动,地主阶级进行的洋务运动,资产阶级领导的戊戌变法运动和辛亥革命。但都没有完成反帝反封建的民主革命任务。

此时,教师提出中国共产党诞生后中国革命"焕然一新",而中国革命"焕然一新"始于上海建党:开天辟地;1927年南昌起义

打响了武装反抗国民党反动派统治的第一枪：惊天动地；万里长征万里险：中国革命绝处逢生；抗日战争，国共合作全民族抗战，血肉筑长城：可歌可泣；解放战争，推翻了国民党反动统治：天翻地覆；中国共产党领导，28年艰辛革命，终赢得民族独立，开国大典：改天换地；邓小平改革开放：欢天喜地奔小康；港澳回归，祖国欢庆圆梦，梦圆百年奥运，全国大团结：感天动地。如今高举习近平新时代中国特色社会主义思想的伟大旗帜，中国走向富强，全面建设社会主义现代化国家。

自然而然，教师的授课慷慨激昂，如催化剂般，激发着老年学员们的情感，从而形成共鸣，情感教育达到高潮。

（三）研学活动要有情趣，让老年历史课"动"起来

老年人上老年大学的目的不外乎是希望"老有所学、老有所乐、老有所为"。全椒县老年大学非常强调历史教学的活动化，要求教师开发利用皖东红色历史资源，老年学员们也十分愿意参与这些历史研学课程，实地感受历史。

因此，在教学活动中要坚持从实际、实用、实效出发，突出全椒县情，开展一些课外研学活动，让历史教学第一课堂与第二课堂相结合。例如，在讲授全民族抗战时，中国人民抗日战争的胜利是100多年来中国人民反抗外敌入侵第一次取得完全胜利的伟大的民族解放战争，也是中华民族走向复兴的历史新起点。我在第一课堂上多讲述一些我们全椒县的抗战历史，以及皖东革命根据地发展为淮南抗日根据地的历史，激发老年朋友们学历史的兴趣。在历史教学过程中，我也注重异地教学实践，进行第二课堂的教学，在全椒县周边地区设置一两个教学基地，如周家岗反扫荡战旧址、皖东工委旧址、定远藕塘革命纪念馆、三次中原局会议纪念馆、来安半塔纪念馆等，用一天的时间开展教学，既培养了

老年朋友们的历史素养,又激发了他们的爱国情怀。大家纷纷表示,游览与讲课有机结合,让大家对历史事件有了更生动立体的认识,更加易于接受。

总之,寓教于乐,让历史课充满情趣,教师教得投入,老年学员们学得愉悦,两全其美,可以一试。

(作者系滁州市全椒县老年大学历史课教师)

继续教育　发挥余热

穆爱侠

在美丽的花园湖畔,伫立着一所特别的学校——定远县老年大学。2021年春暖花开时,我应聘到此,担任音乐课教师。从教四十载,语文是我的主业。给老年人上音乐课,我还是第一次。我害怕不能胜任,心中那份担忧、恐慌不言而喻。我面临着人生新阶段的一次挑战!

3月9日,星期二,上午8:30,上课铃声响起。这是我的第一堂课,我一定得认真上好。开课前,分管教学的校领导热情洋溢地把我介绍给学员们,她的话诸多是对我的鼓励与希望。我深呼了一口气,紧张的心情似乎平静了许多。这时只听得学员们齐声喊:"老师好!"我被这一声问候感动了,赶忙回应:"同学们,大家好!"我明白,眼下我面对的不再是学生,而是我的师长益友。因为这些学员们中有的是曾经的行业领导,有的是离退休教师,还有的是我的同学、同事及亲朋好友。有的与我虽然未曾谋面,但我对他们却早有耳闻,他们身上拥有我不具备的优良品质和宝贵经验。他们使我感到亲切,让我满心欢喜与激动!带着这份心情,我开课了。

课堂上,我先带大家练声:"咪——吗——咪……"《草原上升起不落的太阳》这首经典老歌大家耳熟能详,就用它来开开嗓吧。所有人都很投入,唱得十分认真,效果不错。《弹起我心爱的土琵琶》是这节课的主要内容,这是一首经典老歌,大多数老年朋友都熟悉。重温经典,具有极大的现实意义。我先让大家唱一遍,我跟着弹琴。其实有许多人会唱,只是有几个小节的音高和节奏未能把控好,我就一一纠正,告诉大家注意气息运用,咬字要正确。第二遍再唱,收效甚好。我对大家说:"只会唱还不够,还得唱出感情。"于是我结合歌曲的创作背景分析词曲,告诉大家:"先辈们打击侵略者英勇无畏,坚强乐观之精神光耀千秋!我们应该把他们这种革命英雄主义和革命浪漫主义的情怀唱出来。"大家一遍遍地跟我练习:先唱谱,再唱词,每一个音符、每一个字词都认真对待。等到大家对音高和节奏把握无误时,全体起立,齐声高唱。班长拍了视频,发在群内,课后聆听,养眼养心。我真诚地感谢大家:"如此之好!"我们唱着笑着,个个精神抖擞、神采飞扬。不觉中下课铃声响起,我的第一节课结束了,大家有些依依不舍。"谢谢你老师,再见!""不用客气哈!有不足之处,不满意的地方,请大家随时提出来,我会接受并改正的。请大家路上注意安全!再见。"我急切地回答。

万事开头难。当我顺利完成第一节课的教学任务后,心中一阵轻松愉悦。我深深爱上了这群老年朋友们。从那以后,我的教学信心增加了,为学员们上好课的决心变大了。5月初,学校安排一批教师上观摩课,我也是其中一员。说是观摩,对我而言,是一次极好的学习历练机会,也是学校领导对我几个月来教学工作的一次检验,我必须勇敢地面对,接受领导们的检阅与指导。观摩课如期举行,我按时完成了任务。课后,校领导与我当面交流看法,先肯定我教学的成功之处,予以表扬鼓励,然后指出我其中的不足,并提出殷切希望。我认真聆听,铭记在心,校领导的看法和希望不仅对我鼓舞很大,也让我收获满满。

文艺是为时代服务的。适应形势、优选教材、明确目的、寓教于乐是本学期音乐教学的一大特点。为了向党的百年华诞献份厚礼,唱响主旋律,借此来表达我们对党的景仰与热爱之情,红歌作为本学期教材的主要内容。

老年大学教学课堂宜宽松,要充分体现精神、文化、生活、健康、充实等特点。课堂上,我努力将气氛活跃起来:请大家坐直、坐正,两肩放松,两眼平视前方;演唱时,笑肌打开,吸气、呼气均匀。开始训练时,大家尚不习惯,久而久之便变得自然而然了。课堂气氛活跃了,歌唱起来大多能放松自如。在此基础上,我再把知识教学、技能训练与思想教育相结合,把重点难点讲清、讲明、讲透彻,通过练声、范唱等手段,教给学员们歌唱技巧。然后对歌词内容进行分析,把思想教育融入其中。这种教法行之有效,学员们易懂,学得轻松。课外,我们组织了合唱团,集结三个音乐班级中的部分学员参加合唱。《唱支山歌给党听》《没有共产党,就没有新中国》入选为合唱曲目。在排练过程中,大家积极踊跃,认真演唱,努力把对党的热爱赞美之情,通过自己的歌声表达出来。学会倾听,收集反馈信息,改进教学方法,认真上好每一节课,是我教学的理念之一。上周四下午上完课,音乐三班的班长对我说:"穆老师,你现在上课老练多了,不像刚来时那么胆怯喽!"我说:"那是,我现在倚仗着你们,胆子大着呢!你们对我如此帮助、包容和鼓励,我岂能再不老练!"在每堂课的教学中,我努力要求自己虚心接受学员们的良好建议,及时纠正和弥补教学中的不足。每当课间休息时,我自愿留在教室内,解答学员们所提的问题,不断总结经验,扬长补短。我想,这也许是我上课越来越老练的缘故吧!譬如,开学初,乐理知识我是单独讲解的,有些枯燥,视唱也是单独训练的,有些学员跟我说,他们听不进去。我找出其中的原因,就把讲乐理知识融入歌曲教学中,在教歌间隙,讲点歌曲中出现的乐理知识,每一首歌,我都是先教谱后教词。经常教谱,提高了学员们的视唱能力。这种理论联系实际的教学方法,得到了大家的一致赞同。经过几个月的训练,学员们的视唱水平提高了,掌握了一些基本的乐理知识。诚然,他们学习的热情也更加高涨,与我之间的距离也拉近了。

"闻道有先后,术业有专攻""是故弟子不必不如师,师不必贤于弟子""学而不厌""业精于勤"。这些学习经验与方法,值得我们学习与借鉴。老年大学是老年人才集汇中心,其中有许多与之共同成长的元老级人物。他们的文化素质高,求知欲强,虽已逝芳华,仍初心不忘。在他们的身上,拥有我要学习的很多东西,他们是我学习的榜样。如今,他们选择上我的音乐课,这是对我的信任和鼓励!我深感荣幸!对此,我责无旁贷地帮助他们,这是我能做到的,也是我必须要做到的。我将努力教学,不负校领导对我的信任,不负学员们对我的期望。在教学之余,我努力读书学习,不断实践,以提高音乐知识水平与技能。

"最美不过夕阳红,温馨又从容,夕阳是晚开的花,夕阳是陈年的酒……"老年教育,重在当代,功在千秋!随着我国社会老龄化步伐的不断加快,老年教育不容忽视,不容小觑。在喜迎建党百年华诞之际,身为老龄党员的我,当不忘初心,牢记使命,要为家乡的老年教育,竭心尽力,发挥一份余热!

(作者系滁州市定远县老年大学音乐班教师)

老年大学教学感说

管恒学

我受聘承担定远县老年大学太极剑专业和太极扇专业课程的教学工作近10年了。

为了尽快适应老年大学的教学工作,我认真学习老年大学的教学大纲,深入领会老年大学的办学宗旨,广泛听取各方面的意见,逐渐累积教学经验,不断探索教学规律,使这一工作较为得心应手。转回头,细思量,举网纲,述感想。

(一) 尊重为先,服务为本

老年大学的学员,年龄大多在五六十岁以上。退休前有的是经理、教师、校长、局长、部长、职工。他们辛勤为社会服务奉献几十年,现在来到老年大学学习,十分可贵。作为教师,虽然在所教学的专业上比学员先掌握了一些知识,但在教学过程中理应把尊重老同志、尊重学员摆在首位。俗话说得好:要想得到别人的尊重,首先得尊重别人。因此,我把比我年长的学员都当成自己的哥哥、姐姐一样尊重、关心。尊重学员是教师必须具备的素质,只有尊重学员,才能得到学员的认可、理解和支持,才能形成和谐的师生关系,才能进行正常的教学,收到好的教学效果。其实,太极剑和太极扇我原先也不会,是我退休后在电脑上跟着视频学的。

人到了老年,大多数人的性格像孩子一样,喜欢表扬、鼓励,讨厌批评。年龄大了,要面子。在教学中我多以鼓励为主,旨在激发学员的学习积极性和热情。我经常表扬他们学得好,赞扬他们的悟性高,他们十分高兴,不少人成为学习积极分子,带动了全班学员认真学习。最需要特别注意的是谨慎批评,更不能讥讽和讲伤害人的话,这不仅不利于教学,而且还有可能会带来许多意想不到的不良后果,因为有些老年人的心理十分脆弱。因此,我在教学中以及平时相处接触中尽量做到少批评或不批评,确实需要时,只说现象,不具体到人,或改用建议的方法委婉地提供给学员参考,使学员易于接受。

(二) 主以三教,辅以三导,援以三力

1. 三教是有教无类、乐寓教先、学教相随

有教无类。即对来的学员,不论职务高低、资历长短、文化深浅、经济厚薄,都一视同仁,平等教育,不助长他们的优越感,也不使他们产生自卑感。

乐寓教先。老年大学的学员绝不能像一般学校那样以学为主。我们侧重以乐为主,只有快乐了才能减负,思想轻松了才能高兴起来,也才能在愉悦的气氛中学教。

学教相随。教,一是不能让学员感到你的"本事"太高,教与学悬殊太大。二是教师自己要会,还不惜与学员一起会。例如,有个学期学员要学四十九式武当剑和三十六式养生太极扇。已有部分学员会了但我还不会,于是我在教的过程中,与大家一起学习。这不但没有损害教师的尊严,反倒使学员觉得教师和他们一起学,十分开心。

我的教学内容具有针对性,并且每节课都能使学员学有所得,这样能长期保持学员上课的积极性。因此,我认真钻研视频

教材,将招式尽量细化,并全面细致地了解每位学员的基本潜质,因人施教。基本功好的学员,我就要求做到位,年龄较大的学员,我就耐心讲解。虽不强求一律做好,但泛求各人有之。套路学习后,有三个等级要求:第一,大家一起演示时你要跟得上;第二,你单独一个人能演练;第三,不但你一个人会演示,而且动作要标准,尽量与原版视频相当。要求根据自身的情况找好自己的等级,各自有了目标,才能使每一个学员有自信心。

2. 三导是教导、引导、开导

首先,这一堂课要教什么自己要特别清楚:一招一式,举手投足,精、神何随。这样才能在教导时不管学员提出什么问题都不卡壳、不脱链。

其次,满足学员精神层面的愿望,吸引他们在娱乐等方面的注意力,使他们休而不闲,让他们产生多种乐趣而调动自身的积极性。让他们从心理上年轻起来,从而重塑自我。

最后,对那些没有基础又不胜自信的学员,就以我自己为例开导他们:"我开始学太极时已是'耳顺之年',脚压沙发背都很难。当我在客厅对着视频学习后,到外面大一点的地方培养方位感和空间感,就有人嗤之以鼻:'你打的什么拳?'但他说他的,我打我的。现在,我不成你们的老师了?"

3. 三力是牵引力、助推力、原动力

第一,牵引力。教学中的每个动作讲解深入浅出,示范因人而异。带领大家课堂练、课外练、早晚活动也练,即领着学。第二,助推力。每教完一个或一段动作,先分组演练,后三五人演练,而后个人单独演练,即促着学。第三,原动力。培养学生的学习兴趣对教学工作十分重要。刚给学员上课时,有的学员没有一点基础,基本功很差,我就想办法提高他们的学习兴趣。在教学时我有意忘却,以激励学员自己想起来,使他们有存在感;有时我

也偶尔露个破绽好让他们发现,以提高他们的成就感。所以,每次上课的时候他们都非常投入,休息的时候还认真地反复琢磨,充分调动了学员各自的能动性。

(三)广纳意见,不止进取

不管做了多么充分的准备和设想,一个教师的课都很难符合所有学员的口味和要求,因此广泛听取学员的意见和建议,改正问题、改进教学就十分必要。因此,我在课后或休息时都会问一问学员的意见,发现问题及时解决。有些学员对我在教学工作中存在的问题提出了不少建设性意见。例如,演练套路时,配什么音乐,哪个节点对准哪个动作……这些对我的帮助很大,我非常感谢!人生有涯,教艺无涯。没有一成不变的教学办法,只有更好的教学方法。作为教师一定要虚心听取各方面的意见,同时不断学习,不断改进,才能不断提高教学能力。因为时代在前进,事物在发展,知识在更新,对自己教学的专业知识要不断学习提高。同时也要充分发挥教学相长的优势,在学员不断进步的同时也努力提高自己的教学水平,并用自己的认真教学来感染学员,用自己不断在学习中获得的知识和经验指导学员。

通过这些年的教学,我深深领会了"教学"这个词的含义:教学教学,教就得先学,教也是学,教的过程就是学习提高的过程。我是教师,同时我也把自己当成学员。在教授中我不光学到了视频上教师的技艺,更可贵的是学习到了学员们的优秀品质。我一直在践行我的名字——恒学,也只有恒学才能成为一位优秀的教师。

附：

> ### 七言八句
> ——定远老年大学诗词班写照
>
> 霜丘泉眼沟壑面，颤步花雾雷不惊。
> 骑驴觅驴互笑尔，格律平仄蓝寓青。
> 为霞满屋多李杜，高山流水少知音。
> 无心等去万年后，有人咏来曲阳[①]情。

（作者系滁州市定远县老年大学太极系列课程教师）

老年大学诗词教学浅见

刘诗洲

我自2011年2月担任明光市老年大学诗词班教师，迄今已10年有余。目前，全国老年大学的诗词教育，仍无统一教材，这给诗词教学带来了诸多不便。鉴于此，我们只得自编自用。现谨就教学中的体会，略抒几点浅见。

[①] 曲阳是定远别称。
内容注释：头如霜染的荒岭。眼似山泉，不悲不喜泪常流。脸上的皱纹沟壑纵横。走路时颤颤巍巍。看东西是雾里看花。耳失聪，你跟他说了半天话，他才把耳朵凑过来回了一句："啊？"眼镜挂在脖子上还在到处找眼镜，笑话左手拿笔右手找笔的。赋诗填词人胜一人，甚至学生不逊先生。满教室老年人藏李白卧杜甫，然而，他们的诗词却很少有人知晓（伯牙鼓琴）。无意等到若干年后，会有人把他们的诗词作为经典来吟诵。

1. 根据学员实际情况编制教材

教材是教学的基本工具,缺之不可,而如能切合学员们的真实水平,有的放矢,则更为适用。我班学员多为退休干部、职工,少数为中老年市民,文化程度多为中学水平,大专和小学水平者极少。学员们大多认为学习诗词是高雅活动,可陶冶情操,趣味浓厚,不致虚度晚年,故来参加学习。但有诗词基础者很少,多系初次接触。针对此情,教材内容应先以普及性为主。故在教材的首编——诗编中,首先着重选择古今名人名作,如李白、杜甫、孟郊、孟浩然、张继、李绅、王之涣、王维、杜牧、刘禹锡、苏轼、陆游、叶绍翁等人的《静夜思》《绝句》《游子吟》《春晓》《枫桥夜泊》《悯农》《登鹳雀楼》《相思》《清明》《赤壁》《乌衣巷》《饮湖上初晴后雨》《沈园》《游园不值》等,先绝后律,逐步深入。在课堂串讲、解析时,对诗人的简况、写作背景、诗中典故及写作技巧等也略加介绍,以增加趣味性。由于诗篇短小精炼,易于理解、记忆,深受学员们欢迎。同时在介绍诗作的数量上,也力争多些,以丰富学员们的脑中存量,所谓肚中有货,则下笔成章。

2. 再编格律,初摸门径

先发给学员们人手一册《诗韵新编》,再于讲义中编列"格律诗三要素",即格律诗的基本规则——诗韵、平仄和对仗三项主要规范。仍以名篇为诗例,结合剖析"三要素"。首先简要说明诗韵要求一诗一韵,以平韵为主,韵字应用在双句尾字,首句尾字则可用可不用,以求音韵和谐悦耳,所谓"无韵不成诗"。再则言明平仄要求:在拼音四声读音中,阴平、阳平字属平声字,上声、去声、入声字为仄声字,不可混淆。无论诗篇千万,但都属于四种句式:平起平收、平起仄收、仄起仄收和仄起平收。平仄要求句内平仄相间,句间平仄相对,联间平仄相粘。之后再逐步对"一、三、五不论,二、四、六分明",避忌三平尾、三仄尾、孤平句及有关拗救等规则详加解说。至于对仗,要求律诗中间二联对仗,口诀是"虚对虚,实对实,数目对数目",并详加解释。以上内容在课堂串讲时结合例诗一而再、再而三,反复详细解说,以求加深学员们的记忆,使他们牢记不忘,便于创作时随时应对。学员们听后,均异常兴奋,初尝甜头,更坚定学习信念。

3．理论结合实践,学以致用

通过一段时间的理论学习,学员们的水平均有所提高。我在讲义中再编列简要的写作方法,以谋篇布局为主,言明绝句篇幅虽然短小,但均为一篇完整的文章,应按照起、承、转合的布局来写作。一般是首句起、次句承、三句转、尾句合,如此连贯完整的表达,才能完满表示出作者的意图。从此开始布置作业要求学员们根据所掌握的理论知识和生活中的所见所闻、实际感受,写出五言、七言绝句。同时在班内和学校每学期都组织学员们到市内外参观旅游,这也是创作的大好机会,每次参观返回,都有新作问世。由于收到的作业较多,除逐卷批改外,我还从中选择有代表性的作品,于课堂的最后半小时加以点评,条分缕析。首先指出优点,加以表扬,然后再指出不足之处,如错别字、用词不当、布局不合理、平仄失调、出韵、失粘、失对等技术性错误,并加以纠正。至于诗的意境,当时只要求虚实相辅、情景相融。对于标语口号式、记流水账式则加以纠正,至于其他写作技巧则待逐步讲解。如此下来,不仅提高了教师的创作水平,而且对全体听课学员都有所教益。

4．基础与积累相结合,逐步提高

通过长期的基础学习和实践操练,学员们进步很快,因此我在讲义的编制上也逐步加深难度,如格律上的拗救、诗篇布局的各种形式(并列法、对比法、倒叙法,先景后情、先情后景等)、诗的各种类型(动物诗、山水诗、抒情诗、哲理诗、酬唱诗等)以及写作技巧、表现手法等艺术层面上的诸多问题。学员们循序渐进,不断提高,逐步步入诗词殿堂。学员们的作品开始在校内墙报栏上展出,后择优在校刊《夕照明》上发表,并推荐到《明光诗词》《皖东晨刊》《炳烛诗书画》《开心老年》等杂志上发表。到目前为止,已有9人加入中华诗词学会,17人加入省诗词学会。

5. 分别情况,分类施教

由于学员们的基本功不同,接受能力有别,故逐渐拉大了学员们的差距。特别是每学期都有新学员入学,所以在教学方式上我也应有所调整,将学员们分为高、中、低三个组。新入学者入低级组。我是每周三下午授课,共两课时,每课时为一小时。第一课时给高级组讲写作技巧,中、低级组旁听也觉兴趣盎然。第二课时给中级组讲格律规范、名作赏析,高、低级组也感兴趣,内容新颖、毫无重复。低级组人员不多,除参加上述听课外,我还在周六下午举办补习班,主要辅导"格律诗三要素"。对于个别学员或请到家或上门,我都耐心细致地进行辅导,使他们的基础知识能很快跟上班级学习。

(作者系滁州市明光市老年大学诗词班教师)

中老年人智能手机使用现状及问题分析

陈 伟

随着信息技术的极速发展,手机已经成为每个家庭的日常用品之一,而近年来智能手机更是普及开来。智能手机随时上网、拍照录像、视频聊天、网络购物、快捷支付等实用性功能使得智能手机成为很多人随身必备的智能电子设备。然而中老年人对于智能手机不是很了解,用起来也很生疏,这就导致了中老年人对于智能手机中的功能是想要而不可得,我在教授中老年人智能手机课的过程中发现了一些问题,并对此提出了一些方法。

(一)中老年人智能手机使用占比情况

如今,智能手机是指像个人计算机一样,具有独立的操作系统、独立的运行空间,可以由用户自行安装软件、游戏、导航等第三方服务商提供的程序,并可通过移动通信网络来实现无线网络接入的手机类型的总称。近两年来,智能手机更是融入了人工智能及5G网络技术。

使用智能手机的人群中不仅年轻人占有较高的比例,中老年人也占有一定的比例,为此我在老年大学中做了一个关于中老年人智能手机使用率的调查,调查人数为160人,年龄均在55岁以上,使用非智能手机的为8人,使用智能手机的为152人。此调查中智能手机使用率为95%,从这个调查中可以看出中老年人智能手机的使用率也是非常高的,也正是此次调查显示出了中老年人使用智能手机的问题。

(二)手机品牌选择问题

在调查使用智能手机的152人中,受手机品牌困扰的为120人,无所谓什么品牌的为10人,只要是主流市场品牌都行的为22人。

受品牌困扰的原因是不知道哪个品牌的手机好用、质量好、价格合适。无所谓品牌的中老年人认为只要手机能用就行。只要是主流品牌的智能手机都行的中老年人认为品牌手机都不会差,自己够用了。

对于该问题,我认为要想选择性价比极高的智能手机是需要进行深入研究的,而作为对此研究不多的中老年人来说,选择手机首先要在心中制定价位,据此价位选择主流品牌手机,价格不宜低也不宜过高,根据家庭经济情况,选择入门级手机即可,国产手机市场价在2000元左右,苹果手机价格固定。最好在买手机之前向教师或者子女征求意见。

(三)智能手机的使用问题

中老年人接触电子产品的时间比较短,部分中老年人对于拼音和英文不熟悉,手机操作起来比较困难,会遇到各种各样的问题,在我看来很小的问题,在他们看来却很困难。于是我根据调查的数据对问题进行了总结。

1.智能手机的基本功能使用

开、关机,重启,打电话,发短信,添加联系人:62%的中老年人不会相关操作。

2.拍照录像

拍照过程中的焦点确定、特效设置、光线调节、全景功能、延时拍摄以及录像功能的开启等:80%的中老年人不会相关设置,只会简单的拍照,如直接按拍照按键图标。

3.关于网络方面的设置

数据流量和无线网络知识,数据流量的开启和关闭,无线网络的开启、连接、断开和切换:80%的中老年人不了解相关知识,也不会相关操作。

4.手机上网查找资料

如何使用不同的手机浏览器,选择不同的搜索引擎查找所需要的准确信息,对中老年人来说很重要。很多中老年人会使用手机自带浏览器查找,但查找出来的内容垃圾信息过多,真正需要的很少。

5. 下载安装需要的 APP 及卸载不需要的 APP

下载安装需要的 APP,卸载不需要的 APP:部分中老年人能够通过手机自带的应用商店下载 APP,但在下载的过程中容易安装不需要的其他内容,或找不到正版的 APP,下载安装后垃圾过多、占用内存过大,导致手机卡顿。而安装到手机的垃圾 APP,却不知道怎么卸载,造成手机使用体验感变差。

6. 手机垃圾清理

不会使用手机自带的手机管家清理垃圾,下载了一些极占内存的清理垃圾软件,导致手机垃圾清理不了,反而影响手机的使用速度。

7. 微信软件的使用问题

大部分中老年人会使用微信进行文字、语音、视频聊天,不会使用微信传输文件给对方,不会使用微信小程序功能,不会使用微信钱包功能,随意关注公众号却不会取消关注,朋友圈垃圾信息太多不会屏蔽。

8. 手机支付功能

不会使用支付宝或微信进行快捷支付。

9. 保存网上的文字和图片

不会复制网络文字进行保存,不会下载图片保存到手机中。

10. 常用 APP 的使用

如抖音、美团、地图、音乐、视频软件等不会使用。

(四)中老年人智能手机使用问题的解决方法

对于中老年朋友在使用手机中出现的各种问题,我提出以下

4种解决方法。

1. 参加老年大学开展的智能手机使用教学班

参加智能手机教学班对于智能手机的使用有以下几点好处：(1)智能手机教学班的教学模式一般都是比较系统的，从手机最基本的知识到各种APP的使用，中老年朋友可以更加深刻地认识手机，了解手机的各种操作。上述10个问题都会得到很好的解决。(2)教学班里的学员们可以相互讨论，相互研究共同进步。(3)遇到不懂或者解决不了的问题可以寻求教师的帮助，基本上不会有解决不了的问题。(4)因为课中的问题可以得到解决，所以学习并使用智能手机的兴趣也会提升。

我所在的老年大学开设了智能手机班，我很荣幸担任该课程的教师职务，从我教学的这两年来看，凡是来学习的学员们都取得了很大的进步，比起在家一个人琢磨，学校的学习效率是几倍甚至几十倍。列举几个学员学习效果的例子：(1)一位60多岁的退休教师，来学习的时候只会简单的开关机、接打电话。经过两年的学习，现在会用微信聊天，用手机支付，会自己下载、安装APP，会自己搜索网上的资料并下载保存，生活中需要用到的大部分功能都能自己操作解决。(2)一个60多岁的女学员，从简单的接打电话、拍照片到现在可以拍很多漂亮的照片，可以自己用手机编辑照片，把照片分享给朋友，把手机中的照片传输到电脑，并进行分类整理。(3)还有一个学员通过学习后，可以自己下载安装需要使用的APP，可以使用语音翻译软件出国游玩等。系统地学习智能手机的知识，从而熟练地使用智能手机，是我认为最好的一个有助于解决手机使用问题的方法。

但在智能手机班学习同样要注意一些事项：(1)手机的教学相对连贯，特别是前期的教学，学员们需要尽可能地学习每一节课的内容，如果中间有事落下了，一定要及时补上，不可断断续续地上课。(2) 在使用手机的学习中要勤于练习,教师每节课所讲的内容,要及时操作练习,不可光听不练或者光记不练。特别是课堂上教师讲解完以后让大家练习的时候要及时练习,遇到问题要及时向教师请教,这样也不用担心会把手机用出故障。(3) 学员们在学习过程中不能操之过急,要循序渐进,要把基础知识学习好,基础操作掌握好,才能更好地学习后面的内容,不然有些知识就算是当时记住了,也会很快忘记,因为没有打牢基础。(4) 教师提到的注意事项要重视,如不要点击陌生的链接,不要相信陌生人的电话、短信,不给陌生人转账汇款等。

2. 自己上网搜索智能手机教学相关视频

中老年朋友可以自己在网络上搜索一些关于智能手机教学的视频,可以根据自己的需求搜索相应的内容,然后进行操作练习,搜索观看得多了便会打开思维方式,更容易接受相关的知识,而且遇到问题随时随地都可以用手机搜索,方便快捷。但也要注意网上随之出现的垃圾信息,要学会辨别网上信息的真伪。

3. 多与别人交流手机使用心得

中老年朋友要多与别人交流手机使用心得,特别是与家人进行交流,这样有什么问题家人也会及时发现,有些比较隐私或涉及资金信息安全的功能设置,在家人的指导下操作比较安全,通过交流心得也会增进和家人之间的感情,还有助于提升学习使用智能手机的兴趣。但在与家人交流过程中,也要有所注意:(1) 有些年轻的家人对于指导老年人使用手机没有耐心,讲解指导过程也比较快速,老年人往往记不住,这时候不能因此而争吵,要心平气和地交流。老年朋友要提出自己的困惑点,并表示自己正在学习智能手机相关知识,是学习任务,对此支持的家人应该会更有耐心了。(2) 在与家人交流的过程中,当遇到家人讲解的方法与教师教授的方法不一样时,不要争对错,因为智能手机中的许多操作都不是唯一的。(3) 对于家人不支持的一些操作,如开通支付宝、微信转账等,不要勉强,要理解家人的担心。

4. 自己摸索

智能手机中的有些功能,教师在讲解中不一定会说到,当自己在用手机时遇到了,感到好奇时,可以自己摸索,不断地摸索就会不断地进步,摸索中遇到难题,可以上网查找答案或找教师或与人交流去解决。自己摸索时需要注意的是:(1) 涉及金钱的操作要谨慎或在询问确认后再决定做不做。(2) 涉及拨打接听电话的操作也要在确认后再进行。(3) 学会记录摸索过程中遇到的问题,找机会向教师请教。

通过不断地学习、摸索、练习,中老年朋友对于智能手机的使用会越来越熟练。中老年朋友一定不要觉得智能手机就是年轻人的工具,老年人玩不好,我们要明白"活到老、学到老",任何时候我们老年朋友都可以并应该学习接受新知识、新科技,我们中老年朋友也是信息社会的一分子,虽然可能中老年朋友使用智能手机没有年轻人那么熟练、那么轻松,但至少中老年朋友可以使用智能手机解决生活中的一些问题,并让智能手机成为我们中老年朋友实用的高科技工具。

(作者系滁州市凤阳县老年大学智能手机班教师)

老年大学书法教学浅见

傅 剑

老年大学书法班,也是一个特殊的群体,表现在:① 年龄段的差距。虽说同是书法班学员,但年龄差距较大,既有 80 岁高龄的老者,也有刚退休的领导和职工,年龄相差 25~30 岁。② 水平上的差距。有的学员喜爱书法并坚持练习了好多年,具有一定的基础和领会能力;有的学员只是从退休生活安排上,以试试的心理来报名参加书法学习,一点基础都没有;还有的学员只是平时自己喜爱,虽然不断练习至今,但路子走错了,没有对传统的书法认真学习,只是按照自己的想法在写,越写离书法的要求越远,形成的不正确的习惯,很难一时改正。③ 文化水平的差距。有的学员在职时是单位领导,具有较高的文化素养和理解力;有的学员则是普通职工,文化水平很低,有些甚至都没念到高中,只念过小学或初中。鉴于以上各种情况,本人在教学中采取以下方法进行授课。

(一) 以楷书为主,兼顾行书、篆书及草书,满足学员的不同需求

楷书是基础,尤其对于没有使用过毛笔的学员,须从执笔、蘸墨、一点一画讲起,这样才能让没有基础的学员迎头赶上。对于

有较好基础的学员,则要求在练习好楷书的同时,再兼顾他们更喜欢的行书、篆书及草书,在课堂上以楷书为主,下课时则单独进行交流并讲解其他书体。这样既保证了主要课程的讲述,完成了楷书教学任务,又让有基础的学员不感到乏味,把基础打得更扎实。从课堂氛围来说,让初学者感受到了书法的丰富性和多元性,也让有基础的学员有了深入学习的空间。这一教学计划的安排,在开学时就可以和学员讲清楚,以提高不同学员的积极性。

（二）综合考虑书法班学员的书法基础

总体而言,一些退休的老领导、老同志,在职时因没有时间学习,或学习方法不正确,或虽有一定的正确方法,但学习不够深入等。在具体的教学中,要综合考虑没有基础的学员。通过讲解和示范,让他们从基础做起,并给予鼓励,提高他们学习书法的兴趣;在课堂上点评他们的作业,同样采取肯定大于否定的方式,让每一位学员有成就感,克服畏难情绪。

对于练习书法多年但方法不正确的学员,不能一下子否定,老同志都爱面子。因此,我采取探讨交流的方式,从书法史和书法艺术的层面和他们一起探讨,在肯定他们努力学习的同时,引导他们对书法形成正确的认识,改变他们的学习观念。当然,这一些都需要在友好轻松的氛围中完成。

对于有较好基础和喜欢不同书体的学员,主要是帮助他们提高水平。学书法也有瓶颈,到了一定层面很难再上一层楼,所形成的面貌也很难改变。同样,对于这样的学员首先要充分肯定,让他们保持目前的面貌和兴趣,同时也要与他们沟通和交流,探讨书法高层面的东西,要从历史的角度交流,打开他们的眼界,提高他们对书法广义上的认识,慢慢地改变他们的固有观念,以书法史上生动的例子来引导他们朝着更丰富的层面迈进。观念是最难改变的,观念一变,写书法时下笔也一定跟着改变,这样我的教学目的就达到了。

　　书法不是简单地写字,对古文字、古典诗词的学习也是不容忽视的,但不能一下子说得那么难,要以实例加以引导。例如,同样是一个繁体古文字,但在有的语境中却不能使用,讲这些情况以提高学员对古文字的重视,让他们认识到加强古文字修养的重要性。而对古典诗词意境的理解也不容忽视,要让学员慢慢体会到书法的多重表现形式。总之,这一切都是在交流探讨的氛围中完成的。因为退休的领导和职工来书法班学习,是丰富退休生活的安排,也是非常有意义的学习和娱乐过程。

　　老年大学的教学环境很先进优越,教学就是交流、共同探讨。书法班教学从某种意义上来说也是一项让气氛融洽、搞好服务的工作。针对不同的学员,采取不同的方式加以引导是教学工作的基本技巧和要求,其目的是让大家在愉快中学有所进、学有所得,让大家对中国传统文化之一的书法有个立体的认识。通过教学实践,以上目标基本已达到。下一步,我将根据具体情况探索和研究出具体的方案运用到具体的教学工作中去,为凤阳老年大学书法建设做出自己积极的努力。

(作者系滁州市凤阳县老年大学书法班教师)

潜心凤画　甘当画匠

王金生

作为一个最基层民间的艺人，能参加2021年的"全国非物质文化遗产代表性项目代表性传承人培训班"的学习，备感荣幸，我十分珍惜这样的学习机会。最让我感动的是在我省参加名额不多的情况下，安排了我参加学习班，这是领导对我的信任，我将在今后的传承中尽心尽力地工作。

在这次培训班的学习中，我收获颇丰。开班第一课，由原文化和旅游部项兆伦副部长为我们讲解《我国非物质文化遗产保护的政策和实践》，他精彩的讲座深深地吸引了我。来自中国社科院民族文学研究所巴莫曲布嫫研究员为我们解读了《保护非物质文化遗产公约》，使我们进一步了解了传承人的权益和责任。北京大学文化产业研究院向勇副院长带来的《新时代文化政策助推传统工艺传承创新的机制与模式》专题讲座，让我受益匪浅。中央党校高宏存教授给我们做了《我国近年重点文化政策解读》的报告。他们都是研究传统文化的专家，结合民间艺术研究和珍贵的资料为我们全面展示了传统文化的艺术魅力。更让我感动的是，培训班为了提高学员的水平，开阔视野，还特意安排了现场教学，在朵云轩、上海工艺美术博物馆、上海视觉艺术学院、上海宝山国际民间艺术博物馆欣赏到很多珍贵的艺术品，学员实地学习归来,感叹我们的民间文化博大精深,我们的收获一语难表。

为期五天的学习让我深有感触,优秀的传统文化是一个国家、一个民族传承和发展的根本,如果丢掉了,就割断了精神命脉。作为一个来自基层民间的艺人,我认识到在民间艺术传承的发展上,我们这一代应该在文化内涵上更多地吸收、保留民间传统文化的营养,要保持传统的艺术特征,挖掘本土文化,创造出具有本土特色的艺术作品。中国的民间文化博大精深,作为非遗代表性传承人,任重道远,树有根,水有源,我们只有对传统文化怀有敬畏之心、敬仰之情,才能做好自己的传承工作。

我来自安徽凤阳,是省级非遗代表性传承人。在我们凤阳有一种地方民间美术,就是被誉为"皖北三绝"的凤阳凤画,距今已有600多年的历史了,其根源可追溯到远古的殷商时期。那时的凤阳为淮夷之地,崇拜鸢鸟图腾。春秋战国时,凤阳称钟离,隶属楚国,楚人喜鸟,与凤结下了不解之缘。岁月如歌,凤文化一直浸润着这片土地。明太祖朱元璋登基后,自喻为凤凰化身的他,有意效仿周文王凤出岐山,在家乡凤凰山之南营造都城,赐名家乡濠州为凤阳府,建造中都宫殿雕刻了大量的龙凤图案,为后来凤画的形成奠定了创作基础。

据老艺人祖辈口传,凤画(俗称龙凤画)源于明初,凤画发展到最鼎盛时期,是在清光绪年间。当时,凤阳府城内已有10多家凤画店,他们均聚集在府东街(人称凤凰玉石大街)。凡外地来诉讼、赶考、经商等人,多以购买凤画作为馈赠亲友的礼品,外国传教士也曾购买大批凤画带回国去,作为东方古国的象征。凤阳本地百姓在婚嫁、乔迁、逢年过节也都张贴凤画,以图吉利,更有每年在凤画中能飞出一只凤凰的美谈。凤画作为凤阳民间艺术特产,在国内外广为流传。

凤阳凤画经历代艺人不断创造,逐渐形成一套独特的民间艺术风格和绘画程式：一是凤凰造型必须是"蛇头、龟背、鹰嘴、鹤腿、如意冠、九尾、十八翅"等，它聚集了百鸟之长；二是以民间工艺色彩为主，兼蓄年画画风，并吸取佛、道壁画及工笔画的色彩；三是固定的勾线、敷色十道工序技法，表现形式有"五彩、素彩、水墨"三种，能做到雅俗共赏。凤画的题材很多，如丹凤朝阳、百鸟朝凤、带子上朝、五凤楼、龙凤图、凤辇麒麟、百鸟献寿、四扇屏、五伦图、朝贺图等传统题材佳作，故深受广大群众喜爱。

作为一位研习传统技法的民间艺人，我深感自然规律与艺术形式规则之间的依存关系，遵循着既努力深入生活又敢于深入传统的宗旨，使传统凤画程式化的语言在我的作品中得到全新的阐释并有所扬弃。我自幼酷爱绘画，师从凤画老艺人华先荣、华荣生、王德鑫习画。40多年来，苦心临池，笔耕不辍，创作了大量的凤画作品，其作品立意深邃、造型严谨，注重感情传达和意境营造，力求融入现代观念、民族风格于一体，深得百姓和收藏家的青睐，有许多作品流传于海外。

通过这次学习，结合多年创作与传承工作中的感受，我觉得现在的公众对于何为"非遗"了解得还是不够清楚，还需要加大宣传力度。"非遗"不是指具体可见的实物，而是指一套完整的技术制作过程、理念与思想，其中蕴含着的是独特的社会文化属性，作品只是其表现的形式。就凤画而言，现在有的作者不考究什么是传统凤阳凤画，甚至根本不知道什么是传统凤画。具体表现为：一是"依葫芦画瓢"地去画，不知其所以然，作品表现浮躁，力度不够；二是一些作者利用现代技术，不按照传统造型、技法去画，解读不了传统凤凰造型的透视原理，甚至怀疑传统凤凰造型有误，并加以改造变形，丢失本真，却以为是自己创新了；三是只画传统凤凰外形，不以传统凤画的敷色方法去着色，或根本就不知道传统敷色方法，还认为传统色彩搭配不合理，于是进行改造，结果丧失了民间色彩的美感;四是盲目抛弃传统造型、敷色方法,急于形成自己的风格、自成一家,导致传统尽失。更有人认为传统凤画是工匠画,必须改造,要与时俱进。就目前凤画的发展方向而言,我作为代表性传承人,深感责任重大。讲继承与创新问题,需讲究原则,凤画能延续600年之久,保存下来的应该都是精华,想有所创新就必须先继承传统。传统精华部分没有继承,创新就无从谈起。我认为凤画作品是技艺过程的载体,没有传统技艺过程,也不可能有传统风格,没有传统风格,也就没有传承。所以,我决定要很好地把传统技艺继承下来,再根据凤画的自身特点,吸收其他艺术的优秀精华,创作更多、更好的具有传统特色的作品,潜心凤画,甘当画匠,使凤画艺术更好地传承、创新、发展。

(作者系滁州市凤阳县老年大学凤画班教师)

开拓意境 学练并重

滕学斌

2008年我受聘于来安老年大学教授书法课,感到非常荣幸。书法班学员,虽然来自不同的单位,但他们都有一个共同的特性:都是书法的爱好者,学习是为了提高书法水平,增长文化知识,欣赏书法的艺术魅力,充实生活内容,陶冶高雅情操,盼望延年益寿。他们孜孜不倦的追求、刻苦学习的精神,深深地感染着我。在教学中,我按照老年大学的办学宗旨,坚持人性化教学、亲情化服务,学中教、教中学,堂上教师、堂下友,不高高在上、道貌岸然,把学员视为忘年之交,融教、学于一体,用心灵与之对话。为了让大家学书法不感到乏味,我采用了灵活多样的教学方法:以书法技艺为主体,融入文字学、社会学、哲学、历史学等诸多领域知识,形成一个综合整体;从艺术的角度入手,注意开拓意境,讲中国书法几千年来产生、发展、演变的历史和一些名人传世的优秀作品;解读经典碑帖,讲楷、行、篆、隶几种书体,介绍文字的历史渊源和演变特点、一般规律和书写方法,努力把"天地大宇宙"浓缩在字里的"小乾坤"之中。我特地找一些与书法有关的历史故事和名人轶事进行讲解,做到课堂生动活泼、高雅实在、兴趣有味,提高大家的学习积极性,让学员感受到书法的形式之美、艺术之美,是"无韵的诗,无色的画,无声的音乐",把学员引入学习书法的最佳意境,努力追求教学的优质学习效果。

"一堂济济青衿,满目灿烂晚晴。"在老年大学书法班中,学员年龄最大的有八十几岁,最小的也有五十几岁,他们之间存在着文化程度差异、书法基础差异、感悟能力差异等。我从差距入手,推行书法课复式教学,分层次,有的放矢,分类指导,因人施教,不搞一刀切。突出狠抓"用笔、结体、章法"三要素,让学员从点、横、竖、撇、捺等线条中,掌握其中的技巧,领会美好的意境。每堂课我都把一张大纸挂在黑板上,从下笔的方式方法上逐字逐笔地讲解示范。坚持学练并重的原则,在每堂课结束前,都会布置课外作业,并对每人的作业认真批改,在下次上新课前,逐篇分析点评,指出其中的不足,让学员掌握自己在字的点、划结构等方面的缺点和需要改进之处。引导学员用正确的方法学习,掌握技巧,领悟其中的奥妙,增加对书法的认识深度,提高书法的创作高度。每学期我都要组织学员到外地观摩书法展览,拓宽视野,打开思路,取众人之长,补己之短,丰富书法知识,提升他们的创作水平。

为了巩固教学成果,鼓励学员争创一流,每学期都要进行期中、期末两次考试,给学员发放统一规格的宣纸,命题习作和自由创作相结合,让学员尽情发挥。待下次上课时就把学员交来的卷子挂在墙上展示,让大家观看,互相学习,互相启发;我逐卷逐句点评,以表扬为主,也指出需要改进的地方,让学员既看到了别人的长处,又知道了自己的不足,明确今后的努力方向,增强学习书法的积极性。学员由于热爱书法,虚心求教,平时又能勤学苦练,书法水平得到显著提高。每逢春节,许多学员进社区、到单位、走上街头,写春联送给群众。他们还在市、县书法比赛中,多次获得了奖牌、奖状,为老年大学赢得了荣誉。"心中夙愿融夕照,翰墨怡情照晚晴",十几年来,我在来安老年大学教授书法课与老年朋友们建立了深厚的友谊,他们那种自强不息、活到老学到老的精神激励着我,鞭策着我。今后我还要继续在来安老年大学教好书法课,热情周到地为学员服务,全心全意地陪伴着老年朋友们共度夕阳的美好时光。

(作者系滁州市来安老年大学书法教师)

老年大学电脑教学有感

胡　晴

　　2010年秋,一次偶然的机会,我来到六安老年大学开始教授电脑课程。特殊的教学对象,特别的教学模式,使我对老年人的电脑教学工作有了全新的认识。收获与喜悦、光荣与梦想时常涌动在我的心中,我真切地体味着工作中的点点滴滴,认真思索着教与学的真谛。

1. 以人为本,老年学员的"收获感"主导着电脑教学的目标和任务

记得初来老年大学时,一位老阿姨在课堂上直接向我提出意见,她说:"我们老年人记忆力不好,电脑基础薄弱,能否在教学内容上不要太专业,多讲解一些有趣且实用的电脑应用知识。"这一句话点醒了我,原先针对年轻人的那套"电脑职业教学"方案已不再适合当前特殊的教学需求了,"实用和趣味"才是真正能满足老年学员需求的教学模式。于是,教学内容从最初的腾讯QQ、网络资源下载、文档管理、电脑日常维护等,到当前热度较高的微信、抖音、移动支付、相片美化、音视频剪辑合成等。这些教学内容,不仅燃起了老年学员的学习热情,同时也扩大了学员的应用视野,解决了很多学员在日常使用电脑特别是使用智能手机方面的诸多问题。一个学期下来,大部分学员认可了这种教学思路,接受了这些教学内容,掌握了许多应用技能,真切体验着现代信息科技为人们生活带来的便捷和乐趣。教学永远在路上,需要与时俱进、不断创新。只有以学员的需求为导向,勤思考深研究,不断完善电脑教学的内容与方法,才能实现老年电脑教学的真正目标。

2. 教学相长,理论讲解与实践辅导有机结合

老年大学的教学对象以年长的学员为主。起初,我片面地认为,教老年人学电脑不宜复杂,用最简单的方式即可,以理论讲解为主,再辅以适量的实践辅导就可以完成教学任务了。但实际的教学过程彻底颠覆了我的传统认知。老年学员虽然年龄偏大,但他们那颗求知的心始终是年轻的。他们虽然文化层次各异,但对新鲜事物特别是对当代信息科技的发展尤其关注,并不时向我提出各种新颖且流行的信息技术问题。他们虽然记忆力较弱,理解能力不强,普遍存在"课堂上头脑清醒,课堂外一片茫然""三天不练手生,两月不用全忘"等现象,但他们那种孜孜以求的学习态度却强烈地震撼着我。教与学是有机的整体,我们老年大学的课堂教学时长通常为两个小时一节课,原先的电脑课,学员在听完一小时理论讲解后,再利用剩余的时间集中实践刚刚介绍的多个知识点。虽然教学过程完整,但效果不佳,出现了"教师教得多,学员会得少"的尴尬情况。为了解决这些问题,我开始尝试采用"任务驱动式"教学模式,以完成操作任务为导向,在理论讲解的同时辅以当堂同步实践辅导。加入"下节课复习解析"、班级群"针对性解答"等教学环节,从而保障了"理论与实践"的整体推进,达到有实效、不脱节的教学效果,最终实现了教与学同步提升的目的。

3. 规范教学,用充分的教学准备争取最好的教学成果

无统一教材一直是老年大学电脑教学工作中面临的一大挑战。由于老年电脑教学的课程以实用性为主,加之各类软件平台的更新较快,所以无法形成一本相对固定不变的实用教材。为此,作为电脑教师就需要做好充分的课前备课,认真编写好同步教学讲义,用文字图样或视频课件等形式将课程内容呈现给学员,使老年学员们"手中有资料,学习有抓手"。目前,我们老年大学已构建起了涉及"电脑与智能手机""手机摄像和影像剪辑"等四大类新兴课程体系。具有完备的《电脑专业教学大纲》、统一的电脑教材、高效的教学模式,始终是我们对老年电脑教学工作的坚定追求。用规范保障教学质量,用严谨的教学准备使每一位老年学员都能在有序高效的教学活动中切实受益。

4. 情感教学,共筑师生友谊,同促专业成长

老年大学不仅仅是一所学校,更像是一个快乐的大家庭。无论是校领导,还是普通教师,乃至每一位老年学员,彼此都能平等相待,互帮互学,每一个人都想着为这个家的发展贡献一份最朴实的力量。时光如梭,转眼间我已步入了不惑之年,但是课堂内外,我与老年学员的那份"忘年情义"似乎没有因为年龄的变化而受到任何影响,我依然是他们嘴里念叨的那位可爱"大男孩"。老年学员没有就业与创业的压力,他们怀着一份真挚与热爱走进电脑课堂。他们当中有些人已经连续跟班学习了很多年,依然不舍得离开。在他们心中,只要作为教师的你能把自己所学的知识真诚地传授给他们,那么你就是老年学员心目中最为崇敬的人。我与老年学员的交流有时也会延伸到课外,偶尔帮他们解决一些与电脑或手机相关的"课外问题"。这也算是一份"师者解惑"的职责吧。如今,我们电脑专业已经拥有了近 20 个教学班,班级数量的不断扩大,离不开广大学员的信任与支持。今天的电脑专业,就是师生们以教学为中心,以情感为纽带,共同筑造起的快乐大讲台!

  我早已融入老年大学!回眸往昔,展望未来,当年的"小胡老师"也终会变成"老胡老师"的。这不是一个人简单的年龄变化,而是自我升华的过程。渐渐地,我感觉自己就是这个有朝气、很温暖的大家庭里的一分子。我时刻提醒自己,在老年大学当教师不仅仅是一种职业,更是一种责任,因为这里就是"我的老年大学"!

(作者系六安老年大学电脑课程教师)

京剧教学之点滴

陈寿华

说到京剧教学,我既无经验又没有什么水平,完全凭借祖、父辈的艺术"资源",在老年大学带领学员们"玩"了10年。

我出身梨园世家,祖父和父亲分别是清末、民国时京剧科班出身。过去的科班,如同现在的戏曲院校,是专门培养戏曲人才的地方,坐科八年,人称"八年大狱"。记得儿时常听祖父在舞台上高歌,唱西楚霸王的"力拔山兮气盖世,时不利兮骓不逝",又见过他弹月琴、吹笛箫、挎檀板、执鼓槌、吟昆曲、哼吹腔。父亲的嗓子特别高亮,唱念起来韵味十足,他的武功也出类拔萃,他是新中国成立后霍邱县京剧团的第一任团长兼主演。他的文化程度虽不高,但通晓诗词音律;他不懂现代拼音,但深谙"反切注音法";他不懂简谱、五线谱,但却懂得戏曲板腔结构,善编妙曲。记得20世纪70年代,霍邱剧团上演京剧《周总理》,其中有一段周总理的核心唱词,剧团无人能设计唱腔,团领导及乐队人员来我家请父亲帮忙,当父亲了解了唱词后,即为其编了一曲"高拨子"唱腔,经排练演出后,效果极佳。祖、父辈的细胞里,充满了中国的历史和古老的文化,以及梨园行里的一切戏曲知识。

我在京剧的音符和锣鼓声中出生长大,幼年嬉戏于舞台,青少年习锣鼓,而立之年喜迎改革之春风,函授中文,就读于六安师专美术班,接受了高等教育。我以自身的"能源",外出游历8年后回到家乡:"曾览山川天下走,归来独钓西湖柳。"过着"琴棋书画酒,诗词曲赋烟"的惬意生活。谁曾想,城西湖的鱼没有钓上几尾,我却被霍邱老年大学"钓"来了。也许,这里有冥冥中的召唤:"老年大学京剧班,没有人上课了,你还不出山?"谁料,这一出山就是10年。

(一)"大家唱"营造课堂气氛,"讲故事"话说程长庚

老年大学京剧班的学员们来自社会各个阶层,基本上都是文化人,他们对京剧既熟悉又陌生。所谓熟悉,是针对样板戏而言的;所谓陌生,那就是不了解传统戏,更不知道京剧的来龙去脉。

首先,我拉响了京胡,带领大家一齐唱几段人们都熟悉的样板戏,如《红灯记》中的"临行喝妈一碗酒""穷人的孩子早当家""我家的表叔数不清""十七年风雨狂怕谈以往"等。学员们合唱后,兴奋异常,高兴得个个像顽童。他们说,集体合唱很新鲜,不大会唱的也敢放声大唱了。大部分学员从来没有学过京剧,心中的愉悦可想而知。接着,我自拉自唱了一段样板戏《沙家浜》中郭建光唱的"朝霞映在阳澄湖上",整个课堂掌声雷动。都说:"怎么拉得好听,唱得也好听?"我告诉大家说:"我自拉自唱,就像你们会做饭、烧菜一样简单,我不会做饭、烧菜,要向你们学习。"大家笑得前仰后合,笑外之意:这怎么可能,一个女的连饭菜都不会做?10年前,确实如此。正如屈原《卜居》中所言"尺有所短,寸有所长"也。

其次,我向大家纵向讲述了一个比较完整的故事——京剧的诞生和发展史。我从"四大徽班"进京开始讲起,直到京剧的诞生,以及京剧在各时期的代表人物。我着重提示大家,如果没有"四大徽班"进京,如果没有程长庚的艺高德贤,并善于与其他地

方剧种长期磨合、斡旋,就没有现在的京剧。我们要记住这位先贤,他是我们安徽省安庆市潜山县人,是京剧的奠基人,中学教科书上称他是"京剧鼻祖",他是我们安徽的骄傲。

通过唱与讲的结合,取得了预期的目的。学员们对我的拉唱技法及语言表达能力有了充分的信任,都期待着听下一堂课。

我既然被老年大学"钓"来,就要对校长、学校负责,对学员们负责,对京剧艺术负责,对自己负责。我要求自己做到"五好":讲得好、拉得好、唱得好、教得好、写得好(板书、曲谱)。10年来,我一直在努力着。

(二)"上口字"和"尖团字"是教学中的难点

样板戏里的唱词和念白,是以普通话为标准的;传统戏里的唱词和念白,除了按照普通话读音的字外,还有一些京剧舞台上的特殊用字,即"上口字"和"尖团字"(两字相加,常用的大约有200字)。这一部分字,几乎在传统戏的每一段唱、念里都有。这对于学唱京剧的人来说至关重要,必须把它们烂记于心,不死记硬背,无捷径可走。

我给学员们列举了一段大家都熟悉的《苏三起解》中苏三的唱词,从中找出"上口字"和"尖团字",以便大家学习:"苏三离了洪洞县,将身来在大街前。未曾开言我心内惨,过往的君子听我言。哪一位去往南京转,与我那三郎把信传。就说苏三把命断,来生变犬马我当报还。"

这段唱词是8句,属于板腔体的上下句结构,七言句式(去掉一个衬字"我"),一共有56个字。其中有15个字不能按普通话的读音念,15个字当中有11个字是"上口字",4个字是"尖团字"。"上口字"是街、未、曾、我、内、的、听、京、说、命、生。"尖团字"是将、前、心、就。我们都认识这些字,但是不会念它们的声、韵、调。有些字是方言字,有些字与"中州韵"有关。这已牵涉到了"音韵学",如果讲音韵,倒也合乎本课的内容,但是学员们会烦,这对他们来说太陌生了。思量之后,我采取的办法是,把这8句唱词的腔调搞熟,然后把15个字挑出来,每个字逐个"过关",直接教学员们念、让他们在唱中念、念中学,编排出甲、乙、丙、丁,子、丑、寅、卯,用A、B、C、D这种容易记的办法,让他们把这些"拦路虎"记牢。实践证明,这种"口授心传"很奏效。

至于"团"字,这是"梨园行"里强调"尖团分明"的问题,我在讲课中已作解释。

(三)念白、念"引子"是教学中的难中之最

京剧舞台上的念白有3种:一是韵白,二是京白,三是方言白。大多以韵白为主体。"内行"人说,"千斤话白四两唱",这也许是夸张的说辞,但是正说明了话白的重要性。对此,我有思考:一位唱者,只要嗓子好,学得规范,唱得有味儿,加上会表演,又有乐队为其伴奏,众星捧月,当然出彩。而念韵白,不但字、音、调、韵要念得正确,"嘴里干净",还要把轻重缓急、抑扬顿挫表现得恰到好处,甚至在念白的过程中,已显露出其人的身份、性格、文人、莽人之端倪,这种难度不亚于唱。更有甚者是念"引子",这是一种半念半唱(无伴奏)的形式,有身份的人物第一次出场,在特定环境下,如统军点将时,通常念"大引子",其他人物第一次出场,不论身份贵贱,通常只念"小引子"或四句定场诗。念"引子",不但要有旋律美和音乐美,而且要表达出古代人的典雅、身份、气质。我曾听父亲念过不少段话白,其中印象最深的是一段诸葛亮升帐时念的一个"大引子"和定场诗及韵白。那种韵律的美感、声调的抑扬、运筹帷幄者的沉稳、指点三军的气势,令我振奋,至今难忘。因此,我把这段"大引子",教授给了学员们。

京剧班的学员们,自行划分了3个"行当":老旦、旦角(包括青衣、花衫、花旦)、老生。我针对这3个行当,分别教了老旦《钓金龟》中康氏念的"小引子"、定场诗及韵白;教了《霸王别姬》中虞姬念的一段韵白;教了老生《空城计》中,诸葛亮念的"大引子"、定场诗及韵白。成句的教与学和个别字剔出来的教与学,使学员们的学习难度加大了,我的负担也重了。但是,念和唱是我教课的主体,也是让学员们了解京剧的主要魅力之所在。因此,我下决心把他们都教会。我不厌其烦地、反复地一字一句地教,学员们跟着一字一句地学;我让大家一齐念,他们念得南腔北调、七零八落;我忍不住笑,学员们则哄堂大笑……学员们说,这种念白的语调太奇妙了。我说,就当我们穿过时间的隧道,去会晤古人,了解他们是怎么生活、说话的,既长了知识又开心,何乐而不为呢?或许是我的话启发了学员们,在后来的复习中,他们念得比以往强多了。

(四)教唱段122首,写曲谱106张

说京剧是唱出来的,一点都不为过,纵观京剧发展史,不论是新老"三鼎甲",还是前后"四大须生""四大名旦"以及现在的当红者,都是以唱为主要表现而出名的。京剧里的"四功"(唱、念、做、打),唱居首位,可见"唱"是何等了得。

教唱段,必然引出"人物",有人物就有故事,有故事就有历史背景。我每教一段唱,都先讲一个故事,这样能使学员们了解剧情,唱词的内容毕竟有限。接着讲声腔(西皮或二黄),然后教唱腔。

京剧的声腔主要是西皮、二黄两种。西皮的曲调高亢、刚劲有力、潇洒,节奏紧凑,适合表现欢快、明朗、坚毅、激动的情绪。以样板戏为例,如《红灯记》中李铁梅唱的"我家的表叔数不清",

李玉和唱的"临行喝妈一碗酒",《沙家浜》中郭建光唱的"朝霞映在阳澄湖上"等,都是西皮唱腔。西皮在胡琴上定弦是"6～3"弦。二黄的曲调比较平和、委婉、深沉、抒情,适合表现深思、凝重、忧伤的情绪。如《沙家浜》中阿庆嫂唱的"风声紧雨意浓天低云暗",《红色娘子军》中吴清华唱的"一番话字字重千斤"等,即是二黄唱腔。二黄在胡琴上定弦是"5～2"弦。

京剧的板式,也就是指唱腔的节拍形式。如曲谱中一小节有四拍的,在京剧里就叫一板三眼,一小节两拍的,叫一板一眼,一小节一拍的,叫有板无眼(或叫无眼板);没有小节线的,属于节拍自由的散板……

教唱时,我先唱一遍给学员们听,让他们有感性认识,往往这时候,全场喝彩。这是因为京剧最大的魅力就是唱腔美。学员们在学唱的过程中,咬字是错误的,唱的声音是抖的,唱的腔是飘的,霍邱城关的"土字"("放、风、饭、腹"等,他们念成"晃、哄、唤、虎")时有出现,90%的学员不会拼音,不识简谱。这些问题,牵涉了很多学科,讲过多的理论,无济于事。我采取了一字一腔的教、拉唱结合的教,边教边纠正,反反复复,不对就重来,直到唱对为止。长此以往,"难关"被攻克了,学员们学唱的积极性大大提高。他们说:"京剧传统戏的唱腔太好听了。"京剧的唱词文学性很强,比如我教的《野猪林》中,林冲唱的"彤云低锁山河暗,疏林冷落尽凋残",《伯牙碎琴》中俞伯牙唱的"想去岁中秋节相逢甚巧,在月下调琴律得遇知交"……唱词和唱腔美不胜收,听后让人荡气回肠,魂牵梦萦……教与学的过程是痛苦的,是艰辛的,也是欢乐的,在此就不赘述了。

10多年来,我教了122首唱段,亲自写曲谱106张。"三个行当"的学员们,各学了几十段唱腔,不识简谱的学员们,也在学练中看懂了京剧的乐谱。他们由"一张白纸"进课堂,如今都能唱得声情并茂,并能合唱于舞台,表演于社会,传唱于家庭、亲友。全班几十人,年纪大的91岁,年纪小的也近"花甲"。有位年逾"古稀"、患有癌症的学员,随我学唱京剧10年,如今像个壮年人,癌细胞被他唱得"吓"跑了。学员们个个精神抖擞,身心健康,10多年来,无一人"云游西方"。这就是"天籁之音"——西皮、二黄给学员们带来的养生"药方"。

霍邱老年大学是方净土,犹如陶渊明笔下的"世外桃源"。校领导们和教师、学员们相处和睦,只有感情的汇合,毫无是非、利益关系的矛盾,只有教与学的欢乐,没有郁闷和忧伤。人们都是笑脸相迎,侧身谦让。这里的人,没有一个居心不良,即便是约上几个人"碰两杯",那也不是为了"谋事",而是心情欢畅。我几次因事要离开,都被情感裹足,只因校领导和学员们的至诚挽留。何曾想,我这个"独行大侠"也有彷徨的时候。这里,就是这里,出了校门就是满身灰尘。记得邓小平先生说过一句话:"什么叫领导?领导就是服务。"老年大学和老干部局的领导们做到了,尤其是老年大学的领导们,他们没有一点报酬而忘我地工作于学校,服务于教师、学员们,在这里道声:你们辛苦了。

(作者系六安市霍邱老年大学京剧班教师)

用舞蹈展现美丽夕阳

郭立芳

我叫郭立芳,是一名小学高级教师,几十年来一直从事少儿音乐舞蹈教学工作。1997年受聘于霍邱老年大学任舞蹈教师,至今已度过24个年头了。在这期间,我兢兢业业地耕耘在老年舞蹈教育教学中,也创作并编排了一批舞蹈作品(主要是花鼓灯舞蹈作品),在国内外许多赛事和文艺汇演中取得了较好的成绩,得到了社会各界的充分肯定。现在就我多年来的舞蹈课堂教学来谈谈粗浅的感想、经验和认识。

1. 注重形体韵律的技巧训练

舞蹈是一种用肢体语言呈现的表演艺术,讲究身韵之美,能大幅度提高学员的艺术能力和素养,这也是学习舞蹈的基本目的。由于中老年学员在入学前没有上过正规的舞蹈课,所以只能在有限的课堂教学中因人施教,由浅入深,适当简化舞蹈的基础技巧,让学员由不会到会,从身体动作的不协调到协调。在注重和强调身体姿态、呼吸、表情及舞蹈的感召力,达到用舞蹈的理念指导中老年人认识舞蹈、培养基本能力的同时,全面增强其专业能力和艺术素养,将训练的状态和舞蹈感受结合起来。基础课首先让学员感受到舞蹈艺术的美,充分发挥学员的主体作用,有助于学员学习舞蹈,学会评价自身的学习效果,学会用优美的动作来展示中老年女性的形体美和内在美。

2. 课堂教学，多讲多练多示范

对舞蹈班的学员来讲，刚从自己的工作岗位上退下来，几十年来从未接触过舞蹈，可以说没有舞蹈基础。但她们喜爱舞蹈，热情很高，而且善于模仿，能理解教师的教学意图，特别欣赏教师的舞姿，就是动作做不到位。原因是学习舞蹈的时间短，找不到感觉。因此，对初学跳舞的学员要有爱心和耐心，对她们要多讲、多练、多示范。一个动作从慢拍分解，重复讲述，反复练习，指导学员理解和准确掌握。只有学员掌握了动作，用尽全力的我才会放松一笑。作为一名舞蹈教师，还要让学员走进课堂就能感受到老年大学是一块净土，同时也是施展才华的地方，让她们了解学好舞蹈，既锻炼了身体，又掌握了一门技巧，还能服务社会，是退休后的最佳选择，从而增强她们学习的积极性和自觉性。

3. 自我提高有助于教学

要想当好老年大学的舞蹈教师，我个人觉得，既要有一定的专业水准，又要有一定的爱心和耐心。俗话说，要给学员一碗水，自己必须要有一桶水。对于我这个业余的舞蹈教师来说，要做一名出色称职的教师，就要不断学习充电。这些年来，我个人自学专业舞蹈非常辛苦，不过也特别感兴趣。我先后走的地方有省舞协举办的舞蹈教师培训班、省文化馆举办的舞蹈培训班、省老年大学民族舞蹈班、凤台县花鼓灯艺术团、霍邱县小兰花艺术团等，目的是取经。我从中学习别人的长处，收集节目创编灵感，吸取艺术营养，用来充实自己、完善自己，提高自身的专业水平。最值得一提的是我的小女儿罗阳。她是小兰花艺术团团长，也是直接指导我的专业教师。她本人是中国舞蹈家协会会员、安徽省舞蹈家协会副主席、安徽省花鼓灯老艺人陈敬芝的第四代传人。近20年来，她创编的花鼓灯舞蹈先后获得了全国、省、市最高节目荣誉奖,在花鼓灯专业上有自己独特的创意。从女儿身上,我学习到了花鼓灯的原创动作,也使我在教学花鼓灯兰花组合时有了专业教师的指导,有了花鼓灯舞蹈专业的依据。20多年来,我们老年大学使用的花鼓灯舞蹈的曲子,从《淮河情韵》到《幸福像花儿一样》都是我女儿提供的。我特别感谢女儿。

4．巧妙构思,彰显舞蹈作品的主题

一个作品的主题是作品的灵魂,如何运用丰富的生活素材和舞蹈语言来表达,是我们舞蹈教师需要把握的。当我在课堂上看见学员学习花鼓灯兰花动作的俏模样,一脸快乐和谐,一脸幸福荡漾,动作做起来,脸上笑起来,真的像花儿一样,瞬间中老年变成了少女。这时的我抓住了灵感,我要展现她们的快乐,少年般灿烂的笑脸,花儿般的幸福。在这教与乐之间,我和学员的感情拉得更近了,看见她们跳起欢快的花鼓灯扇花动作,脸上绽放出快乐和幸福的表情,我自己也乐了、醉了,于是创编了花鼓灯舞蹈《幸福像花儿一样》。作品里音乐和舞蹈相互交融、相互依衬,主题鲜明、欢快、紧凑,加上民族特色的服装和特制扇子的效果,给人以美的幸福、美的快感。也就在当年年底,花鼓灯舞蹈《幸福像花儿一样》应邀参加中央电视台中老年精品舞蹈春晚的录制并在全国播放。

5．用舞蹈编织梦想

记得2019年春季学期开学的时候我的甲亢病犯了,两腿走路和教跳舞时抖动得厉害,为了对班上学员负责,也为了不辜负学员对每周一节舞蹈课的热爱,我告诫自己不能缺课,于是我边抓紧治疗边备课上课。当在课堂上,看见学员对学动作的认真态度和对舞蹈的热爱和执着,我一时间忘记自己生病了。因为当年我生过大病、化过疗,加上甲亢病复发,我真的有点撑不住了,只是看见学员那种心疼我的眼神和表情,我备受感动,告诉自己要

坚强，不能倒下，坚持就是胜利。这样的情形持续了4个星期，是班里的学员和校领导的关心，帮我渡过了难关，也使我坚定了信念，一定要用爱心去编织、去付出，同时也一定会有收获。

回顾20多年来我在舞蹈班的教学工作与创作历程，我有以下几点感受：一是作为一名舞蹈教师，只有真正走进学员的内心世界，立足在努力表现美好生活的基础上才能贴近生活，只有凝练成老年人自己的舞蹈语言，才能生动地表现你要达到的艺术内涵。二是一个好的舞蹈作品，需要教师辛勤的劳动，需要用中老年的眼光去寻找新意，激发学员的兴趣与爱心，满足学员的欣赏需求。三是当今的老年朋友，自我意识不断增强，审美需求也不断拓宽。对此，我们当教师的要与时俱进，更新自我，拓宽知识面，不断充电，吸取新的舞蹈元素，使学员的身心情感在舞蹈中获得滋养、熏陶和锻炼。四是一个人的能力是有限的，要靠大家的支持和帮助，虚心听取专业人士和同行的指教，提高自身的业务能力才能达到目的。2019年8月，我们霍邱老年大学舞蹈队花鼓灯舞蹈《写在脸上的春天》参加了全国老年大学系统的调演。在高手如云的情况下节目荣获三等奖。

虽然我只做了点滴工作，但是霍邱老年大学的领导没有忘记，还肯定了我的成绩。2019年年底，我荣获全省老年大学系统"优秀教师"光荣称号，这更激励我在今后的教育教学中努力工作。一句话，"奉献自己，快乐别人，用舞蹈去展现美丽夕阳"，就是我在霍邱老年大学教学的理念。

（作者系六安市霍邱老年大学舞蹈教师）

为老年大学健康教育献终身

杜 玲

我是一名中医临床医师,1992年在霍邱老年大学创办之时,就被学校聘任为卫生保健班教师。时至今日,已有29个年头。29年来,保健班学员由原来的20多人发展到现在的100多人。学员由离休老干部,扩大到社会上方方面面的老同志,先后听过保健课的人大约有1000人。在职时,我把教学当成副业,退休后教学成了我的主业。由应付差事到专心教学、由枯燥的理论教学到有趣的健康保健,教学内容做到了常教常新,教学方法和讲课技巧越来越符合老同志的口味,得到了校委的充分肯定和学员的支持、赞扬。2000年我获得全省老年大学系统"先进个人"光荣称号。

回顾29年的教学历程,我的做法有以下4点。

(一)明确一个宗旨:普及健康知识

我通过卫生保健的教学,教学员们掌握老年人常见病、多发病防治的基本常识和技能,增强学员们预防疾病的自我保护意识,用科学健康的生活方式提高老年人的生命质量,力争不生病、少生病,以达到延年益寿的目的。同时,树立"健康快乐100岁,高高兴兴每一天"的健康理念。

（二）精心组织教材、注重实用性和知识性

教材内容的选择会直接影响教学效果，因此，内容的选择必须兼顾全面，需有科学性、知识性、实用性和权威性。选材的过程实际上也是自己学习的过程。我是学中医临床的，对教学不专业，必须认真学习，才能备好课、上好课。为了胜任这一光荣职位，成为一名合格的教师，我先后订阅了好几种杂志，如《中老年保健》《健康文摘》《自我保健》《健康与生活》《健康指南》《营养健康指南》《银发健康养生汇编》等，就连爱人生病在合肥住院期间，我也没放松资料的搜集。当我看到中央文明办、卫生部主办的"相约健康社区巡讲精粹"时，我如获至宝，一次就买了6本相关资料。平时还按时收看"养生堂"节目，即使错过，也会用回放补上这一课，为的是开阔视野，掌握保健的新进展、新动态，从而丰富、充实自己，扩展思路，为备好课、上好课打下基础。

在教材内容上我注重两点：一是既要有普遍性，又要有实用性。如在教学中，把世界卫生组织提出的健康四大基石作为人类健康文明生活的准则，围绕这个准则搜集、分析、充实资料，再分门别类地进行讲解。如讲合理膳食保健原则：有粗有细、不甜不咸、少食多餐、七八分饱，讲餐桌上要有红、黄、绿、白、黑。内容简单，通俗好记，贴近生活，学员们一听就懂，一学就会，一用就灵。学员们用学到的知识指导生活，收到理想的效果。有些学员的子女对我说："杜老师，我妈自从上保健课后，天天跟我们讲要吃什么，什么有营养，什么没营养，劲头可大啦！"马有彬老师的老伴学了卫生保健，成了家庭保健医师和左邻右舍的健康顾问，他深有感触地说："这真是一人学习，大家受益。"二是既要有科学性，又要有知识性。为了让学员们掌握多发病、常见病的防治基础知识，了解危、急重症的先兆症状及发病后的抢救措施，必须用易懂

易记的语言交代清楚,如脑中风的抢救,就用"急救黄金3小时"警示大家,千万别超过黄金时间,错过则会致残甚至致死。我班一学员的老伴吃饭时手发抖,夹不住菜,她马上想到"急救黄金3小时",立即到医院就诊,没留下后遗症,她高兴地说:"幸亏我听了你讲的课,救了老伴一条命,不然至少也落个半身不遂。"还有一些学员冠心病突发,由于懂得保健知识,赢得了宝贵的抢救时间,挽救了生命。

(三)改变教学模式,提高学习兴趣

老年人的记忆力都有不同程度的下降,但老年人的感观认识会加深,从而增强记忆。根据这一特点,我采取室内教学与室外教学相结合、动静结合的方法教大家做八段锦,用视频与黑板绘图相结合的方式教大家做自我按摩。如教他们学习站功八段锦,先在室内放影碟,然后到操场练习。我先示范,再带着大家边讲边做,用爱心和耐心帮助他们一个个摆好姿势,纠正动作,直到大家都会做,因此学员们觉得很有趣,个个都笑呵呵的,我也感到很开心。顾怀林同学说:"八段锦真不错,不受场地限制,我每天在阳台上练,腰不疼了,颈椎病也好多了。"在教授自我保健按摩时,我还用了程凯教授(程氏针灸第四代传人)的《百年世家养生秘诀》,先播放视频,然后我再在黑板上绘图并自身取穴,最后让学员们在自己身上找穴位,这样反复教学,加深学员们的印象,使大家取穴更准。大多数学员反映:自我按摩简便、有效,原有的高血压、冠心病、糖尿病稳定了,胃痛、便秘治好了。多数学员的身体更健康了,他们精神好、心态好。87岁的何老照培,每逢人们夸奖他时,他都笑着说:"这与我听保健知识、坚持锻炼有关。我还把讲义复印给邻居、朋友和子女们,叫他们也好好学习保健知识。"

（四）热心为学员服务，用爱心凝聚学员

这是我任教期间遵循的准则，无论是年长的还是年轻的，无论身份如何、健康如何，我都一视同仁，并感受到他们的可敬可亲，因为他们都是来求知、求乐、追求健康的。而我所能给他们的，也仅仅是微薄的保健知识。他们在我的心目中都是朋友，所以每次上课前，我发自内心的第一句问候是："新老朋友们，大家下午好！"赢得同学们一阵掌声，顿时我感到与学员们的心接近了，讲起课轻松愉快，似乎在和大家谈心。保健班的同学年龄大，听力、视力、记忆力都有不同程度的下降，文化程度参差不齐，我每堂课之前都把重点、要点及操作方法打印给他们，以便掌握。如洪昭光的《健康忠告》、赵朴初的《宽心谣》，用大号字打印分发给他们，叮嘱他们贴在显眼的地方，用来调节情绪、平衡心态。如某位学员因爱人去世，悲伤苦闷、精神沉重，我多次与他交谈，并用自己的亲身经历开导他，使他重新振作起来。每年健康体检后，我都热情、耐心地为学员们解释体检报告，并根据健康状况，给他们提出治疗方案和建议；还经常接受他们的健康咨询，热心回答他们的问题。对此，大家都很满意。如叶维芳有关节问题，经适当调治后，能与子女去庐山、武汉旅游。她高兴地告诉我，她能爬山了，玩得很开心，还准备去韩国旅游呢。老学员们有不同程度的慢性病，有的精神有负担、有顾虑。为了调节老同志们不良的心理状态，我多次引用古今中外的名人、长寿老人的养生经验，指导他们养生保健。我还常用现实生活中战胜顽疾、重返健康的具体人和事例，启发他们，只要树立信心，遵循健康准则，运用科学的健身方法，就可以战胜疾病，达到延年益寿的目的。

回顾自己的教学历程，经验很少，成绩甚微，但我却收获颇多，感悟颇深：老年大学是我们老年人最美好的精神家园，当我最

痛苦的时候,是老年大学校委、学员们关心我、爱护我,使我从痛苦中走出来;虽然我失去了爱人,但是在这里我得到了许多爱我的人。我由衷地感谢老年大学的领导和学员们。当有人问我住哪时,我很习惯地顺口回答:"在老年大学。"是的,我已与老年大学结下了不解之缘,这里将是我永远的归宿。我愿为老年朋友们的健康服务,愿为老年大学的健康教育事业做奉献,更希望把健康的生活方式、理念传进千家万户,让所有的人都健健康康一辈子,快快乐乐每一天。

(作者系六安市霍邱老年大学卫生保健教师)

学习书法讲求由量变到质变

朱德刚

在庆祝建党百年华诞的重要时刻,转眼间金寨老年大学已成立 31 年。30 多年来,在县委、县政府的领导下,一届届校领导和教职工恪尽职守,竭诚服务,一批批老年学员学有所成,学有所乐。大家共同努力,把我县的老年大学办得朝气蓬勃,越来越好,给金寨这片红色的土地增光添彩,共同打造大美金寨的靓丽名片。

我作为一名书法教师,每每感受到老年大学的荣光,看到同学们的成就,就由衷地欣慰与感动。老年学员积极向上的精神面貌和对书法技艺的渴求,激发着我的教学热情,我恨不能把自己的知识一瞬间传授给他们。然而学习书法要靠时间的延展,遵循由量变到质变的不可逾越的规律。合理的教学方案,创新的教学方法是必然且必需的。诚如斯,我教有所得,同学们学有所得。

首先,我注重分析老年人来学书法的初心,在充实老年生活的同时,希望弥补他们退休前或年轻时没有时间系统性地练习书法的缺憾。因此,他们学习热情高涨,学习态度一丝不苟。但也有不足之处,比如多年来形成的书写习惯、没有耐心去做基础性的临帖、容易眼高手低、不肯改变自己等一些积习、陋习,这是老年朋友学习书法的拦路虎,必须加以专业的指导强力纠偏,去除不良的书写习惯。建立正确的习字观念是我对新学员和部分老学员的基础要求,也是对我的一项考验。

其次,帮助寻找老年学员的书法兴趣点。有的学员喜欢楷书,有的学员喜欢行书、隶书、篆书,等等。尊重书法学员的偏爱,满足其书法学习的预期,是尽快使老年学员步入书法殿堂的捷径。目前,我校尚未设立书法分类班级,如楷书班、行书班、隶书班、草书班等,大家一起学习,共上一节课,所学字体不同,所学进阶不同,既有老学员也有新学员,水平还参差不齐,这给我的书法教学带来了挑战。这种情况要求我诸体皆能,书法水平过硬,熟练掌握各种字体、各种阶段的教学要求,并给予每一位学员一对一的专业指导。我在教学方案中作预设方法,并在课堂教学中付诸实践,使我们班的学员积极性很高,热爱书法学习,无论零基础学员、老学员、新学员,无论练什么字体,都能在不长的时间内有很大的进步。

再者,书法教学的目的不仅是帮助学员写出一手漂亮的毛笔字,还要鼓励学员学以致用,积极参与社会活动。如主动参加省、市、县等各机构举办的文化活动,尽心办好我校的对外书画展示橱窗,全方位地向社会、向群众展示学习成果和我校的正面形象。

在各种书画展览中,我们的作品在参展单位中数量最多、质量优秀,通过努力,有些学员成为了市、县各级书协会员。

书法是我国的四大国粹之一,贯穿着中华文明的文化传承,千百年来不断地充盈和延续展现着独特的魅力,也是人民群众喜闻乐见的艺术形式,丰富着人们特别是老年人的业余文化生活。我认为教好书法和学好书法,功夫既在字中,亦在字外。书法艺术与诗词歌赋等艺术相通共存,内涵外延互为统一。因此,我很喜欢利用课堂结束前的10分钟,结合书法创作中的需要,讲授中国古典诗词文赋知识,通过对内容的研读,体会诗词独特的音律、节奏、呼吸等情感,潜移默化地提升学员的文化素养,给学员的书法学习和创作提供了动力和灵感。

一系列探索式、创新式的教学理念和方法,使有志于来金寨老年大学书法班学习的老年朋友兴趣盎然、成果丰硕。课堂上融洽的氛围,学员奋发的面貌,通过一幅幅跳动的笔尖舞蹈般的作品,无时无刻不在展示我们老年大学的生机和青春。

莫道桑榆晚,为霞尚满天。老有所学、老有所为、老有所乐是新时代老年工作的主旋律。我们要立根于金寨这片红色的土地,在老年大学,提升教学水平,幸福老年学员。

(作者系六安市金寨老年大学书法教师)

老年大学书画教学浅谈

漆学鹏

我国的老年大学,是改革开放后产生的较特殊的教育机构,它是终身教育理念下的产物。说它特殊,是因为它的教育对象和教育目标与普通教育机构有很大的不同。老年大学的教育对象是老年群体,大多是各行各业的退休职工。而老年教育方针,应该是使受教育者在德智体美等诸方面都能继续得到培育和发展,使他们能够继续坚持有关方面的学习和参加有益的社会活动,不断提高自己的综合素质,成为有社会主义觉悟、适应社会发展、积极参与社会服务和促进社会和谐的新时代健康老人,从而实现老有所学、老有所乐、老有所为的教育目标。老年大学的课程是根据老年学员的需要而开设的,如音乐、舞蹈、文史、诗词、书画等不同的特色班。我自 1999 年以来一直受聘担任老年大学书画教师,个中甘苦自不必说,现就自身教学体会,浅谈一二。

(一) 精选内容,设计教法

由于老年大学没有统一的教材,各科的教学内容往往要靠教师自己制定。教师应依照上级制定的中长期教学大纲,在大纲的框架下再根据当地学员的实际情况,合理安排每一学期的教学内容。在内容的选择上应注意以下几点:

1. 适合老年人的生理特点

老年人的记忆力、思维力、视力、听力等生理功能都有不同程度的下降,我们在内容的选择上,应考虑到老年学员的这些生理因素。如国画中的工笔、书法中的蝇头小楷,都是不太适合的内容(特殊个例除外)。

2. 符合老年学员的兴趣和爱好

教学内容一定要照顾到他们的兴趣和爱好,学员喜欢的才是最好的,如花鸟画中的写意牡丹就是大多数学员喜欢的内容。

3. 难易适度,学以致用

教学内容的选择,要考虑到学员的基础水平和接受能力。过难会挫伤他们学习的信心和积极性,过易会影响教学进度和教学效果。此外还要考虑其实用性,只有学以致用、立竿见影,才能让他们获得成就感,才能促进学习。

内容确定后,接下来要考虑教法。普通学校的教学要备课、编写教案等,进行完备的教学设计。老年书画教学虽不必一一照搬,但不同的内容应采用何种不同的教学方法,课前是要认真考虑的。例如,如何讲解、如何示范、如何应用多媒体等,只有课前充分备课,才可能有好的教学效果。

(二)激发兴趣,寓教于乐

常言道:"兴趣是最好的老师。"那么怎样才能提高学员的学习兴趣呢?

1. 由浅入深,循序渐进

任何一课内容的教学,教师都要选择一个突破口,从学员最易掌握的地方入手,由浅入深,由易到难,循序渐进,逐步提高。要让他们感觉到自己可以学好、可以学会,从而树立学习的信心。

2. 注意赏识,激励上进

教师要善于发现学员学习的优点,及时鼓励、激励他们上进。

3. 课堂生动,寓教于乐

修身养性,愉悦身心,是老年书画教育的目的所在。切忌课堂刻板,没有乐趣。教师要变着法子让他们乐起来,授课时可穿插些有趣的小故事、笑话,课间休息时可唱唱歌、跳跳舞或是做做保健操,总之要让课堂活跃起来。

4. 师生互动,变换课堂

教师不能独占课堂,学员才是课堂的主角。教师要关照全体,统筹全局,充分调动他们的积极性,不要只顾自己讲得精彩,要看学员是否学得有劲。师生要经常进行角色互换,适当地给他们讲解和示范的机会,从而体会教与学的乐趣。

5. 方法多变,形式多样

教师可采用讲解、示范、欣赏、评述、自评、互评、交流讨论、合作探究等多种教学方法,或是参观展览、户外写生、书画笔会、远程观摩等多种多样的教学手段,使教学灵活多变,生动有趣。

(三)讲练结合,注重示范

老年书画课的教学要坚持理论与实践相结合的原则。理论深浅度要与学员的实际水平相适应,过于深奥或晦涩难懂,会影响他们学习的积极性。教师讲解应深入浅出,浅显易懂,讲解与练习紧密结合,做到精讲多练,边讲边练,从而达到"眼""手"平衡。所谓"眼"即眼力或审美能力,"手"即技法或技艺。眼高手低尚可进取,手高眼低则难拔高。而欣赏水平的提高,也不尽靠课堂教学就能解决,更依赖于学员综合素养的提高,所谓功夫在画外是也。因此教师要鼓励学员平时多看书、多学习、多观察思考,做好点滴积累,让其知晓"观千剑而后识器,操千曲而后晓声"的道理。

尽管教师的教学方法多种多样,教学手段各有不同,但课堂示范无疑是书画课教学最常见、最直观、最关键、最有效且不可替代的教学方法。示范的好坏,直接影响到教学效果。那么怎样才能搞好课堂示范呢?一是要课前做好准备,酝酿在先,做到胸有成竹;二是思路清晰,步骤分明;三是抓住重点和难点并做好解析。国画的笔法、墨法、造型技法,书法的笔法、结体、章法行气,都应在边示范边讲解的过程中,阐释其理趣,如此方能事半而功倍。

(四) 尊重为先,鼓励为要

老年大学教学面对的是中老年群体,他们都是各个岗位、各条战线退下来的职工。他们都曾有过美好的年华,都曾在各自的岗位上忙碌了大半辈子,都曾经为国家、为社会、为家庭做过贡献,有的还是某个行业或某个岗位的佼佼者或骨干。如今虽退居二线,仍然不甘落后,继续学习,继续追寻人生梦想,其精神可嘉,其人格可敬。作为专业教师,我们应怀着真诚的敬意,从内心深处尊重他们,而不是自己高高在上。"闻道有先后,术业有专攻",在某些方面,或许他们才是老师。因此在教学过程中,我们语言要温和,态度要谦逊,处事要公平,要以尊重为先。

大家都知道儿童或青少年学生需要鼓励,而老年学员也同样需要鼓励。教师要善于发现学员学习的优点,及时鼓励。如在点评作业时,对一些好的作品提出表扬,即使再差的作业,我们也要找出可取地方加以肯定,然后再指出其缺点或不足。别以为老年人会心态平和不争高下,其实不尽然,有的还相当好面子,有时会因为一次展览的落选,而情绪低落、郁郁寡欢。遇到这种情况,教师要及时做好心理疏导,以防造成伤害。总之,恰当的鼓励,真诚的赞美,能激发他们的学习兴趣,增强他们的学习信心,从而提高教学效果。

(五)倾听心声,交流感情

要想做好教师,须先做好朋友。"老吾老以及人之老",要走进他们的内心世界,贴近他们的心灵,了解他们的所思、所想、所求,做他们的知心朋友。教师不能只顾自己授课,而忽略他们的感受。教师要学会倾听,倾听他们的心声,经常与学员开展真诚的沟通和交流,以诚恳取得信任,以关爱传递温暖,以交流联络感情。"亲其师方能信其道",建立和谐的师生关系,才是搞好老年书画教学的根本之道。

(作者系六安市金寨老年大学书画教师)

再议老年大学的教与学

刘振鹤

10年前,我在中国老年大学协会会刊《老年教育》杂志上,发表了《老年大学的教与学》一文,而今耄耋之年,又有一些新的体会和感受。我是4年国画班的老学员,又是15年国画班的教师,是老年大学给了我教学相长的机会,也体现了党对老年人的关怀,使我们老有所学、老有所乐,晚年生活丰富多彩。上老年大学的目的是,在物质生活得到充分保障的前提下,进一步提高精神生活质量,以达健康长寿之目的,而不是为了成名成家或获取经济利益。

由于老年学员各人的社会经历不同,年龄差距大,文化水平、理解能力、记忆力参差不齐,给老年大学的教学带来很大困难,特别表现在中国画专业的教学上。中国画分人物、山水、花鸟、翎毛四大类,其表现技法又分白描、工笔、写意、大写意,其用笔、用墨、用色、用水、立意、章法更是五花八门,如果教不得法,学不对路,三年五年踏步不前、半途而废是常见现象。怎样教、怎样学才能事半功倍呢?

(一) 如何"教"?

1. 对林林总总的基础知识理论要高度概括、明了

例如,中国画的用笔可规约成8个字:提、按、顿、挫、轻、重、缓、急,每一笔画又要"一波三折"。中国画的用墨又有"四字之称":浓、淡、枯、湿,而墨又分"五彩":焦、浓、重、淡、清,用墨采用"七法":破、泼、积、宿、焦、浓、淡。这样高度概括使得大家一目了然、清楚明白。

2. 使枯燥的理论知识教学趣味化

在讲解理论知识的过程中要穿插一些典故、故事,学员爱听,也易记、好懂,在潜移默化中达到教学目的,效果好,事半功倍。

3. 口语化、口诀化教学

例如,教画兰花叶的口诀是"钉头鼠尾螳螂肚",画兰花朵比喻成"兰花指",兰花叶的组合(构图)讲究"一笔长、二笔短、三笔破凤眼"。画山石和树木的口诀是"石分三面,树分四枝"。画山水画的口诀是"勾皴擦点染""远取其势,近取其质""千丝妙得,意在笔先""外师造化,中得心源"……

4. 形象化比喻

例如，画墨竹竹叶的组合可比喻为"平舟、偃月、鱼尾、惊鸦、落雁"，画山水画中的山川起伏称为"龙脉"，构图的散点透视称为"平远、高远、深远"，疏密关系比喻为"疏能跑马，密不透风"，藏露关系比喻为"深山藏古寺""万绿丛中一点红"。将中国画的用笔"平、园、留、重、变"比喻成"如锥画沙、折钗股、屋漏痕、入木三分、行云流水"，既形象又易懂好记。

5. 赏识教育法

"老学生"和"小学生"一样爱表扬，因而要多表扬、少批评或不批评，但表扬也不能变成"表彰会""和稀泥""你好我好大家好"，要发自内心地赞扬，对他们每个细微的进步都要加以肯定，不足之处要善意指出，绝不可讽刺挖苦，伤了他们的自尊心。另外要多鼓励和帮助他们参赛、参展、投稿，他们的学习成果得到社会的肯定，其喜悦之情溢于言表，更加激励了他们的学习热情。

6. "分灶"教学法

全国大多数老年大学都是按班集体授课，例如，国画班授课不分人物、山水、花鸟、翎毛专业，也没有年级之分，更不管水平参差，一人讲课大家听，我称之为"大食堂"，作业点评、课后辅导我称之为"开小灶"，这两者相结合，我认为是解决学员水平参差不齐的办法。

（二）如何"学"？

"教"与"学"是教学活动的两个方面，二者是辩证关系。"教"是外因，"学"是内因，外因必须通过内因才能发挥作用。"教"是理论，"学"是实践，理论指导实践。"教"是被动地学，"学"是主动地学。因此，如何"学"对于学习者显得尤为重要。

1．树立长期学习的观念

要有打"持久战"的思想准备,"活到老学到老""一分耕耘一分收获"。老年大学的教学异于大专院校,教学时间太短,加之针对性不强,要求不高,管理宽松,仅凭课堂教学短时间内取得较好的成绩是不现实的。学员的"学"主要靠个人主动、自觉和持之以恒的自学,只要方法对,加上自觉刻苦钻研,在三两年内掌握基本知识是可以的,再有三五年的学习积累即可拿出像样的作品来。

2．专攻一点,波及其余

一个人的精力是有限的,特别是"半路出家"的老年人,更觉得时间窘迫,时不待人,只能采取"突破一点触类旁通"的方法。因为"画理相通",山水画能画好,花鸟画也不成大问题。"书画同源""能画者必善书",很多老年朋友初学时热情高,什么都想学,但由于方法不对,"朝秦暮楚""东一榔头西一棒子",一学期下来什么都没有学会,产生畏难情绪,打退堂鼓,半途而废。如果一开始就采取"重点进攻"的办法,从最简单、最易学的地方入手,不仅上手快,而且通过半年或一年的学习,还是能学到一些东西的,逐步增加了自信心。

3．要珍惜时光。"一寸光阴一寸金","惜时"尤为重要

"天才来源于勤奋,知识在于积累""聚沙成塔,集腋成裘"都要时间,可是我们所剩的"时间"不多了,因此要珍惜每一分钟,珍惜每一堂课,不要把宝贵的时光浪费在"手机"上、"牌局"上和不属于自己责任的"孙辈"上。

4．"读万卷书,行万里路",它是学习中国画的金玉良言

"读万卷书"就是要求我们多看、多想、多问,博采众长,提高自己的专业水平,"行万里路"就是要求我们走出画室,向大自然学习,"外师造化,中得心源"。另外还要多学一些专业知识,政治、历史、文学、诗词等等都要学,要给自己不断"充电",让文化修养不断提高,道德情操也随之升华,心胸开阔、淡泊名利、洁身自好、心静如水、延年益寿。"腹有诗书气自华",一定能创作出格调高雅的作品来。

以上是我近20年的教学体会,不妥之处,敬请批评指正。

(作者系六安市霍山县老年大学国画班教师)

戏曲教学的点点滴滴

刘家瑾

我是一名庐剧老演员,在专业文艺的道路上历经了42个春秋。2010年,我应邀到霍山老年大学担任戏曲班教师,这一干就是12个年头,回想这些年的教学历程,也是自己边干边学的一个学习过程。

在党和政府的关怀和扶持下,新建的霍山老年大学,环境优美,文化氛围浓郁。踏进老年大学的大门,让人不禁有种心旷神怡、幸福满满的感觉,宽敞整洁的操场连接着门球场,门厅两旁盛开的茶花喜迎着走进校园的老年朋友们。宽敞明亮的教室里,崭新的桌椅摆列整齐,大家互相问候、叙谈,欢声笑语荡漾其间。

戏曲班的学员还真不少,坐了满满一教室,可见戏曲对人们的吸引力有多大!这在无形中也给了我压力。我虽然在专业文艺团体也带了不少学员,可他们都是十几岁的娃娃。这些老年大学的学员中,大部分都是退休的干部、职工,年龄小的也有50多岁,多数都是六七十岁,还有80岁的老人。年龄不同,嗓音不同,要求也不同。怎样教?如何教好?我是个做事认真的人,不想敷衍了事,所以在上戏曲班的第一堂课之前,我就根据新的教课范围,制定了不同的教学计划和课程安排。

(一) 认真备课,完善教学方法

老年大学设一个戏曲班,而班上的学员爱好广泛,各有不同,总的来说,侧重于庐剧、黄梅两个剧种。在霍山,真正让群众喜欢的地方戏,当数庐剧;黄梅戏由于其影响力,加之优美流畅的唱腔,丰富多彩的表演,也极受广大群众的喜爱。所以在教学中,我就以庐剧、黄梅两个剧种为主要教唱素材。

要教好学生,首先自己要唱好。多听,即经常听两个剧种的名家和专业人士演唱的唱段,学习他们的精美精彩之处;多看,查阅相关资料,从理论上规范学习演唱的方法和技巧;多琢磨。经过以上两个方面的学习后,在上课时根据不同唱段,再教给大家一点一滴的方法和技巧。例如,怎样唱出浓郁的黄梅戏风格韵味,如何将庐剧声腔尾音的真假声转换唱得轻巧自如、清晰圆润。从目前看来,已有一定的教学效果。

为了让学员学得好,关键是备好课。老年大学没有专属的教学课本,教唱资料必须自己寻找、选择。我选择的准则是:内容健康,唱段有特色,尽量适合老年人的嗓音条件。黄梅戏有很多经典唱段如《天仙配》《女驸马》《徽商情缘》等,庐剧有《梁祝》《白蛇传》《妈妈》,还有我县的自创节目《茶山新歌》等唱段。在教学过程中,我坚持由浅入深,循序渐进,认真教唱,确保让学生听得懂、学得会。要有耐心,多表扬、多鼓励。难唱的句子反复教,复杂的段子重点教,让大家能够熟练掌握,唱对、唱准,唱得好听,不断提高演唱水平,增强学员的演唱信心。

（二）活跃课堂，增强学员信心

为使学员增强学习兴趣，我在教学方法上注重因材施教、有的放矢。充分利用电脑、智能手机微信功能，为学员学唱服务。在教唱之前把相应的唱段发到戏曲微信群里，让大家先听先看原唱唱段，加深印象。现在，学校又在教室里配置了会议大平板，给大家的学习提供了方便。教庐剧原唱段子的很少，我就和伴奏老师合作，自己先做示范演唱，录音后发到微信群里。为使学员准确掌握演唱情绪，在每个唱段教唱前，我都要给大家介绍唱段的出处、剧情和人物及原唱的特色。学员学会整个唱段以后，我将班上的学员分成几组，每个小组分开演唱，使大家能互相学习、互相鼓励，同时也有互相竞赛的成分。这样提高了大家的兴趣，促进了学习的进度。每当大家唱得比较准确到位的时候，我就大加赞扬和鼓励，学员也唱得更开心、更有信心。听着他们随着二胡的音乐伴奏、鼓板的敲击，根据不同的声腔转换，饱含深情地唱着一曲又一曲，《春蚕到死丝不断》《山区茶树是无价宝》《十八里相送》等。黄梅、庐剧不同韵味、不同格调，学员唱得那样投入，唱到高潮处大家情不自禁地一起鼓掌欢呼，这就是老有所乐吧！

（三）培育骨干，服务群众文化

老年大学的戏曲课教学没有固定的模式，我自己也在教学中不断摸索、细化和丰富其中的内容。在教唱段时，要求大家首先唱准曲谱，基本掌握常用的音乐符号，以便能比较准确地把握本唱段的轻、重、缓、急和人物感情。每期还增加一些戏曲表演基础知识的教学，如面部表情的喜、怒、哀、乐，以及手势动作、身段造型等。这样在参加校内组织的演出活动中，不仅促进了排练进度，大家的学习兴趣也很浓。每个学期末的班上联欢活动，由原来的要求大家参加到现在大家主动积极参加。

老年大学给这些老年朋友们营造了一个环境优美、心情愉快的活动中心,同时也提供了一个展示他们风采的广阔平台,戏曲是我们民族的瑰宝,更是以其独有的魅力,吸引了这些老年朋友,开启了他们久未打开的嘹亮歌喉,唱出了悠扬婉转的古典声韵,也绽放出优美的群众文艺之花。现在班上的好多学员已成为各个社区、各个文艺协会的文艺骨干,在社区的文化活动、县内的各种节假日活动中都有他们活跃的身影。公园、广场上时时传来他们清脆悦耳的演唱声,吸引了广大群众前来观看,时常在现场还有观众一起演唱。他们还组成了小型文艺宣传队,排出精彩节目,送戏下乡,到农村、工厂、敬老院进行慰问演出,宣传党的政策,丰富群众的文化生活。

现在我们的生活越来越富足,特别是改革开放以来人们的生活越来越开心,文化领域为亿万群众带来了太多的获得感和幸福感,使我们参加社会活动的积极性更高了。从戏曲班历次参加各种活动的情形就可见一斑。每次校园活动,学员热情高昂,踊跃参与,都能精心排练,拿出精品节目展示。我们编排的黄梅歌《公民道德歌》在道德讲堂上演出,受到县领导的肯定和校领导的赞扬,并录音录像报送到省里,参加校园活动;班里编排的戏曲联唱《红梅赞》,以歌剧、庐剧、黄梅戏3个不同剧种的曲调演唱,学员们手舞红绸,使整个演唱氛围热烈,获得满场喝彩。2020年,虽因新冠肺炎疫情没有开课,但大家也没闲着,戏曲班结合抗击疫情,自编自创了黄梅歌《万众一心斗恶魔》,在多种场合的精彩演出,受到领导和观众的高度赞扬。

我们戏曲班里人才辈出,虽然他们都是老年人,但这个"老"字跟他们真的不匹配,在这几年老年大学的学习中,在这大好环境下,他们潜在的艺术才能不断被开发出来。他们不仅能歌善舞,还能自编自导;不仅自娱自乐,还在社会、社区、乡村、养老院都留下了他们精彩演出的身影。

在教课的12年中,我和学员不仅是师生,更是朋友、兄弟姐妹,他们对我不仅是尊重,更是关心。学员经常对我说:"刘老师你真认真,有耐心。"这是对我最高的奖励和肯定,我个人总结出教学中的3个"有",3个"很"。在教学中要有信心、有耐心、有爱心,在教学的过程中很辛苦、很享受、很快乐。

在这12年中,戏曲班始终是校内人数较多的大班,大家共掌握学会了百多首庐剧、黄梅的经典唱段,掌握了基础的乐理知识和戏曲表演的基础常识,上戏曲课给他们带来的是无穷的兴趣和欢乐。

老年大学十分注重师生不同才艺的发挥展示,适时成立了老年大学艺术团,选拔精英,编排精品节目,开展演出活动,活跃校园文化。大家也都信心百倍,不断打磨,反复排练,虽然组团不久,却也初露锋芒。戏曲歌舞《茶山新歌》、京剧歌伴舞《中国脊梁》等节目,在六安市春晚的演出中,在省城合肥的舞台上,都展现出艺术团的风采。

戏曲,是我一生的钟爱,自幼年12岁接触,至今年逾古稀,爱之深,情更浓。借老年大学这个平台,和我的学员(更是戏友),教戏曲传承经典,唱乡音师生同乐。我将在有生之年,为我们的民族瑰宝——戏曲,添光添彩,传承传播中华优秀文化,让老年大学戏曲班这支戏曲百花园中的一朵新花,开得更鲜更艳。

(作者系六安市霍山老年大学戏曲班教师)

学习太极需遵循"道法自然"

李存明

我叫李存明,年过半百,退伍军人,喜爱运动,兴趣广泛。年轻时喜爱国际标准舞,后来一个偶然的机会,又被中华传统太极文化的魅力所征服,于是经过多年的刻苦练习,终于成为一名太极教师。

2017年,我受聘为金安区老年大学太极班教师。几年来我在省内外各种武术比赛中获得了一些好成绩,我所带的学员也多次参加了各种武术比赛、培训,并获得了比较好的成绩,受到社会的赞誉。

老子曰"人法地,地法天,天法道,道法自然",揭示出世间万事万物都必须遵循相应的自然规律。中老年人练习太极拳也是如此,必须在教师正确的指导下进行,否则就可能因动作要领掌握不当,不仅达不到健身养生的目的,反而给自己的身体造成无法挽回的伤害。还有一些人为了迎合、追求动作的"完美或高分",不顾人体自身结构等因素,刻意把拳架放得过低,甚至出现严重超膝、腰膝关节不当扭转等问题,违反了"道法自然"这一客观规律。

《太极拳论》有言:"太极者,无极而生,动静之机,阴阳之母也。"我在教学中,从太极拳起势到收式过程中的升降、开合、顺逆、呼吸、收放等，无不巧妙地将古人阴阳转换的理念贯穿始终；将八卦中的"乾、坎、离、震、巽、兑、艮、坤"与太极拳"掤、捋、挤、按、采、挒、肘、靠"一一对应，形成了四正手和四隅手；并将五行中的"金、木、水、火、土"，与太极拳的"进、退、顾、盼、定"相呼应。

所谓太极拳，是以中华传统儒家、道家哲学思想中的太极阴阳辩证理念为核心思想，集颐养性情、强身健体、技击对抗等多种功能为一体，结合易学中的八卦、阴阳五行之变化，以及中医经络学和古代导引、吐纳术，形成的一种内外兼修、柔和、缓慢、轻灵、刚柔相济的中国传统拳术，是国家级也是世界级非物质文化遗产。

在教学过程中，我始终如一地贯彻上述基本原理，使学员逐渐体会到太极与太极拳不只是一种拳脚功法，而是一个涵盖内容广泛的文化体系。太极拳的教与学，不能简单停留在拳法套路的动作层面上，必须从相关中华古代博大精深的哲学思想和太极拳漫长的发展演化过程，以及各家门派既关联又相互区别的拳法理论入手，让学员充分掌握中华传统文化的精髓，逐步提高学员对中华传统文化的认知与认同，激发大家的爱国情怀，以及所肩负的传承发展的责任感和使命感！

有人说："当老年大学的教师与幼儿园教师一样，也就是带一帮老头老太太们一起玩耍玩耍。"持这种观念的人，终将会为自己的肤浅而后悔！

当你走进教室，别以为站在你面前的只是一群普通的老头老太太们，他们中间有许多都是有文化、有思想、有贡献的社会精英。其中有辛劳大半辈子，除了孙子什么都能放下的爷爷奶奶、外公外婆们；有从职位上退下来，正在重新寻找人生定位的领导干部们；还有琴棋诗书画等各种艺术的名家，前来调整心态、感受太极文化魅力的；更有功成名就、生活富裕，来消耗一下体内多余热量的……

如此面对,倘若没有充分的准备,心里或多或少还真会有点发"怵"。

俗话说:"太极十年不出门""练拳不练功,到老一场空"。要想真正学好太极拳,除了要弄懂拳理外,还必须练就一身扎实的基本功。基础差的要从弓马仆步、压腿、控腿、开胯、涮腰以及各种基础桩功练起。在各种拳法套路练习中,要让学员做到立身中正、去僵化柔。比如在陈式太极拳教学中,要在"缠丝劲"的前提下,使学员在每个动作层面上无论大小、快慢、开合都要以螺旋缠绕的运动形式,在"外三合"即"肩与胯合、肘与膝合、手与足合"的基础上,结合腰胯的旋转,达到力量贯穿指掌的效果!

上述太极拳概念中提到:"太极拳是结合中医经络学、古代导引、吐纳术"为一体,通过抻筋拔骨、拉伸肢体,充分刺激人体十二经络、奇筋八脉,使学员在心静体松、呼吸自然的状态下,"以意导气,以气运身""导气令和,引体令柔",逐渐领悟"内三合"中"心与意合,意与气合,气与力合"的太极状态,慢慢达到"腰为主宰,始于足,发于腿,形于手",绵绵不断、节节贯串、虚灵在中的境界,从而最终达到舒筋活络、气血通畅、祛病延年、增强免疫力的养生效果!

平时很少经过这方面训练的学员,虽然有点力不从心,但通过一段时间的训练,逐渐进入状态,最终信心满满地走上了健康快乐的太极征程。

从时间的角度出发,无论是教师还是学员,单凭每周一节不到两小时的课堂教学,很难达到以上教学目的,还必须有一个课外平台,在教师精心指导下,通过每天早晚常态化的反复练习、架形调整和动作纠正,学员才能逐步提高进步。

根据上述需要,我先后在六安和顺1911广场和金安区法制广场建立了气功晨、晚练点(第二课堂)。经过4年多的公益教学,使许多学员以及周边社区的居民从中受益,不仅使大家的身体素质得到了普遍的改善和提高,还慢慢地掌握了十几套气功、太极拳、器械套路的演练;使大家由起初的"太极小白"逐步成长为现在的"太极新秀",同时收获了健康,得到快乐;有的学员还在有关比赛中获得好成绩。

很多人都是在病魔缠身后方领悟到健康的重要性!晨晚练点建立后,先后有多名身患各种疾病的学员加入到我们的太极行列中来,在科学合理的指导下,通过一段时间的太极、气功以及桩功练习调理,大多数人的病情都得到缓解,有的甚至基本痊愈。

通过《全民健身计划纲要》《全民健身条例》《"健康中国2030"规划纲要》,以及习近平总书记"没有全民健康,就没有全面小康",要"科学健身,全民健身"等相关指示精神的学习,我认识到:要完成这一重要使命仅靠个人力量是无法实现的。2019年年底在相关部门的大力支持关怀下,我们成立了金安区武术协会。在协会统一组织及体育主管部门和区老年大学的精心指导下,各项日常活动也更加科学有效、井然有序。协会先后多次组织参加了六安万达、皋城、吾悦等广场的太极气功类公益展演,以及各种与太极相关的比赛交流学习活动。同时协会还以旅游的形式,经常组织开展如扬州、厦门等旅游风景区的太极文化传播交流活动游。这样"以演带练、以游促学"的方式,进一步激发了老年学员的幸福感、获得感和自豪感!

一场来势凶猛的新冠肺炎疫情,严重影响了老年大学的正常教学。学校被迫停课,广大学员居家隔离,身体和心理受到了一定程度的负面影响。然而习武之人在困难面前不能退缩、不能消极等待!为了做到"停课不停学,居家不停练",在学校领导的组织下,我们克服各种困难,运用网络、微信等科技手段,开展了历时半年多的线上教学,收到了一定的效果。疫情好转后,我们在做好防疫的基础上,带领学员每天早晚戴着口罩,保持间隔距离,继续坚持户外教学和练习。

2022年下半年,党的十二大将在北京隆重召开,作为一名普通群众,一名老年大学的教师,坚决听党话、跟党走,热爱祖国、热爱人民,一如既往地为我市中老年教育事业,贡献出自己的绵薄之力!

(作者系六安市金安区老年大学太极拳教师)

我在书法教学中的几点粗浅体会

刘戊友

我在老年大学书法班授课已有4年了。在授课实践中,坚持认真备课,通俗讲解,勤于示范,注重引导,得到了老年学员的认可。几年的教学实践让我感受颇多。

(一)重视书法基础知识的普及教学,提高学员对所学课程的认知度

中国书法被列为中国十大国粹之首,并被联合国教科文组织列入世界非遗名录,不仅在中国传统文化中有着显赫地位,而且是一张影响世界的"中国名片"。要使学员学好书法,首先必须使其了解书法,掌握书法的基础知识。

为此,我特意购买了《中国书法一本通》,较为全面地了解了中国书法的一般知识,并用几个课时,对学员进行了认真的讲解。从汉字的起源到各种字体的演变发展,各种书体及历代书家简介,字法、笔法和章法,文房四宝及其认识和选择等一般书法常识,都向学员做了系统的介绍,从而使学员认识到中国书法的博大精深,不仅具有实用性,而且具有极高的艺术性。学好书法,必须敬畏传统,刻苦笔耕,在学习书法中,锤炼品格,陶冶情操。书法基础知识的学习,大大提高了学员对书法的理性认识,为增强学员学习的自觉性、积极性打下了基础。

(二)重视学习兴趣的培养,保持学员学习热情的持久性

兴趣和爱好是最好的老师。有些学员刚开始学习时兴致很高、信心满满,但经过一段时间自觉进步不大、难度不小,产生了枯燥无味的感觉。怎样使学员保持学习热情呢?我觉得关键是使学员对书法兴趣不减,促使其越学越想学,越写越会写。学习书法,不能期望一蹴而就,必须下一番功夫,但兴趣是前提,方法是关键,有了浓厚的兴趣和正确的方法,才能收到事半功倍的效果。

我在开课第一天就给每位学员写了一幅作品,用以培养大家对书法的爱好。我的作品虽然档次不高,但有楷书、行书、草书,使新学员一开始就感受到书法世界的精彩纷呈、美不胜收。在每次授课时,尽可能讲些大家感兴趣的知识。比如讲到"间架结构九十二法"和8种笔画时,侧重讲清各种笔画在书写运用中的变化,不拘泥于一种写法。变化多了,学员产生好奇心,滋生新鲜感,"原来这笔画还可以这样写!"这样就自然地激发了大家的学习积极性。

（三）重视共性教学与个性教学相结合，力求使不同基础的学员共同进步

上老年大学的书法学员，大多是老年人，其中又以老年女性居多。老年学员与少年儿童有着不同的特点。一般来说，他们的社会阅历较为丰富，对事物的观察力、理解力、审美力都较强。特别是女性学员，她们观察问题比较细心，并具天然的爱美之心。这些特质对于学习书法来讲，就是有利的客观条件，即"学外功"。而老年学员之间也有差异：一是基础参差不齐，有的年轻时接触过、练习过，有一定的基本功，有的只写过硬笔，从未拿过毛笔，对书法比较陌生；二是审美情趣的差异，有的喜欢清秀疏朗的字体，有的爱看厚重沉稳的字形，有的爱端庄整齐的楷书，有的钟情于潇洒流畅的行草……这些基础和审美方面的差异，对书法教学提出了更高的要求。虽然老年学员对自己并没有过高的期望值，学书法也不图成名成家，但为了满足学员的爱好需求，使他们在原有基础上有所进步，同时又使他们的审美情趣得到释放，特长得到发挥，这就成了教师追求的目标。基于这一认识，在教学中，我就突破常规，不去单一地讲某一种字体或某一家的书体，而是抓住书写的一般规律，引导学员领悟书法的本质。比如，讲解楷书如何写得灵动、行草如何写得庄重，不强求学员一定要练某一种书体，可写"二王"，亦可练"颜、柳、顾、赵"，可写楷书，也可练行草，不要求同步同进。同时，除了上大课之外，离开讲台时，我采取个别指导、微信群中指导、批改习字作业等方式，提倡学员之间相互切磋，同时采用讨论式教学等方法，以增强教学效果，不拘一格，不求一律，使学员在学习中，既能老有所学，也能老有所乐，既能接受一般书法知识技法，又能充分发挥自我，达到异曲同工之妙、殊途同归之效。

（四）重视传统和弘扬正能量相结合，在教学中培养学员的爱国情怀

书法教学不能为了教写字而写字，而要引导学员从书法这一优秀的传统文化中汲取精神力量，提升自身素质。中国书法，如同"四大发明"一样，充分反映了我国劳动人民的聪明才智，值得后人引以为骄傲和自豪。历代书法名家大多是人品、书品俱佳，故有"书品即人品""书如其人"之说。在教学中，使学员弄清人品与书品的关系，懂得"作书先做人"的道理，从而把学书的过程变成加强品格修养、培养爱国主义精神的过程，促使每个学员人品、书品兼备，都能写一手漂漂亮亮的中国字，做一个堂堂正正的中国人。

（作者系六安市金安区老年大学书法班教师）

助力最美夕阳红

邓元生

一个偶然的机会，我登上了老年大学的讲台，经过5年多的教学实践探索，以老年学员为中心，与老年学员共成长，精心躬耕，力做老年学员满意的"好园丁"，我由一个教学"门外汉"蜕变成了热爱老年教育事业的老年大学摄影专业教师，我的教学方式得到了老年学员的认可，同时也收获了不一样的人生体验。

（一）以老年学员为中心的教学心态，与老年学员交朋友

老年大学学员心目中理想的教师是怎样的形象和条件？老年学员喜欢怎样的教师？我通过近几年的教学实践和摸底调查，大约60%的老年学员认为老年大学教师最重要的就是教学态度和敬业精神。如今老年大学都是由政府部门主办、向社会敞开的福利性办学机构，公益性质特点明显，那么就更加要求老年大学教师要端正教学心态。

党的十九大报告将"坚持以人民为中心"确立为新时代坚持和发展中国特色社会主义的基本方略之一，这意味着坚持以人民为中心也是老年大学教师工作的出发点和落脚点。对老年大学教师来说，坚持以人民为中心就是要坚持以学员为中心，树立全心全意为老年学员服务的教学心态。

有了好的心态，老年大学教师就会对老年学员充满热爱、尊重和关心，就会在态度上表现得循循善诱、和蔼可亲，自然会受到老年学员的欢迎。老年大学教师首先要与老年学员建立十分融洽的情感关系，让学员对教师产生亲近感，进而形成师生互动、教学相长的良好局面。

老年大学教师要成为老年学员所喜爱的教师，最简单、最直接的办法是平易近人，多接近学员，跟他们交朋友。教师了解学员，学员也了解教师，师生只有相互了解，才能相互理解信任。教师和学员心心相印，才会收到教学的最佳效果。

（二）增长知识才能，与老年学员共成长

我结合教学实践和通过调查了解到，老年学员还是比较看重教师的真才实学的。从这一点上看，任教教师要在专业领域上有

一定建树,教师本人的专业要有一定的资质。比如本人具有高级摄影师资格证,是中国摄影家协会会员,获得过全国摄影艺术展银奖及省摄影艺术展金、银、铜奖等荣誉。专业水平要有一定的高度,尤其是专业观点认识要亮明,比如摄影界的艺术价值标准、作品评判标准,以及新时代文艺作品创作导向等,这些都要站在一定的高度,使教授的专业课程具有较高的层次和水平。

有资质不一定代表有能力,要想教好一门课程,教师必须不断加强业务学习,增强自身的知识储备和"实战"能力。比如我以摄影为牵引,进行了一系列业务学习升级,先后购买50余本摄影专业书籍、教材,为备课打下坚实的基础;多次报名向国内业界专家高手学习摄影后期处理技能;订阅了《中国摄影报》《人民摄影报》等报纸;系统学习了摄影理论、后期处理等专业知识。在此期间我还参加了中国摄影家协会第四期全国青年摄影人才培训班,多次参加省、市摄影家协会理论(创作)班,并当选安徽省摄影家协会新闻纪实委员会委员、六安市摄影家协会副主席。为了教学而有针对性地自我提升,我也在专业上得到了进步和提升。

(三)精心躬耕"四步走",力做老年学员满意的"好园丁"

1. 认真备课,做好教学准备

搞好老年学员教学,备课是关键,备课充不充分直接影响教学效果。每学期开学之前,我就拟订好教学计划,确定教学内容,尤其是利用寒暑假,及时更新教材内容,完善教学课件,做好充分的教学准备。为了解决老年学员年龄偏大、记忆力较差等特点,我精心选编合适的教材,参考高校摄影教材,结合自己的摄影经验和体会,采用遴选、改编、整合、补充等方法,根据我教授学员的不同层次,非常有针对性地自编了摄影中级班、研修班、创作班的老年摄影教材,并制作成PPT课件在课堂上讲授,非常形象直观。同时我还精心录制了教学视频,上传线上教学课程;自编教材更是能满足老年学员的实际学习需求,尤其结合一线现代化教学手段,收到了良好的教学效果。

2. 扬长避短,注重课堂讲授

老年人年纪比较大,记忆力大为降低,对他们的教学必须扬其所长,避其所短,适其所学,合其所味。在实际教学中我主要注重运用以下几种方式:一是经常提问。虽然对待老年学员不能像对待在校学生那样,但在课堂上首先就是要通过提问来规范课堂纪律,通过提问既可以促使学员开动脑筋、集中注意力,又可以活跃课堂气氛。每堂课有了提问环节,学员的注意力明显要集中些,因为若学员不认真听课消化,则很容易被问倒。二是反复复述。反复讲、堂堂讲,不断复述上课内容,可以有效地解决老年人学了就忘、记不住的特点;通过温故而知新,强化对知识点的记忆、理解。三是亲手示范。这种教学方式比较直接、有效,比如我要求学员每节课都要带上相机,遇到有操作内容时就亲手示范、现场教学。四是相互讨论。即对一些需要深化、拓展的学习内容,引导学员展开充分讨论,鼓励他们大胆相互交流,通过讨论刺激学员的兴奋点,激发学习兴趣。五是倾听意见。每个阶段、每学期,我都会及时组织学员座谈会,倾听他们的学习感受和教学意见,增强教学的针对性。

3. 因材施教,做好差异化教学

老年学员的学习目的和摄影水平存在差异,教学内容不能一刀切,教学方法也需灵活多变,因此教师最好采用分类施教法。根据学习目的不同可将摄影班学员大致分为两种类型。第一类是休闲娱乐型。这类学员大多没有系统地学习过摄影,但他们对于深入生活进行摄影创作的兴趣较浓,积极性很高,针对这类学员,我主要由浅入深、循序渐进地教授他们摄影基础知识,尤其注重结合实际,比如用学员自己拍的照片进行知识讲解,肯定其作品优点的同时,指出照片中需要改进的地方,以鼓励为主,充分调动学员的学习积极性,以促进其摄影技术不断提升。第二类是进取钻研型。这类学员大多具备一定的摄影理论知识或实践经验,在学习过程中比较理性,求知欲强,具有一定的钻研精神。对于此类学员,在理论讲解、创作指导和作品点评时,须尽量提高要求,以专业的眼光对他们的作品进行专业分析评论,引导他们向专业领域奋进,鼓励他们积极参展、参赛,开拓自己的视野,以使其尽快进入较高的摄影艺术层次。

4. 理论联系实践,巩固学习效果

理论与实践相结合对于摄影这门操作性非常强的专业教学来说尤为重要,因此我每学期都要安排一定的时间组织摄影班学员到校外采风,进行教学实践活动,也就是用好第二课堂。根据季节的变换灵活安排实践课,采风前,在理论课上提前传授学员不同季节的相关采风知识,然后组织他们实地采风。摄影实践课同时也是摄影习作课,每到一个地方,教师可先选好景物,确定拍摄对象,然后组织学员各自选择角度进行摄影创作。学员之间可互相观看对方的摄影习作,取长补短,共同进步。

坚持理论与实践相结合的教学方法,可培养出一批具有敏锐观察力、丰富想象力和快速反应力的摄影学员,不断提高摄影教学水平,使学员全面了解摄影知识、掌握摄影技能,更好地达到学以致用、怡情养性、提高生活质量的目的。

"路漫漫其修远兮,吾将上下而求索。"我要继续努力,在老年大学这片乐土上勤耕不辍,探索创新,助力最美夕阳红!

(作者系六安市裕安区老年大学摄影班教师)

多举措提升教学水平

潘龙辉

书画活动是最好的养生方式之一,所以很多老同志退休以后,想到的第一项活动就是画画、写字。在区老年大学从事绘画教学工作期间,也会遇到些问题值得研究,我始终在教学中探索学习的方式方法,以求做到满足老年学员的要求。

1. 告知老年学员对学书画要有思想准备

学习书画无论是自娱自乐还是想学有所成,都要有持之以恒的心理准备。好多老同志开始决心很大,学了一两年,觉得收效不大,或者遇到一些困难,就放弃了,这很可惜。"行百里者半九十",成功者一定是那些能坚持下去的人。由此看来,学前要三思而行,自己对书画了解多少?喜爱书画是不是由来已久?有没有空余时间?家人是不是支持?家庭环境与条件允许吗?诸如此类的情况都要考虑到,学起来才踏实。学中要持之以恒,自己要有足够的恒心定力,成功往往就是在紧要处多一份坚持,只有这样才能做到放眼未来而信心满满。

2. 要有正确的学习方法

老年人学书画无法像正规的院校那样系统和全面,如今大家的学习方式主要是由教师辅导外加自学。教师的辅导不可能是全天候的,因此自学显得尤其重要。课堂上看教师示范,听教师讲解,课后能不能完成作业,坚持画、写,就要看每个学员自学的能力和毅力了。有些积极性高的学员会主动寻找临本,在教师教学中认真听讲,有的还用手机录像,我想这种学习态度是会有收获的,几年下来就画得不错了。我自己感觉,单单听教师讲课,只在课堂上画上几笔,那是远远不够的,必须将大量的时间放在自学上。例如写生,学习绘画是必须要学写生的,所谓"外师造化,中得心源",前半句就和写生有关。通俗一点讲,临摹是学习他人成熟的东西,写生就是在画自己观察到的对象、画自己的画。你能讲写生不重要吗?老同志学画不能怕写生,哪怕在家里关起门来画些瓶瓶罐罐、花花草草,也不能放弃写生,学习绘画越到后期越会感觉到写生对你的帮助,越会看到写生的重要性。

3. 不能急于求成,要循序渐进

学书画开始时好像并不难,花两三年工夫,就能画个牡丹、竹子、梅花。有的老年同志觉得这样就可以了,很想有展出的机会,或者能参加个什么协会,挂个什么名衔,如不能遂愿,往往会失望,很伤感情。当时看着周围一起学习的人,和自己的水准也差不多,都处于入门的状态。顿时领悟到,这就像小学时候做"加减乘除",对大家来说都没有难度,而真实水平,非得到高中以后,才会显山露水。同样,学书画,没有七八年的时间也是看不出苗头的,因此不能急于求成。我是经过反复实践,才明白了水到渠成、瓜熟蒂落的道理的。所以在学习书画的过程中老同志们要静得下心、耐得住寂寞,要交朋友多交流,才会在相互学习中不断提高。"书山有路勤为径,学海无涯苦作舟",功到自然成。

4. 教师在教学中要耐心、细心

老年大学的学员层次不同,有退休干部、教师、工人,也有普通群众、农民。他们的层次不同,教学的时候要注意到学员的接受能力。老年朋友年龄较大,身体不如年轻的时候,思维能力也不如以前，对于一个新内容要给予他们足够的时间来理解，这就要求教师在授课的时候要着重把握学员的接受能力，循序渐进地教学。

5. 教师要认真点评学员作品

我每节课后都留有作业，在下节课新课开始前要对每一位学员的作品进行点评，并且让学员互评。一来可以通过学员作品了解他们的学习情况和学习态度，二来可以锻炼学员的绘画能力和欣赏能力，还可以通过点评让他们找到自己的不足便于改正。坚持让学员在观察交流中体会和掌握绘画技巧，做到每堂课都是一次绘画的深入交流，师生、学员之间同学同乐。

（作者系六安市叶集区老年大学绘画班教师）

送人玫瑰　手留余香

韦尚朴

我是舒城县五显镇人，中共党员。1938年6月出生，1956年参加工作，先后在五显镇多所小学任教，1983年担任滑水河学区校长直至1998年7月退休。同年9月，被五显镇政府选聘为老年学校美术教师和副校长，2020年获得安徽省老年大学系统"优秀教师"称号。

（一）与时俱进，政治过硬

我努力学习马列主义、毛泽东思想、邓小平理论、"三个代表"

重要思想和科学发展观,特别是努力学习习近平新时代中国特色社会主义思想,对自己高标准严要求,与以习近平同志为核心的党中央保持高度一致,能坚定不移地贯彻党的教育方针、忠诚党的教育事业,具有强烈的事业心和责任感,学习党史与时俱进。几十年来,我从不无故请假、旷工及迟到,总以百分之百的热情投入到老年教育工作中。

(二)投身教学,躬亲示范

在教学中,我注重激发学员学习美术的兴趣。大部分学员都是抱着试试看的心态来参加美术学习的,如何让他们留得住、学得好、乐在其中呢?我认为兴趣是最主要的。在校领导的关心下,我充分发挥美术教学的独特魅力,使课程内容、形式和教学方式都能激发学员的学习兴趣,并使这种兴趣转化成持久的情感态度。同时将美术课程内容与学员的生活经验紧密联系在一起,强调了知识和技能在帮助学习、美化生活方面的作用,使学员在实际生活中领悟美术的独特魅力。在教学上我认真钻研教学大纲,吃透教材内容,认真备课,吸收一些先进的教学方法并用于教学上,并着重研究老年人的特点,耐心上课。

我擅长山水画,山水画技法繁多、内容丰富,为了便于学习,在教学内容安排上我遵循先易后难、分类辅导、反复练习、循序渐进的原则。如教树的画法,先教树干、树枝、树根的画法,然后依次从易到难,教画枯树、点叶树、夹叶树,最后教丛树的画法;教山的画法,先教画石块,然后教画近山、远山。先易后难,先简后繁,先局部后全面地教学,使学员容易接受和领会。教中国画,笔、墨是关键,各种景物都要通过笔、墨的运用和变化来表现,前人在用笔用墨方面已积累了丰富的经验,创造了许多方法,如用笔的方法有中锋、侧锋、逆锋,又有皴、擦、勾、勒等表现手法;用墨方面有焦墨、积墨、浓墨、淡墨之分,有浓破淡、淡破浓、色破墨、墨破色等方法。这些方法都结合在讲课时边讲理论边示范,通过直观教学和视觉感觉,使学员体会到国画中用笔用墨的方法巧妙、变化无穷,从而提高学员学习国画的兴趣,苦练基本功。展示优秀学员的美术作品,能激发学员的创造意识。在美术教学中,我收集了许多优秀的学员作品,让学员鉴赏,评议优劣:好在哪里、差在哪里、什么原因、怎样提高改正,启发学员积极思考,各抒己见,活跃课堂气氛,提高学员的审美能力和理论水平。那一幅幅生动的美术作品,虽不是十分完美的艺术品,但在老年学员的眼里,这就是美,美的感受会使他们从心底萌发出也想试一试的念头,甚至是想超越的愿望。

多作示范作品让学员临摹。印刷品不容易看清用笔用墨的方法,不容易临摹,我边示范,学员边临摹,师生互动,学员更容易接受。我在每堂课前,根据教学需要,事先都准备一些范画,教课时带到课堂上让学员临摹,这些范画紧密结合教学内容,同时在示范中,将有关理论融汇其中,颇受学员欢迎。

在教学中,由于采取较为得体的教学方法,使学员的绘画水平不断提高,不少学员的作品参加了省、市级的美术作品展览,有的作品选入各种画册中并出版。

我是老年学校的教师,同时也是勤务员。镇老年学校每次学习日,我总是早早到校,打扫教室卫生,斟茶倒水和安排生活,坚持事必躬亲,同时做好学员的善后工作,让他们乐享晚年。一次,镇老年学校学员李某反映其4个儿媳妇不尽赡养义务,在照顾老人生活方面,你推我让。我主动与司法所同志一道,四上李家,动之以情,晓之以理,阐明赡养老人是每个子女应尽的责任,并陈述利害关系,告诉他们镇司法所设了老年维权岗,优先查处涉及老年人侵权的案件,并将无偿提供法律援助。我的诚心,终于感动了李某的 4 个儿媳,她们纷纷表示,以前不懂法律,今后一定主动赡养老人。

(三)送人玫瑰,手留余香

20 多年来,我一直扎根于五显镇老年教育事业,闲暇时间笔耕不辍,作品有 2000 多幅,为五显镇的精神文明建设做出了自己的贡献,同时无私奉献,所用笔墨纸张未用老年学校一分钱,不计名利,积极参与到五显镇的各项建设活动中。

2003 年,五显镇全面开展诚信守法星级户评定活动,我创作了作品《常回家看看》,该作品描述了朝夕相伴的两只老麻雀在树上为儿女做窝,一双儿女从外面飞回来,衔些食物带回家孝敬父母。"老人不图儿女有多大贡献,一辈子只求个平平安安……"

2007 年五显镇景山敬老院为美化环境,搞文明创建活动,我和学员黄太恒、胡科条等同志画了 12 幅山水画,题意是"夕阳红似火　情暖敬老院"。

在五显村、石关村、县老年大学的廉政建设,以及五显镇中山画院创作基地的建立、《五显镇志》的出版中,我都奉送了自己精心准备的绘画作品。

在党委政府和各级老教委的关怀下,我的绘画作品受到了大家的肯定和认可,有的作品在县、市展览并于《六安老年教育》及县老教委刊载,有的留在老年学校开辟专栏;我多次到各中、小学举办个人画展,受到省、市、县领导和兄弟单位参观者的好评。2021 年 1 月我被评为 2020 年度安徽省老年大学系统"优秀教师",我们五显老年学校两次被评为省级示范学校。

活到老,学到老,老年学校就是一个大舞台,让我充实了自己、开阔了视野、提高了政治领悟力、焕发了青春。

(作者系六安市舒城县五显镇老年学校美术课教师)

小议农村老年学校舞蹈教学

姚宏琼

眼下随着农村广场舞运动的不断普及,农村老年学校学员学习广场舞热情高涨,作为乡村老年学校舞蹈教师,下面就如何开展好农村老年学校舞蹈教学,结合本人的教学实践,简单地谈谈浅显的看法。

(一) 注重符合实际

乡村老年学校的学员,学习舞蹈主要是为了强身健体、娱乐生活和业余爱好,学员普遍存在学历层次不高、思想不够开放、舞蹈基础较弱、跳舞不注重热身等情况。我所教学的7个村的学员中,95%以上的学员舞蹈基础较差,大部分学员为零基础,加上年龄、学历、理解力、记忆力等原因,给教学带来很多困难。为此每所村级老年学校成立时,我都要建立一个舞蹈学员微信群。刚开始教学时,我总是选择一些简单、易学、好记的广场舞教学,以示范教学为主、理论教学为辅,尽量让学员能够学会,树立学习信心,然后逐渐教一些难度稍大的广场舞。同时,也要考虑到学员的实际情况,像探戈、伦巴、交谊舞等这类难度相对较大或不符合农村老年学员思想认知的舞蹈,不建议选择教学。为便于学员学习掌握,每堂课我都教完要学的广场舞的全部动作,并把教学过程录制下来,将视频发至学员微信群中,让没有学会的学员课下对照自学,以达到教学的目的。针对大多数学员不注意舞前热身的情况,我不仅在每节课教学之前,带领学员做一些必备的拉伸、扭胯、压腕、压腿、压肩、压脚背等热身动作,而且教育学员日常锻炼也要照做,以便保护身体。

(二)激发学习兴趣

激发学员的学习兴趣,是教学成功的关键之关键。教学中,为激发学员兴趣,我重点从3个方面入手:

1. 选择流行舞蹈

农村老年学员网络跟风意识较强,每当有新的网络流行广场舞出来时,就希望我能及时教学。因此,教学中要尽量迎合学员胃口,及时教学网络上流行的广场舞,以此来引起学员的学习兴趣。

2. 教学乡土舞蹈

每个地方都有经典的地方流行舞蹈,老年人怀旧意识较浓。教学中,我结合地方特色和学员特点,教秧歌、腰鼓、莲湘、碟子舞等流行于20世纪50年代至70年代的地方舞蹈。学员在学习中仿佛一下回到自己的青涩年代,学习劲头很足。

3. 开展指导评比

针对大多广场舞学员乐于奉献社会且热情较高的实际情况,我积极与各村两委干部联系,推荐舞蹈基础较好、乐于公益的学员担任村级广场舞教员,指导各村普及广场舞。每年年终由镇老龄委和镇老年学校联合举办一场全镇广场舞比赛,对获得名次的村广场舞队和指导员进行表彰奖励。

(三)培养价值取向

舞蹈教学不能为教学而教学,要注重培养学员的价值取向,让学员在学习中树立正确的价值观。

1. 学会欣赏音乐

音乐是舞蹈的灵魂,舞蹈是音乐的回声。懂得音乐节奏,学会欣赏音乐,是开展舞蹈教学的重要一步。我所教的学员之前大多对音乐知之甚少,有的根本不知道节奏在哪里,更别说欣赏音乐了。为此,我十分注重对学员乐感和节奏感的培养,让他们在我的不断讲解中感知舞蹈节奏和音乐之美,自觉地向舞蹈需要表现的精神靠近,实现视觉和听觉的完美结合,在舞蹈学习中愉悦身心。

2. 学会选择音乐

广场舞舞曲和歌词鱼龙混杂,不乏低级趣味的,但更多的是高雅向上的。教学中,我们不仅要选择传递社会正能量的舞曲教学,更要教育学员选好广场舞舞曲。

3. 学会奉献社会

奉献社会、发挥老年学员的作用,是我们办学的主旨之一。为此,我从学员中挑选20人组建了一支镇级老年舞蹈队,并编排了《开门红》《好运来》《俏夕阳》等广场舞,以及筷子舞、秧歌舞、腰鼓舞、莲湘舞等舞蹈节目。这既便于学员参加上级组织的各类广场舞汇演或比赛,又能让学员参与境内组织的各类公益演出活动,学用结合,服务社会,既提高了学员的自身价值,也为学员的生活增添了乐趣。

总之,注重农村实际、激发学习兴趣、培养价值取向,是做好农村老年学校舞蹈教学的关键所在。只要我们用心用情去做,农村老年学校的舞蹈教学就一定会展现出更加优美的舞姿。

(作者系六安市舒城县千人桥镇老年学校舞蹈班教师)

中老年舞蹈教学的实践与体会

陈小柏

随着老年教育的发展,具有中国特色的舞蹈文化迅速发展,特别是中老年舞蹈教学遍及全国各大城市和地区,各省、市及区县的老年大学纷纷创建舞蹈系,开设与舞蹈相关的课程,甚至部分社区还开设了舞蹈班,从选择舞蹈课程的人数居高不下的状况,就足以看出舞蹈在这一群体中的"火爆"程度。经过近几年的教学实践,结合目前马鞍山市中老年舞蹈教育的现状来看,存在的突出问题是其自身的教学定位不够清晰,还没有形成与学员所需相适的教学体系;在教学计划、形式、方法和内容上凸显其贫瘠和荒芜。

(一)明确教学对象及定位

中老年舞蹈教育是成人教育的组成部分,是社会人终身教育的后期阶段,是构建学习型社会和提高全民族思想文化素质的有机组成部分,也是精神文明建设不可或缺的一个方面。中老年舞蹈教育不是英才教育,而是国民教育;不是选拔教育,而是普及教育;不是淘汰式教育,而是发展式教育。

老年大学的舞蹈教学,很难给予其准确的定位。经过近10年在市老年大学的实践,我认为对于老年舞蹈的定位,应该考虑到它产生的条件、参加的群体和表演的方式。中老年舞蹈的实用性大过观赏性,自娱性大过表演性,民间性大过舞台性,具有巨大的活力和特殊的存在形式。

(二)老年大学舞蹈教育需求

学员在需求意识没有完全觉醒的时候,短期内会将健身作为核心目的,以消磨时间、自我满足为主要表现,对舞蹈的接触与认识没有"专业"和"高端"的要求,只是希望在和谐的氛围里达到自我满足。而经过一段时间的学习后,他们丰富的情感与积极的学习状态,使他们对舞蹈的追求已经从满足健身目的的单纯角度做了更进一步的升华。随着社会向前发展和自身认识的不断提高,他们不再满足于单一的学习与鉴赏,而更多地需要舞蹈从内而外对他们的感染,这就从深层次上提升了他们对舞蹈的积极追求。而在获得和追求的过程中,通过全面而细腻的舞蹈教育让他们充分得知,在健身、健心的基础要求上,运用舞蹈本身的情感表达和审美与社会需求、个人满足相结合,能够获得自身精神层面的再提升。

(三)中老年舞蹈教学的实践

1. 增强教学的科学性

在中老年舞蹈教学实施过程中,科学有效地设计相应的舞蹈元素来加以练习,就显得尤为重要,不注重科学的训练,就会适得其反。如在民族民间舞的教学中,有藏族舞、维吾尔族舞、傣族舞等,其基本动律等就很适合中老年人学习。我们在动律的训练和动作的选择上应该加上有针对性的设计,基本动律训练好了,各类舞的风格就比较容易把握。在此基础上如何选择适合学员的舞蹈组合,动作的强度、幅度、训练时间等环节如何把控,都是需要在实践教学中逐渐积累的,同时还得考虑中老年人身体各方面的素质,包括骨骼的钙化变硬、骨密度降低,肌肉张力、耐力以及动作记忆能力也在不断下降,这些问题是需要教师在课程教学之初就要优先考虑的。此外,我们还应该避免学员在舞蹈教学过程中出现意外。所以把握训练的科学性,是中老年舞蹈教学的第一要务。

2. 要强化舞蹈教学的艺术性

随着人们生活水平的不断提高,社会不断开放,经济文化交流不断加强,人们的审美文化层次以及精神文化需求也在相应提升。在中老年舞蹈教与学的过程中,审美感知、体验和创造3个环节是阶段性逐层递进的。首先,中老年朋友能通过视觉、听觉等感觉器官感受舞蹈动作、服装、音乐带来的美的初步感知,发现舞蹈之美。其次,他们通过学习舞蹈进入由表及里的体验感知,通过人体的感知器官对不同风格舞蹈的动作美、节奏美和意境美进行身心体验,感受不同的舞蹈文化之美。最后,他们通过舞蹈的学习进一步调动内心的情感和拓展自己的想象力,将美内化为心中的不同形象,尝试积极主动地创造美。

3. 要制定切实可操作的舞蹈教学计划

老年大学的中老年舞蹈教育的目标是:丰富晚年生活、强身健体、陶冶情操。其中就中老年人群在传承中华文明、弘扬传统文化和对舞蹈繁荣发展的作用方面提得不多,但教师在制定教学计划时要明了这一重要作用,随着中老年人舞蹈觉悟的提高和文化素养的丰富,将对下一代甚至下几代都产生较大的影响,这对舞蹈教育的普及推广也会产生积极的推动作用。没有教材的教学是不规范的教学,有了教材教学才会有章可循。以前的中老年舞蹈教学还比较紊乱,完全取决于教师的个人能力,有什么教什么,比较随意。这样就会出现教材的难易程度不好把握,教师授课缺乏持续性等问题。随着2015年校本教材的陆续出版,情况有所好转。

(四)教学体会

教学反思不仅是教师职业活动的一个重要环节,也是教师的一种重要能力,无论是对教师的成长还是对学员的学习以及教育理论的发展都具有重要意义。通过教学反思能够逐渐提高教师的自我教学监控能力,提升教师的专业素质和教学水平。

教学反思的基础是备课的积极与认真(在备课时应考虑到学员的特点、兴趣及爱好,尽量联系他们的生活实际,走近他们的生活,经常用他们感兴趣的事物或话题来吸引他们的注意力,调动他们的积极性),教学反思的出发点和内容是教师对自己的"教"与学员的"学"的过程回顾,以及教师对教学目标达成情况与生成性目标实现情况的内心评价,教学反思的常态化主体是教师自己,教学反思的目的是自我警醒与自我完善。教学反思的重点是目标达成状况的自检,着眼于学情评价。借助于教学后的反思能提升教学效率。

在中老年舞蹈普及教学的过程中,为了达到理想的教学效果,除了要注意中老年人的体质和动作幅度不宜过大等问题外,还应注意以下几个问题:

1. 要选择风格明显并具有时代感的教学音乐

课堂教学选用的伴奏音乐要尽量选择中老年学员喜爱的、具有时代感的歌曲。例如,选择他们那个年代的"红歌",还有现代流行音乐中他们喜欢哼唱的歌曲等。就学习民族民间舞蹈而言,各民族音乐都有不同的节奏类型和风格特点,我们选择的音乐既要符合舞蹈的审美,又要有时代气息。这样,中老年学员既愿意听又愿意跳,听到音乐就想舞动,会使课堂气氛活跃,教学效果也会事半功倍。在播放音乐时切记要控制好音量,要考虑到老年人的负荷承受力。

2. 教学过程中要注重情感交流

在教学过程中一定要随时注意学员的情绪变化。一些中老年学员由于个体原因,对于动作的接受度是有差异的,所以,我们上课时要时刻察言观色,多与他们进行沟通交流,发现问题、解决问题。老年人的情感都比较脆弱,故有"老小孩"一说,我们教师除了教学方法要灵活多变外,上课时要多说爱语暖语,甚至要去"哄",让老年人开开心心地上好每一堂课。

3. 应对突发事件的准备

舞蹈的教学属技能型教学,运动的强度、幅度、训练时间等是因人而异的,要考虑到中老年学员身体骨骼、肌肉和耐力、疾病等因素,深入了解学员的实际情况,这对安全有序地开展教学活动是大有裨益的。

教无定法、贵在得法。中老年舞蹈的教育是爱的教育,必在"求新、求活、求乐"上下功夫,即在"按需所教"的前提下开展教学工作,坚持从实践中来再回到实践中去的探索精神,学员不仅能塑造个人形体和气质,还能不断提升自身的健康指数和道德素养,提高对真、善、美的追求与认知,增强文化自信。

(作者系马鞍山市老年大学舞蹈教师)

在计算机教学中推行分层教学法

张　燕

影响计算机教学效果的因素很多,在年龄、文化结构、原有计算机能力、学习目的、课外延展学习条件等多方面,都存在较大差异。因而,任课教师在课堂实践中,尝试从教学内容及教学要求、教学对象、教学实践和后续学习引导等方面进行分层教学,是必要的,更是可行的。

(一) 分层教学概况

分层教学班级:计算机初级班。作为老年大学计算机系列课程的入门课程,教学对象以零基础学员为主。通过一个学期30课时的系统学习,能够使老年朋友从零起步学用计算机,并为后续的计算机网络应用、智能手机、图片处理、视频编辑等系列课程打好一定的基础。

计算机初级班的学习目标是,认识计算机,熟悉开关机操作,初步掌握计算机的一般性操作技能;熟练使用键盘和鼠标,掌握一种实用的文字录入方法;学习"画图""Word"等入门级实用软件的应用技巧;能熟练进行文件夹和文件的管理,能管理好数码相机等移动存储设备;等等。

（二）教学条件综合分析

1. 学员年龄结构

对近两年班级年龄结构的分析见下表，学员总数为212人。

年龄段	<45岁	45～55岁	56～65岁	66～80岁	>80岁
数量（人）	20	63	72	46	11
占比	9.43%	29.72%	33.96%	21.70%	5.19%

数据来源：学校学员登记名单。

50～70岁年龄段的老年人，其自我完善意识强烈，渴望了解更多的未知领域。45～65岁年龄段的老年人，精力充沛、心态活跃，渴望寻求发挥和展现自我的平台。65岁以上的老年人，但凡身体条件允许，兴趣爱好广泛，性格活跃者，也会积极参加计算机课程的学习。75岁以上的老年人，能保持积极的思维并参与计算机学习，是基于他们健康的身体、受教育程度和职业背景而言的。老年学员浓厚的学习兴趣可以外化为"从零起点课程开始，逐步进行更多计算机课程学习的实际行动"。

不同年龄段的学员，各自身体、大脑等器官的衰老程度不一样。65岁以上的老年学员接受能力弱、反应迟缓、听力下降、理解力薄弱等因素都对老年人学习计算机带来消极影响。

2. 学员学历结构

对近两年班级学历结构的分析见下表，学员总数为212人。

因为历史原因，学员的受教育程度参差不齐。年龄在55岁以下学员的受教育程度略高，在各自工作岗位的技术能力也较强，这部分学员参与学习的积极性高，接受能力强，学习习惯和学习方法也比较好。在教学过程中，要注意给予他们更多的学习目标和任务，促使他们进一步延续计算机课程的学习。

学历	初中及以下学历者	高中学历者	大专学历者	本科及以上学历者
数量(人)	95	40	45	32
占比	44.81%	18.87%	21.23%	15.09%
职称	无专业职称者	初级职称者	中级职称者	高级职称者
数量(人)	113	22	51	26
占比	53.30%	10.38%	24.06%	12.26%

数据来源:学校学员登记名单。

3. 学员原有计算机能力分析

计算机基础班报名入学,没有设置入班门槛,因此该班学员的计算机能力差别很大。大部分学员在开班前,几乎是零计算机基础。很多学员对鼠标和键盘很陌生,开始学习就遇到操控设备的困难,这是分层教学的第一层教学对象。有些学员因为有子女淘汰下来的计算机,对浏览互联网信息有些认识和体验;有的学员拥有社交软件账号,可以与亲友进行简单的网络交流。只有极个别学员,在职时接触过计算机设备,有一点基础,但因为计算机技术发展太快,他们原有的知识大多已经淘汰,亟待更新,这是分层教学的第二层教学对象。有些学员的计算机基础不错,但从来没有系统地进行过计算机课程的学习,这部分学员对计算机基础课程的学习要求比较高,这是分层教学的第三层教学对象。

4. 学员学习目的分析

学习内容	电脑基础	文案制作	网络基本应用	网络购物	智能设备使用	相片制作	视频制作
想掌握(%)	100	75	85	90	100	70	45
有学习信心	80	50	65	50	65	40	40

数据来源:学员综合调查表。

学员对计算机基础知识的学习需求特别高,希望在较短的时间里能快速掌握计算机操作技能。有些学员,因为喜爱旅行、摄影和摄像,对文案、图片和视频制作软件的学习,有较高的期待。在教学过程中,教师要注意拓展知识面,由浅入深地进行计算机术语、专有概念、学习要点的介绍,让学员的视野开阔起来。

5. 学员课外延展学习条件分析

学习条件	独居无子女		有家庭成员		其他学习渠道	
	自学压力大	有一定自学能力	不能辅助学习	可以相互帮助学习	智能手机初级课程学习	街道计算机辅导班
占比	78%	22%	65%	35%	76%	32%

数据来源:学员综合调查表。

计算机的课堂教学活动非常需要继续拓展到课后自学和复习巩固的阶段,实现学习的连续性非常重要。但现实情况是老年学员课外延展学习条件各异,对教学效果影响比较大。随着智能手机的普及,大部分计算机初级班学员同时在学习智能手机课程。网络平台的搭建,使得师生之间、学友之间的交流变得比较通畅,学员课外延展学习条件有一定改善。

(三)分层教学的课堂实践

1. 教学对象的分层

教学对象的分层,可以通过问卷调查获取数据进行分析,还可以通过教师随堂观察。需要注意的是,不能刻意划分层次,以免伤害一些学员的自尊心,这就要求教师在开班后要尽快熟悉学员,做到心中有数。对教学对象进行分层,可以在一个教学班里分出几个学习小组。

2. 教学计划的分层

教学计划的分层,一是根据教学大纲进行分层计划,二是开班后,针对当期学员的实情进行计划微调。大致分为初、中、高3层。初级能进行计算机的基本操作,能熟练使用键盘和鼠标,基本掌握文字录入的操作过程,学用"画图""Word"等实用软件。中级能熟练进行文字输入,能基本掌握文件夹和文件的管理,能上网查看和下载文字、图片、电影、音乐等信息,会进行一定的通信和娱乐软件的操作。高级能熟练进行文件夹和文件的管理,能管理好数码相机等移动存储设备,具备计算机管理高阶技能——计算机系统基本维护、个性设置、实用软件应用(如下载软件迅雷)、压缩软件(WinRar)、音频和视频播放软件、联众游戏、网络购物、博客等等。

3. 教学实践的分层

在教学计划分层的基础上,教师还要设计好每节课的分层教学实践,以保证不同层次的学员每节课都有自己的收获和进步。计算机课程内容是可浅也可深地进行讲解的。老年计算机教育不是将专业性摆在首位,而是要将程式化、专业化的计算机语言转化成通俗易懂、形象且富有趣味性的表达方式,使得老年学员容易接受和掌握。考虑到学员层次不同,可以"优先辅后",即先进行集体课堂授课,让接受能力强的学员先学起来,然后带动困难学员进行学习,教师再随堂个别辅导;还可以"先略后详",即先完整串讲本节课的学习内容,让学员对所学内容有个大致的了解,再针对难点和重点进行反复讲解。在课堂时间允许的情况下,还可以对学习特别困难的学员进行一对一教学。

4. 学习引导

计算机初级班课程是计算机系统学习的第一阶段。老年学员对学习的目的性和实用性的认识是从零、模糊再到清晰的过程。让他们学有目标,可以有效激发学习动力。因此,随着教学的深入,教师需要把老年计算机核心课程介绍给学员,让他们可以尽早地按需求、按能力规划好自己的学习方向。

作为一名老年教育工作者,要承担起老年教育与时俱进的社会责任。在教学实践中要以提升老年朋友的晚年生活质量为己任,努力打造老年计算机教学的精品课程,凝聚更多渴望学习的老年学员,陪伴他们紧跟时代潮流、享受数字时代的生活乐趣,走向更广阔、更精彩的世界。

(作者系马鞍山市老年大学计算机教师)

亦教亦学宽我怀

杨玉堂

我是1977年高等学校恢复考试招生的第一届学生,有幸进入安徽师范大学中文系。1982年春成为一名中学语文教师,2008年退休。2013年,受和县老年大学邀请,担任文学班的教学工作。2020年获全省老年大学系统"优秀教师"称号。走下了普通中学的讲台,却又站上了老年教育的讲台。执教一个学期,内心感受颇深,粗撰一诗:

老年大学执教有感

数载清闲聊自哀,今朝不意再登台。
课程繁简由斟酌,进度疾徐随剪裁。
秋叶萧萧随手去,春风浩浩暖心来。
亦教亦学称人意,此景此情宽我怀。

这首诗真实地反映了我在老年讲台上的经历与心情,回顾这些年来与老年学员朋友的相处,我深深感到我的学识不仅未因退休而埋没,而且在老年大学的教学活动中得到了拓展和延续。老年学员身上的亮点也鞭策激励着我,如他们面对生活的乐观态度、终身不渝的进取精神、一丝不苟的作风、热爱家国的坦荡情怀,所有这些都感染教育了我,因此,我坚定地认为这样的教学生活就如萧瑟的秋叶随风而去,扑面而来的是骀荡的春风,和这些老年朋友在一起,使我退休后享受着称心如意的时光。

(一) 自迷惘中走出困惑

从普通中学来到老年大学,首先面对的是学员。他们的年龄差距很大,最年轻的和我差不多大,年龄大的长我一轮多,班上有4个属猴的(1932年生)。文化水平差距也大,有小学程度的,也有初中、高中程度的,还有大专毕业生。学习时间同样有极大的差别,有刚入学不久的,有学了两三年至六七年的,其中有两位老学员,从1996年和县老年大学开办时起,就一直在文学班学习,在校学习时间超过20年。

面对差距如此巨大的学员该如何施教?选用什么教材?运用什么方法?如何掌握进度?怎样把握深度?所有这一切,都使我陷入了深深的迷惘之中。唯一的办法就是尽量寻找所有学员的共同点:学习知识的欲望,爱好文学的追求,提高审美的情趣,追本求源的精神。明确了这些共性,眼前似乎出现了一线光明。

(二) 在探究中寻觅线索

文学班学员具有鲜明的特点,虽然缺乏系统性的知识,但却具有丰富的生活经验,虽然他们的记忆力衰退,但理解力却很强。如果给以相应的启发与引导,往往会收到事半功倍的教学效果。

在鲁迅的小说《药》的教学中,我按常规分析了小说的情节和人物后,首先引导学员理出作品的线索,学员很快回答有明暗两条线索,并且指出两家孩子的坟头安葬在一起,这就是两条线索的交集点。我就此给以充分的肯定,并引申道:"华家因为迷信人血馒头能治痨病,导致小栓死亡。夏家的瑜儿一心要造反被残杀,华家、夏家都死了独子,香烟断绝。""鲁迅的小说有什么更深刻的含义?"学员们经过简单思考,即悟出如果社会像这样迷信落后、反动腐朽,那么我们的华夏民族就十分危险——中国必须走革命的道路。

(三)于生活中启发情趣

普通学校传统的教学方法基本上就是关门教学,讲究的是"传道授业解惑"。老年大学则重在"解惑",文学班的学员年龄偏大,但他们对生活的热爱与情趣不减当年,尤其是在日常生活中碰到一些问题,总喜欢寻根究底,或者在同学之间探讨,或者把问题在班级中提出来。

和县方言中有两个读音都是 chuāi 的字,都是动词,表示手的动作,但是含义却相差甚远。学员提出这一问题后,我即给出解释:"'揣'是手与身体关系的动作,如'把手揣在怀里''将书揣进口袋';'搋'是手用力外推的动作,如'搋衣服'(手工洗衣服的一种动作)、'搋面',区别是明显的,不过后者比较生僻。'膗'字的声母与韵母与前二字相同,读阳平,音为 chuái,是生活里的常用字,表示因肥胖而肌肉松弛,引申义为动作迟缓。因使用频率低而成为生僻字。"这些都是生活中的语言,老年学员口中常说,耳中常闻,一旦在文字上给以厘清说明,他们就能感到学习中的乐趣。

（四）从实践中总结经验

对于关门教学，普通学校也不提倡，因而要开辟第二课堂。老年大学的学员更是如此，在与他们平时的交谈中了解到，老年学员非常希望能走出课堂，领略江山之胜、文化之美。因此，我们在教学中应特别注意课内与课外的结合。欣赏李白的《望天门山》，我们游览西梁山烈士陵园；读刘禹锡的《陋室铭》，我们游览陋室公园及文庙；游览霸王祠，我们学习历代诗人的题咏作品；读王安石的《游褒禅山记》，我们赴褒禅山；读欧阳修的《醉翁亭记》，我们驱车前往滁州琅琊山。

在游览南京阅江楼前，我们不仅阅读了朱元璋与宋濂的两篇《阅江楼记》，还介绍了我自己所作的《金陵阅江楼》七言诗。此作写于阅江楼竣工的2001年，歌颂改革开放的伟大成果。

金陵阅江楼

（七言古诗）

横空出世阅江楼，览尽春色几度秋。
千年雄文存竹帛，有名无实使人愁。
黄鹤岳阳愧难比，滕王阁边徒蒙羞。
当年君臣意气扬，狮子山头兴味长。
指点江山论盛衰，激扬文字说存亡。
神都周遭六十里，铁壁铜墙拱庙堂。
土木大兴穷民力，江滨高楼置一旁。
扬子江水流欲尽，钟山几度青复黄？
圣明天子撒手去，一纸蓝图终渺茫。
建文太孙初登基，强干弱枝意迷离。
削藩妙策谋未就，正是季父起兵时。
神鼎一朝北地去，此楼唯有西风知。

有明一代气数尽,觉罗得鹿非侥幸。
北战南征扫群雄,东海西陲尘埃定。
京师园林胜繁星,江滨宿楼叹薄命。
帝制夕阳终消亡,高歌共和兴国运。
北洋众将意气骄,粉墨登场逞英豪。
三民主义行天下,泥塑消融木偶烧。
南京党国忙一统,兵燹吞食民脂膏。
洒向人间都是怨,漏船逆风随水漂。
总裁专制愿难遂,狼烟遮蔽卢沟桥。
东洋倭寇似潮入,华夏黎民遭涂毒。
八年抗战留青史,和平小舟风涛没。
民国要员忙劫收,调兵遣将如转轴。
战云四起苍天怒,土崩瓦解独夫哭。
红旗招展江水笑,翻身做主何太促?
继续革命大跃进,阶级斗争纲统目。
改革开放出新局,神州面貌换旧颜。
江东子弟多俊杰,六百年后崇楼建。
迎风凛凛凭画栋,穿云袅袅有飞檐。
朝日霞光映斗拱,暮雨岚烟卷珠帘。
幕阜山麓春花容,秦淮河边秋月面。
江潮初起叹巍然,归燕重来惊相见。
高阁雄文互生辉,始信今人胜古贤。

过去,我们学的都是前人的作品,学员读了我的小诗,感到十分新鲜,结合阅江楼的故事,对阅江楼的了解更深入一层。

我还注意到调动学员积极性的另一种方法,就是鼓励他们习作。我们在课堂上学习优秀作品,总要介绍其写作特色,围绕写作特色,我要求学员动笔,运用所学的写作技巧,写一点文字。每当收到一篇习作,我都认真阅读,抽出课后时间与作者当面讨论,指出其优势与不足,启发他进一步修改,直到在学校报纸上刊出。过去,学员总是习惯于阅读别人的文章;现在,自己的作品竟然上了报,他们的内心充满了成功的喜悦,这也进一步促进了他们读书写作的积极性。几年下来取得了不错的成绩,这就是每期校报都有文学班学员作品的原因。在纪念改革开放40周年、新中国成立70周年、建党100周年等重大节日征文活动中,多人参与,并获得和县与马鞍山市等级奖。

从事老年教学以来,我与年龄相仿的学员朋友们相处亲如一家,有困难互相支持,有问题共同探讨,在教学中提升情趣,在交往中增进友谊,老年大学永无毕业之期,朋友们都愿在这个文学大家庭中尽情享受晚霞的余晖!

(作者系马鞍山市和县老年大学文学班教师)

让"姑孰乡土文化"为回忆铺石

曾再新

乡土文化课,在各地老年大学的课程表上是很少见的。因为它具有特殊的内容性、地域性,使它成了"热门课",同时也是一门"冷门课"。从老年大学学员的性别、年龄、文化、爱好诸结构来看,老年人多、妇女多、退休工人多,所以她(他)们选择文艺课、养生保健、诗词书法课程也就多,而对于乡土文化却很少有人关注。

习近平总书记强调:"从中国特色的农事节气,到大道自然、天人合一的生态伦理;从各具特色的宅院村落,到巧夺天工的农业景观;从乡土气息的节庆活动,到丰富多彩的民间艺术;从耕读传家、父慈子孝的祖传家训,到邻里守望、诚信重礼的乡风民俗,等等,都是中华文化的鲜明标签,都承载着华夏文明生生不息的基因密码,彰显着中华民族的思想智慧和精神追求。"

2021年我已经75岁了,也算是一名老者了。早在20世纪七八十年代,文化自信风起云涌,各地报刊中的副刊都开辟"风情""回忆"等栏目,广大读者把自己看(听)过的历史记忆、亲历过的风俗人情用笔墨投向这些具有乡情的"文苑",我就是这些栏目的读者、作者。

早在2015年,当涂县老年大学根据部分老年学员的要求,推荐我作为县乡土文化励志者试办了乡土文化课,办了5年,学员普遍反映良好,说通过这个课的学习,知道了本县很多历史文化和鲜为人知的地理人文和奇闻逸闻,5位老年学员除发表文章以外还自编了乡土书籍,在学员中交流。据统计,本班学员达528人次,编写乡土资料198期、860页,共69.69万字。同时编写的《姑孰乡土文化》在2019年全省老年大学系统优秀教学大纲建设、精品教材建设评选中,均被评为优秀奖;在2021年全省老年大学系统优秀教材推优、省级评选结果中:《姑孰乡土文化》被评为"文学类"二等奖。

如何办好乡土文化课,摆在我面前的有"四无":无固定教材、无构思模式、无资深学员、无文化层次。在学校教学课程里,没有统一的教材,上课的学员几乎都是退休工人,多半长期从事工业、商业工作,而且又是在企业,可谓是为社会干了一辈子,很少去学习地方文化。为此,我针对这种客观条件采取"四备",具体表现在:

1. 备足文史典籍

当涂地区历史文化厚重、底蕴深厚。传统的乡土文化是在历史长河中一点一滴积累而成的,从文物古迹到朴实乡民,从传统民俗到社会规则,从乡土景观到历史街区,众多的文化遗产共同组成了富有冲击力的文化物证。它们往往通过自身传承或创造的独特艺术形式,以最贴近生活的方式感染着身边的乡民,潜移默化地促进着乡土文化整体上的活跃与繁荣。在乡村日益边缘化的当下,有着一批乡土文化的传承者、守望者,致使奇葩才不至于凋零。但是这些"守望者"在全市的文化版图上却无一席之地,很多政府机构中并无这种岗位设置,即使有史志办的办公部门,却忽视了乡土历史文化的挖掘,把一些民间中的乡土、乡愁、乡音搁到了地方文化之外,致使它们成了被遗忘的角落。好在近年来,这些文化被唤醒,整理成为一些非物质文化遗产,但是力度不大,很多历史文化遗产、文化底蕴有待于挖掘整理。根据我县地方文化资源,我自费收集了《当涂县志》乾隆版、民国版、近代版;《当涂年鉴》1~13辑;《当邑官圩修防汇述》1~8集(并请人校注标点符号),这些都是在为编写乡土文化教材寻找历史佐证,备足"口粮"。

2. 备查乡土资料

乡土文化能够成为乡风文明、乡村振兴的一件事。因此,我选择了"姑孰乡土文化"这个主题,40年来深入挖掘、继承、创新、整理优秀传统乡土文化,先后搜集整理了当涂的乡土文化近百集,共800万字。尤其是习近平总书记近年来的有关重要论述,彰显了中国共产党人高度的文化自信和文化使命感,也为我们推动新时代乡村文化振兴、筑牢文化自信之基提供了重要遵循。县地方志编印了《当涂县志资料》1~3辑,县政协文史委编印了《当涂文史资料》1~5辑、《姑孰风》1~47辑、《当涂谈》1~54期,还有各界文化使者编写了许多乡情书籍,如《洗出来的姑溪旧色》《天门山下》《走出藏云山》《天门山下》《大青山传奇》《石臼湖之阳》等50多本。

3. 倍增文化自信

乡土文化可以让人们知道地方悠久的历史文化,也可以让人们回味历史底蕴,使之成为乡音、乡贤、乡愁、乡事、乡韵。当前我国文化发展不平衡、不充分问题在乡村问题中最突出。许多富有泥土气息的乡土文化,逐渐式微、贫瘠,出现了精神贫血、民间工艺缺少传承人等文化病灶。

以乡村文化振兴延续文化自信之根。在5000多年文化发展中孕育的中华优秀传统文化是中国文化自信之根,它根植于农耕文明的沃土之上,乡土文化也成为中华优秀传统文化的重要组成部分,成为农民的精神家园和心灵寓所,有望在有生之年,为各乡镇编一本《览胜》,成为增强文化自信的重要资源。

4. 备尝笔耕甜味

以乡土文化振兴传承文化自信之脉。我们大力推进乡土文化振兴,就是要深入挖掘乡村特色文化符号,盘活红色文化资源,集中建设一批红色革命老区示范教育基地,传承和发展红色革命文化,激发人民的爱国奋斗情感,提高红色文化教育的影响力和感染力,这是坚定文化自信的重要源泉和底气所在。以乡土文化振兴铸牢文化自信之魂,任何一种文化,都有其核心价值观。核心价值观决定着文化自信的性质和方向,从本质上讲,社会主义核心价值观是中国特色社会主义文化自信的灵魂和主心骨。全面实施乡村振兴,既要塑形,更要铸魂。因为没有共同的精神追求,没有健康文化的滋养,很难构筑整个农村积极健康向上的价值观念和生活方式。为此,我帮助乡镇编写了《镇志》《村志》《览胜》《轶闻》等乡情资料20多本,有的已付印,有的正在勘校,使我尝到了笔耕的"甜味"。

今天,我们传承、发展、提升、延续文化自信的根脉,必须走文化兴盛之路。推动文化振兴,就是要立足乡土文化、乡风文明,深入挖掘农耕文化中蕴含的优秀思想观念、人文精神、道德规范,赋予其新的时代内涵,充分发挥其在凝聚人心、教化群众、淳化民风中的重要作用;就是让传统村落、特色古镇、民族村寨、古建遗存等蕴含浓郁乡土文化气息的载体"活起来";就是通过实施好农村优秀民俗活动等非物质文化遗产的传承发展工程,让历史悠久的乡土文化在新时代展现其魅力和风采;就是要保留独特的传统文化元素,创造富有品牌性的乡土文化产品,重塑乡土文化生态。可以说,推动乡土文化振兴是增强农民群众对乡土文化的高度认同感和强烈归属感、弘扬和传承中华优秀传统文化、厚植文化自信根基的必由之路,从而达到:培育恬淡质朴的文明乡风;传承孝老爱亲、兄友弟恭、崇礼守信、勤俭持家的良好家风家训;涵化邻里和睦、守望相助、温良恭俭、理性平和的淳朴民风;挖掘新时代乡村先进模范和乡贤的典型事迹,引领道德风尚。可以说,振兴乡土文化,引导人民群众自觉做社会主义核心价值观的坚定信仰者、积极传播者、模范践行者,用富有时代气息的中国精神,凝聚中国力量,这是坚定文化自信的铸魂工程。

时下,我精力充沛,每天仍伏案而作,笔耕不辍,历时近40年编撰了《姑孰乡土文化》近百余集,研究乡贤文化近10万条,约1000万字,虽然不能全面反映当涂地区的文化全貌,但也为挖掘保护人文资源做了铺垫,为地方历史回忆做铺石。通过老年大学这个教学平台,使更多人热爱"乡土"、研学"乡土",成为传承乡土文化的守望者与践行者。

(作者系马鞍山市当涂县老年大学乡土文化课教师)

定格美好　分享感动

周光龙

根据老年大学学员的特点,老年大学的摄影教学要与其他的摄影教学有所区别。老年大学的学员生活阅历丰富、理解能力较强,但记忆力明显减退,对新兴事物接受较慢,动手能力较弱,摄影水平参差不齐。这就要求老年大学摄影课程的设计要有别于一般的摄影教学,要兼顾系统性和实用性的原则,以学促为,学为结合,由浅入深,注重实践,激发学员学习摄影的兴趣。在教学中,要少理论,多实践;重基础,讲实效;融社会,拓能力。

（一）降低难度,注重实际操作,简单快乐玩摄影

数码相机发展到了今天,有着无比强大的功能,看似降低了普通人进入摄影殿堂的门槛,其实专业的术语、复杂的操作菜单、各种各样的功能键,对于老年摄影爱好者来说,却增加了难度。

无论多么强大的数码相机,其终极目标不外乎两个。一是得到一张曝光正确的照片,二是得到一张对焦精确、主体清晰的图片。在一般情况下要想完成这两个任务,其实并不困难。关键是在复杂的环境下,如弱光、逆光、场景杂乱的环境下,要想完成这两个任务,其实是件很不容易的事情。光圈优先、速度优先、自动挡、手动挡、感光度ISO、曝光补偿、对焦点范围、对焦点、对焦模、

功能键、菜单等术语,是摆在老年人面前的一个个陌生的词汇。老年学员比不了年轻人,记忆力、动手操作能力都有所减退。因此在教学中,这两项任务是我在摄影课上着重解决的内容。

例如,有一位学员拍孙子在幼儿园室内活动的照片,考虑到室内光线弱,于是带了三脚架去。虽然平时上课时她也认真听课,仔细记笔记,但是真正到了实际操作的时候,又把课上的东西忘到九霄云外了。光圈优先 F5.6,(她的镜头的最大光圈也是 5.6),ISO100,相机固定三脚架,一顿"神操作"。咔嚓咔嚓,试拍了几张,回放一看,头都大了,跑动的小孩没有一个是清楚的。她急急忙忙给我打来电话,把遇到的情况向我描述,还没等她说完,我就知道是什么原因了。相机放在三脚架上,相机是稳定了,可拍摄的对象是一直在运动的,小孩来回跑动,是速度没有跟上,这个时候就不能用光圈优先了。我让她采用速度优先,考虑小孩子的运动,结合手持相机的安全快门,建议将速度定为 1/250 秒,ISO 自动,中央重点测光,噪点问题暂不考虑,于是立即收到了明显的效果。

后来,上课时我把这个例子作为一个典型案例与大家进行交流。有学员提出来,速度优先,在最大光圈时,照片仍然曝光不足,为减少噪点,可否采用低的 ISO,通过增加曝光补偿获得正确曝光。于是,我给大家讲解了曝光补偿的原理和使用原则,这种情况是无法通过曝光补偿增加曝光量的。在速度优先的模式下速度固定了,镜头的最大光圈也达不到应有的曝光量,要么通过提高相机的感光度来完成我们的拍摄任务,要么采用闪光灯补光来解决。我还告诉学员,要养成回看的习惯,根据色阶图以及主体亮度,适当调整曝光补偿。

（二）了解不同题材的创作特点和表现方法，努力提高学员文化素养

摄影艺术的表现形式和手法繁多，题材广泛。如花卉摄影、人像摄影、风光摄影等不同的摄影门类，具有不同的创作特点和表现方法，如果不了解摄影各门类的相关知识，就很难把这一题材拍好。各种题材的拍摄手法和技巧各有不同。例如，人像摄影是把人物作为主要拍摄对象的一个摄影门类，人像摄影重点表现人物的容貌、表情、个性、气质和精神。人像摄影的基本要求是要做到形神兼备、以形动人、以神感人。

老年大学的摄影课教学，在以专业知识的教学为主的同时，也鼓励学员自修文化课程，提高文化素养，多读大师作品，向其他艺术吸取营养。同时要求学员多读一些文学名著、诗词等，以提高自身的文化素养，这将对摄影作品的鉴赏、评论起到积极的推动作用。

（三）以学促为，学为结合，积极参与各种活动，展现自我，定格美好，分享感动

当涂义警协会平时开展工作时需要图片资料，我鼓励身体健康、精力旺盛、热心公益的学员积极参加，在班长张华金的带领下，已有多名学员加入，用学到的摄影技术，为义警服务。拍摄了大量义警工作时的珍贵照片，既服务了社会，又提高了摄影技术，深受义警协会的好评。张华金拍摄的照片《跟党走》，在全市摄影大赛中获得了一等奖。

学员唐成梅、陈美霞是退休教师，平时县教育工会活动多，我鼓励两位老师主动参加拍摄。在拔河比赛、幼儿教师教育技能大赛、基本功大赛等各种各样的活动中，她俩拍摄了大量的图片。

拍摄过程是辛苦的,但在技术提高的同时,当她们看到自己的作品被展览、被媒体采用时,其获得感、成就感是无法用语言表述的。

用摄影融入社会,既丰富了退休生活、陶冶了情操,又促进了健康。学、乐、为相结合,以学促为,学为结合。

(四)挖掘地方特色文化,"为时代画像、为时代立传、为时代明德"

"为时代画像、为时代立传、为时代明德"(习近平语)。摄影从诞生之日起,就赋予了它记录的使命,有着无可替代的作用。

李斌退休后参加了老年大学的摄影班学习,闲暇之余,总是背着相机,穿梭于当涂的大街小巷、田野村头,用镜头记录下当涂日新月异的变化。美丽乡村、城市风貌,凌云塔下迎日出、清源门头拍夕照,一张张美丽的图片记录着当涂的伟大变化。用他的话说:"我们这代人,工作于改革开放初期,当涂的发展变化,有我们洒下的汗水,我是用温情定格着一个个美好的瞬间,这里面有我最美好的青春记忆。"他的作品《爱在深秋》获县文联摄影大赛一等奖,《美丽詹村》获县环保局生态环境摄影大赛二等奖,还有许多作品被媒体采用。

新冠肺炎疫情防控、防汛抗洪,摄影班学员在其中拍摄了大量珍贵的作品。2020年7月,陈诰华拍摄的《防汛大堤上党员医疗小分队》被马鞍山市政府网站采用。

"清泉永远比淤泥更值得拥有,光明永远比黑暗更值得歌颂"(习近平语)。随着学员摄影水平的不断提高,摄影班在社会上的影响力逐渐提升,我要求学员用镜头与时代同步伐,承担起记录新时代、讴歌新时代的使命。为奋力打造安徽的"杭嘉湖"、长三角的"白菜心",为全面建设马鞍山"生态福地、智造名城"升级版贡献智慧和力量。

（五）强化班级管理，营造和谐氛围，做学员的知心朋友

老年大学最突出的一个特点就是"老"字，学员岁数大，摄影班也不例外。这些老同志思想修养成熟，资历阅历深厚，为人处世稳重，有精神文化上的追求和充实完善自己的愿望。同时，"老"字也标志着人的生理、心理正在或已经发生变化，自信、自尊意识加强，思维形成定势。

因此，教学中要有耐心，提倡互帮互学，老学员带新学员。外出采风一定要相互照顾，安全第一。对学员要怀有"尊重之情，关爱之心，助人之德"，让他们在摄影班的学习和活动中享受教育、更新知识、收获幸福。

融洽的学习氛围，良好的学员之间的关系。2年多的摄影教学，让我收获了一批"永不毕业"、爱好摄影的老年朋友。用学员自己的话说："参加摄影班的学习，除了学习到了摄影知识外，更多地是接触到了有相同爱好的老年朋友。"

总之，老年大学摄影课要根据老年人的特点，从最简单的入手，循序渐进。尊重、理解、信任、宽容学员，充分调动学员学习的兴趣并发展他们的潜能。让摄影技术在艺术中升华，让艺术在技术中展现，让他们从摄影艺术中感受到摄影的无穷魅力，丰富他们的老年生活，享受参与社会的获得感，为我县文化大发展、大繁荣发出更多的光和热。

（作者系马鞍山市当涂县老年大学摄影班教师）

父女两代奉献最美夕阳红

张 章

我的父亲是大学教授,退休后一直在老年大学从事书法和写作的教学工作。父亲教学有方法、水平高,为人又和蔼可亲,深受学员喜欢,家里经常有学员来访,向父亲请教书法,畅谈文学艺术,家里常常洋溢着温暖而愉快的气氛,叔叔阿姨们对专业的专注和执着,让我很钦佩。受父亲影响,通过学习,他们大多数或著书立说,或积极参加各类书展、竞赛,在自己热爱的领域里发挥余热,享受学习带来的乐趣,我觉得父亲的工作非常有意义。

2012年,机缘巧合,我有幸进入了花山老年大学,成为了一名舞蹈教师,开始了我舞蹈生涯的转型,从一名舞者变成教师,和父亲一样,在老年大学开始了我新的人生旅途。在学校领导的关心和支持下,我逐渐从老年教育的新手成长为一名优秀教师,我在教学中遵循的宗旨是"寓教于乐",对舞蹈编排遵循简单、易学、好看、有趣的原则。在教学中有许多体会。

1. 满怀爱心,慢慢引导

老年大学的学员里,大多是比我大的哥哥姐姐叔叔阿姨,他们退休以后学习舞蹈,因记忆力差、身体机能不和谐、协调能力差、音乐感觉不灵敏,需要慢慢引导,需要时间累积,不能着急。一个动作,一个花样,需要一步一步去教,要让跳得比较好的学员去带着跳。实在不行,还要用手去扳,反复讲解,他们才有可能学会,到下次上课时,他们有可能又忘记了,还要从头教。我记得有个学员,记忆力较差,协调性也差,学习水兵舞时经常想打退堂鼓。我就对他说:"别人一次课学一个'花',我们一个月学一个'花',天天复习,跳熟了再换第二个'花'。"在我的鼓励下,他终于学会了全套舞,学员也都争相与他共舞,每次跳起这支舞,他总是充满了自信。看到他愉快的神情,我觉得自己的付出是值得的。哥哥姐姐们都是为祖国建设贡献自己青春、奉献一辈子的人,我们只需要付出一点耐心、一点爱心、一点关心,就能让他们感觉快乐。

2. 循序渐进,深入浅出

老年学员的兴趣有了,在教学过程中,要讲究方式方法,以表扬和鼓励为主,引导学员慢慢进步,千万不能生硬批评,要委婉指出问题,给学员以充分的自信。到老年大学学习的学员,基本都在60岁以上,在学习舞蹈的过程中,要从最基本的走步开始,如前进、后退、旁步等,反复练习,同时还要注意说话的方式方法和语气,不能急躁,节奏放慢,要有耐心,每一个动作都要放慢速度,分解得越详细越好。在数口令的同时,还要把左脚、右脚清楚地说明白,然后反复练习。在遇到有技术难度的花样时,首先把有难度的动作拎出来,拆开来练。我在每节课刚开始的时候,都会带大家做热身运动、基本元素练习,备课的时候,要找出每节课的难点,并把这些难点拆开来,作为基本元素去练习,效果不错。

3. 反复练习,熟记动作

交谊舞也是有技巧和技术难度的,需要反复讲解和反复练习,才能熟练掌握。曾经有学员说:"张老师教过的花样,我是不会轻易忘记的,因为已经深入脑海了。"通常我是先完成单个动作,通过反复熟记动作,分组练习,熟练了以后,再继续练习下一个动作。我常告诉大家:"我们练习的基本元素,就像英语的26个字母,几个元素凑起来就是一个动作、一个组合。我们先练习单个动作,熟练了再把它们串起来,这样再分组反复练习,形成肌肉记忆,这样的话,接受能力再差的学员,也能够顺利完成舞蹈组合,而且不容易忘记。"

4. 男女分学,之后合手

交谊舞是双人舞,讲究男女步的配合协调,比较讲究专业的配合技巧,教学是双师教学,男教师教男步,女教师教女步。我在教一个新组合之前,都先和男教师一起演示一遍所教内容,然后分别把男女步演示一遍,最后男教师教男步的步型和节奏,女教师教女步的步型和节奏,反复练习,熟悉动作节奏以后,再配合音乐跳,最后男女步合手跳。通过这样的方法,课堂气氛不仅好,学习舞步又快又好记,效果不错。

5. 第二课堂,巩固成果

曾经有学员说过:"学过的舞,如果每天不跳,等于没学。"舞蹈动作如果不跳,是会忘记的。老年大学,一般一个班每周就一次课,每次上课学习的内容,我都要求大家课堂消化,但事实上,即使课上消化了,课后不复习,下周来上课的时候,还是会忘记。我往往都是在每次上课的前半部分帮助大家复习所学内容,之后再教新的内容。对于还是记不住的学员,我们利用晚上,在广场开辟第二课堂,每天吃完晚饭,学员相约一起来复习。

6. 自身修养,提高水平

作为教师,传道授业解惑的本职是不能忘记的,这是本分。所以,在上课之余,教师是不能放弃学习的,骄傲自满的状态会影响积极进取的。我在课余时间,都积极抓紧时间训练,保证每天不少于两小时体能和技术的练习。同时,不放过任何的学习机会,每年寒暑假走出去跟优秀的舞蹈教师学习,参加一些国内比赛,吸取优秀选手的经验,向他们学习。

7. 创新教学,形成特色

在教学中,形体练习一直是被作为基本元素进行练习的。没有基本功的舞蹈,是没有生命的舞蹈,是不美的舞蹈。舞蹈的三直即腿直、身体直和手臂直,是舞蹈最基本元素。我常说的一句话就是:"练舞不练功,到老一场空。"在舞蹈编排的过程中,利用自己的专业,将摩登舞中的经典组合加以改编,和交谊舞进行糅合,简单易学、优雅大方,又与众不同,非常受欢迎。现在,许多跳广场舞的地方,都在跳我编排的标准交谊舞,这说明创新的舞蹈,才是有生命力的舞蹈。

8. 视频教学,帮助记忆

学员学习能力有高低,课堂上消化的内容,下课后没准也会忘记。所以在课堂上,教师要把教学内容完整地演示出来,学员用手机记录下来,发在班级微信群里,这样学员就可以对照教师的教学视频进行复习。教师是学员心目中敬佩的人,教学活动的全过程都是在知识、情感两条信息线路相互作用、相互制约下完成的。苏联杰出的教育家霍姆林斯基曾说过:"学校里的学生,不是毫无热情地把知识从一个头脑里装进另一个头脑里,而是师生间每时每刻都在进行心灵的接触。"一方面,教师示范,能够让学员多模仿、多练习,得到更快的提高,而另一方面,教师能够从视频里发现技术上的不足、舞蹈编排中的不足,在今后的教学和编排中,更好地进行避免,提高教学质量。

9. 检验成效,欣赏入手

学习完一个组合、一支舞蹈,最后都要分组练习和展示,以检验学习成效。学员水平高低不同,跟教师比,那一定是有差距的。所以,学员在展示过程中,组合、节奏、步型都符合要求,就要及时给予表扬,技术是随着时间的推移而逐渐提高的,不能一味地要求,否则会打击学员的学习自信,有悖于老年大学的办学宗旨。

10. 提供舞台,鼓励展示

每个学期结束,学校都要进行教学成果展示。这是学员展示自己学习成果的机会,只要学员自愿,教师都会鼓励大家踊跃报名上台表演,通过排练,学员可以巩固所学舞蹈,更好地提高舞蹈水平,而且通过表演,激发了学员学习舞蹈的积极性,活跃了班级学习气氛,增加了学员之间的情感交流,鼓励老年朋友走出家门,焕发青春,丰富老年生活,提高生活质量。

老年舞蹈教学既是一项快乐的工作,也是需要付出爱心的一项工作。除了有专业的舞蹈教学经验和较好的舞蹈水平,更要有舞蹈艺术修养和道德品质修养,对老年事业要有足够的了解,要有爱心、耐心。作为老年大学的教师和一位党员,不仅要有较强的专业能力,还要有细心、爱心、耐心。习总书记说过:"奋斗者是精神最为富足的人,也是最懂得幸福、最享受幸福的人。"作为舞蹈教师和中共党员,我深知业精于勤,要不断进取、不断创新教学模式,提高教学质量,对专业要有负责任的态度,要把爱心传递到每一个学员中去,让大家学有所得,学有所获,学得愉快,学得轻松,学得开心。只要抓住"休闲教育""娱乐教育"的教学理念,就一定能把老年教育的工作做好。

夕阳无限好,最美夕阳红。

(作者系马鞍山市花山区老年大学舞蹈教师)

论"教学相长"

芮学玉

博望老年大学于2014年秋季开办。草创之初人才匮乏,资金奇缺。校领导召集我们骨干人员商讨任课教师的问题,我和盛爱香老师虽都不是专业学习音乐出身,但从小酷爱音乐戏曲。我们主动请缨,担负起博望老年大学的声乐教学任务。2019年,领导发现了周珊老师的戏曲素养,指派我与她一起教授新成立的戏曲班。

从业7年来,纵观自己走过的路,有一些感触、感想和大家分享,并期待得到指教。

1. 确定为家乡老年教育尽义务、倾全力的理念

结束了30多年的商旅生涯,定居老家博望,返回耕读生活,进入老年大学成了生活的乐趣。其间常有人问我:"你在老年大学任教,工资多少钱一个月?"我总是淡淡一笑而答:"想挣钱找错门了。"老年大学是为老年朋友们服务的,我在教学过程中愉悦了他人也愉悦了自己,顺便还能提高自己、充实自己,何乐而不为呢?

2. 如何充实自己,提高教学能力

唱歌乃至唱京戏、黄梅戏、越剧等,必须先有知识储备,而后才可以进入教学。为此我注重提高简谱识别能力,对音乐符号、调式进行深入了解。我觉得只有掌握这些基本技能,才能在教学中游刃有余,才能让学员认可你。戏曲是中华民族的瑰宝,各剧种都有独特的艺术特色。念白、唱腔都自有规范,不能误导学员,更不能强不知以为知。为此我常从录音、视频上聆听观摩各家剧种的唱腔唱法。我把各家唱腔唱法进行对比,找出其中的共同点与不同点,从中参悟一些真谛,用以充实提高自己的教学能力。

3. 在教学中与学员互动,实现教学相长

我曾经有8年的小学教学经验,由于基础学历不高,在教学中边教边学便成为常态。我在老年大学教学过程中也是沿用这一做法。新课拿到手,先预习,查资料,找录音、视频,反复领会其中要义。教学过程中,通过反复教学,自己也达到了熟练的程度,而自己单学则很难熟记。

4. 针对老年学员特点,摸索提高教学方法

老年学员大多和我一样,走过新中国发展的坎坎坷坷。他们很多人没能享受到正规的学校教育,但是他们心中对知识的渴望永远是那么强烈!走进老年大学,他们的求知欲很强。他们克服来自家庭和自己身体上的诸多困难来圆求学梦,我们必须满腔热忱地为他们服务。我们尽量在教学中由浅入深、由易到难,循序推进,尤其要不厌其烦、反复教学。更要树立典范,使他们前有标兵、后有追兵,形成比学赶帮的氛围。

演唱的基本功是要会用嗓子和气息,掌握正确的发声方法。老年朋友们大多不善于发声,尤其嘴巴张不开,不会平稳地用气息将声音送出去,还有咬字、吐字、归韵等问题;不知道一个字发出去要有字头、字腹、字尾,不能一下子把字放出去,这样就吃力不讨好了。事实证明,只有让学员通过学唱产生兴趣,才能渐入佳境,有所提高。

老年大学教学是一项夕阳工程,关乎老年人的身心健康,也

关乎家庭的和睦与幸福,更关乎社会的和谐与稳定,需要有更多热心人关心和投入这项事业。随着老龄化基数的扩大,老年教育更是任重道远。为了实现党中央制定的宏伟蓝图,我愿不断充实自己,努力效命不辍。

(作者系马鞍山市博望老年大学声乐、戏曲班教师)

中老年服装模特表演艺术教学体会

彭 红

随着人们生活的不断改善,人口老龄化的速度也在日渐加快,作为老年大学模特教师要有义务、有担当地认真履行职责并结合自己的专业知识精心设计实用性、趣味性且具有感染力的教学方案,让学员们真正体会老有所学、老有所为的快乐文化生活。任课期间,我在校领导和班主任的帮助指导下,不断改进教学方法,提高教学质量,在一次又一次的启发和感悟中对专业有了更高层面的理解,也在学习实践中找到了更加贴近中老年需求的教学方向,以下便是我这些年在教学中的点滴体会。

(一)用服装表演艺术的"美"去丰富学员的内心

服装模特表演作为展现生活美的一页,深受中老年朋友的喜爱。有学员说:"年轻的时候就热爱服装表演,现在退休了,条件好了,希望通过学习来改善体态,提升气质,圆年轻时候的梦想。"

也有的学员喜爱东方古典旗袍,收藏了很多件,通过这样一个平台的学习,能与旗袍风韵更接近,穿出心仪的旗袍神韵。学员们对美有着强烈的渴望与追求,要保持她们这些美好的兴趣爱好,单一形式的服装表演远不能满足学员们的需求,作为主导教师要以老有所学、老有所为为主体,因势利导,依据中老年学员的心理、生理特点,合理设计模特表演中的姿态美、造型美、表情美、性格美,并与学员们产生共鸣。学会走路不难,但要走得好、走得美,走出自己的品格与风范,需要用内心去创造,服装表演正是由模特二次创造出的美好形象。经过一段课程后,学员们表现出了积极向上的精神面貌,既锻炼了身体,又陶冶了情操。曾有学员这样告诉我:"是服装表演艺术把我的心变美了。"每当想起这句话,我的心中都会感到无比欣慰,并得到了最亲切的鼓舞。

(二)精心组织教学,注重课堂实效

为了不使动作过于枯燥,加强艺术感受力,我会对音乐进行精心准备,选择抒情、轻松、节奏明快的音乐旋律,如《龙文》《江南的雨》等有现代风格的走秀音乐,培养学员们如何在音乐的旋律、意境中准确优美地运用模特形体语言去表达和体现有律动的节奏感。我反复示范讲解,对有进步的学员们及时表扬给予肯定,提高学员们持之以恒的学习能动性。

在表演风格上,我反复练习不同的台步、造型、身姿并将学员们多年沉淀下的对生活的感悟和理解融入进来,从而更好地去展现自己独有的气质风度。如身着传统服饰旗袍,柔和而高贵、端庄而细腻是旗袍表演的风格特征;除了动作要领外,还有必备的表演者的情怀,再增添扇、伞的运用,更显现了古典旗袍的神韵。学员们想学、爱学,下课也在揣摩动作,渐渐地有了很大的进步,同时也多了一份从容和淡定。班里的班干部及学员骨干积极发

挥了模范带头作用,帮助新学员一起学习,相互提高,拉近了新老学员之间的差距,建立了友谊,共同营造出健康和谐的学习氛围,使学员们的身心在这里得到有益的释放和锻炼。

(三)以教为学,教学相长,共享教学成果的快乐

我校服装表演艺术班,活跃着一批美丽的精灵,艺术队员们都是从校内、校外招考选拔出来的优秀模特爱好者,岁月积累及工作环境沉淀下了她们成熟、端庄、优雅的体态及品格,每次上台表演都会得到领导、专家、观众的欢迎和称赞。课堂上相互促进,大家你追我赶,积极进取,并没有影响彼此之间相互欣赏,共同分享着服装表演艺术带给我们净化心灵的美感。正是她们的内涵与包容滋养着我、丰富着我。欣慰的是她们的锐意进取也被社会所认可,受聘在各区老年大学、社区服务站、旗袍协会等多处担任模特教师,继续发光发热,传播正能量,在完成教学过程中实现自我价值,展现出 21 世纪大国女性的精神风采。

在教学过程中,我时常能感到自己"水桶"里的水还不够多,需要及时汲取水源,补充能量,不断提高自身素质,完善自己。是老年大学托起了我,让我看到了远方,让我明白成为一名合格的教师,不仅要有很高的素质,更要有责任心和爱心。因此我也愿为老年教育事业添砖加瓦,奉献自己绵薄之力。

(作者系芜湖老年大学模特表演艺术课程教师)

老年大学古体诗词教学管见

赵同峰

中华民族古体诗词历史悠久、博大精深,传承已有3000多年。中老年人生活在神州大地,总会受到古体诗词的熏陶。古体诗词不仅具备声韵美、音乐美、意境美,还具备书法美、绘画美和含蓄美等,这是其他任何国家的诗歌都无法比拟的。

中老年人退休后,从紧张的工作状态中解脱出来,蓦然发现:过眼云烟,富有诗情画意。为探索新生活,寻找乐趣,他们选择了上老年大学,掌握新知识、新技能。教习古体诗词,感受妙趣横生,抒发所见所闻,与宾朋分享。根据老年大学教学实践、特点,谈谈切身体会。

(一) 激发兴趣

学员仰慕古体诗词,欣赏其意境。它们刚进诗词班,往往都是抱着试试看的念头。要通过教学,激发他们的兴趣,才能留住学员,持之以恒。

对于古体诗词写作,有偏颇的说法是:戴着镣铐跳舞。因此首先要让学员拨云见日,将其看成是带着道具跳舞。舞蹈,通常都要化妆,要用帽子、服装、手绢、彩带、彩扇、彩伞等来说明人物身份,表明特定环境,增强舞蹈表现的感染力。娴熟运用道具,可增加舞蹈形式的美感。古体诗词中的字数、用韵、平仄、对仗等，就相当于舞蹈中的道具。只有遵守这些基本规则，才能可吟、可歌、可舞。熟练、巧妙地运用这些规则，以达艺术提高、境界美妙，赏其流芳百世、奥妙无穷。

（二）由浅入深

学员对于古体诗词，初学时会感觉高不可攀。教学时，应从最简单的入手，这样基础知识差的学员，也能轻松学习，迅速提高。

唐代诗仙李白的诗："床前明月光，疑是地上霜。举头望明月，低头思故乡。"这是一首五绝，平起平收式。按标准诗谱，平平仄仄平（韵），仄仄仄平平（韵）。仄仄平平仄，平平仄仄平（韵）。只要求学员掌握 20 个字，其中的 3 个韵脚通常为同韵部平声。普通话声调中的一声和二声就是平声，三声和四声就是仄声。共有 4 种类型：平起平收式、平起仄收式、仄起平收式、仄起仄收式。熟练掌握了五绝的基本写作形式，再写七绝就会水到渠成。进而写五律和七律，渐渐深入。

填词也从字数少的开始，如：

十六字令·天

（南宋）蔡伸

天！休使圆蟾照客眠。人何在？桂影自婵娟。

△，⊙●○○●●△。○○●，⊙●●⊙△。

格律（○平声，●仄声，⊙可平可仄，△平韵）

这也被称作苍梧谣，由 16 个字组成，每句分别为①、⑦、③、⑤个字。要求学员抓住要领：16 个字；3 个同韵部平声韵；平仄格律。再逐步到填写字数较多的小令，再填中调、长调。

（三）统筹兼顾

老年大学诗词班学员差距非常大。年龄大的90多岁,学历高的为大学本科毕业,职务高的有退休市级领导、单位负责人、校长等。让学员了解流芳千古的诗词,很多是朗朗上口的。如唐朝王之涣的五绝《登鹳雀楼》:"白日依山尽[仄仄平平仄(白为入声,故仄)],黄河入海流(平平仄仄平)。欲穷千里目(仄平平仄仄),更上一层楼[仄仄仄平平(一为入声,故仄)]。"这首诗的格律属于仄起仄收式。基本要求为20个字,同韵部2个平声韵,平仄格律。此诗前两句写的是自然景色,开笔咫尺有万里之势;后两句写意,出人意料。登高放眼,美好境界。现在吟来,仍感觉是白话文、口头语。

同时,有的学员学习、写作时间长,水平较高,需再进行提高。这首五绝的格律,在写法上还有一个特点:它是一首全篇用对仗的绝句。前一联用的是正名对,极为工整;后一联用的是流水对,虽两句相对,但没有对仗的痕迹;运用对仗的技巧也是十分成熟的。这首五绝具有超越时空的力量,是美和哲理的统一,客观与主观的和谐,伟大的艺术再现和创造。

同一节课,同一首诗,多层次讲解,学员各得其所,都有新鲜感、新知识,具有吸引力,激发他们的兴趣,让他们爱好诗词。

（四）别有洞天

我在授课时经常强调:"没有规矩,不成方圆。"古体诗词格律除正体以外,还有特定的体。有些学员才华出众,善于钻研,喜欢猎奇,让他们了解古体诗词,也会别有洞天。在我国文学百花园中,最香醇艳丽的是唐诗宋词,更有独特、有趣、巧妙、罕见的奇葩,那就是奇珍异宝。把字形、句法、声律和押韵加以特殊变化,成为独出心裁的奇异之作,如带有文字游戏性质的,有一字诗、嵌名诗、藏头诗、回文诗词、数字诗、宝塔诗、辘轳体等等。虽然不是诗词的正体,但表现出一定的巧妙和驾驭文字的能力,也有一大批爱好者。

学员叶守松潜心创作,别出心裁:

七绝·咏梅

一种清孤不等闲,两心相悦叙情缘。

三更醉月雄鸡贺,万朵迎春香满天。

这首诗于 2020 年 4 月发表在浙江省舟山市诗词学会会刊《瀛洲涛声》上。

学员金齐鸣,创作精益求精。花费很长时间,精心推敲:

七律·抗疫(新韵、回文诗)

蓝天碧野远山烟,绿柳新芽弱水寒。

船渡南溪松柏劲,雨歇北崮玉兰鲜。

燃霞火焰红梅笑,耀日林梢青鸟欢。

弦将抒情吟曲唱,禅心抗疫赋诗酣。

七律·回文倒读(新韵)

酣诗赋疫抗心禅,唱曲吟情抒将弦。

欢鸟青梢林日耀,笑梅红焰火霞燃。

鲜兰玉崮北歇雨,劲柏松溪南渡船。

寒水弱芽新柳绿,烟山远野碧天蓝。

这两首诗于 2020 年 3 月发表在浙江省玉环市诗词楹联学会会刊《玉环诗词楹联》上。

(五)硕果累累

尽管是老年大学诗词班,但教学必须规范,需要认真备课,查阅大量资料。因为没有固定的教材，所以完全靠自己编写。其实这样更好，可以根据学员情况，因材施教。学校安排每周半天课，在课堂上传授新知识时，要特别注意充分交流，掌握学员的学习状况。每节课都布置作业，让学员认真练习。学员完成了作业，通过微信群上交。每篇作业，我都认真批改，对字数、用韵、平仄格律、错别字、意境等严格把关，将错的地方发回修正，直到合格为止。这一做法，使学员的水平提高很快，有很多诗词作品在全国各地的纸质刊物上发表。

3 年来，共有 50 多位学员先后加入了中华诗词学会和省、市诗词学会及其他诗词组织，有的还成了各级诗词组织中的骨干，有了一定的名气。2021 年 6 月，学员张名臻的词作《贺圣朝·荷塘情》，在楚天黄鹤楼诗社"父亲节赏荷专题诗词竞赛"中获二等奖；2019 年 10 月，学员章爱华的诗作《沙湖生态景区》，在 2019 武汉文旅融合光谷高峰论坛组织的鸿蒙诗会中被评为优秀作品，获荣誉证书，并入选《鸿蒙诗韵》一书。还有些学员的古体诗词作品，分别在香港诗词学会会刊《香港诗词》、陕西省诗词学会会刊《陕西诗词》、吉林省长白山诗社社刊《长白山诗词》、湖南省白云诗社社刊《白云诗词》、浙江省浙江经济职业技术学院院刊《中华诗教》、内蒙古巴彦淖尔市诗词学会会刊《巴彦淖尔诗词》、贵州省赤水市诗词楹联学会会刊《赤水风光》、贵州省遵义市诗词楹联学会会刊《遵义诗联》、湖北省赤壁市诗词楹联学会会刊《赤壁诗词》等几十种诗词刊物上发表，共计发表 556 首(阕)。

在无为市老年大学诗词班，教学相长，师生都有共同的感受：退休养老，实在是太幸福了，可以找回爱好，实现梦想，焕发青春，再创辉煌。作诗一首，颂老年大学：

　　校址奇祥欣学习，霜花亮丽喜逡巡。
　　腾升美梦辉煌景，焕发才情吐艳珍。

意志坚强奔圣地,诗词妙趣颂红尘。

追求境界余晖彩,激荡心潮壮锦春。

(作者系芜湖市无为市老年大学诗词班教师)

为老年朋友提供圆梦舞台

杨 萍

老年大学是终身教育的一个重要组成部分,是根据老年人的生理和心理特征进行的一种特殊教育。老年大学是老年人继续学习、增长知识、开阔视野、增强体质、丰富生活、陶冶情操、情感依托的乐园,是老年人参与社会、老有所依、老有所学、老有所乐和继续实现自我价值的平台。能成为芜湖市湾沚区老年大学服装表演班的教师,我备感荣幸,同时也感到责任重大。下面谈谈我3年来的一点教学感悟。

(一)老年教育意义重大

根据最新颁布的《安徽省老年教育条例》,老年教育满足老年人实现终身学习、增进身心健康、参与社会发展的需求,有利于实现老年人的继续社会化,使他们更顺利地适应退休生活和新的社会角色;增长文化知识,掌握数字时代新的技术和技能,与时俱进;丰富余暇生活,使老年人的晚年生活过得更加充实和更富有意义;有利于构建学习型社会,提高全民族的文化素质;增强人力资本积聚,带动社会经济增长;提高老年人的社会参与率;有利于和谐社会的构建;进一步提高老年人修养,有助于老年人精神文明建设。

(二) 尊重关爱,寓教于乐

老年人随着社会角色的转变以及生理和心理上的变化,人格特征也有诸多改变,如不安全感、孤独感、适应性差、拘泥刻板并趋于保守、容易回忆往事等。作为老年大学的教师必须充分理解老年人的生理、心理以及人格方面的变化,了解老年人的心理需求(健康和依存的需求、工作的需求、安静的需求和尊敬的需求),帮助他们调整心态,积极适应角色转变,适应退休后新的生活环境和生活节奏,找到自己的兴趣爱好,挖掘自己的潜能,充分发挥余热,积极参与社会活动,为创建和谐社会和精神文明建设出一份力,继续实现自我价值,维护自我尊严。

老年大学服装表演班都是老年女性朋友。我认为姐妹们来到这里一方面是为了进一步发展自己的兴趣爱好,实现儿时的某些梦想,放飞自我,更重要的一方面是在老年大学这个大家庭里找到友情、温暖、安全感、归属感和自我价值感。在我们服装表演班,人人平等,没有尊卑贫贱之分,不论她们以前的身份、地位和职业。我的原则是尊重、关爱和帮助每一位姐妹,和她们成为朋友,让她们感受到亲切、温暖和公平对待。我根据她们的心理素质和身体条件,以快乐、健康、安全、和谐为原则,制定行之有效的课堂教学计划,因材施教,传播正能量,倡导积极向上、快乐健康的生活理念,提高课堂的趣味性,寓教于乐,使她们在愉快、轻松、自由的氛围下获得身心的放松和锻炼,真正享受老有所学,老有所乐!

(三) 重塑形体,提升气质

老年大学服装表演课程的首要目的就是通过形体训练,帮助她们重新塑造挺拔的站姿、优雅的仪态、优美的步态,找回自信,打造老年人独特的高雅气质。形体训练就是以人体科学为基础,通过各种练习手段和方法,把"美"的意蕴有意识地注入课堂练习中去,提高肌肉控制力、动作表现力以及协调性、灵活性等,从而获得健美的体态、健康的体魄。

老年朋友由于日常生活中长期养成的习惯,导致了盆骨前倾、弓背含胸、端肩缩脖、腿形弯曲等不健康、不优美的体态,必须要进行科学系统的训练和调整。我根据老年朋友的实际情况,认真备好每一节课,精心编创了几套适合老年朋友的形体操,以安全为前提,循序渐进地帮助她们打造优美的形体,不厌其烦地讲解示范正确的站姿——收腹、提臀、挺胸、立腰背、沉肩,帮助她们纠正错误站姿,指导她们如何走时装模特步等,教她们如何通过自己的体态、步态和站姿展示不同服装的魅力,教她们非常实用的各种拍照姿势。

通过几年时间的课堂训练,姐妹们纠正了含胸驼背、站立行走等不正确的姿态,塑造了优美匀称的体态,重新焕发青春的活力,与此同时还不同程度地提高了她们的思维能力、注意力及大脑身体的协调性,有利于预防老年痴呆。

(四) 传播华夏礼仪,崇尚传统美德

传播华夏传统礼仪,提升老年朋友的修养是老年大学课堂的重要任务之一。有服章之美谓之华,有礼仪之大故称夏。华夏礼仪源远流长。礼仪是看得见的文化,崇尚礼仪是中华民族的传统美德。国无礼则不兴,家无礼则不旺,人无礼则不成。长期以来

礼仪被人们看作是衡量个人素养和为人处世的标准之一,也是体现国民素质的一个重要方面。因此我充分利用老年大学的课堂宣传礼仪文化,讲解示范服务礼仪、社交礼仪、接待礼仪、家庭礼仪等文明礼仪,通过我们长期的礼仪培训,使礼仪内化于心、外化于行。老年人文明礼仪的养成在社会生活尤其是家庭生活中发挥着至关重要的作用。通过对老年朋友的个人形象礼仪(仪容、仪表、仪态)、形体礼仪(站姿、坐姿、行走)、汉服礼仪、模特礼仪的培训,逐步提升了她们由内而外的优雅气质,改善了她们的人际关系,提高了她们的心理素质,进一步推动老年人的精神文明建设。

(五)弘扬传统文化,展示旗袍魅力

老年大学服装表演班的姐妹们最喜欢上旗袍手位、旗袍行走课。旗袍是我们每个女性钟爱的服饰。旗袍是中华女性的传统服饰,凝聚着中国文化丰富深邃的内涵,具有独特的古典艺术特点,被誉为中国国粹,亦是最为当今世人所认可和推崇的中国服饰,旗袍不仅拥有独特的形式美感和装饰美感,更是传统中国多民族和多元文化不断交流、融合的例证与产物。因此,我充分利用时装表演课堂,带领姐妹们学习旗袍服饰礼仪、旗袍道具运用、旗袍站姿礼仪、旗袍行走技巧、旗袍基本手位等,弘扬民族精神,传播旗袍文化,展示旗袍魅力。

每个人心中都有舞台梦和明星梦,穿上自己喜爱的旗袍优雅地走上T台也是老年女性朋友的梦想。因此我们老年大学创造机会为她们提供圆梦的舞台,每年5月份母亲节都在市民广场举办大型旗袍展示活动,几百位老年女性朋友穿上雍容华贵、端庄大方、高贵典雅的旗袍,手持五颜六色的油纸伞、宫廷扇等,在美妙的音乐声中展示旗袍优雅独特的魅力。在这个属于自己的舞

台上,姐妹们尽情展现自我,绽放生命活力,充分享受自娱自乐,每个人都把最美的瞬间定格在画卷里,以最美的姿态、愉快的心情享受当下憧憬未来,姐妹们收获了快乐、健康、美丽、自信和多姿多彩的晚年生活。

(作者系芜湖市湾沚区老年大学服装表演班教师)

盛开在老年大学的剪纸之花

翟晓玲

剪纸是我国古老的传统文化艺术,正因为受它那鲜明的特质和那玲珑剔透镂空艺术的深深吸引,让我对它情有独钟。经过刻苦钻研和不懈努力,我于2009年3月创作了一幅《牛年春来早》的剪纸作品,在芜湖市手工创意大赛上荣获"特等奖"。同年9月被繁昌老年大学聘为剪纸学科教师。13年来,我的剪纸学科教学成果显著,学员们的剪纸作品不断被新闻媒体报道、被报刊杂志选登,有的在省、市、区乃至全国大赛中获奖,学员们的学乐健为得到淋漓尽致地发挥,绚丽的剪纸之花在繁昌老年大学校内外越开越艳。2015年我被安徽师范大学(以下简称安师大)邀去举办现场讲座,接着安师大传统文化培训基地在我校签约挂牌,此后每年的暑假均为安师大培训一期来校见习的学生。我还连年被评为学校优秀教师。成绩的获得,让我对本学科的教学有深刻的体会。

（一）教学定要从激发学员兴趣入手

老年教育其共性是老学员不毕业，新学员年年增，教学有一定难度。尽管剪纸学科没有深奥的理论知识，但要拿出让人"赏心悦目"的作品，除了有创新的创作构思，还要有一定的技艺，两者缺一不可。作为教师的我，教学一定要有吸引力，努力提高教学效果、实现教学目标。于是我就想方设法激发学员对剪纸艺术的兴趣。新学员是从零起步，老学员要向深度和广度进军，合理组织，分层次教学，找准因人施教的切入点。通过多年来的不断探索，我让新老学员结对排座，以培养新老学员的学习兴趣。这样一帮一、传帮带自然形成。课堂上，老带新，老学员不仅复习了基础知识，在教新手的同时，成就感也油然而生。课下上门助学或登门请教的屡见不鲜，这种传帮带的学习形式，让新老学员课上课下零距离互助，发挥老学员的学习成果，激发了新学员的学习热情和学习兴趣。剪纸班有3名新学员，进班学习一年就在中国老年大学协会举办的"我和我的祖国"剪纸艺术大赛上获了奖，这意外的惊喜使他们越发热爱剪纸艺术而一发不可收。

精心设计好教案是培养学员学习兴趣的重要环节。我设法在每节课上都给学员带来惊喜，不断推陈出新是我一贯的教风。课前准备的新样品要让学员爱不释手，才能激起大家极大的兴趣。指导学员按样图画出流畅的线条，画好样稿后，按步骤先难后易、先繁后简、先内后外进行细心的剪制，完成打开即呈现出一幅美丽的镂空剪纸作品。如十二生肖及四季花，学员们纷纷创作出玲珑剔透且惟妙惟肖的艺术品，愉悦的心情不言而喻。所以说教学首先要培养学员的兴趣。

（二）不断学习，亦师亦友，常教常新

作为教师，自己首先要保持着不断学习的状态，这样才有源头活水来。就剪纸学科而言，教师除了自身掌握的剪纸方法外，还要多学习民间剪纸大师的技法，学习网上剪纸精品，开阔自己的视野，提高审美能力。同时在生活中多观察，在情感上要与学员打成一片，亦师亦友，和学员分享剪纸的感受和成功的喜悦。宽松和谐的师生关系，张弛有度的学习调节，不断带领学员积累剪纸素材。我采用要红霞编著的《怎样学剪纸》这本书为母本，再结合实际，按照我校的教学大纲，编写教学计划，详细地分解剪纸方法和经典图案，完成整个流程：确定主题图案，绘图，剪好示范作品，粘贴好。如对折团花图案的剪纸，课前剪好一张团花作品，再用一张红纸示例，设计 PPT 教学过程，给学生讲解对称折法，绘好图后就可以动手剪，保留线条部分。只要学员学得认真、专心，没有不成功的。

其次，教师还需要不断更新教学理念。我的剪纸始终把握住传统技法和现代元素相结合，教学也是紧扣时代脉搏，与时代同行。例如，有节课是创作一幅"党旗飘飘"的剪纸教学，红旗要有动感，但庄严肃穆的镰刀斧头的比例在旗帜位置不可随意，旗下绘画出弧形的葵花向着党旗，寓意伟大的党像太阳，人们是葵花紧紧围着太阳转。这时我再启发大家思考一下，党旗下还可以创作什么？只见有的学员说党旗下可配荷花，寓意党的清廉；有的说可配梅花，寓意百年艰苦卓绝的历程；还有的说可配牡丹花，寓意在伟大党的英明领导下祖国繁荣富强；等等。可见红旗是现代元素，随着旗下传统配什，寓意随之变化，既丰满了画面，丰富了内涵，又拓展了学员的思维，取得了较为理想的教学效果。教师从中也能发现学员的闪光点。类似的例子不胜枚举，也让我尝到

常教常新、亦师亦友、教学相长的甜头。

(三)"二三课堂"让剪纸之花尽情绽放

丰富的"二三课堂"活动,让剪纸学科彰显出顽强的生命力。多年来,学校把课堂教学(第一课堂)与"二三课堂"(课外活动和社会实践)有机结合,这样既检验了教学成果,也激活了学员展示才艺的情趣。"二三课堂"能够让学员在生活中捕捉创作的灵感,同时是教学中很重要的一部分。每学期我都会带领大家走进大自然,让他们仔细观察植物、建筑物、山水、各种鸟儿及各种树叶的形状。剪出形色各异的山水、草木,动物、静物,从而提高学员的三维立体思维及绘图和剪技。学员在实践过程中,用自己灵巧的双手剪制出喜庆、吉祥的作品无数,还有较高政治站位紧跟时代脉搏的作品。我们开展了喜迎党的十八大、十九大,庆祝新中国成立 60 周年、70 周年,迎亚运,迎奥运,庆祝建党 90 周年、100 周年等各项剪纸活动;我们进社区、赴乡村,赠送作品千千万,参加各级举办的大赛获奖也颇丰;作品也曾多次被区台办选送给台湾同胞;我们乐此不疲地迎新春送窗花,还应邀到城区 3 所小学进行传承活动。火红的画面映红了一张张喜悦的笑脸,虽然辛苦了自己,但每次受到人们的赞誉,得到各级领导的夸奖,站在各级大赛的领奖台上,弘扬了"真、善、美",传递了满满的正能量时,不仅极大地激发了学员的学习兴趣,而且展示出教学成果,不仅传承弘扬了传统文化,而且繁荣了城乡文化。

(四)应用信息化智能技术,有效拓宽剪纸教学途径

随着科技社会迅猛发展,繁昌老年大学信息化智能技术在教学中起到了重要作用。学校全面启用了智慧黑板后,进一步提升了剪纸教学质量。过去学员要近距离围着教师才能看清操作步

骤,教师反复地演示才能兼顾到每位学员。现在的摄像头把教师操作的双手直接输入在高清大屏幕上,学员即使坐在最后一排也能看清教师的动手过程,有效缩短了教学时间,更方便了学员学习。学员踊跃参加"数字鸿沟"扫盲行动。班级的微信群中学员的智能手机互联互通,学习成果在微信里分享,大家相互交流学习经验,不断提高水平。特别是新冠肺炎疫情期间,线上学习更是让学员收获满满:中国老年大学"乐学抗疫"十万微课一经打开进入,不到两天全班几十人没一人落下,极大地拓宽了学员的视野,浏览着各种精彩的课程,丰富了大家的学习内容,信息化技术的推动把老年学员带进一个全新的世界。

大家都深有体会地说:"学习剪纸艺术是我们在老年大学学科中的最佳选择,一少、二快、三用心,剪纸就能学得精。"这是指费用少、入门快、进步快,只要用心构思、专心绘图、静心剪制就能成功。

尽管剪纸教学还存在着一些不足,但我们在校园里播下了剪纸艺术的种子,经过辛勤的耕耘,不断总结、实践、总结,再实践,终于使这朵艺术之花绽放出夺目的光彩。在建党百年之际,学员把心灵的美和对祖国的挚爱,对伟大的党的无限忠诚,充分体现在创作的作品上。我坚信:在我们师生团结一致及共同努力下,定能把我国传统文化的剪纸艺术一直传承下去!

(作者系芜湖市繁昌老年大学剪纸班教师)

情系老校园　苦乐在讲堂

杨义滨

我担任南陵县老年大学弹拨班的教师,已有10个年头了。10年来我感受颇多,受益匪浅,深深地体会到了一名老年大学教师的艰辛和快乐。

(一) 当上了教师,就要担起一份责任

我从学生时代起就喜爱音乐,学弹琴,学拉琴。走上工作岗位后,在繁忙的工作之余,为单位组织文艺宣传队,搞活动、搞演出。退休后,有了大量空闲时间,总还是放不下对音乐的喜好,于是我报名参加了县老年大学民乐队,又重拾起中阮、三弦。就在这时,学校为了满足学员要求,决定开办一个弹拨乐教学班。一天,校领导找到我,聘请我担任弹拨乐班的教师,当时我吃了一惊,当教师是一种责任、一份荣誉,我打心里高兴。可是我过去没当过教师,觉得有压力,还有点担心,虽然弹琴多年,有些实践基础,但毕竟很业余,理论知识不专业,当教师怕不行。在校领导的再三鼓励下,我本着试试看的态度,走上了老年大学弹拨乐班这个快乐而又神圣的三尺讲堂,一干就是10年。

10年来的教学,使我深刻地体会到当一名老年大学的教师,不仅需要有一定的专业技能,更重要的还要有一片对老年学员的

爱心和奉献精神,所以在教学中,我不断探索适应老年学员的教学方法。

我的教学是以教弹拨乐中的中阮和柳琴为主,一年两个学期,每学期学员在二三十人左右,平均年龄在60岁以上,大的有70多岁。他们的学琴态度非常执着,但接受能力已不像青少年那么好,所以上课时,语速要慢一些,声音要大一些,板书要清晰一些。特别是讲到重要的理论知识和操琴技巧时,需反复多讲几遍,多练几遍。在教学中我体会到:老年朋友来学琴,不是想成为什么演奏家,而是来陶冶情操、寻找快乐、圆弹琴梦的。对一般基础较差的学员要做到心中有数,不能太苛刻,能掌握基本知识和演奏技能就可以了。所以我在上课时提出了"快乐学琴"的口号。上课时严肃认真地按教程教授理论和技艺,课外和他们交朋友,搞演出。有时还帮他们选琴、买琴,帮他们调弦、装琴,琴坏了还帮他们修理。我得到了学员的信任和尊重。学员形成了互帮互学、以老带新的学风。班上学习气氛非常柔和,学员兴趣很高,有的带病上课,有的克服家中繁忙事务来上课,我们班曾在全校十几个教学班的评优活动中,被评为优秀班级。10年来,我在教学中交了一大批老年新朋友,也从他们身上学到了许多新东西,丰富了我的退休生活。

(二)严于自律,不断提升教学质量

以前自己弹琴是孤芳自赏,比较随意,当上教师就不一样了,一招一式都会影响学员,自己必须严格按规范操作。所以每上一节课,都首先自己给自己先上一课,先系统地学习教程与参考资料,上课要讲什么,要弹什么曲目,教哪些技法,都要充分备课,严格自律,不断提升教学质量。

老年大学弹拨乐教学没有统一教材,上课没书怎么办?我就多方参考相关资料,自己编了简易的《学弹中阮(柳琴)》速成教材发给学员,让学员在起步学琴时学有所依。另外,每学期根据教材进程,我还编印弹奏练习曲目发给学员,以供课上、课下练习。在编印练习曲时尽可能查资料,多听碟子,找一些经典的、优美的、适合教师教学的曲目给学员练琴,培养学员兴趣,提高弹奏能力。

老年大学课堂不像应试学校课堂,学生一届一届整体升级,这里的学员来去自由。每学期许多老学员继续留在班上学习,但又会来一批新学员,学员的水平参差不齐、差距很大,讲课时要备几套教材,讲完老生的课,让他们到一边练琴,再将新生分出来,一弦一音地从头讲起,常常讲得汗流满面、声音嘶哑。尤其是有些新生不识简谱、反应较慢,这就要付出更大的耐心。10年来,在教师责任的担当下,在为老年学员献爱心的驱动下,我努力要求自己,在教会学员弹琴的同时,也提高了自己。

(三)取得了成绩,愉悦了身心

10年来,我们弹拨班的学员在"快乐学琴"的氛围里,坚持勤学苦练,琴艺提高很快,一般都能流畅地弹奏几十首乐曲,有许多优秀学员被选进了学校女子乐队和学校民乐队;有许多学员加入了社会其他戏剧乐队和民乐队,为我县文艺宣传和老年活动输送了新生力量。

多方创造演出机会,不断提升学员的演奏能力。学员除了每堂课练习弹奏外,每学期班上都要举办独奏、合奏总结会,选择好的节目参加全校举办的"民乐汇"演出。班上还选出优秀学员,组织弹拨班乐队参加各种演出,我班的乐队还被学校选派参加全县大型晚会演出和参加泾县、旌德、绩溪、南陵四县老年大学联谊的多次演出活动,登上全县和县外的大舞台,名噪一时,好评不断……

每当我看到学员在舞台上神采飞扬弹琴的风姿时;每当我听到从学员的手指间流淌出美妙的旋律时,心里都感到无比甘甜和欣慰,那种愉悦的感觉真美、真好!

(作者系芜湖市南陵县老年大学弹拨班教师)

老年大学电钢琴教学心得体会

沈浩瀚

我是芜湖市镜湖区老年大学电钢琴班教师沈浩瀚,本人系中国音乐家协会电子琴学会会员、安徽省钢琴协会常务理事,2019年被评为全省老年大学系统"优秀教师"。2021年1月,我的教研文章有幸荣获首次长三角老年教育办学优秀案例征文活动二等奖。多年来,我为镜湖区老年大学培养了一批又一批学员,一直使用的是我编写的五线谱版本的《芜湖市镜湖区老年大学电钢琴(试用)教程》,目前我校电钢琴班已成为学校的特色课堂。镜湖区老年大学电钢琴教学走在了全国老年教育的前列,是我们镜湖区老年大学的教育品牌,全市中老年朋友在我们电钢琴班都能感受到快乐的学习气氛和对自身价值体现的成就感。下面就中老年朋友如何学好电钢琴谈一下心得体会。

（一）教学之初

回顾镜湖区老年大学的历史，它的前身就是芜湖市新芜区老年大学，随着市政府区划改革的步伐，原新芜区、镜湖区两区合并为新的镜湖区政府之后，更名为芜湖市镜湖区老年大学。那是2003年的春天，学校新开设了电子琴班。在那个年代，全国各地的老年大学陆陆续续开设了电子琴班和钢琴班，但却没有一套统一的适合中老年朋友学习的教程，课堂上仅仅使用教师们发的一张张简谱版的讲义，有些地方连五线谱都不学。我深知学会五线谱对学习钢琴、电子琴等键盘乐器的重要意义，于是凭着自己掌握的专业知识和当时积累的少儿钢琴、电子琴教学经验，以及十几年从事群众性文娱活动积累的宝贵经验，毅然决定要为广大中老年朋友们编写一套适合他们使用的五线谱版本的电子琴教程，这一大胆的想法很快得到了我校领导们的理解和支持。在第一批电子琴班新学员的开学典礼上，我向学员们郑重宣布：我们要采用五线谱来教学，并且我正为大家编写一套五线谱版本的电子琴教程。教室里顿时议论纷纷，绝大多数的学员都觉得五线谱像天书，大伙儿都这一把年纪了，如何学得会五线谱呀！面对全班学员的畏难情绪，我却充满着自信，双手示意大家安静下来，用平和而又坚定的语气告诉大家："其实五线谱非常好学，它是最直观的记谱方式，甚至比简谱更方便表达音乐，是学好键盘乐器的敲门砖。"并且耐心地告诉学员们："我多年从事少年儿童电子琴教学，他们一般都是从四五岁开始学习，这些娃娃们都能学得会五线谱，难道我们成年人的理解能力和接受能力还不如一个个四五岁的孩子吗？大家只有学会五线谱，才能看懂各种音乐书籍，将来才能在书店里自由挑选到自己喜欢的电子琴曲谱、钢琴曲谱来练习，才能在音乐的海洋里自由地遨游。"我的一番话顿时给了大家信心,我告诉大家只要大家坚持每周来听我的课,回家按我的方法去读谱,不出半学期大家一定能掌握五线谱的基本知识。我的信心消除了每一位学员的畏难情绪,在接下来的教学实践中通过我深入浅出、不厌其烦的讲解,学员们每堂课都能听得懂、看得会我所教的五线谱知识。在不到两个月的时间里,大家都掌握了五线谱高音谱表、低音谱表等基础知识,还对进一步学好五线谱知识充满了信心。消息很快在我市老年朋友中传开了。而我则一边教学,一边利用大量的休息时间,不计报酬,终于在不到3个月的时间里,成功编写出一本五线谱版本的《新芜区老年大学电子琴(试用)教程》。这本教程着重编入了五线谱的基础知识,同时编入了相关的乐理知识和电子琴基本弹奏技巧,并且搜集了大量的中外名曲,作品难度由浅入深,指法较容易掌握,艺术性也颇强。一本适宜中老年朋友学习的五线谱电子琴教程,换来了中老年朋友们对学习五线谱知识的兴趣和热情,同时也为我校后期的电钢琴班的发展和繁荣奠定了良好的基础。

(二)教学做法和成效

大家都知道,来老年大学学习的学员们大部分都是50岁以上的退休人员,我校第一批电子琴班的学员平均年龄为62岁,最大的一位老爷爷名叫胡为国,年纪高达78岁。许多学员在初学弹琴的时候,连手指都分不开。大部分学员的手指、手腕、手臂都十分僵硬。然而,我们弹琴的人靠的就是一双手,必须做到手臂自然、手腕放松、手指灵活、独立性强。在第一节课教大家"五指断奏练习"时,不少老人的额头上都急出了汗!他们中绝大多数人都无法完成对于那些少年儿童们来说十分简单易学的五指基本动作。一堂课下来几乎所有的学员表情都非常沮丧,不少人开始怀疑自己这一把年纪是否能学得会弹琴?面对这种状况,我心里暗自焦急。这对教师而言，无疑是教学上的一种挑战！我开始意识到老年人学琴的启蒙阶段要比孩子们困难得多，不能把教孩子们的那一套方法照搬照用，必须寻找到一套适合老年人的科学方法，才能让老年朋友们彻底改善和摆脱生理方面的不足和缺陷。在接下来的教学过程中，我先是鼓励学员们一定要有信心有毅力，给他们讲一些"盲人也会弹钢琴""残疾人用脚趾弹钢琴"的励志故事，从而激励全体学员去战胜困难，挑战自我。同时，我在教学方案上进行了大胆的改革和创新，我将教孩子们学习弹琴的"五指断奏练习"的方案，分解成单手无声上下琴练习、双手无声上下琴练习、单手全指落键练习、单手分指落键练习、双手分指同步练习、琴键上跳八度练习6个步骤去训练学员们去弹琴。真是功夫不负有心人，在我的鼓励和正确指导下，学员们每天按制定的计划去训练手指、手腕、手臂，渐渐地，他们的手臂不僵了，手腕也开始放松了，手指也开始越来越灵活了。第一学期转眼就要结束了，大家惊喜地发现全班没有一名学员中途掉队。大家不但学会了五线谱的基础知识，而且都掌握了五指断奏的基本弹法，为日后坚持学琴树立了信心，更为第二学期学好电子琴打下了坚实的基础。

　　如果说老年人学弹琴不容易，那么作为教师而言教会老年人弹琴就更不容易了，因为这不仅仅是教一位老年人，而是教一群年龄层次不同、文化程度不同、接受能力和理解能力都差异很大的老年人。所以，上好每一堂课对教师来说不仅需要拥有扎实的专业知识，更重要的是要注重策略、讲究方法。课间校长常常笑着对我说："学员们都非常喜欢上你的课，但又害怕上你的课。"我笑着问其原因，校长解释说："因为你每堂课都要让学员们到讲台前一个一个地弹琴回课，所以大部分学员们都感到很有压力。即使一首曲子在家里已经反反复复地练得很熟了，可是一坐在讲台上弹琴回课,他们心里往往是非常紧张的。假如有学员在家里偷懒没好好练琴,那上了讲台往那琴边一坐,小腿肚子都在发抖呢。"哈哈哈,我笑了,这就是我给每位学员施加一定压力的教学措施。大家都是同一批学员,学得好不好,上了讲台弹一弹自然就曝光了,如果没有竞争,哪来的压力和动力。其实,针对学员们的个体差异性,我每次布置作业时都会分几个难易程度。通常下课前我都是这样布置作业的:"本周作业 A 是你们当中高手可以完成的,作业 B 是你们中绝大部分人可以顺利完成的。至于作业 C 是最基础的弹奏练习,必须人人过关!"即使是我布置同一首作品,我也常常说:"你们中水平高的可以训练自己双手演奏,如果大家双手同时演奏这首曲子有困难,起码下周回课时能够分左右手弹出来哦!"每堂课我都尽量分层次教学,分层次布置作业,给每位学员都制定力所能及的目标。日复一日,年复一年,这批 2003 年我校招收的电子琴班的第一批学员们,总共 21 名,经过两年的学习无一人放弃,他们越学越轻松,越学越有劲。在 2005 年区老年节活动中,在市汀棠公园玩鞭亭广场上,大家集体展示了电子琴琴技,以一曲轻音乐《潜海姑娘》奏出了青春而浪漫的旋律,以一曲贝多芬的《欢乐颂》奏出了老年朋友们快乐的晚年生活。2014 年 8 月,我校电钢琴班的多名学员在我的鼓励和辅导下,积极参加了上海音乐学院社会艺术水平钢琴考级,并以优异的成绩取得了考级证书。他们当中年龄最大的 68 岁,最小的 51 岁,这是我市首次老年学员参加钢琴考级,得到了上海音乐学院考官们的高度赞扬,夸赞我们镜湖区老年大学钢琴教学走在了全国老年教育的前列。

此外,在新冠肺炎疫情席卷全球的大环境中,学校为了保护大家的健康和生命安全,近一年多来,响应教委的决策停课了。在这种情况下,一年前我在没有接到学校官方指令的情况下,个人率先组建"沈老师电钢琴教学"微信群,每周都会在微信群里积极开展网络教学活动,从而让本校的电钢琴教学活动不但没有被疫情击垮,反而更顺利地得以开展。作为教师,我经常拍摄教学小视频,把钢琴作品的难点和技巧通过镜头,多角度拍摄给学员们看,同时配合乐理知识的语音讲解,让学员们及时掌握钢琴的演奏技术。这一举措立刻得到了校领导的关注和全体学员的拥护,大家学钢琴的积极性更高了,我也经常在微信群里发一些自己弹奏的中外钢琴名曲给大家鉴赏。初步统计,这一年来我发布的教学视频近300段。在我的带动和鼓舞下,我们电钢琴班的全体学员们也开始学着我,把自己在家里练成的一些钢琴独奏小品拍成视频,不定时地上传到微信群里,请教师点评,供大家鉴赏。事实证明,疫情的天灾,不但没有影响我校电钢琴课程的顺利开展,反而在我们师生的共同努力下,以及校领导的大力支持下越上越好,广大学员们学习钢琴的热情越来越高涨。

(三)教学心得

老年人学习电钢琴本身就是对老年人学习毅力的一种考验,用五线谱学习电钢琴在很大程度上是对老年学习者大脑记忆力的一种挑战和训练。这就需要教师针对老年学员的特点精心设计一套教材,并在课堂教学环节的设计上使老年学员在寓教于乐的氛围中更好地掌握运用五线谱学习钢琴课的知识与技能。

首先,弹钢琴可以陶冶情操,使人的心境更豁达。在专心练琴时,演奏者可以达到神游世界、物我两忘的境界,非常有助于老人修身养性。其次,弹钢琴是锻炼思维的好方式。因为钢琴作品是所有乐谱中最复杂的。分析和理解这些乐曲,需要乐理知识、和声知识、复调知识等,还要有较强的记忆能力、推理能力、分析能力、逻辑判断能力等。所以,学琴可以帮助老人开发智力,让老人在美的熏陶中远离老年痴呆。除了锻炼脑力,弹钢琴还能起到锻炼身体的作用。因为它需要手、眼、脚、耳、脑并用。以手的运动为例,弹琴时手既要垂直运动(向下击琴键),又要水平运动(将手迅速移动到下一个琴键上方);既要双手同时触键,又要双手分别触键;时而需要同时弹两个音,时而需要同时弹四五个音。而且,双手之间的配合误差不能超过几十分之一秒。有关研究表明,长期的、系统的、全面的钢琴训练,会使人的心脏、四肢、大脑等主要器官保持在一个合理、健康、平衡的状态,从而达到修身养性、益寿延年的作用。此外,老人在学琴的过程中,可以跟同伴一起交流、切磋,无形间增加了彼此的接触,结交了一群固定的琴友,他们的生活就会不再寂寞、单调,晚年生活丰富多彩。

在老年电钢琴教学领域里,我经过 19 年的教学实践与探索,但对于老年人采用五线谱学习钢琴仅仅是初探者,兄弟学校从事老年人钢琴教学的好做法值得我学习借鉴,我应该不断改进我们的课堂教学,不断提高老年人学习钢琴课的兴趣,满足老年人更高层次的学习。冬去春回十九载,我一直努力工作在全市老年教育的第一线,感谢党和政府越来越关心老年朋友们的晚年生活。期待今后有更多的老年朋友们爱上我的钢琴课,祝愿老年朋友们身体健康、晚年生活丰富多彩。

(作者系芜湖市镜湖区老年大学电钢琴班教师)

上好朗诵课的"五个用"

任国华

朗诵是一门"小众"的课程,虽然与诵读、播音、主持乃至相声、快板、评书等同属于语言类艺术,但由于在芜湖市的市、区老年大学开设此专业不多,所以不为大多数人所了解,受欢迎度和参与率都很低。通过两年多的教学摸索实践,我所教的朗诵班学员改变了之前的看法,在学员们口口相传下,出现了争先恐后要求到朗诵班上课的局面,原来只有一个班,现很快将开两个班。我的做法可概括为"五个用"。

(一)用朗诵的地位和作用,提高对学习这门课程的认识

朗诵是广受人民群众喜爱的群众文化活动的形式之一。其地位和作用不可取代,在稍大一点正规的综合性文艺演出中,音乐类、舞蹈类、语言类节目三者缺一不可。而朗诵在语言类节目中占据突出地位。朗诵的应用范围很广泛,在晚会、节日庆典、企业年会、各种周年纪念活动的联谊联欢、中小学校成长礼等活动中,朗诵的艺术形式都是必备的。朗诵的作用也非常突出,这一艺术形式直接具体,紧贴现实生活,紧跟时代热点,直抒胸臆。我市海螺集团在2019年进入500强和新中国成立70周年双庆文

艺晚会中(因我参与了排练节目),用音画情景诗朗诵的节目样式,讲述海螺的历史、海螺的业绩、海螺的好人好事,讲企业的文化、海螺人的情怀和集团的愿景,非常精彩。其实我市许多中小学如27中、利民路小学学生成长礼文艺汇演中,朗诵也是主要的节目,只是在老年大学有点冷门。我常对学员们讲:"老年大学朗诵课这方面的不足让我们来填补。"听我这么一说,学员们很受鼓舞,学习劲头与热情更为高涨。

(二)吃透教学科目,精准定位,用充实的内容吸引学员

朗诵是一门语言类艺术,其特点是用夸张的说话方式来表达思想情感和叙事,是综合性的表演艺术。这一定位给朗诵课提供了丰富的教学内容。我把朗诵课内容编为三大方面:一是普通话课;二是表演课;三是形体课。普通话是语言类艺术的基础,我归类成3个部分:汉语拼音、字词句表达(语音流变、儿化轻声、绕口令等)、声乐气息发声训练。话要说得响、传得远、松弛圆润好听,必须要有气息的支撑。表演课也分为3个部分:一是理解、熟读诗歌散文作品;二是技巧运用,主要是节奏和强弱;三是角色塑造,包括内在的和外在的。形体课是为了在舞台上角色塑造的需要,练习芭蕾站姿手位、4种阿拉贝斯舞姿以及简单的组合。对这些课程内容安排,学员们直接的反应是很好玩、很有趣。同时将朗诵与他们最熟悉、学员们选学最多的舞蹈、唱歌作比较,声乐歌唱难学,而舞蹈表现现实又比较抽象,朗诵相对简单易学、易懂、易用,可增强学员们学习的信心。

(三)用教学的生动性抓住人,避免枯燥单调冗长

每次上课100分钟(除去课间休息)两节课,如果只上一个内

容也可以,但错开搭配,既上汉语拼音又练绕口令,又上表演课熟读作品,这就使上课有了变化,增加了学员们的新鲜感。我一般把排练课放到第二节,在学校舞蹈班上课的大教室练习走队形,包括形体和声乐课也都是岔开进行,这样动静结合,避免了单调乏味。教师在课堂上的语言表达也很重要,流畅准确清晰的讲课思路更能使学员们全神贯注。我的做法是自己认真备课,衔接转折处用词用语都斟酌好,反复在心里默讲,再对照讲稿修改或补充。这样到课堂上就很熟了,很少出现慌乱卡壳的情况。我还注意知识性,每节课都设置一些知识点。朗诵班学员中教师、机关人员、企业科室人员居多,求知欲强。比如讲韵母,加声母成一个字词,再释意,再联系到生活中的运用。上表演课时而穿插讲一些自己做演员的经历,增强讲课的趣味性。

(四)用排练节目来满足学员的展示需求

我认为朗诵课的最终目标是要教会学员朗诵,是要他们走上舞台或到公众场合去表演。如果他们一学年下来,没有几个能拿得出来的朗诵节目,那么这门课的教学就不能说是合格的。一学年列入表演课排演的诗歌、散文作品有阿紫的《读中国》、李琦的《变老的时候》、艾青的《我爱这土地》、江一郎的《老了》、舒婷的《祖国啊,我亲爱的祖国》《致橡树》、屈塬的《天路》以及寓言故事《谦虚过度》等。其中《读中国》是班级集体朗诵,有男、女领,大家合,也有每人朗诵一句,中间部分像对唱一样,分两拨对诵,结束句齐诵,开场时是剪影造型,配合伴奏音乐与背景视频渲染出既庄严又秀美的气氛。排练课是学员们最紧张、开心的时候,他们意识到我们不仅坐在课堂听讲,也能和学校唱歌、跳舞、走秀班级一样穿着服装、化着妆到舞台走一走、秀一秀。6月21日是朗诵班新冠肺炎疫情复课以来的最后一次课,学员们告诉我已经在街道、社区庆祝建党100周年文艺演出活动中,演出了我们初排的《读中国》朗诵节目,我看了他们拍摄的演出视频。把在课堂所学运用到社会活动中,这正是我期盼的教学成效。

(五)勤练基本功,用自身示范使学员感到信服

我刚开始工作时就在芜湖市文工团当演员跳芭蕾,参加过芭蕾舞剧《红色娘子军》《白毛女》的演出。后来团里成立了话剧队,开始排练话剧,又参加了团里《枫树湾》《八一风暴》《雷锋》等剧目的演出,在《雷锋》剧中出演主角雷锋。同时学唱歌、学声乐,师从安师大音乐学院范福民教授至今。我于20世纪80年代初完成了中文系本科学业,后又到文化馆从事群众文艺辅导工作,这些都奠定了我的业务基础。例如,《读中国》26句300多个字的不同读音,字字烂熟于胸,随时听出读错的地方,并指出来将正确的读给学员们听。节目中设计的辅助动作,手把手教,反复演示。我反复看了徐涛老师的《祖国啊,亲爱的祖国》朗诵视频,自己课已备好,已能做到像在舞台演出一样表演给大家看。为了教学我几乎每天练声,琢磨朗诵作品,看舞蹈形体教学视频,做到只要拿到课堂上讲的我都能做示范。学员们也爱听爱看,对教师更加信任。

回顾近一年的教学,我的体会是:

1. 领导重视是保证

如不是当初学校主要负责人拍板这门课,市老年大学都没有的课,区里是不可能开设的。感谢弋江区老年大学增设了语言类艺术这个专业,为老年朗诵爱好者提供了平台,我坚信朗诵这门课一定会得到越来越多的人的喜爱。

2. 教师讲课要抓住教学的"牛鼻子"

这是贯穿教学始终的发力点。要时刻抓住如何使学员们喜

欢来上课的重点,喜欢听才能留住人,这一点尤其值得重视。作为讲课人要勤于学习、磨炼,跟上时代,比如现在很火的脱口秀,其表现技巧就很值得借鉴。现在信息这么畅通,具有碎片化、短平快的特点,咬文嚼字、慢条斯理过于严肃地讲课,已经不能很好地吸引老年学员听课的注意力。

3. 多鼓励激励,多肯定表扬

学员们来老年大学学习没有升学拿文凭的压力,主要是满足爱好,享受过程,应尽可能避免使他们觉得有挫折感,维护他们的积极性和热情。从观察他们学习朗诵的过程看,他们只不过比年轻人接受得慢一些,但多花点时间,也是能出教学效果的。

4. 利用好微信群是增强黏合度的好办法

上一次课间隔 6 天,教师和学员、学员和学员之间的接触并不多,经常性的联系有利于形成亲和的班级氛围,大家会感到来到这个集体很快乐,更愿意来上课。所以我有意识地把课后作业布置在微信群里去完成,通过这个方法把班级成员联系起来。我时常在课前提一下微信群里的情况,表扬、点赞,有时点评,他们对教师的点评都很在意。实践证明,学员们在微信群里把自己的朗诵、歌唱传上来,起到了相互学习、促进融洽学友感情的作用。

从更高的认识层次上来说,老年教育属于老年事业,它是党的事业的一部分,各级党组织高度重视。我不仅是一名老年大学的教师,也是一名中共党员,党员为党的事业不懈工作是职责,我将继续在老年大学的教学岗位上努力贡献出自己的一份力量。

(作者系芜湖市弋江区老年大学朗诵班教师)

笃于学　敏于作　畅于吟

俞学玉

我热爱诗词文化,已忝列诗词班教师多年,然才疏学浅,多有无奈。但秉持初心,勉力甚为,在学中干,在干中学,始终与学员一道同学、同作、同进取、同提高。虽无经验可谈,但有些做法梳理一下,还是有益的。

(一) 形式多样,内容广泛,亦学亦乐亦为

我们诗词班学员年龄悬殊,文化素养差别很大。但他们都有一个共同的愿望,热爱中国传统诗词文化,想通过再学习,温故知新,一展各自的才华,并为传承、弘扬中国传统诗词文化尽点心、出点力、做点贡献。

为了满足大家的愿望,我们在教学活动中做了一些有益的尝试和探索。

1. 将学、作(创作)、吟紧密结合

笃于学,敏于作,畅于吟。学,即学一点基础知识,如格律诗的押韵、平仄、对仗;入声字的应用、修辞炼句;等等。通过选讲唐诗宋词,赏析中华诗词文案,帮助大家温故知新,为创作打下基础。作,引导大家边学边作,大胆创作。坚持原创,促进诗词文化创新发展、创造性转化。吟,通过课前吟诵、吟诵会等形式,使学

员一抒情怀,一展风采,从中收获愉悦,增强学习的信心和动力。

2. 笔会、点评、讲座

笔会。每月一次,由组长引领学员将各自的习作提请大家共同切磋和推敲,以臻完美,并推选出点评作品。

点评。每月一次,教师对笔会推选的作者作品逐一进行点评。点评从两个方面着手:一是围绕诗之三性(思想性、艺术性、欣赏性)、三美(意境美、语言美、音律美)进行;二是在炼字、炼句、炼意上用功。师生互动,进行修改润笔。

讲座。为了帮助大家明确学习目的,提高创作能力,适当开办讲座。如举办"古典诗歌基本知识择要"讲座,讲什么是诗歌、什么是古典诗歌、什么是格律诗,创作格律诗要把握的要领,即4个三(三性、三美、三要、三忌);举办"学诗三字经"(学诗好、学好诗、诗好学)讲座、"学用诗联,弘功化育"讲座;研读十九大报告,以"新时代、新思想、新征程、新气象、新作为、新成就"为题进行宣讲;以"习近平,将传统文化当作独特战略资源"为题举办讲座,通过讲座增强中华传统文化自觉,坚定文化自信,宣传贯彻习近平新时代中国特色社会主义思想;举办"高举习近平新时代中国特色社会主义思想光辉旗帜,继承和弘扬中华传统优秀诗词文化"专题讲座;举办"弘扬诗缘政优良传统,引领新田园诗词创作"讲座;举办"三华山诗会对后世传承影响"讲座,讲三山诗歌的历史溯源、历代诗人对三山美景的诗歌咏叹,以及九莲诗社、春山诗社到三山诗词学会的发展过程等。

3. 编组结对,个别辅导,诗友群聊

编组主要是将学员分组,由组长引导学员开展互帮互学。

结对主要是新老学员结对,开展一对一或二对一的学习活动。

个别辅导是教师以人为本,因材施教,课外对学员进行个别辅导,为他们批改作业,和他们商榷谈心等。

诗友群聊是建立手机微信群,师生在网上群聊,谈学习、谈创作、评诗点词、修辞炼句。一年多来因新冠肺炎疫情防控,我们一直坚持"云"教学,做到班级不散,学习持续。

4．采风、交流、应征诗文

采风有两种:一是学员三两结伴采风观光,寻求素材,激发创作灵感;二是带着主题,进行集体采风,如看改革开放新成就、红色主题游等。

交流是鼓励和组织学员积极参与区文联、老年大学、文明办、文广新局开展的各种文化活动,与书画家协会、摄影家协会联袂开展创作笔会;接受省、市电视台的采访,协助制作"文化三山、诗韵流芳"专题宣传片等。

应征是鼓励和组织学员向《繁昌诗词》、芜湖《滴翠诗丛》安徽吟坛投稿,乃至参加中华诗界的各种诗词竞赛活动。积极参与省、市、区委组织部、老干局、宣传部、老年大学开展的各种征文活动,如"诗意芜湖、梦回三山""看改革开放新成就"征文等。

5．宽领域、多体裁,拓展学习内容

多年来我们以学习格律诗为主,以传承和弘扬国粹。同时兼学、兼作词赋、楹联、古风、新诗和散文诗等。例如,纪念改革开放40周年暨庆重阳诗词吟诵会,就有学员原创作品新诗4首、散文诗2首、词4首、四言诗1首、排律1首、律诗和绝句17首。

(二)举旗定向,围绕中心,唱响时代心声

学什么、怎么学、为什么学,是教学活动的首要问题。围绕中心,服务大局,唱响时代主旋律,传递社会正能量,是我们的责任和使命。为此我们做到了如下三个方面。

(1)纪念新中国成立70周年、改革开放40周年、迎庆十九大、建区10周年,我们都开展了专题创作和吟诵会,并出了专辑。

2020年战疫抗洪、脱贫攻坚取得伟大成就,我们集中进行了诗词创作活动,并结成专集,分别报送上级老教委、诗词学会、文联和关工委等。

2021年建党100周年,我们开展了"学党史、悟思想、砺志力行"活动。举办了党史讲堂,学习毛主席七律《人民解放军占领南京》;上党课,如讲述《夏家湖——渡江战役百万雄师渡江第一船登陆点的历史意义和文化意义》,传唱《夏家湖的黎明——渡江第一船登陆点之歌》;协助区老年大学出版纪念建党100周年特刊,汇集学员的原创作品:格律诗51首、词8首、新诗7首、文赋5篇;杂交水稻之父袁隆平逝世,我们迅速开展了专题创作活动,痛悼院士致敬英模。

(2)弘扬社会主义核心价值观,连续4年为三山区获得国家、省、市和本区评选的"三山好人"作诗撰联,弘扬好人精神,并出专刊专辑。还将5位当选为"中国好人"的诗词作品报送市诗词学会入编诗丛。

(3)每年开展春联创作活动。

(三)肩扛使命,承扬国粹,拓展诗教途径

1. 走出去:走社区,进学校,进留守儿童快乐驿站开展诗教活动

2017年以来我们已先后走进碧桂园社区、杨村村、长坝村、长坝小学、孙滩村、月亮湾小学,给他们送去《三华情韵》诗集,开展诗教活动。特别是配合区关工委对全区6所留守儿童快乐驿站开展诗教活动,组织留守儿童读诗、吟诗,开展诗词诵读比赛等。均受到好评。

2. 办诗刊,出诗集,发布诗苑简讯,丰富载体,扩大传播途径

诗刊《三山吟潭》(现改名《文学园地》)每学期出2期,已出40期。诗集《三华情韵》每3年出1集,已出2集。诗苑简讯每半年发布一次。

多年来,区老年大学已培训诗词班学员60余人。2018年至2020年有6人被批准加入中华诗词学会,成为中华诗词学会会员。这些人已成为三山区诗词文化骨干,形成了一支诗词文化队伍,每年有原创作品千余首。在学校他们是学员,在诗词学会他们是会员,在社会他们是文化志愿者,区关工委称他们是"五老"文化志愿者,文明办称他们是文明文化志愿者。他们不仅认真研学诗词文化,争当好学员,还潜心创作,乐于奉献,在关心下一代、文明创建、社区治理、退休党支部等方面做出了一定的贡献,使余热生辉,夕阳焕彩。

(作者系芜湖市三山经开区老年大学诗词班教师)

严谨教学,不忘初心

李海琪

2015年,我成为了老年学校的一名管乐教师。当首次来到龙山老年学校的时候,我感觉老年人很难去教学,他们行动迟缓、反应慢、对新鲜词汇很陌生等等,给我带来了很大的困扰。尤其是因为龙山老年大学特殊的地理位置,很多学员都是辖区内的农民,他们的文化程度不高,交流也多用方言,很多学员由于常年的体力劳作,双手有很厚实的老茧,手指灵活度已经大不如年轻的时候。为了着实了解他们在学习上的困扰,我花了不少功夫,随着时间的流逝,我逐渐爱上了这份工作,通过和老年人交流及互相学习,深感他们是一群可爱的人!我见识到了他们认真、用心的学习态度,看到了他们为了能学到知识而不懈努力的样子,他们用实际行动打动了我。尤其是竹笛班上的班长袁先超同学,不仅每日带头练习,而且经常帮助学员解决一些他们遇到的困难。

每当踏进校园的时候,我都能感觉到每一个来学习的老年人是多么热爱学习、多么开心快乐。他们渴望能和别人交流,渴望在晚年不浪费时间,渴望把年轻时候的兴趣爱好重新拾起来。这是多么淳朴的想法,当和他们有了更多的接触和交流之后,我认识到老年教育的意义重大,或许我会一直做下去了。

回顾这几年,我为了尽快适应老年学校的教学工作,认真学习老年大学的教学大纲,深入领会老年大学的办学宗旨,广泛听取各方面的意见,逐渐积累教学经验,不断探索教学规律,慢慢地找到了担任老年大学教学工作的感觉,始终让自己铭记要严谨教学,不忘初心。现在谈谈我的肤浅看法。

(一)尊重为先,服务为本

老年大学的学员,年龄大多在60岁以上,有些甚至都将近80岁了。他们辛勤了一辈子,为社会服务奉献了一辈子,退休后仍然到老年大学学习,这种精神是非常崇高且值得学习的。作为教师,我虽然在所教学科的专业上比学员多掌握了一些知识,但是在教学过程中理应把尊重老同志放在首位,像尊重长辈一样关怀他们。尊重学员是老年大学教师必须具备的最起码的素质,只有尊重学员,才能得到学员的认可和理解,才能形成和谐的师生关系,才能得到好的教学成果。在平时的教学中,有很多上了年纪的学员听力会有所下降,那么作为教师就要口齿清晰,语速放慢地把课讲清楚。还有些学员由于身体原因要多喝水和多上厕所,那我们同样要报以尊重,课堂纪律受到影响时我们也要用平和的方法去缓解上课的氛围。

  培养兴趣,寓教于乐。培养学员的学习兴趣是最好的教学方法,这也同样适用于老年大学的教学工作。刚给学员上课时,学员没有一点基础,乐感和节奏都很差,手指的僵硬和气息的不畅给管乐教学带来了极大的不便,我给他们设计了很多手指操和呼吸练习法,并增加了很多的音乐欣赏,激发老年学员的学习兴趣和学习动力。每当有老年人认真学习并得到成果的时候,我都会记录下他们的练习过程并对教学方法进行总结、改良,逐步形成能让老年人更快、更好、更容易学习的方法。之后再将这些教学的方法用到更多的老年学员身上去,形成良性循环。每一个老年学员的学习状态都不同,我要尽可能地去平衡他们:不能太快,让他们顾此失彼;也不能太慢,让他们失去兴趣。由于我是科班出身,所以很多时候都会以基本功为主,但枯燥的练习让很多老年人感到疲惫,因此适当地增加一些他们耳熟能详的小乐曲进行学习和演奏,就能很好地调动他们的学习兴趣。

(二)表扬鼓励,谨慎批评

  很多老同志的性格就和孩子一样,喜欢鼓励与表扬,讨厌批评。遇到矛盾哪怕在理,也要先让他们平复心情,然后再循序渐进地帮他们更正错误。毕竟老年教育是特殊的教育事业,老年学员的身心健康应当放在第一位,鼓励与表扬能更好地保护学员的积极性和热情,让每一个学员都能成为学习积极分子,带动全班形成学习的良性循环。老年人的心理大多比较脆弱,这一点要尤为注意。能不批评就绝不批评,哪怕做得不好,鼓励他们多练练就可以了。有一次我遇到一个老年人,自尊心很强,就是要比别人做得好,哪怕落后一点点都会生气,甚至看不得别人比他好,我利用下课时间跟他谈了一下,告诉他建立学习目标才能有方向,别人好但是你可能在另一方面又比别人强,每个人都是优秀的,而我会让你们变得更优秀。这番话使他改变了自己对其他同学的看法,并最终成为了班上学习的带头人。

(三)要有针对性,学有所得

老年大学的教学内容一定要有针对性,这样能够更容易、更快速地出成果,这也是对老年人最大的肯定。很多老年人已有的习惯以及练习方法并不能使他们学好管乐,我就在这方面花了很多的功夫给老年学员设计课程。模仿练习是老年学员最主要的练习方式,当有了一定的基础之后,再适当地强化基础,就会让老年人踏上学习的高速公路,最快速也最容易学有所成。

(四)听取意见,改进教学

不管做了多么充分的准备,一个教师的课都很难满足每一个学员的要求。因此,广泛听取学校其他教师及班级学员的意见就成了重中之重;及时解决教学中遇到的问题是十分必要的;和其他教师交流让我得到了很多宝贵的经验,哪怕是不同的学科也有共通之处。没有唯一的教学方法,只有更好的教学方法。作为一名老年大学的教师一定要虚心听取各方面的意见,同时要不断学习新的教学方法,改进自己的教学方法,提高教学能力。时代在进步,知识在更新,教师要每时每刻不断提醒自己要提高自己的教学能力,用自己在不断学习中获得的知识和经验指导学员,达成教学目的。

（作者系芜湖市龙山老年学校竹笛班教师）

我的二胡教学

盛旭华

我是个中学教师。年轻时受朋友的影响，喜爱音乐。退休后，受聘到宣城市老年大学教授二胡课。多年来，我用耐心、精心、潜心认真教学，乐于奉献，带领老年学员在音乐的海洋中尽情遨游，奏响了"晚霞如画"的精彩乐章。

（一）尊重为先，服务为本

老年大学的学员，年龄大多在五六十岁以上，他们辛劳了一辈子，为社会奉献了一辈子，虽饱经沧桑，仍来到老年大学学习。这种精神非常可贵，非常感人，也十分值得学习。我虽为教师，但在教学中，理应把尊重老同志、尊重学员摆在首位。只有尊重学员，才能得到学员的理解、认可和支持。才能形成和谐的师生关系，才能正常教学，收到好的教学效果。

（二）边教边学、教学相长

我只是个业余的二胡爱好者。拉拉曲子还行，二胡教学，平生第一次。该教什么？怎么教？一下子成了难题。于是，我去书店或托朋友,购买了十几本二胡教材和教辅资料以及二十几张和教学有关的光碟。我认真研读这些资料,发现它们有许多共同之处,虽都是必须学习的内容,但也各有千秋,其中有些内容和方法很适合老年人。同时,我反复观看教学光碟,听讲解,看示范,经过一段时间的学习后,受益匪浅。再者,我访师拜友,向年轻人学习。我市二胡教师也挺多,经常去参加他们的二胡沙龙、聚会,交流二胡的教学体会,并去他们一对一的教学课堂,了解他们的教学过程,收获很大,从而确定了我们的教学方向和目标。老年人的生理机能逐渐衰退,反应变慢了,对他们的要求不能像年轻人那么高,因此需对教材进行选择,以适合我们的教学需要。于是我决定,认真进行二胡入门三部曲教学:一是学习正确运弓;二是学习正确按弦;三是培养良好的音准概念。二胡运弓,需要手腕内曲和外曲动作的转化。这是老年人学习的一大难点,尤其是推弓手腕外曲,一做就错。教师必须反复放慢示范,个别同学还需手把手帮助。左手按弦,学员易用指掌按弦。造成这种情况的原因很多,教师必须要耐心地一一纠正。音准是二胡始终要学习且须高度重视的要点。首先,我们研究发现在弦上 4 个手指的 3 个指距关系:一是一指按在 4 音上,它们是大、大、大关系(大二度);二是一指按在 1 音或 5 音上,它们是大、大、小关系(小二度);三是一指按在 2 音和 6 音上,它们是大、小、大关系;四是一指按在 3 音和 7 音上,它们是小、大、大关系。这种规律十分直观形象,是学员找准音位的重要参考。再者,学会唱谱子,提高耳朵的音准能力。每次动琴,音阶必拉。抓二胡入门教学三部曲,取得了较好的教学效果。

(三) 培养兴趣,寓教于乐

教育家陶行知先生曾说:"兴趣是最好的老师。"培养学员的学习兴趣是最好的教学方法,这同样也适合老年大学的教学工作。学习F调时,我们就选学老年人熟悉的曲子,如《敖包相会》《康定情歌》,以及较为流行的《天路》等歌曲。这些曲子学员都会唱,谱子也熟悉,曲子的节奏、音准、情感都比较好把握。他们唱起来也非常动情、兴致勃勃,这为二胡演奏提供了方便。当他们用二胡拉出了这些曲子,发现歌声变成了优美悦耳的琴声,都非常高兴,情绪昂扬。下课了他们还在演奏,并争相拉给教师听,以求点评。有了兴趣,学员的学习积极性充分调动了起来。我们适时地学拉一些二胡独奏曲,提高大家的演奏能力。我们先后学习了《小花鼓》《良宵》《拉骆驼》《赛马》《喜唱丰收》《喜送公粮》《阿美族舞曲》《二泉映月》等乐曲,均取得了良好的教学效果。

(四)开展课外活动,提高演奏能力,密切师生关系

有了兴趣,有了一定的演奏能力,老年人非常希望有能够展示自己的机会。这体现了学员的积极性,我们应该大力支持。同时我也认为,参加活动并不是简单的二胡能力的展示,参加活动的过程应该是二胡教学过程的延伸和加强。我们先后两次在校内举行了二胡班教学成果汇报演奏会。老年大学领导对此高度重视,大力支持我们的活动,为我们提供演出大厅,布置场地,提供音响灯光。一些领导还亲自参加,并进行评论和给予鼓励。为准备汇报演出,学员都勤奋地练琴,教师和学员不断地交流沟通。演奏会先是安排独奏,然后进行齐奏,最后全体学员都上台演奏。大家都得到了展示的机会,共同提高了才艺水平。我们还成立了课外练琴小组,如"国购琴声",大家住得较近,容易集中,每周练琴3次左右。有的学员参加了红梅乐坊和电视台组织的演出,有的学员还组成了二胡齐奏小组,为市法制宣传月启动仪式进行演出,受到了市领导和市民的一致好评。我们经常走进社区,参加

公益性活动和演出,不仅宣传了正能量,还活跃了社区文化;不仅参加了活动、服务了社会,还锻炼了自己。每年二胡班都参加学校文艺演出,在排练过程中,教师严格要求、耐心辅导,既提高了学员的二胡演奏能力,也密切了师生关系。我对学员常说:"上课时,我们是师生关系,下课后,我们是朋友关系。"我这么说了,也这么做了。结果是,二胡学习了,朋友也交了,老年大学,其乐融融。

(作者系宣城市老年大学宣城校区二胡班教师)

学无止境　焕发新活力

张树仁

兴趣拓展人生的宽度,学习决定人生的深度。人生就是一个旅程,在这个过程中,无论走在哪个阶段,兴趣与学习一直伴随人的脚步。兴趣与学习不因年龄、职业、性别而添设门槛,更不会因退休而画上句号。相反,退休也是兴趣自由驰骋的开始,更是学习有目标的开始。

退休前我在单位是从事管理工作的,因为年轻时喜欢读书,喜欢大自然,原打算退休后就可以亲近大自然,在大自然中安心读自己曾经喜欢的书。然而一个偶然的原因,让我的主观设想发生了转变,让我的兴趣与学习又转向另一个方面。

由于我从少年起就喜欢摄影,工作后仍然把摄影作为自己的业余爱好,无论工作再忙,总会抽空走进大自然、深入生活,用相机拍下让我感动的事物。正因如此,我身边一半是工作同事,一半是兴趣相同的好友。

职业仅仅是社会生活的一个角色,也是人生旅途中的一个暂时性的选择,它不会永远伴随人的一生。因此退休意味着人生的转场,而非社会生活的结束。退休往往是新生活的扬帆。

我在2017年退休时,因摄影友人的推荐,去了芜湖文化馆摄影班教学员学习单反摄影。本以为是临时帮忙,没想到却开启了我退休后新生活的航程。紧接着宣城市老年大学芜湖校区要我开个手机摄影班,而我自己对手机摄影是陌生的,在问校方有无手机摄影教学大纲与计划时,校方教务处也坦诚地告诉我,手机摄影教学仅仅是他们的设想,是对老年教育科目的探索。他们希望我根据摄影经验与摄影理论来编写"手机摄影与影像"课程的教学大纲与教学计划。在他们的热情与创新精神鼓舞下,我接受了这个没有参考资料与蓝本的任务。

我根据自己几十年的摄影经验与学习到的理论知识,结合人们手中现有的手机摄影功能,编写了"手机摄影与影像"课程十二章节的教学大纲与两年四学期的教学计划,并于2018年春季开始了"手机摄影与影像"班的招生。没想到这个新课班一下就报满了,开课后学员的学习兴趣浓厚,手机摄影与影像制作深受学员喜爱。很快老年大学不断增设手机摄影班和单反摄影班,以满足学员学习的需要。由于摄影已成为大众的需要,所以各老年大学的手机摄影班和单反摄影班深受大众喜爱。

随后应老年大学推荐,我于2018年5月参加了长三角老年大学理事单位召开的关于出版《微视频制作技术》一书的研讨会。会上我代表老年大学阐述了"摄影是视频的基础"五点建议,得到了会议代表的强力支持。最后大会通过投票表决的方式,来确定更改新书的内容与写作大纲。投票结果是出版新书的书名为《手机摄影与微视频制作》,我被选为该书的编委委员和撰稿人之一。经过两个月的紧张赶写,41万字的新书于2018年由上海教育出版社正式出版并公开发行。这本《手机摄影与微视频制作》十分畅销,后又多次印刷以满足市场需要,并很快成为长三角地区乃至其他地区老年大学的手机摄影与微视频教学的教材。应市场和教学需要,2019年我又应邀参加《手机摄影与微视频制作简明读本》的编写。2020年又受邀参与编写老年大学的《老年人学摄影》一书,该书由安徽师范大学出版社出版。

一边教学、一边写书是我退休3年的生活缩影。教学写书是我退休前没有想到的事,更是与我退休前的预想是相反的。3年来对中老年朋友的教学让我深深感受到:人生的衰老不是年龄增加,而是学习兴趣的丢失。当一个人失去了学习兴趣,不管是什么年龄,其实就是生命衰老的开始,而学习兴趣的继续,就是生命精神活力的绽放。我感慨自己是"一袭蓑衣出沧海,化作暖风入黉门"。

工作是个舞台,退休是转场。工作与退休其实是人生不同的两个阶段。虽然舞台不一样,但是学习与生活是另一样的继续。人生的钟摆只要不停歇,就能让生命在学习中焕发应有的活力!

(作者系宣城市老年大学芜湖校区摄影教师)

浅谈中西方老年教育

罗 娜

我是一名刚加入中老年教育行业的教师。自 2019 年入职老年大学已任教一年。这一年虽然短暂,但过程曲折。其中经历了初入职业的懵懂,在领导、同事和学员们的帮助与鼓励下开始探索。突遇新冠肺炎疫情,继而转为线上上网课,教师与学员虽然无法见面,但大家齐心协力,一起积极克服一切困难,仍然保持着学习的热情。这一年是我学习、探索、钻研、总结、提高的过程。在这个过程中,我慢慢摸索,从初时的茫然到找到一种行之有效的教学方式。我的努力有了一点收获,工作也渐渐得到了学员们的认可,为此很受鼓舞。

在入职老年大学前,我曾任教 10 年,其间教过英语、声乐,我的学生既有儿童、艺考生、大学生和计划留学海外的学生,也有面向企业合作的高管和各行业的成年人,年龄跨度很大。而后我留学澳大利亚,开始在当地的养老院和移民局从事老年人的义务教育和文化交流工作。澳大利亚是个移民国家,面对来自不同文化背景的中老年人,如何教授、传播我们的民族文化和帮助他们是一个挑战。也许就是从那时起,我开始产生了教授中老年人的兴趣。这虽然是挑战,但也有收获。

回国后,我积极应聘,如愿以偿地加入到中老年教育的队伍中,深感荣幸。在工作期间,我结交了一些知心的中老年朋友。这出乎我的意料,也改变了我原本对中老年朋友的浅薄认知,这是我教学过程中最大的惊喜和收获。在感同身受之余,想写点自己关于中西方老年教育的一点探索和体会。

我国的老年教育是成人教育的重要组成部分,老年教育作为民生项目,得到了政府的大力支持。20世纪90年代老年教育问题已写入《中国老龄工作发展纲要(1994—2000年)》《中华人民共和国老年人权益保障法》和《中国老龄事业发展"十一五"计划纲要(2006—2010年)》《中国老龄事业的发展》白皮书等相关政策法规。在各级政府和地方教育机构的积极响应下,老年教育事业发展得如火如荼,各地老年群体的生活呈现出多姿多彩的特点。这些政策法规的出台,不仅保障了老年人的权益,也推进了老年教育事业的发展。老年教育对我国构建和谐社会、提高全民素质和精神文化内涵具有重要作用。我国的老年教育是基于老年群体举办的特殊教育形式,其教育内容围绕老年群体的生活及精神文化需求,涵盖了营养、保健、音乐、舞蹈、园艺、文化、退休生活等内容,所涉及的专业种类较多,教学课时、教学形式、教学环境都存在多样化的特色,且与时俱进,反映在社会生活的方方面面。

老年教育与一般成人教育不同,主要表现在受教育群体的诉求不同,所以教育内容更加多样化。一般成人教育的对象往往坚持"学以致用"的诉求参与学习或培训,通常是以就业或晋升为学习目标。但老年教育的对象则是以"乐学"为基础,老年群体学习的目的主要是提高生命质量、提升文化素质、满足个人兴趣,因此,其教育内容有别于其他成人教育,往往是围绕老年群体的学习特征单独设置的,所以课程十分多样、有趣且目标性很强。例如,除了中老年人感兴趣的保健、家用技术、书画、摄影、针织等专业,还有道德讲堂、广播站、夕阳红讲堂等宣传主旋律、弘扬正能量的公益活动。为了帮助中老年人克服通过手机娱乐、学习和交流的使用问题,与时代共同进步,还开设了手机学习等公益课程和一系列"数字鸿沟"扫盲行动。

老年教育一直是世界共同的话题,21世纪是人口老龄化的时代。目前,世界上所有的发达国家都基本进入了老年社会,银发浪潮催生了老年教育。老年教育的诞生与发展源自于对终身教育的普遍接受。学海无涯,学无止境,活到老、学到老已是世界各国人民的普遍认知。全球第一所老年大学(又名第三年龄大学)于1973年在法国应运而生,由皮埃尔·维勒斯教授在图卢兹大学创办。到20世纪90年代初,法国已办起了290多所老年大学,在校学员达10万人。在其影响下,老年教育在欧洲、北美洲、亚洲等一些进入老龄化、经济发达的国家中发展起来。在我与澳大利亚和美国、英国等老年人的接触中,了解到一种"自助型"的老年教育模式,其教育目的更加非功利性,老年人可自主选择教学内容,同时教师和学生的角色可以互换,这是一种新的办学方式。如在澳大利亚,除政府有关部门,社会上很多志愿机构也从事着众多的社会福利服务。在自助方式中,各团体所做的事情是多种多样的,其活动由团队成员来决定,旨在防止某种问题继续发生,以改善自己在生活中的不利因素和处境。老年个体自我寻求团体,以期共同发声、缓解孤独、解决自身面临的问题,是中老年人寻求日新月异的社会接纳自己、让社会重视并听到自己诉求的途径。这种方式要求社会合作的多元化,公民个人和社会各个组织、团体参与的积极性需要有一定的全民基础,也就是人人都会老、人人都有义务爱老的认知前提。公民分散承担了国家的养老压力。但由于分散、不集中、自助化,也可能会使一部分低收入中老年人被忽视,无法享受平等的帮助与引导。

相对于发达国家而言,发展中国家老年教育起步较晚,普遍存在经验不足的问题。我国不仅是较早进入人口老龄化的发展中国家之一,也是世界上老年人口最多的国家。我国的第一所老年大学创办于1983年,从此拉开了以老年大学(学校)为主要形式的老年教育发展的序幕。我国的老年教育虽然起步晚,但却发展迅猛,被誉为"国际文明史上的伟大创举"。这一创举的形成和发展,有着与世界上其他国家相似的老龄化人口的社会背景,但更源自于我国独特的社会历史条件,是当时社会客观条件成熟的必然结果。20世纪70年代末开始的改革开放使人们开阔了眼界,解放了思想,从我国的实际情况出发,借鉴国外经验,为退出工作岗位的老年人安排有益的退休学习生活,对后期老年大学的诞生起了催化作用。又因改革开放后,中国经济发展迅速,物质条件丰富,国泰民安,城市化进程加快,大部分老年人的物质生活有保障。伴随着医疗、养老政策进一步完善,老年人的基本生活需求得到满足,生活水平提高,物质条件充分满足,精神方面自然而然成为下一步追求的目标。这种对精神建设的迫切需求是老年大学发展的必要条件。终身学习的追求也是中华文化中被广为认可的一部分。"老骥伏枥,志在千里;烈士暮年,壮心不已。"我国的老年人从来都不甘于浑浑噩噩地虚度晚年。老有所学、人老心不老是当代中国老年人的强烈需求。老年大学的出现,使我国的中老年人有机会学习一些新的观念,增进了对社会变革的了解,增加了与青年人相互交流理解的机会,有利于实现现代共融的社会和谐。

　　我国的老年教育起步稍晚,但发展快、集中性强、传播性广,有着思想政治建设高标准、办学水平高标准、教学质量高标准、队伍素质高标准的"四高"特色。就安徽省老年教育来说,老年大学协会、老年教育工作委员会、老年大学三位一体。协会指导协调全省老年教育事业的前瞻规划系统建设,规范办学;各级老年教育委员会负责政治领导和推动;学校负责具体落实,实施教学任务与办学目标有机结合,相得益彰。我国的老年教育是相对系统、完善的教育体系。老年教育工作者不仅要德高为师,身正为范,还要学新、研老、引老。因为我国的老年教育是与时俱进的,公平合理地使所有老年朋友老有所乐、幸福健康。

中国的老年教育在借鉴国外的老年教育经验上开拓创新,更加关注老年人的幸福感,更加提升了老年人的参与感和互动性,如前面所说的一些课外的兴趣公益活动,也更加关注教师队伍的建设。

中国的老年教育是全面发展和友好的。老年朋友通过这些独特的教育活动,通过老年大学国际交流平台,使全世界的老年人逐步实现相互了解、互相尊重、相互学习,也展现出了我国中老年人的文化自信,以及文化交流、介绍、表达的愿望。

(作者系宣城市老年大学芜湖校区英语教师)

传承历史文化　探究民俗风情

俞俊年

我是一名铜陵文史(民俗风情文化)研究者,从事此项工作已有 30 多年。我曾经发表过很多相关文章,合计 80 多万字,也曾在官方举办的论坛和专栏里担任主讲人,共录制节目 40 多期,专讲铜陵的历史文化、民俗风情等方面的知识,受到了大家的一致好评。

大家都知道,电视节目和广播节目一般都是只播放一两次,播放过后再想看就不太容易了。我就在想,要是能在市老年大学里开办一个铜陵历史文化班,常年为铜陵的老年朋友们讲讲铜陵地区的历史文化和民俗风情方面的知识,那效果一定会不错。于是我就找到了当时任中共铜陵市委老干部局局长的甘国用先生,他一口答应:"请先生不如遇先生。"我们一拍即合,说办就办,几天后市老年大学就贴出了招生公告。2011年3月,铜陵老年大学的历史文化班就正式开班了。

经过我的研究与总结,铜陵地区的历史与文化主要有以下内容:首先是铜文化。铜陵是中国的古铜都,有3000年悠久的历史和灿烂的青铜文化,有关铜文化方面的知识就特别丰富;其次是生姜文化、牡丹文化;最后是山水文化、地名文化、古建筑和古桥梁文化、古寺庙及宗教文化、古树名木文化、方言文化、美食文化和民俗风情文化等。这些都是铜陵地区的地域文化,有着非常深厚且特殊的历史文化底蕴,是铜陵地区铜文化中重要的组成部分。

为了使老年朋友们对这门课程感兴趣,我仔细揣摩老年人的心理。这课到底该从哪里开始讲起?怎样才能使老年朋友们感兴趣?想来想去,我便从铜陵的方言、土特产品、生姜文化、牡丹文化等这些铜陵最基础的文化课说起,几堂课下来,效果特别好,大家的兴趣都非常高。后来他们便口口相传当起了义务的广告宣传员,一下子就吸引来了四五十人前来听课。到了第二年春季开学时,竟然到了"一位难求"的局面。为了满足广大老年朋友的需求,市老年大学先后在铜陵有色公司、铜陵学院、阳光社区等地又开办了几个分校,同样都收到了非常好的效果。2017年9月,市老年大学又在铜官区分校里开办了一个历史文化班,报名上课的老年朋友达30多人。现在前来报名上历史文化课的老年朋友共有150多人。

为了让老年朋友们能够在轻松愉快的气氛中学习,经过铜陵老年大学领导同意,我首先制定了一个"三不政策":一是不用缴纳学习资料费用;二是不布置作业;三是不进行考试。老年朋友们就是来听我讲铜陵地区的历史文化方面的知识和故事,大家对此都拍手称赞。为了让老年朋友们掌握更多、更深一些的历史文化内容,我还采取了"理论与实际相结合"也就是"学和看"相结合的方式给大家上课:比如讲太平街烧饼、顺安酥糖、大通茶干这些铜陵地区的风味小吃文化课时,我便自费买来一些食品供大家品尝,大家一边喝着茶、品尝着这些美食,一边听我讲这方面的历史与文化知识,这样大家的印象就加深了;我在讲铜陵的古建筑、古桥梁、古树名木课时,就带领大家到大通、顺安、钟鸣、凤凰山等地实地参观考察;我在讲采铜、炼铜、电解铜、铜工艺品这些课时,就带领大家到冬瓜山铜矿的井下、铜官山矿的大洼宕,还有金隆公司、金威公司、九鼎铜工艺品公司去参观考察。当然,我都要事先与这些单位联系,并将各项工作都安排妥当后才带领大家前往;我在讲铜草花时,因大家对铜草花不认识,无论怎么讲效果都不好,我便事先进行踩点,课后我就带领大家到铜官山下、笔架山上等地观看那些正在盛开的铜草花。这样不但让老年朋友们学到了理论上的知识,而且还对这些方面的实际情况有了较深层次的了解。

当讲到铜陵与池州自古就同属一地时,我便带领大家到池州市的杏花村、梅龙镇、大王洞风景区去参观学习;在讲到铜陵与南陵历史上曾同属一地时,我就带领大家到南陵县的丫山石林风景区去参观学习,去寻找那些与讲课内容相关的文化遗存;在讲到举世瞩目的三峡工程时,我就带领大家到三峡大坝上去参观。这样大家不仅对这几门课的内容更加了解,还锻炼了身体、开阔了眼界、增长了知识、陶冶了情操,同时游览了祖国的大好河山,从而更加热爱我们伟大的祖国。

开办铜陵历史文化班,主要是给老年朋友们营造一个健康、娱乐、交友、学习的平台和场所,大家快乐了,我也很快乐。有很多老年朋友说:"以前我们就在家门口打麻将、打牌,打得头昏脑胀的,有时甚至还闹出一些矛盾来。现在好了,我们每周就盼望着来上这堂课,既锻炼了身体,又增长了知识,还结交了朋友,何乐而不为哩!"

我所开办的铜陵历史文化班,并不是只讲铜陵的历史与文化,还讲铜陵自改革开放以来在招商引资、经济发展、城乡变化及各行各业所取得的辉煌成就。在讲课的同时我带领大家到位于东联乡的国电厂、公铁两用长江大桥(铜陵二桥)、铜陵北站(高铁站),还有位于市郊区的高速公路交通枢纽工程、白鳍豚养护场、海螺水泥厂、垃圾焚烧发电工程等地参观学习。除此之外,我还带领老年朋友们到市科技馆、博物馆、地震馆、城市建设展示馆、新建成的体育场馆、铜陵气象播报中心等场馆去参观学习。11年来,我共带领老年朋友们参观过30多个地方,使老年朋友们对铜陵有全方位的了解。可以说,我们的足迹踏遍了铜陵的每一个角落。

为了使老年朋友们对历史文化课不感到枯燥无味,我变换着形式讲给他们听。我不光是一个人讲课,我还请来了在铜陵地区有一定影响力的专家、学者以及英雄模范人物来给大家讲课。如请安徽省牡丹协会的会长李兆玉先生讲铜陵凤丹的历史文化;请铜陵市大通文化研究会的会长张三友先生讲大通古镇的历史与文化;请老黄梅戏表演艺术家王福元先生讲严凤英在铜陵的故事;请铜陵市集邮协会的秘书长仇永基先生讲邮票里的铜文化;

我还请来了铜陵市消防支队的消防专家、铜陵供电局的"周信为民服务队"的队员、铜陵市"雷锋爱心车队"的队员,以及铜陵好人周继美、汪荣振等人,与大家共同分享他们爱心奉献、助人为乐的故事,均受到了老年朋友们的热烈欢迎。

为了给老年朋友们筹集到本地文史方面的学习资料,当我得知市政府有关部门编印了关于铜陵历史文化方面书籍的信息后,就立马登门求援。我先后到铜陵市史志办、地名办、文联、旅游局、市政协文史办等部门"求"来了2500多本地方文化的书籍,全都免费发给了大家。

为了让更多的人都能了解铜陵的历史文化,11年来,除了在几所老年大学里讲课外,我还深入到机关、厂矿、单位、中小学、社区、医院、养老院去,针对不同的人群采用不同的授课方法,为他们讲授铜陵历史文化课。铜官区共有20多个社区,我已在一大半社区里讲过课;铜陵晖仁康复医院、五松社区的日间照料中心和顺安养老院、凤凰山养老院等都留下了我的身影。特别是在铜陵晖仁康复医院,为那里的康复病人举办每周一次的"陪聊天故事会"活动,所到之处都受到了人们的一致好评。

帮助他人,快乐自己。只要他们高兴,我也就乐在其中了。

(作者系铜陵老年大学历史文化班教师)

提升自我　愉悦他人

陈宪斌

我是铜陵市义安区老年大学国画班的教师,教龄 8 年。2019 年,被安徽省老年大学协会评选为优秀教师。在任教的 8 年期间,我感受到了国家开办老年大学的巨大意义。老年大学的开办,促进了社会的稳定与和谐。对提高全国人民文化素质有着不可小觑的作用,也是达成全民终身学习目标的最好方式。

能够走上老年大学的讲台,我备感荣幸,也非常感谢老年大学让我重获自我价值,让我感受到了人虽老,但亦有所用。学员都对我很亲切,感谢我悉心授课,让我在教学过程中充满自信,让我的生活变得充实快乐。

很多老同志上了老年大学后,在同龄人的陪伴下继续成长,再一次找到了自我价值,实现了自我肯定。心情好了,身体更健康了,家庭也和睦了。就读于我校国画班的一位老同志深有体会地说:"退休后没了工作岗位上的忙碌,让我失去了重心,心情也烦躁起来,终日无所事事。在老年大学学习国画的过程中,让我再次找到了奋斗的目标,心情也平静了。现在我保持每周画一到两幅作品,在潜心作画的过程中,不仅自己得到了心灵休养,也影响了我的家人。跟老伴一起欣赏画作,心情愉悦。子女觉得我老有所志,活得更有动力。孙子孙女偶尔也参与作画,爷孙共乐,一家人其乐融融。2021年我的一幅作品还入选参加社区庆祝中国共产党成立100周年的画展,我非常高兴,也非常有成就感。"狮子山区分校国画班的一位老年同志刚来学习国画时,手抖得厉害,画出来的线条非常不流畅。经询问后得知,原来这位老同志心血管不好。可他并没有放弃作画,配合医嘱不断练习。经过4年的坚持,他的药量减少了,手部的控制力变好了,画作线条流畅了,还能画出一些小作品。他说:"没想到,上老年大学学习还锻炼了身体,精神也好了,这真是延年益寿的好方式。我们老年人健康少病,就是为家庭和社会减轻负担呀!"这两个实例让我知道,开办老年大学,是国家对我们这些奋斗了大半辈子的人的感谢,让我们在离开了工作岗位后依然有所归属,有继续学习的地方,有继续发光发热的地方;更让我们感受到,老年人的生活不是只有一日三餐、盼儿顾孙,我们老年人也可以与时俱进,依然能为高速发展的国家贡献一份心力。

夕阳无限好,只是近黄昏,已是古时的伤感。夕阳是陈年的酒,在经过了多次的淬炼和时间的沉淀后,香醇且回味绵长。而老年大学,是让夕阳美得更久、久得更美的地方。

(作者系铜陵市义安区老年大学国画班教师)

老年人怎样学习书法

房庆生

现在越来越多的老年人加入到书法学习的队伍当中。我认为,老年人学习书法既要有所追求,又要量力而行,应当以"养生为主,学艺为辅"为原则。那么,老年人在日常学习过程中,需要怎样去做呢？我梳理了几点学书法之要,供大家参考。

1. 正姿为先

中国书法非常重视写字姿势,写字姿势正确才能筋骨舒展、气血通畅,身体得到锻炼。老年人可先选择坐式书写,要求头正、背直、脚安、臂展。还要做到"两个一",即胸部与桌子距离一拳以上,眼睛与纸张距离一尺以上。左手按纸成弧形,右手拿笔,体态要轻松自然,有利于全身肌肉、神经的放松,从而逐渐入静。选择站式书写时,要头俯、身躬、臂悬、足开,还要注意桌子的高度要适当,当身体站立时双手下垂,桌面应与手腕齐平,与坐式不同,执笔时腕部高于手指。

2. "静"随其后

老年人习字以楷书入门为佳,练习楷书可以锻炼耐心、细致、一丝不苟的品质。练习时需要有平和的心境,正所谓"静以修身",心静才能笔稳,这样渐入佳境,才能全身心投入到习字当中去。其实,老年人一般都能做到心平气和。但是,书法入门难,尤其是笔法。所以在日常练习中,也要戒急戒躁。对于较难的笔画和汉字要慢慢地练,对自己以往的错误笔法要耐心地改。总之,在练习的过程中要保持松弛的心态。

3. 善学会用

这里的善学就是要讲究巧练,要明理、得法、多交流、多请教。其实,不一定是练得越多进步就越大,要知道功夫并不等于功力。比如临帖,不在于夜以继日不停地写,而在于通过临帖培养自己的观察力、模仿力及运用能力。要思考在不同的汉字中笔画的变化与运用,这样久而久之,才能很好地消化吸收。若是不假思索地写,临帖则成了抄帖,这样功夫用得再多也不能提高自己的功力。老年人因精力有限,不必强求练字的"量",而在于"精",一周之内写好六七个字足矣。

4. 乐中求学

欧阳修说过"学书为乐",老年人练字更应当以"乐"为主,乐能养生。在笔画的方寸之间,追求艺术的真、善、美,从中得到笔墨情趣,不断地从自己的书写中得到满足感、成就感,心境也随之得到一种超然与静化,达到心绪舒畅的目的;闲暇之际,老年人可以多看看书法理论方面的文章,也可以读一些历史、古诗词和名联名言等,用学问来陶冶心灵,沉浸于中华传统文化之中;有了一定的书法笔墨基础,还可以多参加一些社会实践活动,如以书会友、书写春联等。诸此种种,在快乐中学习,同时在学习中也感受快乐。

古人一向就有"书者,心之迹也"的说法,认为书法可以"达其性情,形其哀乐",具有一种"发动精神,提斯意志"的作用。从练习书法的心理活动来讲,书法可以练心,可以消除老年人的寂寞感。因此,老年人可将学习书法作为一种愉悦身心的养身之道,让自己的晚年生活更加充实和幸福。

(作者系池州老年大学书法班教师)

教师要不断提高自身素养

徐友根

我于 2015 年秋受聘于石台县老年大学任太极拳教师,从民间业余自由教学步入了课堂正规教学,至今已 6 年有余。几年来,一批又一批学员结业转入社会健身组织,为普及我县全民健身发挥了重要作用。通过几年来的教学实践,我有不少感想与体会。

1. 提高教师思想政治水平是当好教师的首要前提条件

当前,我国已步入老龄化社会,全国共有近 3 亿老年人。老年工作已成为党和政府的一项重要工作,而办好老年大学是老年工作的重中之重。习近平总书记站在全民族全局的高度指出:"没有全民健康,就没有全面小康。"这就明确告诫全党要高度重视全民族健康问题,其中就包含老年人的健康问题。我县老年大学自建校以来,一直把关注老年人健康作为学校工作的重点,因地制宜开设了太极拳、音乐、舞蹈、戏曲、门球等专业,从 2021 年春季开始又增设了手机摄影、瑜伽两个专业,这些专业的设置都是为了增进老年人身心健康而做出的安排。太极拳专业从强身健体来看,相比其他专业要更直接一些。我为自己能成为老年大学的太极拳教师而感到责任重大,为自己能在有生之年为党的老年工作出一份力而感到无上光荣。

2. 提高教师自身道德品质,是融洽师生关系的有效途径

我深深知道,进入老年大学的老年学员都来自于社会各行各业、各条战线,存在年龄层次的差异性、文化程度的多样性、兴趣爱好的广泛性、学习需求的层次性。特别是随着年龄的增长,身体器官不断退化,尤其是因循环、呼吸系统方面的机能减弱而身患各种慢性疾病,如高血压、高血脂、高血糖、高胆固醇、高尿酸等症以及由此引起的诸多并发症,有些人遇到不如意的事易发脾气等。作为教师,面对这类人群要设身处地为学员着想,平等相待,与学员交知心朋友,对少数学习态度不端正、求新不求深的学员,就要多接近他们并认真讲解。我通常将学习太极拳与建造房屋做对比,让学员弄懂建房必须打好墙基,否则房屋易倒,打太极拳如果基础(基本功)不牢、重心不稳、立身不中正、迈步角度不适当,同样容易给人体造成肢体损伤。在教学中要反复示范,尽量让学员听得懂、看得清、易模仿、学得会,让学员从思想上端正学习态度,真切感受到教师是"传道授业解惑"的良师益友。

3. 提高教师岗位业务能力,是提升教学质量的重要保证

俗话说得好:"灯里无油自然灭,肚里无本难教人。"这就要求教师要有技高一筹的本领,教太极拳更是如此。近几年来,我为提高自身岗位业务水平和技能,主要从以下几个方面着手:一是向书本学习。书籍是人类进步的阶梯。为此,我通读了《太极拳总论》《中国五大门派单行本》《太极拳362问》以及各门派招式细解。二是向网络学习。现代网络已是"百花齐放、百家争鸣"的时代,我侧重向正宗讲堂和国家认可的资证专家、教授求学,去伪存真,杜绝盲目效仿。三是通过参加社会竞技表演的机会,取人之长、补己之短。四是通过与学员之间相互讨论的途径学习,"三人行必有我师"。在教学过程中,我认真听取学员提出的不同意见和见解,对学员提出的疑惑、见解经考证认为是合理的便给予肯定,及时采纳,做出正确的解释,以求师生达成共识。作为老年大学的教师不仅要有较高的专业水平和较强的教学能力,还要遵循

严格的教学程序,按照学校统一要求制定较为详细的教学计划,做到每节课都要备课,并撰写好教学笔记,不打无准备之仗,从而保证教学质量。

4. 提高教学管理水平,是办好老年教育工作的重中之重

教师是老年大学教育工作最前沿的践行者,在管理上实行全程管理,而全程管理得从以下几个方面着手:一是班级管理。太极拳班虽然只是一个班,但它不是独立和松散的单位,是老年大学统一组织领导下的分支机构,必须在老年大学的统一领导下,实行自主管理,以班长为主、教师为辅,学员齐抓共管,使学员把自己置身于班级管理之中,做到人人都是管理者。二是教学管理。坚持以教师为主、班长为辅,教师和班长加强合作,互通业务信息,就如何提高学员的技能水平加强沟通。三是安全管理。太极拳健身是现代老年人健身科目之一,它是由动态形式开始到动态形式结束,其间都是曲身负重的特殊运动。通常情况下,老年人在以下几个方面存在安全隐患:首先,老年人中的一部分人骨质疏松、阴阳转换不协调;其次,有的学员自身患有疾病,不按时服药,自身防范意识淡薄;最后,课前不适当饮食、饮水。作为教师要始终把安全防范意识抓在手中,逢课必讲,每课有备,如对易发低血糖的患者要准备糖果,对于一般性运动损伤要准备膏帖,对于心脏病患者要准备速效救心丸等急救药物。只有有备无患,才能实现太极拳教学的平稳进行。

通过几年的太极拳教学实践,我深受感触,赋诗一首,与大家共勉:

习拳舞剑少烦忧,练过冬夏练春秋。
少壮也慕夕阳美,身心俱健乐悠悠。

(作者系池州市石台县老年大学太极拳教师)

爱在笔墨　情驻老年

刘祥来

2018年9月,我有幸成为青阳县老年大学的一名书法教师,并兼职国画教学,3年的教学时光让我对老年大学书法教学略有感触。

(一)立足现实,找到定位

从2015年春季开始至今,书画班学员人数累计270人。书法班现有在册学员25人左右(每期报名人数不同),大部分学员是事业单位和公务员离退休老同志,大家都具备一定的物质基础,拥有自己的书房或书桌书写环境。时间充足、工具齐全、环境良好是老年学员最大的学书优势条件。

大家由于职业原因在读书时代或工作时期有过书写的基础与书写经历。加上他们退休后参加了数期的书法班培训,基本上大家已经养成了良好的书写习惯,做到执笔方法和写字姿势的正确,部分学员能熟练掌握基本笔画的书写。学员的书写工整率还算可以,但入体率不高。个别新加入的学员书写比较潦草,书法基础较差,书写能力有待加强。对于基础书体(楷书)的学习,多数学员接受能力强,但执行能力弱,有待加强训练。有些老同志的不良书写习惯需要克服与改变。如何进一步提高书写技能并获得更多的学习乐趣,是老年学员共同面临的问题。

(二)优选教材,适合自己才是最好的

针对零基础的学员我安排的是颜体楷书的学习,共有4个单元13节课。教材第一单元、第二单元学习颜体楷书的笔画、结字规律与特色。第三单元、第四单元主要是学习颜体楷书在用笔与结构上所体现出来的风格特征与章法。同时,教材中还有集字练习。通过集字练习,让学员更好地将所学知识进行实际运用,提高学员的书写能力,让学员在有限的学习空间内获得无限的创作成就感和乐趣。为了便于学员练习,我在课后统一发放练习专用纸,课前教师批阅学员作业,以便及时了解学员对知识的掌握程度,针对发现的问题有目的地指导学员进行同步练习,更好地统一教学进度。之所以选择颜体楷书的学习,一方面是因为它的书写性适合零基础的学员书法起步,有利于开展"打进去"的教学,另一方面学员在后续的创作提高中也容易"走出来"。

针对有基础的学员我鼓励他们选一门适合自己的书体或一位喜爱的书家进行专题学习。在基础班的理论学习与技能培训后,长时间训练楷书或许会让他们感到枯燥甚至停滞不前,这时候选一门自己喜欢的书体,结合自己的实际生活与主观情感找一书家静下心来,亦是研读亦是交友。若基础的笔画学习是广交友,那精选一家就是与朋友深交。

所以我的书法班教学是复式教学,以基础内容为主讲,以提高交流为穿插。在照顾到每一个学员的同时,让所有学员能听得懂、有内容听,人人有参与感,天天有成就感。避免基础差的学员好高骛远,求快、求新而忽视基础的积累,到最后学无所成,甚至失去对书法学习的兴趣。让有基础的学员日有所思,启发引导他们在学习过程中发现新问题,探索问题解决的思路与方法,形成

书写的自我心得,获得更深刻的审美体验、更持久的愉悦性。

(三)方法多变,初心不变

"老有所学、老有所乐、老有所为"是青阳老年大学的办学目标。老年大学书法教学工作日趋规范,学员在这里学习、交流,相互之间增进了感情,陶冶了情趣,丰富了晚年生活。学员想学习知识,就有专职教师来教。学员有所进步,就体会到学习乐趣;学到一定的技能,进而可以创作,并获得成就感。人和人之间的相互交流是获取晚年生活快乐的方式之一,老年大学也是快乐与交友的地方。

增长知识、丰富生活、陶冶情操、促进健康、服务社会,本着这样的初衷,受聘教师对老年朋友的教学责任是初心不变,而方法灵活多变。

在具体教学中,要将理论与实践相结合。将书本与生活相统一,寓教于乐。将生活融入教学,可以让枯燥的理论变得有趣、好懂。如对笔性的掌握,我将之比作切菜,多切多练就不会切到手了,熟练了闭着眼也能切出一手好菜。让学员知道,写字多了对笔性的掌握也就能做到随心所欲,侧锋下笔转中锋行笔,这样的线条更有力度。另外每个人都有不同的爱好与口味,有的喜欢吃辣,有的喜欢吃甜……选择没有对错。因此允许学员选自己喜欢的字体,帮他们选帖,指导他们临帖,慢慢地就会形成自己的字、自己的体。一幅作品写得好,还需要有好的工具与材料,因此要帮学员选好工具。学员提高了书写技能,也会渐渐地在书法中融入情感。

1. 巧用多媒体理论教学,穿越在书法史的时空

制作精美的书法理论课件,图文并茂,视频与音频相结合,让学员对书法史有一个直观系统的了解。在平时教师示范教学中,利用投屏软件让大家看得更清楚、更明白,并可以录屏保存教师的示范过程以便日后复习观看。不定期播放书法讲座、专题电影等,如《崔寒柏书法审美课》、电影《启功》等。

2. 笔会常相伴,快乐永相随

为了提高学员的书写积极性、拓展书写的实践性,我结合一些传统的节日举办不同的笔会雅集,如清明踏青户外写生采风、端午节笔会、中秋赏月吟诗雅集等。无论学员的水平如何,大家的积极性都很高,积极参加且踊跃展现。大家在交流中得到提高,在集会中享受这份独有的书写之乐。

3. 作品心得来投稿,主题书画崭露头角

学员课余总结自己的学习心得,整理成文章,和书画作品一起积极向《青阳老年》《九华》等报纸杂志投稿,充分展示了我县老年学员的精神风貌与老年教育的丰硕成果。积极组织学员参加省、市、县主题书画作品展,并取得了一定的好成绩。

(四)爱在笔墨,情系社会

书画班成员中,部分同志是县五老成员(老党员、老专家、老教师、老战士、老模范),学习之余不忘关注社会的需要。书法班的教学在课堂也在社会,我们联合社区举办主题沙龙、免费为居民写春联等,受到学员和群众的欢迎。县老年大学书法班还定期开展传统文化进校园活动,辅导小学生参加"党是阳光我是苗"主题书画赛,将自己学书与做人的宝贵经验分享给小朋友们。

2020年年初新冠肺炎疫情爆发,我班学员精心创作了一幅幅抗疫力作,或是宣传拒绝野味,或是赞颂白衣天使,营造了积极向上的抗疫氛围。同时部分师生自发参加书画作品义卖活动,捐款、捐资支援武汉抗疫工作。师生们用笔墨书写着自己的人生,也记录着华夏儿女奋发向上的奋斗史。2021年我们还举办了庆祝建党100周年书画展并选送部分作品参加了市老年大学书画展。

爱在笔墨,情系社会。书法班成员的每一件小事都透着正能量,这些小事也在慢慢影响着身边人。老年大学方兴正艾,书画班一定能吸引更多的退休老人参与,也一定能培训出更多的爱书画老人,期待更多老年大学学员有作品展示。

(作者系池州市青阳县老年大学书画班教师)

传承中华国粹 书写艺术高峰

谢传为

笔墨当为时代立传。几千年来,我们同化了数不清的民族,但没有一个民族可以同化我们,正因如此,我们中华文明才能够延续5000年的时间而不间断。书法与汉字同生同长,具有3000多年的漫长历史。中华民族以独有的智慧和想象力,创造出人类唯一让书写成为艺术的形、声、义兼具的汉字,历代文人志士接力完成了中国书法篆、隶、楷、行、草5种书体的演化和完善,并创造了秦篆、汉隶、魏碑、唐楷和晋、宋行书的书法艺术高峰。中国书法是以汉字为载体的艺术形式,不但源远流长,是中华文明起源的象征,而且在历史的发展与书体的演进中,越加丰富多彩、魅力无穷。汉字和书法是中华文明的重要标志,也是传承中华文明的重要载体。书法的实用性与艺术性的高度统一,不仅延续了中华民族的精神文脉,在内涵上还融合了儒、释、道等传统哲学及美学思想,使其成为中华民族最具代表性的文化标识。文明是镌刻在大地上的丰碑,人种虽然灭绝了,但国土还在、文明还在,例如古巴比伦文明、古埃及文明被古希腊人继承发展,融入古希腊文明、古罗马文明,成为西方文明产生的摇篮。中国是全世界唯一连续5000年文明没有中断的国家。文明细节随处可见,暖心温情时时感受。文明是中国最亮丽的金字招牌、最鲜明的温暖底色。

活到老,学到老,写到老。2021年我81岁,从8岁练习书法至今。1984年,我为安徽省书法函授院第一届毕业生,后录取到中国书法家培训中心第二届研究生班中,现为安徽省书法家协会会员、中国老年书画家协会理事、世界美术家协会会员、中国书法院院士。自2002年起至今,我先后担任安庆市老年书画家协会副会长(兼书法教学)、安庆市老年大学书法教师、安庆市大观区老年大学书法教师。

书法因传承而受人喜爱,教学因赓续而繁花似锦。近20年的书法教学,我得出的经验是"工贵其久,业贵其专"。

一是老年人学书法主要是陶冶情操、提高修养、充实晚年生活,希望在短时间内学到一些实用的知识艺术技能。而我知责于心、担责于身、履职于行。我从老年人的角度出发,想他们所想,做他们所需要的事,用心教学、用情教学,为他们提供了广阔的学习和艺术创造空间。

二是不专注无以攻坚克难,不专注无以固本开新。书法教师应在"学"上走在前、"悟"上作表率,具有严谨的教学态度,博览书法精髓,解读书法之美。美于形、美于神、神形兼备,才能表达教师的艺术思想,南齐人王僧虔说:"书之妙道,神采为上,形质次之",可见书法之神采,要以形质做依托,形服务于神,形之不存,神将焉附?所以,神与形是书法的组成部分。学书者之需要,授书者必明理。

三是创新是最好的传承。西汉扬雄云:"言,心声也;书,心画也。"书法映现书家心胸,更承载着时代的精神与气象。让书法保持实用性与艺术性的兼顾和统一,使这一中华传统文化艺术的精粹,在时代阳光的沐浴中,展现出其独具的魅力与新的风采。

纸上得来终觉浅,绝知此事要躬行。首先,我教学必备教案,开学时认真谋划教学重点、教学难点、教具准备、教学步骤,教授枕腕法、悬腕法、悬肘法、运指法、运腕法、运肘法。从教以来,我坚持文化双百方针:为政治服务、为经济服务。可谓"笔墨当为时代立传"。我们每年都有庆祝、纪念等政治和经济活动,2021年学校举办了中国共产党诞辰100周年庆祝活动,给我们书法爱好者提供了大展身手的机会,也成了检验我教学成果的一次机会。老年学员的政治敏感性很强,"搜尽万象写意传神"。其次,"学思用贯通、知信行统一"。教学中的理论与实践是教学中回避不了的课题,而每堂课都会有新内容、新知识的论述。我的方法是,以作业点评讲理论,在布置新内容时,先将内容以范书形式给学员作示范,让他们看到我的用笔、调锋(裹锋)、顿挫、调墨、主题和章法的安排,以及幅面与款式、印与章的使用,感受到一幅完整的作品的创作过程。如果先讲理论,对于老年学员来说,接受是有难度的:一是记忆力达不到;二是空手捉"八哥"——空对空,这种方法收效甚微。我采取课堂示范的方式,利用多种手段和元素,增加学员的感性认识,以作业点评注入理论,实践证明收效甚好。

四是营造和谐的师生关系。儒家曰:"师生于父子,严师出高徒。"这是儒家教学的理念,也是中华文明5000年持续传承发展的真谛。

防疫教学两不误。自2020年2月25日起,大观区老年大学书法高级班于网上开课。我运用在线教学的方法,通过手机给学员讲授颜真卿大师、《九成宫》、《孔子庙堂碑》、《兰亭序》,亲自书写了"读书破万卷,落笔超群英""科学应对,群防群控""相敬如宾""惊蛰"的样书,提供给学员临摹,受到大家欢迎。不仅弘扬了中华民族传统艺术,而且唱响了一曲防疫期间的"正气歌"。

一寸丹心育桃李,三尺讲台天地宽。授课时我严肃认真,一丝不苟,课堂上我是教师,下课后我们是同道、同学,到我家他们则是客人,从教以来我就一直秉承这一理念。实践证明其行之有效,大家进步很快,在安庆文化艺术群体中都能见到我的学员的作品。2019年为庆祝中华人民共和国成立70周年暨毛泽东主席诞辰126周年"谢传为书法教学师生作品展"曾作过统计,安庆7个诗书画艺术团体,学员担任主要领导的有2人,担任副职和中层领导的有13人,会员有88人,已在当教师的有2人。加入安徽省书法家协会会员的有8人,加入中国老年书画家协会会员的有46人,理事1人。这是2019年师生粗略的统计,我用教师的"辛苦指数"来换取学员的"幸福指数"。

一分耕耘,一分收获;十分耕耘,十分收获。我的教学经验和事迹,先后被《人民日报》客户端、《中国火炬》杂志、《中国火炬》官网、《中国老年报》、《安庆日报》、《安庆晚报》、安庆人民广播电台刊出,被授予"安徽省老年书法优秀教师"光荣称号,被中国文联、华厦英才等授予"首届中国当代百名杰出艺术家"称号。

(作者系安庆市老年大学书法教师)

皓首乐学不言难

潘来兵

桐城市老年大学于 2018 年新开设了行草班,聘我为书法教师。到 2020 年年底,行草班有学员 67 名(其中基础班 35 人,提高班 32 人),经过 3 年的教学,取得了一定的成绩。班内现有省级书法家协会会员 4 名,桐城市书法家协会会员 15 名,有 50 多名学员参加了全国各类书法作品展,并有多人获奖。总结这 3 年来的书法教学实践工作,有以下几点做法和体会。

(一)坚持正确引导,激发学习活力

书法班学员虽然年龄偏大,但他们的素质都比较高,有一定的文化基础、生活阅历和工作经历,在此基础上,结合教学引导学员领会学习书法的意义:首先,书法是我国传统文化的精髓,是人一生的挚友,书法实践活动动静相宜,有益于身心健康,适合老同志的兴趣爱好,是"老有所学"的重要内容。其次,写好中国字,做好中国人。爷爷奶奶学习书法必将对儿孙学习书法产生积极影响,使每个家庭书香传承,树立良好家风。再次,由于种种原因,许多人想学书法,但苦于无法入门。老年大学开设书法班,提供了学习书法的好平台,正是大家圆"书法梦"的地方。最后,行草书是应用最广、书法艺术最高的一门艺术。在老年大学开设行草书课程,深受老年朋友欢迎,行草书的学习原本难度较大,但皓首乐学不言难。通过3年来的教学实践,全体学员都能快乐学习,用心听课,认真做作业,热心参加各种书法展。他们在书写中感受快乐,在快乐中尽情书写。

(二)遵循行草书规律,选好选准教材

书分五体:篆、隶、楷、行、草。每种书体都有它自身的书写规律。行草书法帖从古至今浩如烟海,选择法帖比用功更重要。米芾曾说:"草书不入晋人格,辄徒成下品。"如何选择一本既能适合有一定书法基础的学员,又能兼顾没有书法基础的学员的法帖至关重要。因此,权衡再三,我选择了"二王+"模式,即"二王"的书法加上唐、宋、元、明、清"二王"一脉的行草书法帖作为学习范本。首先是学好"二王"法帖,重点是《唐怀仁集王羲之圣教序》和"二王手札"等。

(三)分析学员情况,创新教学方法

行草班学员大多是来自机关、企事业单位的退休人员,年龄从55岁到80多岁不等,文化程度从小学到大学都有。在书法学习方面,部分学员学过楷书,行草书是第一次接触,也有部分学员没有书法基础。针对这种参差不齐的状况,我制定了详细的教学计划,认真备好每一节课。主要从5个方面抓行草书教学:一是抓基础。鉴于行草书班学员的书法基础状况,我首先从行草书的基础开始抓起,结合《圣教序》帖中的例字,讲好"点、横、竖、撇、捺、钩、折、提"8个笔画的写法;其次讲好用笔方法,元代赵孟頫讲过"书法以用笔为上,而结字亦须用工,盖结字因时相传,用笔千古不易,"也就是说:以中锋为主,中侧锋兼用;再次,讲好起笔、行笔、收笔的一般规律;最后,通过基础知识的学习,学员对如何学

好行草书有了一个大致的了解,在以后的读帖、临帖、创作过程中将体会更深。二是抓读帖。古今许多书法家的实践经验证明,读帖胜于临帖。《集字圣教序》为后世习王书之楷模。它字数多,熔楷、行、草书为一炉。字迹清晰、文章精美。在教学中,我带领学员读通、读懂所学内容,过好识字关,尤其是草书字和繁体字;带着学员理解所学内容的意思,过好古文今译关;逐字讲解每一字的笔法。注意"结字""贯气""形连"和"引带";带着学员一起研究和琢磨古人用笔、结字、章法及气势、韵味之妙处;讲清《集字圣教序》等帖是碑刻拓本,应"透过刀锋看笔锋",来一个"以刀还笔"的还原过程;讲清书法结字中的对立统一规律。这样,学员对行草书中字的大小和疏密、笔画的轻重、用墨的浓淡、字的倚侧等有了一定的认识。三是抓临帖。临帖无疑是学习书法最重要的一件事。因此,教师要求学员要花大力气,下苦功夫"对临""背临",一个字一个字地过关,每堂课只临10个字左右,坚决克服我行我素的书写习惯,做到"临帖无我"。教师在课堂上示范临帖,给学员以启发;学员不仅在课堂上"临",还要交临帖作业,教师要认真批改、评讲。同时,学员还可以通过微信将自己临帖和创作的作品发给教师点评。四是抓创作。经过临帖一段时间后,教师要抓好学员的创作工作,以"创"代练。不创作,就不得"出帖"。有名家说:"书法要用100%的精力打进去,要用120%的精力打出来。这样就避免了复印机式的书写,达到'临帖无我''创作有我'的境界。"不创作,就不知道不足在哪里。因此,教师不时地要求学员进行"条幅""中堂""扇面""对联""斗方"等多种形式的创作,对好的作品进行展览,让学员体味习书的喜乐、愉悦,真正将书法变成学员生命中的一部分。五是抓读书。读书和书法是密不可分的。如果光写字不读书,充其量是个书匠,而重读书、练书法将走得长远。因此,在教学中,要求学员多读唐诗、宋词以及《古文观止》中的优秀文章，还有桐城派作家的优秀散文，以增强书法的底蕴。因此，我结合创作的内容，讲解一点近体诗、词的基本创作方法，以增强练习行草书的趣味性。例如，学员王西等在多次书法展中自作诗词进行创作，有事半功倍之效。

（四）开展学术交流，提高学习兴趣

为进一步搞好书画学习，学校成立了市老年大学书画学会，开展丰富多彩的学习交流活动。学会组织学员之间相互交流，取长补短。与有关院校、基地进行交流。2019年秋季，省老年大学书法班师生来我校进行笔会交流，年底我校书画学会又组织学员到吕亭镇洪桥村创作基地，为群众书写春联。我们与武汉《书法学报》进行交流，发动学员投稿参赛，进行学游结合，2020年校书画学会获《书法学报》书画活动组织奖，35名学员获个人奖。我们还组织学员积极参加省、市书法展。通过一系列的活动，学员学习书法的热情空前高涨，把枯燥的书法学习变成了一件快乐的事情。

"草圣最为难，龙蛇竞笔端"。行草书的学习难度是很大的。但只要我们潜心向学，快乐书写，唐代孙过庭在《书谱》中所描述的"通会之际，人书俱老"的书法境界并不遥远。行草书班的教学实践工作才刚刚起步，不足之处尚多。路漫漫其修远兮，吾将上下而求索。

（作者系桐城市老年大学书法教师）

快乐和甜蜜的奉献

潘冬妮

我曾是一名B超主治医师,最大的业余爱好是跳舞。退休后机缘巧合,没有继续返聘本职岗位,却受聘于老年大学舞蹈教师,一转眼已经5年。5年来,与姐妹们同行,与舞而伴,由心而发,由情而牵,有不少的汗水和辛勤、不少的快乐和作为,更有不少的切身感受和体会。

1. 动真情,乐在其中甘奉献

我们学校2016年复课时只开设一个舞蹈班,但半年后,舞蹈班报名人数爆满,一个班无法容纳。为此学校决定增设舞蹈二班,并一刀切地将60岁以上的学员全部划到舞蹈二班,我当时接手的就是这个班。从年龄上,除了大部分都是60多岁的老姐妹外,还有少数年尊辈长的80多岁的阿姨;同时,由于我们县城搬迁不久,很多学员几年前还是地道的老农,甚至还有的不认识字,舞蹈基础几乎等于零。很多学员家务事十分繁重,早上买菜、烧饭、洗衣、送小孩上学,有的身体还有一些老年慢性疾病……面对这样一个群体,真是有点让人不知所措。但她们很执着,尽管这么大的年龄、身体不好、家务事缠身、零基础……却不管天寒地冻和风吹日晒每天准时地来到学校。大家都是步入晚年的姐妹,因为老年大学这个平台而聚集在一起,目的都奔着快乐而来。而我也是退休一族,有幸与大家一起共享当下的幸福生活,也是一件非常开心的事。特别是几位80多岁的阿姨,跟我的母亲是同时代的人,而我的母亲却因多年前股骨颈摔断常年卧床,生活完全不能自理,全靠我一人服侍。我常常想,如果我的母亲能像我们班的学员一样,健康快乐地享受今天幸福美满的生活,我会有多么高兴。看到这些阿姨,我仿佛就看到了我的母亲。因此,力所能及地为大家多做点事我会感到开心和充实,也乐在其中。尽管她们无法完成有些高难度动作,但通过舞蹈她们找到了自信,更找到了快乐。特别是看到她们满头银发、在欢乐的舞曲中舞动身躯时,所有的抱怨、烦躁、身心疲惫、委屈都烟消云散了。

2. 探新路,另辟新径求实效

我们班最初分班时有学员30多名,以后逐年增加,到目前已达70多名。来校学习的学员目的都不一样,有的是热爱舞蹈,有的是想通过舞蹈运动锻炼身体,有的是想通过老年大学这个平台发挥一点余热,也有的是想走出家门寻求一个群体等,学员年龄差异大、基础不一、身体状况不同。针对这样一群学员,我在教学上采取分门别类、因情施教,探索新路子,尝试着走规范和娱乐相交叉、舞曲和歌词相结合的教学方式,将70多名学员按年龄、学习年限、基本功和老年人特点等因素相对分组,在基本功训练、形体拉伸、课前准备、舞种选择等各个细节,精心设计,仔细备课,分别施教,尽可能照顾到各方,做到交叉教学、交叉交流、交叉帮助。基础好的必须精益求精,走规范的路子,严格要求;基础差但有决心、信心的,重点倾注,将舞曲和歌词结合起来,通过舞曲帮助她们提高动作协调能力,通过歌词提高她们的记忆力,作为她们动作连贯的标准参数;年尊辈长或有身体原因的以娱乐开心为主,以第二课堂为主,做力所能及的事,让她们在老年大学这个群体里有一席之地,有话语权,有集体荣誉感。通过这种安排,大家都能理解,学习氛围更浓,也更切合实际。

3．讲尊重,平等相处为快乐

在老年大学当教师,如果我们自己端着架子,真的把自己摆得高高在上,我想是不会长久的。我的理解是老年教育并不像学历教育那样规范严格;孩子们的教育是求学,将来成为国家的接班人;成人教育是求知,是补课,是充电;而我们老年教育是在增长知识的同时,更为了丰富老年生活、陶冶情操、促进健康、发挥余热。学员来自四面八方、社会各阶层,有普通老百姓,有工人、农民、商人,更有各行各业退下来的专家、师长、领导等,他们年高德劭,在家是长辈,在社会是长者,在行业是精英。因此作为老年大学教师,除了明确责任外,更重要的是放下架子,让自己与学员融为一体。课堂上也许你在履行一个教师的职责,但课下,你可能是晚辈、学生、下级、邻居或曾经的同事同学等,相聚在一起是一种缘分。要处理好这些关系,最重要的就是两个字——尊重。每个人都把自己作为集体的一分子,以平等为前提,以快乐为目的;坚决反对高人一等的特殊学员,坚决抵制小团体、拉帮结派。从教师做起,教师自己要率先垂范,不能以个人喜恶亲一片、薄一片。大家没有贫富高低亲疏之分,相互尊重,相互帮助,相互谅解,相互谦让,慢慢地潜移默化,在班上形成一种团结向上、友好、和谐的氛围。

4．抓管理,职责分明靠团队

一个班级管理得好,班干团队功不可没。按我们学校规定,当班教师作为班主任,但一个70多人的群体,长年累月仅靠教师一个人是顾不过来的。因此,在紧紧依靠学校管理的前提下,如何发挥班干的主观能动性和工作积极性,也是教师要注意的一个重要环节。首先要充分信任班干,放手让他们去履行职责,他们都是学员集体推选出来的,受到学员的拥戴,有广泛的基础。其次要对他们本身的学习、家庭等情况多一份关注,尽力地主动及时帮助他们解决一些具体的问题,使他们感受到集体的温暖和情谊。最后就是班级本身建设要过硬,学校每个班都有正、副班长,还有一名专职或兼职的党小组长,共同作为班级管理团队,团队成员要干好工作就必须拧成一股绳,一个意见不合、相互拆台的团队,是不可能把班级工作做好的。所以班干团队建设不仅是学校要重点抓的一项工作,同时作为本班教师,更应关注班干团队的基本素质、合作精神、团结协作等。日常管理有职责、有分工、有落实,碰到问题多沟通、多商量、多汇报,布置任务讲明意图、提出要求,遇到矛盾要及时介入、及时化解。班干团队团结稳定,承上启下,带好一班人,班级工作才会有声有色。

5. 洒汗水,重在参与有作为

几年来,虽然吃了不少苦,但从职业责任角度出发,我忠实履行了一个兼职舞蹈教师的职责,所涉及的舞种包括民族舞、形体舞、秧歌舞、广场舞、现代舞,还有走秀、瑜伽等,按自己的水平,毫不保留地教授于大家,我感到开心、感到满足,不能说有多大成就感,但无愧于学员、无愧于学校。从收获的角度,我也感到满意,尽管没有得到什么实质性利益,但我个人收获的是快乐、是健康、是圆梦。2017年至2019年,我连续3年带领姐妹们走上县春晚大舞台并获奖;2018年,在安庆市健身秧歌大赛中,我组织编排的第七套秧歌在老年大学队中获一等奖;2019年,在新中国成立70周年安庆市老年大学系统汇演中,我编排的舞蹈《炫舞中国》获特等奖;2019年,在新中国成立70周年安庆市老年人文艺汇演中,我参与指导的舞蹈《北京颂歌》获优秀节目奖;2021年,在建党100周年大庆中,我又倾注了大量心血,精心编排了大型歌舞《人民是天》,即将在市黄梅戏艺术中心演出。对于我来说,没有来老年大学前,我在广场上和姐妹们一起跳跳广场舞或参加一些社会演出、竞赛活动,以锻炼身体为主,可能清闲自在得多,但一想起我能在老年教育行列里发挥一丝光和热,心头就会感到一种特别的快乐和甜蜜。

(作者系安庆市怀宁县老年大学舞蹈教师)

飞旋吧,柔力球

石 琼

柔力球运动是一项新型体育运动,它是将技巧、韵律、舞蹈、太极融为一体的运动。它那优美的动作,配上婉转动听的音乐,不仅具有修身养性的作用,更具有观赏性。柔力球不是年轻人的专利,更是老年人的最爱。它是一种全身性的运动,能够使手、颈、腰、腿各处部位都得到活动。它是以圆为中心做弧形动作;以肩为轴,肩、肘、手腕、腿互相配合,有助于血液循环;由引、接、抛、翻球为最简单的动作开始,运动的强度完全由锻炼者自我掌握,眼睛跟着球转,既锻炼了眼睛,又提高了反应力。对肩周炎、颈椎病、腰痛等毛病也有所缓解。柔力球动作优美,不仅锻炼了身体,而且使自己陶醉在快乐之中。因此人们时常把柔力球运动搬到舞台上参与表演。

2014年,太湖县柔力球第一次参加安庆市柔力球比赛。当时的老年大学王中华校长很看好这项体育运动,为了让新兴的体育运动在太湖兴起,2015年春季老年大学就增开了柔力球课,由我担任教师,有50多个学员报名学习。2015年8月8日全民健身日,太湖县举办了大型的体育活动,我们老年大学柔力球学员首次在太湖县体育馆表演了柔力球《飞龙二套》,观众席上掌声不断。毋庸置疑,这是观众对此项运动的肯定,由此吸引了许多柔力球爱好者。

为了推广柔力球的教学,我每天早上带领大家学习柔力球,下午又去体育馆学习。2015年5月,全国柔力球比赛在安庆市举办,我们老年大学柔力球队应邀参加了这次全国柔力球赛。当时因为学习时间不长,我们仅参与了第一套柔力球规定套路的比赛。通过这次比赛我们认识到自己的不足,回来后加紧学习第二套、第三套柔力球规定套路。2015年12月,我们再次参加了安庆市第三套柔力球规定套路的比赛,取得了好成绩。

2016年12月,我们老年大学柔力球队参加了安庆市第八套柔力球规定套路比赛。这套柔力球有一定的难度,对于我们刚学柔力球的学员们来说,难度还不小。首先难的是球在头上顺绕环、反绕环,再就是把球立下顺绕环、反绕环,有时为了练好一个球,不知道要在地下捡起多少回,学员们汗流浃背,却没有一个人叫苦叫累。功夫不负有心人,在比赛中我们又取得了好成绩。

转眼间2017年8月迎来了全民健身日,太湖县体育馆又举办了大型的体育活动,我们老年大学柔力球队有72人表演柔力球《大碗茶》。作为开场节目,我们既开心,又感觉压力很大。那年7月,天气格外火热。每天上午柔力球学员们带足水、毛巾,还有防暑降温的药,按规定的时间来到体育馆,进行柔力球强化训练。参加表演的学员最大年龄是78岁,最小的也有50岁,别看年龄相差几十岁,可学习的劲头是一样的,没有一个人迟到、早退,也没有一个人中途掉队。最可敬的是那些年龄较大的叔叔、阿姨们,他们虚心好学,不甘落后,只要觉得自己某一个动作没做到位,就马上请教身边的同学,反复练习,直到熟练为止。他们这种持之以恒的精神,深深地感动了我,从而也为我日后的柔力球教学增添了动力。

2018年,我教会了学员们表演长绸柔力球。这套柔力球的重点是把球抛起来,把长绸舞起来。我们学员64人的大方阵在体育馆参加当年全民健身表演,音乐我选的是《五星红旗》,球、绸协调飞舞,美轮美奂。在老年大学,教学中不仅要教会学员们柔力球的技巧,同时也要进行爱国主义教学,我在选材时注意到了这一点。在《五星红旗》雄壮歌声的熏陶中,不忘爱党、爱国的初心使命,人、球、绸协调统一。长绸在空中舞动,气势震撼,好不壮美,得到了全场长时间的热烈掌声。在体育馆的表演由于声势浩大,不同凡响,使更多的人崇尚和喜爱柔力球。

每一次的柔力球比赛和演出,都是对我们学习柔力球的促进和提高。由此,我们老年大学的柔力球班,由原来的1个班逐渐发展到2个班、3个班,学习柔力球的人来越来越多。那时报名学习柔力球的学员人数最高达162人。每学期的新生班,都是学习柔力球的基础知识,也就是第一套柔力球的规定套路。学习柔力球就像建房子一样,不打好基础就无法往后学习。在老年大学这几年我们学过《飞龙二套》,因为这套是八字绕环的基本功动作,也是必须要学会的。学员们在老年大学课堂上学过的柔力球有《一路歌唱》《花季雨季》《爱我中华》《一二三四歌》《大碗茶》《走天涯》《相信》《光荣与梦想》《飞龙一套》《飞龙二套》和《赶着马车上北京》规定套路第一套、第二套、第三套以及长绸《五星红旗》等。新学员在学校必须要学会抛球、接球、左右摆动、正反绕环、腿下抛球、身后抛球、稳步绕环、跃子翻身等。老学员要学会上抱圆、下抱圆、头上绕环、左右翻拍、身后翻拍、跳步抛接球等这些最基本的动作。

我们老年大学每学期都要根据新学员的情况重新编班学习，教师要不断地更新学习内容，只有这样，新学员才会愉快地学习新套路的柔力球，老学员也不会感到厌烦，学员们都会开心地学习。

2019年，我们柔力球班学员参加了省运动会，并获得第三名。2020年上半年新冠疫肺炎情期间，老年大学停课了，我组织了部分学员在网络上学习。老年体协也推出了网络教学，《人在青山在》这套双拍柔力球直接进入了高难度。为了培养学员的学习兴趣，我在网络上找了一套简单一点的双拍柔力球《云在飞》，学完了双拍，我又在网络上找了一套自选套路单拍《天边的骆驼》。2020年下半年，为了学员更好地健身，我推荐学员进入全国华柔学院群，我们学习了柔力球《点赞中国》《中华大舞台》《美好生活》。2021年3月，华柔学院推出了建党100周年长绸柔力球《各族儿女心向党》，号召全国柔力球爱好者参加4月份的网络赛。全国各地有452个柔力球队，共有11000多人报名参加。我们老年大学柔力球队也报名参加了，并获得了A组优胜奖。华柔学院4月份又推出了一套建党100周年的单拍柔力球《永远跟党走》，我们现在正在着手学习，准备参加下一轮全国网络柔力球赛。

身为老年大学的一名教师，要想教好学员可不是一件容易的事，与中小学教育相比，有诸多不同：教育对象不同、教育目标不同、教材不同、教学任务不同。我曾是一名小学语文教师，对此深有感触。中小学的教育教学是按部就班、循序渐进的。而老年大学因种种原因，不能按部就班，教学中无固定的教材，学员流动性大，组织难度大。我每次上新课前，首先要提前把本节课内容教给几个学员，让她们学会后当我的助手，在我上新课时，她们可以熟练地带领学员们一起练习。学员们大多是退休的老同志，也都是家庭主妇，年纪大了，记忆力减退，无法记住许多东西，不会的只能反复教学。而且她们的文化程度参差不齐，接受能力也不同，要想完整地教完一套柔力球，有时候还要利用课外时间复习。只有经过强化训练，才能顺利地完成一套柔力球的教学。

老年大学是老年人的乐园，学员们在老年大学不但学到了许多以前没有学到的知识，还培养了谦和诚实、宽容大度、举止文明、乐于助人的高尚情操，在相互交流中，增进了友谊，结识了许多朋友。我爱柔力球，更爱那些虚心好学的学员们，我们在一起学习，像师生，更像朋友。轻松愉快的学习环境，使学员们的学习没有压力，每学期结束时学校要举办汇报展示演出，学员们都踊跃参加，展示自己学到的知识。

飞旋吧，柔力球！它旋转着爱的力量，给人们带来快乐和健康！愿柔力球运动能走得更远，队伍更强大。"予人玫瑰，手有余香。"看到学员们愉快地学习，我感到很欣慰。

（作者系安庆市太湖县老年大学柔力球教师）

坚持"三不断"　课堂活力添

陈佑昌

我于2015年应聘到宿松县老年大学诗词班任教师，当时全班总共20多名学员，虽人数不多，但学员组成成分非常复杂，存在很多差异：一是年龄从40多岁到80多岁；二是文化水平从刚扫盲到大学本科；三是学习诗词，有的刚开始（尚未入门），有的则从老年大学创办(2000年)起就开始学习。尽管如此,因人数少,又不能分班,只能"大学生"与"小学生"在一个课堂上教学,真正是"老教师"遇到了新问题、新挑战。显然,原先在学校从事几十年教学的那一套,现在已经不管用了,必须面对新情况,采取相应的新措施,且一定要适应各个层次学员的愿望和要求,让每个层次的学员都能在课堂上坐得住,听得进,有所获。假若存在偏倚,顾此失彼,势必就会流失学员。

经过探索和尝试,我采取了"三不断"的应对措施。

(一) 教者不断地"下水"与"充电"

我学习诗词比较晚,是临近退休时才开始的,起步比部分学员还要迟。但我一接触到诗词,就深深地爱上了它,因而学习比较执着,投入较多。再者,经过几十年学校教学的历练,深知教学中"一碗水"与"一桶水"的关系,深知"一览众山小"的重要性,更深知"为有源头活水来"的获得知识的途径。为了充实自己,我不仅挤出一切可挤的时间,还运用一切可用的方法,采取一切可行的途径。牌不打了,鱼不钓了,花少养了,是为了有更多的时间"充电"。每年订近千元的报刊,花近千元买书籍,也是为了"充电"。平时不担忧家里无米无油,但担忧手中无好书读。我还参加了中华诗词学会培训部的函授学习,接受新思想,认识新潮流、新动向,因而,课堂上讲授的总有新的东西,能做到常讲常新。

俗话说:"岸上学不好游泳,嘴里说不出庄稼。"以前教学生作文,自己爱写"下水"文章,尝到了不少甜头。现在,我在布置学员创作诗词时,也经常"下水",这不仅能起到引领、激励、互动的作用,更重要的是自己在创作过程中,能不断地获得新的感悟,发现新的问题,还可把自己创作的酝酿过程、心路历程及作品与学员分享。因我的教学有针对性、指导性,实践性强,新老学员普遍都喜欢。

（二）教法不断地改进与创新

课堂教学如果只是按照已有资料，不针对学员的实际情况，不作任何设计和取舍，教者就比较轻松了，但是笼统地无的放矢，学员肯定学得无味，时间一长，必定产生厌烦情绪。为了适应各个层次学员的需求，让他们各有所得，我逐个地把学员归为两类：一类是诗词基础知识（如平仄、押韵、对仗等）一点也不懂的，称为技术缺乏型；一类是懂得基础知识，但运用不够娴熟，缺乏写作技巧的，称为艺术缺乏型。我还把所讲诗词知识分为技术类知识和艺术类知识，在备课和设计教法时，以艺术类知识为主，将技术类知识分散，择机穿插到艺术类知识中去。这样新学员和基础不够好的学员，不因一时学得太多、太快而难以接受，老学员和基础较好的学员，也不因常炒剩饭而厌烦，反倒觉得张弛有度，课课有得。

在教法上，围绕诗词广泛涉猎，不做枯燥的、抽象的、纯理论的说教，更不搞"一言堂"。在传授知识时，注意穿插一些古今优秀作品、名人轶事、趣闻笑谈等，还充分发挥每一位学员的优势，展现各自的专长。创作了好作品的，让他在课堂上交流心得体会；爱评论的，让他当众点评作品；会朗诵、会吟唱的，让他朗诵吟唱；会书法的，让他展示诗词书法作品。还开展"一对一"帮扶牵手活动，诗词格律未过关的新学员，安排1~2个格律掌握好的老学员辅导，直到学会为止。

（三）课堂不断地拓展与延伸

单一的封闭的课堂教学，已适应不了新时代老年人求知的需要，课堂必须向广阔的社会开放、拓展和延伸。

(1) 自办小报《黎河晚晴》。开始是一月一期,现半月一期。小报辟有《经典荐读》(由学员推荐,要求简要地说出推荐理由,把课内阅读同课外阅读结合起来)、《你写我评》(对学员作品相互点评,把写与评结合起来)、《共同纠错》(把写与改结合起来)、《新花烂漫》(学员新创作品,把读与写结合起来)等栏目,极大地调动了学员的学习积极性和创作热情。

(2) 到县重点建设工地采风。诗词创作需要好的素材,闭门造车是不行的。每学期组织一次采风活动,几年来,先后到过黄湖大桥建设工地、北沿江公路、县高铁站、东北新城等地,既开阔了眼界,又激发了创作热情。还鼓励学员向县、市报刊投稿,县报曾辟专栏,刊登采风作品。那些平时对创作缺乏自信心、动笔少的学员,看到自己的手写体变成了印刷体,还有稿酬,非常高兴,学习兴趣逐渐增强。

(3) 将诗词融入歌舞、小品等艺术形式,到社区、敬老院慰问演出。诗词班不乏各种人才,将古代经典诗作或学员自己创作的优秀作品,自编、自导、自演,每学期演出1~2次。还参加了县"纪念改革开放40周年诗词吟唱暨歌舞展演""庆祝新中国成立70周年诗词吟唱暨歌舞展演"等庆祝活动。2021年又有两个诗词节目被选参加庆祝建党100周年文艺演出活动。学员在学中乐、乐中学,既收获了快乐,又学到了知识。

(4) 开辟网上课堂。建立微信群,运用微信联系、交流、授课,极大地方便了学习。尤其是2020年新冠肺炎疫情期间,学员不能到学校上课,这时,网络优势得到充分发挥,使教学一直未停止。学员在网上交流作品,相互切磋,我适时地做一些点拨与引导,气氛既融洽又热烈,效果非常好。

"诗文随世运,无日不趋新",这虽是针对诗文写作而言的,但也适用于老年群体的诗词教学,应该抓住老年人的特点,把握时代的脉搏,聆听时代的声音,踏着时代的脚步,始终坚持"三不断"。事实也证明:"三不断"的教学使课堂活力频添,能产生吸引力,使学员爱之难舍。近年来,诗词班虽然迁到离主城区较远的新校址,但学员现已增加到 40 多人,尽管路途辗转颠簸,但他们舍不得漏掉一节课。他们被诗词深深吸引,学习和写作兴趣日渐浓厚,创作水平日渐提高,在各级报刊发表的作品日渐增多,还有 5 人出版了个人诗作专集。

(作者系安庆市宿松县老年大学诗词教师)

充分发挥教师的主导作用

刘川源

教师的主导作用,按照教育学原理,一般认为其意义在于以下几个方面:

(1)"导"在设疑激趣,激发学生的求知主动性;

(2)"导"在以旧引新,促使知识的循序渐进;

(3)"导"在学法引领,提高学生的学习能力;

(4)"导"在启发思维,培养学生思考的习惯和潜能。

要使教师主导作用得到发挥,需要从更多的方面去实施和完善教学环节与教学主创,具体措施有:千方百计地巧设教学情境;深入准确地归纳教学重点;不遗余力地强化课堂教学效能;运筹帷幄地把握思维发散点;和蔼可亲地鼓励学生质疑;绞尽脑汁地诱发学生的想象力;别出心裁地完善课堂评价机制;分门别类地建立学生学业个案。

就老年教育而言,学员进入老年大学并非为了单纯地学习书本知识、扩大学识范围,而是在教师的巧妙引导之下,在获得知识或技能的同时,获得更多的精神滋养,充实老年生活,完善健康人生。因此,老年大学的教师在教育过程中无疑应发挥主导作用。这"主导"的着力点,尽管因教育目的、教育环境、教育内容而不同,但就教育对象而言,都要导出知识与趣味,导出方法与效能,导出亲切的感应与和谐的共鸣。

老年大学的教师要充分发挥其在教学中的主导作用。首先要考量自身的素质。因为教育对象的经验差异、知识储备差异和求知目的的差异,教师必须具备较高的综合素质,尤其是人情练达的涵养。其次,教师在备课、确立教学重点时要有前瞻性。一个称职的老年大学教师必须肩负教学和统筹的双重重任,一面传道授业解惑,一面采用快慰的旋律,让学员在快乐祥和的精神空间里徜徉。最后,教学艺术的呈现,也是一个教师主导作用发挥的要素之一。没有变化的且新鲜别致的教学艺术,课堂始终是一潭死水,学员也必将觉得索然无味。

老年大学的教育教学有别于一般的教育模式,它具有如下特殊性:一是学员学习目的的多样性,或求健求乐,或交朋结友,或求知求为,或圆儿时之梦;二是学习动机的非功利性,既不为升学、评职,又不为求职、求迁;三是学习成效的非规定性,学校对学员虽有一定的要求,但没有具体规定把学员培养到什么程度和等级。这些特殊性使得学员享有"自选课程、自主学习、自我管理、自行进退"等四大自由。

面对上述情况,要使学员进得来、留得住、学得好,教师该如何发挥其主动作用呢?我以较长时间在老年大学管理和教学工作中的体验与思考,浅述以下4个方面的做法,以期与同志们相互切磋探讨。

1. 以鲜活愉悦的学习氛围,激发兴趣,吸引学员

兴趣是最好的老师,兴趣是学习的动力,要想学员对所学课程感兴趣,教师首先必须对自己所授学科有浓厚的兴趣,教学要乐而为之,不能勉强应付,有了兴趣,在课堂上就可以随时激发许多兴奋点,以吸引学员。没有趣味的课堂无异于一潭死水。老年大学的学员在志趣、体力和精神上,都存在着不同程度的匮乏,如果课堂上教师不能创设优良的教学环境,特别是鲜活愉悦的学习氛围,学员很有可能对学习内容、学习目标和教学过程不感兴趣,轻则心不在焉,神游课外,重则厌学弃学,产生心理障碍。因此,教师的教学难度会相应增大,尤其是对课堂情境的创设显得特别重要。以诗词班教学为例,倘若单纯地讲授一些诗词格律和诗词欣赏方面的知识,学员多会觉得枯燥乏味、难以接受。为了解决入门问题,我从趣味诗、怪体诗和通俗诗入手,让学员首先兴趣盎然、快乐自在地畅游诗海,对格律诗词这一深奥难学的国学课题充分神往与痴迷,然后再轻启门扉,登堂入室,一步步迈向诗格、诗韵、平仄、对仗、意境和字词锤炼的洞天圣地。引领学员进入一个全新的艺术境地,绝不是立竿见影的事情。需要循序渐进,由浅入深、因人而异地耐心讲析和例证;需要推心置腹、设身处地地导引和勉励;需要起点低、选点准、亮点新的备课思路。一般来说,课堂上的笑声、掌声和啧啧称赞声便是教师收获教学效果的佳音。

2. 以认真负责的教学态度,树立标杆,感动学员

在老年课堂,我始终告诫自己,这里的时间万分宝贵,这里的机会特别难得。一个教师如果没有认真负责的教学态度,没有忘我奉献的敬业精神,面对这些老年学员,是会徒靡时光而心存愧疚的。于是,我从精选教学内容到备课设计,从教学环节到讲授技巧,从个别辅导到作业布置,无不殚精竭虑、谨小慎微地安排处理。仍以诗词班为例,不少学员起点很低,语言功底较差,我不厌其烦地为他们准备最为浅易的课堂材料,从小学生课本上找例子、寻诗句,一字一字地讲析,一句一句地梳理。在讲音韵格律时,我不仅把平水韵表张贴在教室里,还逐份复印发给每个学员,让他们随身携带,方便对照。对学员的作业,常常是分层设题,因人布置,一改再改,直到师生都满意为止。

3. 以超凡脱俗的教学艺术,产生魅力,感染学员

正确的教育定位决定教学模式,非凡的教学艺术决定教学效果。老年课堂的特殊性和差异性,给教师授课提出了更高的要求,若没有独特的课堂教学艺术,没有超出一般的吸引力和诱惑力,课堂极有可能涣漫成自由市场。常听到有教师说老年大学的课很难上,这里隐含着一个容易被人忽视的因素,那就是教师自己的教学艺术和教学手段存在缺陷。按照著名教育家巴班斯基的教育理论,一个优秀的教师应该时时关注自己的课堂教学反应,亦即课堂教学的观察。他认为,解决5个"如何"才是课堂教学成功的关键:如何完成基本的教学任务,如何解决学生的思想负担和精神压力,如何培养学生的学习兴趣——挖掘潜在思维的能力,如何优化课堂教学方法和技能,如何让教师的人格影响学生。这里,还以诗词班为例,比如诗词欣赏课,我从不滔滔不绝地孤芳自赏,而是站在学员的角度,引导他们从自身的感悟出发,由浅入深、由表及里地析字、解词、解句和领会意境,从而找到欣赏的入门捷径。如果教师不注意教学反应,不注重学员这个主体,不更新教学技巧,课堂教学的组织安排就有可能功亏一篑。

4. 以丰富多彩的教学活动,展示成果,激励学员

老年大学的教育是一种"休闲教学""益智教育""快乐教育"。

老年教育的本质决定了老年大学的教学活动必须围绕求知、求乐、求健、求雅来进行。对此,学校和任课教师都要有一个正确的定位。多年来,我执掌诗词班的教学,通过探索、调查和恳谈,了解到学员的学习需求,取得了优化课堂教学与丰富课外活动的经验,在课内降低难度,以人为本,亲切自然地拉近距离,采取多表扬、多激励、多展示成绩的教学手段,使学员学有信心、富有成就感。在课外组织学员观光采风、向报纸杂志投稿、开辟习作专栏、出版纪念特刊等,让学员学有所成,在成就中充分享受愉悦。我校诗词班自开班以来,班额一直有增无减,学员学习情绪饱满,习作产量很高,每学期向省、市、县诗词报纸和相关刊物投稿近百首,有的习作质量堪称上乘,曾在征文和大奖赛中多次获奖。

5. 以丰沛真挚的人情意绪,拉近距离,感化学员

情寓于衷而言之于外,这样的语言才是动人的的话语。老年学员最珍视情感,作为教师,应时刻以饱满的情绪和真挚的情怀投入教学,片言只语带着情感,字里行间溢满热情,这样的师生关系形同手足,亲如一家,无疑会产生事半功倍的潜在效果。另外,教师以身作则,亲自示范,每布置一次诗词写作练习,教师都同步"下水"示范,手把手地教给学员写作技巧和练习要领,完全把自己置身于学员群体中,倾听学员的评价,接受学员的建议,结果赞誉有加,好评如潮。

纵观老年大学的管理与教学,教师竭尽全力发挥主导作用,因人制宜、因时制宜地分层教学、分步教学,科学应对老年学员的特殊性、差异性和选择性,巧妙地把握课堂教学艺术,积极组织课外趣味活动,全面优化教学环境、教学情境和教学效能,学员的学习和求索就会进入最佳状态,就会严格自律、谨慎自重,不迟到、不早退,主动完成作业,自我追求荣誉感和成就感,不甘落后,力求上进。事实证明,学员在教师的人性化、科学化、艺术性的主导下，在老年大学这个集体里必然进得来、留得住、学得好，于快乐惬意中获得身心双健，于轻松自如中安享桑榆晚景。

(作者系安庆市岳西县老年大学副校长兼诗词班教师)

我在老年大学教唱歌

韩可明

几年以前，我非常荣幸得到一个在老年大学担任教学工作的机会，当时只是抱着试试看和完成任务的心态来进行教学。但是随着教学工作的不断深入，广大老年朋友们给我留下了非常深刻而难忘的印象，不仅是他们的热情感染了我，他们的真情打动了我，更让我逐渐爱上了这项教学工作。我由衷地感觉到能够为广大老年朋友们服务，能够被需要，能够在老年大学教唱歌，是一件非常快乐的事情。下面，我来谈一下我的一些教学体会。

(一) 快乐学习，其乐融融

广大的老年朋友们一生忙碌，退休以后，都在积极追求健康的生活方式，唱歌无疑是最有利于身心健康的最佳生活方式之一，这一点已经得到越来越多的老年朋友普遍认同。因为歌唱要通过均匀的呼吸来调理气息绵长和强弱，科学的气息的运用往往是求得声音的平衡、通透的前提。所以在某种意义上说，唱歌实际上是在进行一种身体锻炼，这种锻炼是让人身体的内脏器官在综合调理、运行,从而获得身心的康养。在教学中,我经常跟老年朋友们说,我们要开开心心、快快乐乐地去唱歌。所以,我会用各种办法让老年朋友们开心起来,大笑起来。在教学中绝不古板拘泥,而是采取灵活机动、通俗易懂的方式让老年朋友们懂得一些乐理知识,掌握唱歌的一些发声技巧,获得一些歌唱方法。让他们快乐地学习,让他们沉浸并陶醉在自己的歌声里。我从不让枯燥的音乐理论去影响他们的学习兴趣,而是让他们在享受音乐韵律美的同时,去追寻快乐和健康的源泉。我常常在教学当中引导老年朋友们用身心去感受音乐,用聆听来消化音乐,用实践去歌唱音乐。我们会永远追求身心结合的最高境界去进行歌唱的教学,达到身心合一。我认为天天开心、天天快乐,这才是老年朋友们追求的真正的健康生活,这也一定会让老年朋友们乐在其中,其乐融融。

(二)以情带声,情意绵绵

歌曲有多种类型,音乐有各种风格,我会在教学当中做一些选择和安排。多选一些比较经典的歌曲,让一些深受老年朋友们喜欢的歌曲响亮课堂。唱歌是一种情感表达的方式。喜怒哀乐皆可进行,丰富的情感往往来自于对歌曲的理解以及对歌曲的不同诠释。所以唱歌是一种很好的情感表达方式,快乐时可以唱歌,忧伤时可以唱歌,思念时可以唱歌,怀念时也可以唱歌。我经常跟老年朋友们沟通,唱歌是一种很好的情感交流表达方式,因为很多歌曲都要用情感去演绎,我会带领老年朋友们体会歌曲中表达的意境,学会如何用正确的情感去诠释歌曲。通过教学实践,我发现老年朋友们在潜移默化中渐渐地感受到了音乐的美,体悟到了心灵上的契合,同时他们的意境得到了提升,情感世界得到了升华,对美的鉴赏能力也得到了提高。在音乐的教学实践中,丰富的情感表达更是激发了我们内心的善良,激发了我们对美的追求,更激发了我们对美好生活的向往。所以,在我们的歌声里有家国情怀,也有儿女情长,更有悠远的思念和无限的遐想。总之一句话,我们用歌声来歌唱我们美好的新生活。

(三)教学相长,共同提高

这几年老年大学的教学工作,也让我自身得到了很大的提高,因为每天上课要认真备课,要准备教材。这就要逼迫自己不断地学习,不断地充电,不断地提升。同时在教学过程当中经常会发现一些闪光点。当老年朋友们用信任的眼光看着你,用虔诚的态度在听你讲课的时候,会感觉压力更大、责任更大,这反过来又促使自己不断地提升教学质量,才能对得起老年朋友们的信任。可以这么说,这几年的教学上,我的很多的宝贵经验都是在课堂里获得的。针对老年朋友们在歌唱中出现的各种问题,我在努力寻找解决的方法,这个过程就是相互学习、相互提高的过程。几年来的教学成果,让我更加欣喜。我看到很多老年朋友在我的教学下一步步成长起来,一步步掌握了唱歌的技巧和发声的方法,一步步把一首歌演绎得比较完美,歌唱的水平一天天提高,我非常开心,很有成就感。

我在老年大学教唱歌,歌唱我们的新生活。在这条快乐、惬意的道路上,我会继续走下去。

(作者系安庆市宜秀区老年大学声乐班教师)

浅谈老年大学诗词教学

齐周梦

中华传统诗词的历史传承,有3000多年的历史了,可谓源远流长。经过时间的沉淀,可以说它已经深入中华民族的骨髓,几乎成为中国人的遗传基因。所以,热爱此道者至今不乏其人。迎江区老年大学根据广大爱好者的要求,于2003年,开设了中华传统诗词课,其目的很明确,以学员学会写诗填词为基本原则。根据此原则制定教学计划,并落实到每个学期;确定教学重点,并落实到每一节课。

学习中华传统诗词的学员,多是社区范围内离退休的老同志,知识结构参差不齐,生活阅历不尽相同,给教学带来了一定的困难。针对上述情况,如何搞好老年大学的诗词教学,我结合日常教学实践,从以下8个方面谈一点粗浅的看法。

(一)结合学员特点进行教学

参加学习的学员相对来说年龄都比较大,记忆力比较差,学诗存在很大困难。许多学员对中华传统诗词,尤其是格律诗词,只是拥有一种情结、一种爱好,不仅写不出诗来,而且连欣赏别人的诗也不在行。面对一首诗,只知道差却不知道差在哪里,只知道好却不知道好在何处。所以在每一节诗词课中,我都结合格律诗的诗学知识、文学史知识和理论知识,不厌其烦地讲授,使学员从中享受到学诗、赏诗和写诗的快乐。这样做收到了一举三得的效果,不仅丰富了课堂教学,而且扩大了学员的知识面,同时也提升了学员学诗写诗的积极性。针对"只要学好字声平仄就能写诗"的认识,我明确地告诉学员,这是一种错误的想法:不合平仄的诗,不一定不是诗,合乎平仄的诗,不一定是好诗。旧的问题解决了,新的问题又来了。学员反映生活现实的激情有了,可就是写不出诗来。对此,我一方面鼓励学员大胆实践、精心创作,另一方面告诉学员,要找准切入点。比如见到好水好山,心里非常激动,可就是不知道从何入手。你能说此时诗人"无情"吗?不是,此时写不出诗的原因,是诗的题材还处于概念化时期、诗人还处在朦胧阶段,没有找准切入点。所谓找准切入点,就是突破朦胧的状态,选好抒发内心情感的角度,然后尽情地"宣泄",把朦胧的东西具体化,才能把概念化的诗歌材料转化为具体的艺术形象。

(二)结合诗词特点进行教学

一切纯文学艺术作品,在反映社会生活时都必须进行艺术的概括和提炼,还原艺术的真实性。而中华传统诗词,特别是格律诗词,在这方面的要求更高、更严。这是因为格律诗词的特点是约字、束句、准篇,尤其强调的是平仄协调、音韵谐和、内涵丰厚,绝不允许诗人信马由缰地进行创作。这就是"带着镣铐跳舞"的由来。如何使我们的学员既"带着镣铐"又能"跳"出高水平的"舞",从必然王国走向自由王国呢?于是我就从什么是约字、什么是束句、什么是准篇、什么是平仄协调、什么是音韵谐和、什么是内涵丰厚等问题反复讲解,让学员在长期的训练中,逐步掌握格律诗词的这些特点。

（三）结合诗歌赏析进行教学

在日常教学中，我把重点放在诗词赏析上，使学员从中感受中华传统诗词的内在美和外在美，把握中华传统诗词的审美情趣。

第一，坚持赏析唐诗宋词。因为唐诗宋词在中国诗歌史上，是两座并峙的高峰。目的就是让学员通过赏析，在潜移默化中感悟古代诗人的创作方法和创作技巧，从而创作出自己既有内蕴又有外象的诗词来。

第二，如何赏析唐宋诗词？主要把握3点：首先通读几遍，目的是大致吃透总体精神；其次逐联、逐句、逐字理解诗人是通过什么方法表现总体精神的；再次讲透诗人是如何起兴、如何承接、如何翻转和如何关合的。当然，有的诗人根据自己的情绪，不一定按照起、承、转、合的步骤创作，所以又要灵活讲解传授，不能固守一点。

中华传统诗词不仅具有声韵美、音乐美，更具含蓄美，还具备绘画美。所有这些，是地球上任何其他国家的诗歌无法企及的。我在赏析中，结合汉字声音抑扬顿挫的特点，着重讲授声韵美；结合诗词能吟能唱的特点，讲授音乐美；结合诗词内涵深厚的特点，着重讲授含蓄美；结合诗词描摹形象的特点，讲授绘画美。写诗填词不仅要有丰富的感情，而且还要将感情融入生活的图画中去，然后用生动的语言文字，将自己的心灵感受表现出来，使描写的对象具有生命的活力，感染读者，使读者从中得到美的享受。经过反复训练，学员在赏析中获取了唐宋诗词的审美趣味。

只有不断地引导学员对唐宋诗词进行深入的品读欣赏，才能走进诗人的内心世界，与之产生共鸣，感受他们的情怀，激发自己的创作热情。

（四）结合诗歌理论进行教学

在平时的教学中，学员难免要提出一些问题，有时还涉及一些诗歌理论知识。例如，有的学员提出什么是"物象"，什么是"意象"？为了给学员满意的回答，我简单地概括为：所谓"物象"，就是客观存在的实"物"，但是，这些"物"经过诗人想象力的酝酿和加工，注入了诗人的"情"，从而转化为情感的载体，称为"意象"。然后举例说明："菊""竹""梅""松""荷""桂"等，本来就是普通的实"物"，但是，在诗人的眼里，这些"物"与"人"的某些品格相类似，于是诗人不断地以诗赞之，结合自己的生活经验，抒发感情；又如"孤舟""柳絮""飞雪"等，诗人往往把它们当作漂泊无依的代名词；"夕阳""晚霞"等，在诗人笔下则变成了时光流逝的喟叹；"杨柳""秋雁""明月"等，则又和思乡、恋情、离别、怀人等联系在一起了。

（五）结合诗歌创作方法进行教学

在诗词赏析过程中，我不厌其烦地带领学员从所学的诗词中，找出关键的字、词、句，也就是人们常说的"诗眼"，并说清"诗眼"是一首诗的精神、气韵所在。例如，在讲到杜牧的《山行》"远上寒山石径斜，白云生处有人家。停车坐爱枫林晚，霜叶红于二月花"时，我问学员："诗中什么字最生动？哪一句最传神？"大家都说"生"字最生动，"霜叶红于二月花"最传神。我在肯定了学员回答的同时，指出"停"字用得比"生"字更好，因为诗题是"山行"，第三句却用一个"停"字，于是，一"行"一"停"形成了审美情趣和审美意象，也就是说《山行》在强烈的矛盾、反差和对比中产生了"美"。讲这些的目的，是让学员通过点化，在学会创作诗词时重视对语言文字的锤炼。又如，每赏析一首诗词前，都要提出诗法重点;每赏析一首诗词后,都要对全诗进行概括性的点评,目的是让学员弄懂诗的虚实映衬、情境两谐、开合呼应等创作方法;然后才是基础知识分析。

(六)结合诗人生平和创作背景进行教学

理解古人诗词的方法,一要大致了解诗人的生平,二要大概掌握作品的背景,三要吃透诗词的意义,领悟诗人想要倾吐的心声,从而产生审美共鸣。孟子曾经说:"颂其诗,读其书,不知其人,可乎?是以论其世也,是尚友也。"孟子的意思是了解诗人的生平与写作的背景,与诗人沟通,才能更好地把握作品的内容。由于年龄和过去所从事职业的关系,大多数学员对中国文学史方面的知识都有很多、很大的欠缺。也正因为这一"欠缺",所以对这一块知识颇感兴趣。因此,每讲一首诗,我都会首先简单介绍诗人的生平和诗词创作的背景,帮助学员进一步领会在复杂的社会现实下诗词作者复杂的内心情感,从而从侧面加深对诗词内容的理解,懂得诗歌的形成是诗人情感宣泄的结果。

(七)结合诗歌基础知识进行教学

诗词教学的终极目的,是让学员创作出自己的诗词作品。为了达到这个目的,学员必须熟练掌握格律诗词的格律。因此,我坚持两个原则:一是直接告诉学员"实践是检验真理的唯一标准",以此鼓励、引导学员积极大胆地进行诗词创作实践;二是把做诗填词的基础知识向学员反复讲解,传授到位。根据学员迫切希望自己能创作出较好的诗词作品的良好心愿,因势利导,把诗词的赏析与格律诗词的平仄格式以及用韵的方法结合起来讲授,让学员熟练地掌握做诗填词的基础知识。经过长期严格的教学训练和创作实践,绝大部分学员都已经掌握了格律诗词的基本格律和用韵方法。

（八）结合课堂教学互动进行教学

在教学过程中，除了把赏析古人诗词作为课堂教学的重点之外，还要把师生课堂互动放在重要的位置。每周利用两节课时间，让学员把自己创作的诗词用毛笔誊写清楚，挂在墙上，师生共同对本周创作的诗词，从格律、声韵到语言、字词，再到意境、审美等，面对面地评头论足。每到这时，课堂气氛十分活跃。这一做法有效地增加了学员的综合审美素质，提高了学员的整体创作水平，同时还给学员营造了互教互学的良好环境！

经过19年的实践和探索，我的诗词教学已经取得了一定的成效。

（作者系安庆市迎江区老年大学诗词班教师）

黄山黄梅夕阳红

黄晓梅

我曾是歙县黄梅戏剧团的专业演员，毕生热爱黄梅戏艺术，2008年退休后，我来到黄山市老年大学担任黄梅戏专业教师，又钟情于老年黄梅戏教学。初到学校时，黄梅戏专业只有一个班15位学员，现在发展到4个普通班、1个研修班，共400多位学员。我组织学员成立夕阳红艺术团，把优美动听的黄梅戏传送到山区农村和基层社区,受到大家的欢迎。2016年,我被评为全省老年大学系统优秀教师。我已任教13年,下面谈一谈主要的体会。

(一)用心用情关爱学员,使教学成为学员快乐学习的过程

黄梅戏现在是我校仅次于声乐的第二大教学专业,400多位学员中,基本都是退休后的老人,他们来校学唱黄梅戏,大多是为了圆自己年轻时的"芳华"梦,丰富自己的晚年生活。他们各人的学历、年龄、家庭、性格、身体状况不一样,学习接受能力也各自不同。因此,教师要为他们快乐学习提供良好的氛围与环境。"老吾老以及人之老",教师要有热爱老年教育的情怀,要像对待父母和自己家人一样,用心用情去关爱他们、尊重他们。老年教育与普通教育一样,也是教书育人。学戏更要学做人。我努力引导学员践行社会主义核心价值观,并挑选政治素质好、有奉献精神、有较强工作能力、能团结人的学员担任班组干部,抓好班级管理,使班级成为学员和谐相处的快乐大家庭。要求学员做到的,我自己首先做到。我带的班级养成了良好的班风和学风。班上有学员得了重病,或是遇上其他重大变故,我总是带领班干部上门看望慰问,学员都说黄梅戏班是一个温暖的大集体。特别是2020年春天,新冠肺炎疫情突然爆发,我心急如焚,但是又不能出门,于是就想到在班级微信群中,倡议开展爱心接龙活动,为抗疫捐款。每个班我最先捐出100元,学员马上接龙。"爱心点燃希望,真情传递温暖",不到两天,4个班共捐款16618元,送到市红十字会。看到自己带的班级有很强的凝聚力,我也感到很有成就感,我和学员用实际行动谱写了一曲大爱乐章。

（二）采取适合老年人的教学方法，让所有学员都能学有所成

老年人因为特殊的年龄段、身体状况、家庭矛盾、生老病死，都会引起心理上的问题，有的人性格会变得孤僻怪异，有的人会郁郁寡欢。我常说："老年大学的教师，好比是社区居委会大妈，要有爱心、热心、耐心。"我细心观察每一位学员，去理解他，关心他，不以学习好坏、接受能力快慢作为衡量标准；不随意批评，用积极的心态和温和的方式去帮助学员学习进步，以正面教育、鼓励、表扬等方法，上好每节课，让学员觉得开心、温暖。我针对老年人的特点，采取快乐教学法，让大家乐于参加到学习中去，觉得学习不是枯燥无味的，并提高了学习黄梅戏的劲头。我认为，老年大学教学不一定要求所有学员都学习达标，而是让大家熟悉黄梅戏脍炙人口的唱腔和选段。学员通过在校学习，能在很多场合，唱出很多学过的唱段，可以和家人、朋友分享很多在戏曲中学到的故事、剧情，这就是他们最快乐的时候。所以我在教学中突出"生活化、简单化、亲和化、艺术化"，将"四化"教学宗旨融入和贯穿到整个教学过程中，让所有学员通过在校学习都能"学有所成"，享受黄梅戏艺术给他们带来的快乐。2020年因疫情学校没有开学，我在本校率先利用抖音开展线上教学，还利用学校开办的简报网络版开设的"空中课堂"讲授黄梅戏艺术发展史，深受学员的欢迎。他们说："疫情期间，我们能够'停课不停学'，十分感谢老师的敬业精神。"

（三）改革传统教学模式，培养传承黄梅戏艺术的群众文化人才

黄梅戏是全国最有影响力的地方戏之一，特别是在安徽省黄

山市,黄梅戏在中老年人群中具有广泛的群众基础。但20世纪90年代以来,黄山市区县黄梅戏等地方剧种剧团先后撤销,专职演职人员要么转业改行,要么退休在家含饴弄孙、做家务。我到市老年大学从事黄梅戏教学,还有一个心愿,就是在中老年群众中间,培养一批人才,来传承弘扬我毕生热爱的黄梅戏艺术。传统黄梅戏的教学模式是口传心授,在老年大学仅仅教唱几个唱段是远远不够的,因为他们不仅自娱自乐,还积极走上社会去表演,展示自己在校学习的成果,向社会传播正能量。为进一步提高教育教学质量,我校于2016年开始创建骨干特色课程,我承担了第一批创建课题任务。我征求学员意见,并向同行前辈专家请教,在教学中,我不仅注重教唱曲目唱段,还注重改革教学思路,尽力培养学员的编剧、导演、音乐、舞美能力,使他们成为走出校园传播黄梅戏曲文化的群众文艺人才。在课堂上,我除了认真教学黄梅戏唱段外,还增加了说戏的分量,讲解戏曲唱段的背景和历史故事,让学员了解掌握后能很快进入氛围学会所教的唱段。适当增加一些中国古代文学、现代文学、历史传统故事等教学内容,讲授戏曲编剧、导演、音乐、舞美等知识和技能,努力从各方面提高学员的黄梅戏专业的整体艺术修养。我的努力得到退休前单位歙县黄梅戏剧团老领导、老同事的大力支持,老团长帮我的原创作品谱曲,还无私地将改编的好唱段、好曲目给我用于学校教学,并经常亲自指导、编导节目,老同事们也常来给学员说戏,在演出时帮助学员化妆等。我还到黟县老年大学支教,开展黄梅戏教学,深受学员的欢迎。从屯溪到黟县,往返近100公里,当天来回,虽然人很累,但为了传承弘扬黄梅戏艺术,我认为很值!在大家的支持下,我为教学改革所做的努力取得了成效。自2013年以来,我校每年都举办校园文化艺术节,检验师生的教学质量,至今已举办9届。每届校园文化艺术节,我们黄梅戏专业学员的参与率都达95%以上,表演了近20个节目,校领导和师生们都认为我们班的表演水平和质量一届比一届有所提高,我圆满地完成了创建骨干课程的课题任务。

(四) 走上社会,夕阳红艺术团深受群众欢迎

为传承弘扬黄梅戏艺术,我组织学员走上社会参加公益演出,让群众检验学习成果。我以黄梅戏专业的学员为主,成立了市夕阳红志愿者协会艺术团,每年带领学员到农村、进社区开展20多场公益演出,既配合市里各项中心工作,又进一步提高学员学习黄梅戏的兴趣和动力。我还带领学员走出黄山,参加全国和省里组织的老年大学系统和老年群众文艺汇演和比赛。2016年10月,我组织的一台26个节目组成的戏曲文艺演出,参加浙江杭州"魅力宋城、舞动江南"大赛,其中两个节目获得一等奖、两个节目获得二等奖、两个节目获得三等奖、两个节目获得创意奖。当年12月,我带领的23名学员参加在香港举行的中国好节目春晚之夜第十三届"走进辉煌港澳"大型文艺演出中,参演的戏曲《七仙女下凡》荣获金奖、《徽商之情》荣获铜奖,并获得优秀编导奖和最佳组织奖。为喜庆党的十九大胜利召开,2017年11月我创作的黄梅戏情景剧《一带一路辉煌路》,在参加安徽省老干部系统"迈进新时代"文艺演出中获得优秀奖,2018年12月参加央视举办的中国好节目大型演出活动荣获一等奖,并在央视音乐频道栏目连续播出一星期。2020年是脱贫攻坚年,端午节期间,我带领夕阳红艺术团团员80多人,准备了近20个节目,我们冒着大雨来到歙县深山区贫困村三阳乡岭脚村进行慰问演出。我们自带干粮,不麻烦当地乡亲,还看望村里的孤寡老人和儿童,捐款捐物3000多元,受到乡亲们的赞扬。

"莫道桑榆晚,为霞尚满天。"我热爱黄梅戏艺术,也钟情于老

年黄梅戏教学工作。我将不忘初心,继续前进,进一步做好教学工作,向群众,特别是向中老年人大力弘扬推广黄梅戏艺术,让学员从学唱黄梅戏中增添更多获得感和幸福感。

(作者系黄山市老年大学黄梅戏专业教师)

让老年朋友在愉悦中享受音乐的美

程廷寿

随着老龄人口的增多,我国已逐渐步入老龄化社会,关注老年人的身心健康刻不容缓。除了物质需求,满足老年人的精神需求,也是提高老年人生活、生命质量的重要方面。

恩格斯说:"在一切艺术中,只有音乐才能产生与广大群众的合作,同时在表达力量上,音乐也是优胜者……"伟大的音乐家贝多芬说:"音乐,有人将它比作花朵,因为它铺满在人生的道路上,散发出不绝的芬芳,把生活装饰得更美。"音乐是老年人精神需求的重要部分,它能使老年人愉悦身心,陶冶性情,提高老年人的文化修养和艺术品位,进而改善老年人生活的质量。

我是一名退休教师,2012年春受聘于歙县老年大学,担任音乐教师。经过几年的努力,我校歌咏专业由原来的一个班近40人发展为两个班近180人。在音乐教学中,我深深地体会到老年音乐教育的理念——让老年朋友在愉悦中享受音乐的美。如何体现这一教学理念呢?我的体会如下。

（一）情感教学体现爱心美

在我40多年的中小学教育经历和教育学的实践中，我体会到不同年龄的人有不同的情感需求，同一年龄段的人也有性别和个性差异。作为老年大学的教师，首先要了解自己的教育对象，要关爱尊重中老年学员，在课堂上要用微笑进行教学，因为笑是爱的表达。要把教室作为中老年学员丰富和充实精神生活的场所，要让他们每次踏进音乐教室就如同进了欢乐的海洋，要让他们感到学习音乐、学习歌唱就是享受生活，通过歌唱来愉悦心情，让他们在歌唱的海洋世界，拥有快乐、忘记忧愁、忘记烦恼、忘记孤独，融入真情实感，完全沉浸在一种"返老还童"的美妙境界。

为此，我在课内和课外都很尊重我的教育对象，像大哥大姐、小弟小妹一样地对待他们，多鼓励、多表扬，对于学员的提问不厌其烦地进行解答，对一些学员的唠叨也能去理解。只要符合大多数学员的想法和建议，我都积极采纳，不能采纳的也耐心地进行解释。当学员身体不适、住院时，我们相互探望，给予慰藉，体现一种人性美。

（二）教材选用体现音乐美

老年大学不是正规的全日制大学，没有统一的教学大纲，没有教材，而我校是一所县级老年大学，学员各方面的差异很大，年龄从50岁出头到80岁有余；文化程度有小学、初中、大学本科，也有中小学的音乐教师；在我校歌唱专业学习时间长的有10多年，短的刚报名。不同的对象，不同的需求，给任课教师带来了不少难题，俗话说："众口难调。"在教材选用上我考虑到方方面面，尽量做到适合不同人群的需求。

一些年龄较大的学员，对20世纪六七十年代的一些经典歌曲记忆犹新,而一些生长在20世纪七八十年代的学员则对改革开放初期的歌曲情有独钟。中老年人都喜欢怀旧,她们了解的、特别熟悉的歌曲,常能唤起她们美好的回忆。在课堂选材上,我根据不同的差异,在课前、课后、课中复习时都选唱一些历史经典歌曲。如新中国成立70周年,我重点复习了《歌唱祖国》《我的祖国》《我和我的祖国》,2021年庆祝中国共产党成立100周年,我重点复习排练了《没有共产党就没有新中国》《唱支山歌给党听》《再唱山歌给党听》等歌曲,既进行了思想政治教育,又激发了他们的学习热情。

苏联音乐家普罗柯菲耶夫说:"音乐歌颂人们的生活,引导人们走向光明的未来。"在教唱新歌的选材上,我根据中老年学员的不同,确定了选用教材的标准,即歌曲主题好、旋律动听、适合教唱、便于流行。如《共筑中国梦》《我们的美好时代》《小苹果》《好人多》《红枣树》等。

我国是一个多民族的国家,许多少数民族能歌善舞,也有许多传统的经典音乐。各民族的音乐都有各民族的特色。民族音乐既是民族的也是世界的,学员也很喜爱民族歌曲。我在选材上也注意挑选一些蒙古族、藏族、羌族、纳西族等民歌,如《站在草原望北京》《哈达献给党》《云朵上的羌寨》等优秀民族歌曲。如《情满香巴拉》这首歌很好地体现了藏族民歌的特点,节奏感强,又有舞蹈相配,但网络上只有视频,搜索不到曲谱,没法翻印教唱,我就在家把这首歌一句一句地听,把曲谱记下来,发送到网络上,为全国的音乐爱好者和课堂教学提供了资料。通过这样的教学,让学员在歌曲的海洋里享受音乐的美,从而掌握一些民族音乐的特点。

（三）教学设计体现过程美

一堂成功的课堂教学，反映在教育对象的感受上，怎样让学员在课堂上学而不厌、学而不倦、学而有味、学有所进，这是一名教师的教学艺术。随着时代的进步，教学理念、教学设备、教学资源的改善，教学手段、教学方法也有所不同。教师精心的备课、精心的设计是每一堂课是否成功的关键所在。

随着社会的发展，多媒体教学已在各种教学中广泛运用，我县老年大学也是如此。在教唱新歌之前，我都在电脑上准备好歌曲的原唱带、伴奏带、歌手简介、作品背景，有的还配套各种舞蹈等，在课堂备用。新歌教学时，我一般都让学员先欣赏歌曲原唱，让学员感受歌曲的美、歌手的艺术技巧，唤起他们的学习兴趣，从而能准确地学习新歌。

一首新歌的学习，不仅仅在于教师和学员的教与唱，还在于学员的合练与个体感受。用电子琴、电吹管和其他乐器与学员一起合练是音乐教学不可缺少的部分，每一首新歌要进行多次合练，不断地欣赏原声，才能准确地学习。在课前、课间休息、课后，我利用多媒体播放教材的原唱、翻唱、舞蹈等相关视频，既加深了教材印象，也增加了相关知识。

老年大学的歌咏教学，少不了讲授音乐理论。对于层次、职业、经历都不相同的学员来说，学习需求都不一样。有的对乐理不感兴趣，学会唱几首歌就行，有的想学些乐理，便于自己学习新歌，也有的注重歌唱艺术，提高自己的歌唱水平。根据这种现状，我在课堂上不专门系统地教授音乐理论，而是根据选用的歌曲教材，在分析歌曲曲谱时讲解，如藏族歌曲的倚音和下波音就很有特点，是重点教学乐理的内容。一首歌只突出讲一两个重点，并进行示范，使学员在学习新歌中，掌握音乐理论。

当然,歌曲教学少不了声乐方法的教学。我很赞同蒋大为老师的一种观点:把美声唱法和我们中国民族唱法结合起来就是我们中国唱法。我们的中国唱法既有科学的发声、共鸣、吐字法,又有我们中国民族的唱法特点,这样便于学员理解和接受,也不会给人造成高难而不可攀的畏惧感。在歌唱教学中,运用领唱、重唱、轮唱、分部唱等方法也能提高学员的学习兴趣。

采用先进的教学理念、教学资源、教学手段来教学,是让中老年朋友在学习音乐中得到愉快享受的一个很重要的方面。

(四)音乐活动中焕发出青春的美

许多中老年朋友从岗位上退下来,比较清闲,有充裕的时间,除了在老年大学学习外,还想多开展一些活动,在活动中体现自己的人生价值,享受一种人生的美。我校不仅开设了歌咏专业,还有黄梅戏专业、舞蹈专业、民乐专业等。我把开展课外第二课堂的活动也作为一种分内事,和学员一起享受活动开展中的音乐美。2017年,我牵头组织成立了我县老年大学音乐艺术协会,并担任会长,我和我的学员一起经常外出活动:

(1)多次参加市老年系统、老年大学和省电视台"老年春晚"节目录制的演出;积极完成县组织的如庆祝中华人民共和国成立70周年、庆祝中国共产党建党100周年的大型文艺活动的演出。

(2)每年重要的节假日,如五一劳动节、重阳节、元旦都组织学员到广场上举办大型文艺演出。

(3)多次与我县群众团体下乡演出,和群众联欢。

(4)经常参加县城的社区活动。

(5)节假日和晚上在县城公园练唱。

(6)每年开展一两次班级演唱会,每年举办一次校园文化节的大型文艺演出。还参与重大庆典活动演出等。

通过开展各种活动,我们的老年朋友感到才华不减当年,从内心焕发出一种青春美,体现了他们的自我价值。

10余年的歌咏教学,使我深深地体会到,要搞好老年音乐教育,一定要把自己融入中老年这个群体中,和他们交朋友,和他们一起学习,一起活动,共同提高。在学习、教学和活动中体现自己的人生价值,以愉悦的心情和中老年朋友一起享受音乐的美。

(作者系黄山市歙县老年大学音乐教师)

老年大学教学任重道远

汪兄枝

党的十六大正式提出要构建终身教育体系,形成全民学习、终身学习的学习型社会,老年大学在创建文明社会、保证社会和谐稳定等方面起着重要的作用,正因如此,对于老年大学的教师也提出了更高的要求。

县城级的老年大学没有专职教师,教师大部分由学校领导到校外聘请,我也是一名在老年大学兼职了几年的教师,这几年的教学实践让我有了以下体会和感悟。

(一)要有一颗爱学员的心

爱是一种内在的情感体验,表现为一种倾向,从而形成一种动力。一方面我们要热爱老年大学教育这一职业,另一方面我们要热爱学员,这一条最为重要。热爱学员、诲人不倦是教师的本职,与学员共同学习、玩耍,成为学员的朋友,让学员有什么心里话都愿意和教师说。关心学员的冷暖、体察学员的心理,通过各种渠道,加深师生的感情沟通,通过师生心灵上的交流、撞击和感情交融,达到提高教学效果和教学质量目的。

因此,我在教学中用尽量用真挚的爱去对待每一位学员,以提高学员对我的信任感和亲近感。记得2020年给瑜伽提高班上课时,发现有一名学员总是精神不佳,我用课间的时间和她谈心,了解到原来这位学员刚退休,一时不能适应退休生活,白天无所事事,晚上辗转难眠。我耐心地和她谈心,开导她,并告诉她坚持锻炼身体,退而不休,多找有意义的事做,白天在学校学习,晚上回家还可以继续练习白天学过的内容,另外我还暗示她多和同班学员交流聊天。一段时间后,她的脸上有了笑容,话也多了,上课也更专注了。她告诉我,练习一个小时瑜伽,流一身汗,很舒适,晚上很好睡。她还悄悄对我说:"如果真的心烦意乱时就练习呼吸和冥想,心情也慢慢平静了,什么烦恼都抛之脑后了。"我为她远离退休综合征而由衷感到高兴。在教学中,我逐渐理解开办年大学的意义之所在,更深刻地体会到当一名老年大学的教师首先要满怀对课堂、对学员的爱。

另外,这几年的实践经验告诉我,光有满腔的爱而没有耐心,那就不是爱。的确是这样,因为教师的爱是需要用耐心来体现的。耐心是教师的基本素养,有耐心的教师才能获得学生的爱戴。曾经有一项调查显示,在学生心目中,一位好教师最重要的条件就是"耐心引导,懂得育人"。耐心是教育成功的保障,爱迪生的老师不正是因为没有耐心才放弃了对这位天才科学家的发现和培养吗?也正是因为爱迪生的妈妈拥有耐心,才成就了一位家喻户晓的大科学家、大发明家。对于老年大学的学员来说,更是这样，老年人各方面的机能都在慢慢下降，在老年大学的课堂上急于求成只会适得其反。我上的是瑜伽课，一些体式更需反反复复讲很多次，还要一边讲一边示范，一遍不成，就再来一次，一定要做到不厌其烦。正因为这样，学员没有因为瑜伽有难度而有畏难情绪，反而爱上了瑜伽练习，对瑜伽产生了浓厚的兴趣。事实证明一位好教师不但要有爱心，还要有足够的耐心。

（二）要有扎实的专业知识

作为教师，要想给学生一杯水，自己就得有一桶水，而且这桶水是常换常新的。因此，我们教师就应不断地学习、读书、更新观念，这样才能做到"为有源头活水来"。俗话说："腹有诗书气自华，为人师者，应具有较为深厚的文化底蕴，专业化的理论修养。"作为一名老年大学的教师也应如此，欲求教好书，必先做读书人。教师只有具备一定宽度和深度的阅读，才能口吐莲花，妙语连珠，才能让我们的课堂不仅仅是传授知识、培养技能的训练场，更是传递思想、启迪智慧的天堂。例如，我平时喜欢读《读者》《文摘》等杂志，课堂上我经常讲一些里面读到的故事，学员听得津津有味，上课的劲头也更大了。另外，我更多地关注一些和健康有关的知识，向学员传递一些比较正确的养生知识，分享一些对身心都健康的常识，学员对此很感兴趣，我们之间的关系也更加紧密了。总之，作为一名老年大学的教师，我应该不断努力，不断追求，不断超越自己。

另外，为师者还要有扎实的专业功底，唐代大文豪韩愈为教师的职业定位是"传道、授业、解惑"；苏联教育家马卡连柯说："学生可以原谅老师的严厉、刻板，甚至吹毛求疵，但是不能原谅老师的不学无术。"可见，拥有扎实的专业功底对教师站稳讲台是何等重要！"水之积也无厚，则其负大舟也无力。"一个教师的专业知识储备不足、修养不够,教学中必然捉襟见肘,更谈不上在教学中游刃有余、高屋建瓴。所以要做一名好教师,要有自主发展的意识,要不断提高、提升自己的专业知识。正因如此,每年暑假,我都会趁着放假时间外出学习培训,学习先进的教育理念和新生的知识点,为自己的课堂输送新鲜血液做好充分的准备工作。到了开学时,课堂总能给学员焕然一新的感觉,学员兴趣盎然。如果课堂上总是穿旧鞋、走老路,只能让学员感觉疲劳厌倦,久而久之,没有了新鲜感,不能让学员有新的收获,学员对这个专业也就失去了兴趣和学习的动力。

(三)作为一名老年大学的教师,要上好每一堂课

老年大学没有固定的教材,没有固定的教学内容,所以作为一名老年大学的教师更应在学期初就根据学科特点做好一学期的教学计划,然后在课前一定要预设好适合老年人年龄特点和适合老年人学习内容的教学设计,不管是教学计划还是教学设计,都应该以书面形式呈现,以备随时查阅。在上课时一是要注意教学语言要有趣"幽默"大气;二是要放慢速度,因为我们面对的是老年人,要随时关注他们的反应。就比如我上的瑜伽课程,有的体式是否适合他们,只有在课堂上才能知道,发现不对时,要及时停下来;三是在课堂上要根据他们的学习情况随时改变学习内容,因为老年人来老年大学学习技能和知识并不是他们全部的目的,更不是为了生存和生计来到这里,他们到老年大学更多地是来交朋友、寻快乐、找健康的。所以作为教师,当看到他们学习有困难时不能强求,要放慢节奏,用加倍的耐心等待他们的进步;四是课上好后要多与学员交流沟通,了解他们的学习情况,走进他们的内心,真正知道他们的需求,以更好地改善今后的课程。另外,作为一名老年大学的教师在课后还要做到总结、归纳、完善,

多写反思、随笔和论文。让研究和反思应成为一种习惯,这样不仅能提升自己的教学水平,也能为老年教育的发展尽微薄之力。

老人安,惠子孙,昌国运。在我国经济社会发展的新常态下,建立和促进老年大学事业发展,是适应国际、国内社会经济发展趋势的重要举措。对于完善老年保健事业,促进我国经济社会的全面发展,对于建立和谐社会、促进人文文化的发展具有极其重要的意义。我们每一位站在老年大学讲台上的教师都要肩负起身上的重担,为老年教育事业贡献自己的力量。

(作者系黄山市休宁县老年大学瑜伽教师)

花的事业　爱的事业

冯慧芬

我渴望声乐班的每一次合唱都将是这样:它如细雨轻风,轻轻悄悄滋润黄昏斜阳,让秋天的色彩更加鲜活亮丽;它如晨曦,无声地亲吻着秋菊冬梅,让她们在生命的秋冬从容地绽放;它如月华,瀑布般轻柔美丽的光波,流淌过绚丽夕阳炽热的心田,随时送去清凉的慰藉。

——题记

我很庆幸,55岁那年我走上了老年大学声乐班的讲台,从此开启退休岁月里又一项美好的事业,我认为那同样是花一般美丽的、充满爱的事业。

（一）有爱就有要求

3年来，我承担两个班的声乐教学，每个班都有五六十名学员。学员的文化差异、年龄差异、性格差异，给我的班级管理带来了一定的难度。但我知道，老年大学班级管理的主旋律应当是：从爱出发，尊重理解，打造和谐氛围，维护身心健康。

从第一节课开始，我要求自己：谦逊有礼、豁达包容，尊重每一位学员，从心里把他们当作兄弟姐妹；严守学校纪律，为人师表，自觉觉人，不迟到早退，处处做学员的表率；哪怕再累再忙，也坚持微笑着走上讲台，用幽默诙谐的开场白，开始一节课的教学。因而，我们的班额虽大，但人人守纪律、懂谦让，不到半个月，学员良好的学习习惯渐渐养成。课间10分钟，他们互相欣赏、互相学习，快乐地合唱。这是我们声乐课堂的第一追求。

（二）有爱就讲艺术

作为声乐教师，我要求我的声乐课堂是科学的、有序的，更是充满激情的。

每一节课，我们都有20分钟的科学发声练习，引导学员在实践中领悟：什么是丹田发声？怎样找到各处共鸣？怎样吸气换气？怎样把握好节奏、音准、音色？等等。教唱的歌曲都精心挑选，力求满足学员的不同需要。教唱的流程有序展开：先听范唱，酝酿情绪；再集体诵读，并讲解歌词，理解主题；然后教唱简谱，一句句正音；熟悉旋律之后，先跟着原唱轻声哼唱，再跟着伴奏合唱，最后是听着伴奏看着指挥合唱。这样的教学流程，事半功倍。

歌唱最需要情绪饱满。我希望学员充满热情地学习，我要求自己时刻展现给学员一个情绪饱满的教师。为此，不再年轻的我也很注重修饰自己：剪个得体的发型，修一下眉毛，涂一点口红，从而悦己悦人,让自己和学员之间快速亲和。

为激发学员的学习兴趣,我经常把课堂模拟成演出的舞台:让学员带着团扇、羽扇等道具,一边唱歌一边表演;精心设计领唱、合唱;自己编段混声来个分声部合唱……通过这些方式不断激发学员投入学习的欲望和动机,营造"我真想天天来声乐课堂""我们再练习一遍"的歌唱氛围。此外,我自己常常即兴表演:合唱《月光下的凤尾竹》时,我就在讲台上用傣族舞蹈经典动作为大家伴舞;初学美声唱法时,我认真演唱了《我爱你,中国》。每到此时,学员的情绪特别高涨,掌声不断。这些举措极大地激发了学员的学习热情,而我也进一步赢得了学员的尊重和信赖。"亲其师,信其道",快乐的课堂更高效。

为讲好声乐理论,我着力避免深奥枯燥的语言,时而选用描写性的语言,时而选用叙述性的故事,时而引用名人语录。或直抒胸臆,或委婉含蓄……力求做到晓之以理、授之以趣、导之以法、动之以情。这种深入浅出的课堂教学,学员乐于接受。

(三)有爱就愿奉献

校内外的教学实践,是我们老年大学课堂教学的延伸。

每年春季一开学,我们就紧锣密鼓地筹备外出踏青活动。我会利用课余时间,按班级学员的特长,为他们编排形式多样的文艺节目,如独唱、民歌对唱、小合唱、大合唱、简单的歌伴舞、配乐诗朗诵等。花香四月,春意正浓。我们以班级为单位,走出校园,或在蓝天白云下的草地上,围成一圈席地而坐,亦歌亦舞;或选择附近乡村的古戏台登台展演,自娱自乐。这些活动让学员的才艺得到最大限度的展示,既增强了他们的自信心,又进一步拓展了他们的学习兴趣。

秋季一开学,我会利用休息日,召开班干部会议,快速筹备重阳节庆祝活动。桂花飘香里，我们把教室的课桌靠边摆放，学员团团围坐，或以小组为单位拉歌竞赛，或以抽签的形式即兴表演……我们唱起了童年的歌谣，玩起了儿时的游戏，讲起了尘封多年的感人故事……那时那地，学员忘了真实的年龄，忘了生活的烦忧，只有欢声笑语，只要岁月如歌。

最耗费精力的是每个学期末的汇报演出。选择的合唱曲目既要有民族经典的传承，又要有时代精神的颂歌；舞台的背景设置要更好地烘托歌曲的意境；服装和道具要恰到好处地与歌曲意境协调统一；更不用说为提升整体合唱水平所付出的时间和精力，一遍遍练习、一段段分析、一句句纠正、一次次提高。

很多时候，躺在床上辗转反侧；走在路上比划指挥。累得衣带渐宽，忙得不亦乐乎。但是，当热情的掌声一次次在教室里响起时，当如花的笑容一次次绽放在学员的脸上时，当几十人的合唱一次次或悠扬婉转或气势磅礴地荡漾开来时，心底剩下的就只有激越，只有欣慰，只有快乐。

在老年大学这个既让人忙碌，又让人忘忧，更让人快乐的大花园，我已经穿行了3年；接下来的岁月，我依然会心怀幸福，快乐前行。因为我坚信：引导中老年人幸福地歌唱，是一种事业——花一般的事业，它绽放在生命的秋野，美丽着岁月，芳香着时光；老年人的教育事业更是爱的事业，它让情感大海再次荡起涟漪；它让智慧星空永远缀满星辰；它让夕阳下的小路处处收获欢笑！

(作者系黄山市祁门县老年大学声乐教师)

学员的需要　就是教师的追求

程　度

黄山市徽州区是一个新成立的行政区,人口不足10万,老年大学开办也只有10年的历史,目前学校有16个专业、19个教学班,学员数不足600人次。在全省的老年大学当中,办学规模算是一个"小弟弟"了。

随着我国人口老龄化问题的日益突显,养老问题受到越来越多的关注,提倡终身教育,发展老年教育事业,丰富老年人的文化生活,提高老年人的生命、生活质量已经成为一个不可或缺的命题。老年大学作为老年人的社会活动场所,给老年人退休后的生活带来了很大改变,使老年人的日常生活空间得以扩大、休闲娱乐空间得以拓展、精神生活空间得到填补、社会关系得到延伸,从而使老年人能够树立一种积极的生活态度,以平和的心态度过一个美好愉快的晚年。伴随着老年人群的壮大和人们养老意识的提高,老年大学备受老年人青睐,成了老年人活动的重要平台,越来越多的老年朋友在这里学知识、交朋友,使身心愉悦,达到增长知识、陶冶情操、促进健康、服务社会的目的。越来越多的老年大学出现"一座难求"的火爆现象。

老年教育是"夕阳工程",它和我国几千年的教育历史相比,还属于初始阶段,它的教学方式和常规教育相比存在着比较大的差异,老年教育的教学方式随着老年人思维习惯、学习习惯的改变而变得宽松且更加自由,但这种宽松和自由绝不是说课堂教学可以松散、放任,教师的教学过程可以随心所欲、随意发挥,而是对教师提出了新的、更高的要求。

我是一个有40年教龄的退休教师,2011年年底退休,2013年年初又应邀于徽州区老年大学,继续从事教育教学工作。退休前曾在初中教学岗位上工作了20年,而后又在小学的管理岗位上工作了20年。但是,进入老年大学以后,有40年教龄的我,立马就感到不适应,甚至有些茫然。

首先遇到的是教材问题。在常规教育中,不管哪个学习阶段,都有由国家审编的统一教材,同时还配有与教材同步的作业练习、基础训练等,教师只需按要求照本宣科即可。而老年大学则不行,任何专业都没有现成的教科书,所有的教学内容都必须由学校和教师根据学校、教师和学员的条件来选定编写。

其次,学员的专业基础、学历层次、学龄长短不一。就拿我所任教的歌咏班来说,在110多名学员中,当年有学教育的、有学会计的、有学医的,还有很多工人、农民和城镇居民,他们大多毫无专业基础,有的人即使会一点,也是靠自己的专业兴趣积累的,缺乏系统性。就歌唱而言,有的人已经登台参加过独唱表演,有的学教育当教师的曾经在学校里教过音乐,也有的连简谱"哆、咪、咪、发、嗦"的唱名都认不全,更不用说系统的音乐理论知识和演唱技巧了。

学历就更是参差不齐了,有本科学历的,也有专科学历的,但是也还有为数不少的小学都没有毕业的。学龄长短不一也是一个现实问题,有的学员在这个班就有10年班龄,有的2021年才来,学校没有办法实现在同一个专业开设许多班级。还有的学员年龄大、记忆力衰退。我们班上有几个八十多岁的学员,他们出生于 20 世纪三四十年代，其余大部分学员大多都是六七十岁的，年龄普遍偏大。

令人印象特别深的是，学员的学习目的不同，追求的目标也不一样，有的是想通过老年大学这个平台弥补一下当年想学而没有机会学的知识缺陷，有的是想通过这个机会交朋结友，有的是想利用这个平台展示自我，有的就是想到学校来寻开心找快乐，还有的纯粹就是来打发消磨时间。因而他们的学习态度和学习积极性也就显而易见。

如此多的问题，摆在老年大学教师的面前，是考验更是挑战。

10 年教学，10 年思索。到目前为止我还在不断思索、调整教学思路。教学工作是学校的中心工作，办学质量是学校的生命线，老年大学也是如此。老年大学的教师毫无例外地要紧紧握住教学质量这根主线，这个"质量"还必须得满足老年人不是为了谋求职业，而是为了发展个性的要求；这个"质量"还得有利于充实老有所养的内涵，补充老有所依的知识，丰富老有所乐的情趣，提高老有所为的能力，最大限度地满足老年人的精神、文化需求。所以，这个"质量"不是由学校、教师说了算，它得交给学员，由学员来判定。班级"一座难求"就是硬道理。

老年大学的课堂上到底该教什么？怎么教？如何才能满足形形色色、不同需求的学员的欲望？

我校的歌咏班在学校创建时就已开设，第一个学期就有好几十名学员注册报名，指导教师的专业素养也非常高，但两年后学员不增反减，到最后只剩下 6 名学员。学校决定让我接手，接手前我沉到学员中去，认真倾听学员对班级现状的意见和建议，仔细了解并分析了当时的情况，梳理出"成"与"败"。其中"学员想要的，课堂上没有给，至少没有给足，课堂上所教的，学员无法消化"是重要问题之一，最终导致学员越来越少。针对这种情况，我把教学思路定位在满足学员的需求上,而后确定教学内容和教学方法。例如,去掉"五线谱",改学"简谱"等,而且从最基本的简谱知识学起,同时选用学员熟悉的老歌、红歌作为教学内容,这样一改动,普遍受到了学员的欢迎,使大家的学习兴趣有了很大的提升。在课堂教学中,我的主要做法是"抓中间、促两头"。教学效果首先要让多数人满意,多数人满意了班级也就稳定了,在此前提下再伺机照顾两头。例如,班上的胡涌涛学员,他是一个比较好的男高音,简谱知识掌握得也还不错,我针对他发音技巧和咬字吐词的不足进行点拨,他的歌声更受大家欢迎了。对于一些小学都没有毕业的人,教学中时不时地渗透一些最基本的常识,让他们在潜移默化中获得知识。这样一来不同层次的学员都能在课堂上获得知识。一学期后学员数骤增,从10多人一下子上升到50多人,一年后人数就近百。当学员掌握了一定的知识和班级人数形成了一定的规模后,我又由易到难地选用适合大合唱的歌曲进行训练,同时创造让他们表演的机会,每学期的班级主题活动我都建议全班同学来一首大合唱。现在,每学期一首全班一起参与的大合唱,已经成为班级的特色节目。我还不失时机地争取机会把学员带出校门、走向社会,让大家在社会的舞台上公开表演。在一次由政府相关部门组织的全区性活动的演出中,成功的演出得到了社会的好评,这次活动让不少学员感受到了成功的喜悦,心灵受到了极大的鼓舞。不少学员演出后都说:"长这么大我还是第一次在这么隆重的舞台上表演,好令人激动。"在教学过程中,我还利用夕阳红志愿者服务队感恩、回馈社会的契机,组织演唱队到社区、敬老院等去参与演出,每次演出之后,尽管他们自费购买服装等,但是满满的幸福感和成就感都溢于言表。

　　我认为,作为老年大学的教师,必须得了解学员,要放下身段,走近学员,认真倾听他们的心声,最大限度地了解他们的需求,仔细分析不同层次学员的想法,而后进行摸排、分类,做到有教无类、心中有数,最后制定远、近计划,编写教案,力求让大家都有"饭"吃,而且争取让多数人能"吃得好"。几年来,我所教的班级从七八年前的只有6名学员,到现在连续四五年猛增并保持在百名以上,是名副其实的"一座难求",得到了广大学员的高度认可。

10年老年大学的教学经历表明,教师要想在老年大学立足,学员的需要,就是教师的追求!

(作者系黄山市徽州区老年大学歌咏专业教师)

不忘初心　健乐同行

黄伟文

我是健乐老年大学的瑜伽教师,于2019年的夏天,在一位德高望重的前辈引荐下,加入了健乐老年大学的教学队伍。

初来乍到,学校正逢起步之初,各方面硬件条件跟今天是不能相比的。但学校的领导不遗余力地竭尽所能,根据各位教师教学的特点和需求,为课堂教学配置了硬件。在方便教师舒心教学的同时,也营造了浓厚的氛围让学员沉浸式学习。

在进入健乐老年大学之前,我在社区从事瑜伽教学工作,学员普遍年纪较轻。年轻人有自己的特色,她们热情、活泼、好动、体力充沛且理解能力较好。一个瑜伽体式只要给她们慢动作展示、一步一步分解清楚,她们就会理解,并努力达到要求。体式是否标准是需要靠时间去沉淀的。

而面对健乐老年大学这样一群全新的受众,对我个人而言无疑也是一种挑战和考验,需要我逐步去摸索和实践。老年大学的学员都是50岁以上的人群,而且有各种基础病的老人居多,更不用谈什么基本功了,为此我改变了教学方案,并根据新环境、新学员的实际情况而确定教学理念,即安全学习,丰富生活,提高体质,不追求极限化,也不炫技,所以在课堂教学中,我反复推敲,多次修改。首先考虑到老人各种各样的基础病(如心脑血管疾病、糖尿病、骨质疏松等)。所以在课堂教学中,我在多次分解各种动作要领的同时,也会提及其禁忌。

在防止运动损伤上,我反复提醒患基础病的学员根据自己的身体状况量力而行;在体式选择上,我会选择动作宜缓,力度宜柔的体式;在体位选择上,我根据学员的特点,尽量选取跪、坐、卧这些低位的体式,将时间把控得较短,把运动意外伤害降低到最低程度。只要有人说:"哎呦,好累哦。"我都会理解,然后立即停下来,给予充分的舒缓和放松。其实我的内心是着急的,因为如此反复短暂的练习进展不大,成效看不到,每次学校举办表演活动时,我的心都是惴惴然的,不敢参加。在之后学校开的几次教学交流会上,我也听到了其他教师和我内心一样的困惑——为学员基础差而焦急,为教学进展不大而焦虑。

健乐创始人李静校长在会上说:"大家为什么来到老年大学,第一是为了让自己拥有快乐的时光,充实自己的生活;第二是为了学习提高自己!"这更加坚定了我的安全第一的教学理念,人到了一定的年纪,快乐很重要。让大家在快乐中学习,在愉悦中进步成了我新的教学方向,随之而来的是教学方法的改变,在课堂上我会先表扬再指点,先肯定再纠正。与学员积极互动,因材施教:每个人有每个人的特点,因为每个人的生理结构不同,所以每个体式每个人都会有自己做得最好的那一面,我会将好的那面拍张照片或者录制视频,发到班级微信群里,针对动作进行分析和指导,让大家在愉悦互动中接受我的教学。

有一次,一个学员高兴地对我说:"黄老师,我上堂课练过以后,我感觉好累,上公交车都睡着了,到家吃了一大碗饭后,又在沙发上睡着了,晚上八点爬起来又吃了一碗饭。我从来没有吃过那么多饭,我好开心哦,我就想长胖。"我听了可没有那么开心,于是问道:"你平时不运动吧?开学第一堂课你没有来吧?"因为每次开学第一节课,我首先对学员强调的就是练习瑜伽的一些基本禁忌,如饭前、饭后一小时内不要做瑜伽,空调房里不宜练习瑜伽,练完瑜伽不宜马上洗澡放松……在这节课上,我把零伤害瑜伽练习的注意事项又重复了一遍,这件事也给我自己敲响了警钟,毕竟老年大学的模式不可能像专业学校那般严苛,缺课少课扣学分,所以我将练习瑜伽的基本禁忌,不仅仅是在开学的第一堂课上宣讲,而是几乎每堂课都老生常谈地反复提醒学员,将安全学习的理念灌输到学员的头脑中。同时我更加关注这位学员,专门针对她把运动量和强度再降低一些,于是效果出来了,从第二堂课后她只是感到有点累,到家没有嗜睡和暴食,第三堂课以后,她再也没有这种现象发生了,慢慢也跟上了其他学员的进度和强度,这是一个循序渐进的过程。

正确学习瑜伽对身心健康绝对是有益的。一次下课的时候,有位学员对我说:"黄老师,练瑜伽是有用的,我以前只能站着把瑜伽垫扔在地上,用脚踢开,现在我能蹲下来卷放瑜伽垫了。"还有一位学员原先圆肩驼背,经过瑜伽课的练习之后,明显的肩开了、挺拔了,腰围也缩小了……如此显著的进步,从内心来说,学员是愉悦的,我是自豪和满足的。每次上课我都会提前到达,对陆陆续续赶到的学员,要求大家先放空自己,然后进入状态静心学习。

老年人有老年人的生活特点,并不能完全将身心投入到练习中,例如,有些学员要提前回家接孙子、烧饭、买菜等,所以我建议我班学员:"如果今天你要提前离开的话,请把垫子放在最后一排,走的时候可以悄悄地走,不用和我打招呼,这样既不影响我教学,也不影响大家学习。"大家都接受了我的建议,在课堂上也能安下心来学习。

老年人勤劳热情,不计较得失,我们班有位70多岁的学员每次都来得很早,主动帮助执勤的同学,一起把教室的地面拖得干干净净。学校了解到这个情况以后,请了保洁员,每堂课前保洁员都会把每间教室的地板拖净消毒。

2020年,因为新冠病毒疫情的影响,线下全部停课,为了维护学员的学习热情和兴趣及持续性,学校领导灵活应变,改变了办学模式,改为线上教学授课,在网上给大家开办健康讲座和心灵讲座,线下学员在家可以看着视频同步学习,在群里打卡。我校教师也积极配合学校进行网上教学,我按照学期的时长,认真备好课,视频全程示范,顺利地完成了教学任务。这种全新的教学方式对于我们教师来说,也是一种全新的体验和挑战。同时,我也为自己能够与时俱进,利用互联网新模式完成学期的教学任务而欣慰。

当然学习是无止境的,为了配合教学,我也在不断充实和提高自己,为此自修了健康管理学,并获得了相应的证书。在课堂教学之余,我经常和学员们交流,普及健康知识,从理论上提高大家对健康管理的认知,让大家对自身健康问题引起足够的重视,有理有据地让大家没病防病,有病防变,愈后防复,拥有健康的身体和快乐的心态是幸福生活的根本,这也正是健乐老年大学办学的初衷和希冀。

  健乐老年大学秉持的是共创共建共享、全民共乐的理念，以学、养、游为特色，以人文关怀的方式，从小处做起，用细节打造。为了让课堂的教学内容与实践相结合，教师提出户外教学，学校积极响应，主动策划地点、配车，支持每一位教师；暑假班课后，工作人员会给每人递上一碗绿豆汤消暑解渴，关爱每一位学员；不管是学校的领导还是工作人员，看到教师后都会主动站立打招呼，尊敬每一位教师。

  特别是2020年疫情高发期，全市封小区，停业，采取各种手段防范疫情，而我们学校的领导和工作人员不畏疫情，冒着巨大的风险，为被困在家的教师和学员发放防疫物资：VC、口罩、消毒液……交接都是在小区大门口，连一口水都喝不到，如此善待每一位家人，在那种高危情况下真的非常感动。

  身为健乐老年大学家庭的一分子，我很荣幸地生活在这暖暖的爱意之中。我会继续用乐观的态度、饱满的热情，不忘初心，不负使命，用爱心、耐心、责任心完成每堂课的教学以回报这样温馨的大家庭。

（作者系健乐老年大学瑜伽课教师）